Jürgen Mackert

Kampf um Zugehörigkeit

Jürgen Mackert

Kampf um Zugehörigkeit

Nationale Staatsbürgerschaft als Modus sozialer Schließung

Westdeutscher Verlag

Alle Rechte vorbehalten
© Westdeutscher Verlag GmbH, Opladen/Wiesbaden, 1999

Der Westdeutsche Verlag ist ein Unternehmen der Bertelsmann Fachinformation GmbH.

Das Werk einschließlich aller seiner Teile ist urheberrechtlich geschützt. Jede Verwertung außerhalb der engen Grenzen des Urheberrechtsgesetzes ist ohne Zustimmung des Verlags unzulässig und strafbar. Das gilt insbesondere für Vervielfältigungen, Übersetzungen, Mikroverfilmungen und die Einspeicherung und Verarbeitung in elektronischen Systemen.

http://www.westdeutschervlg.de

Höchste inhaltliche und technische Qualität unserer Produkte ist unser Ziel. Bei der Produktion und Verbreitung unserer Bücher wollen wir die Umwelt schonen: Dieses Buch ist auf säurefreiem und chlorfrei gebleichtem Papier gedruckt. Die Einschweißfolie besteht aus Polyäthylen und damit aus organischen Grundstoffen, die weder bei der Herstellung noch bei der Verbrennung Schadstoffe freisetzen.

Umschlaggestaltung: Horst Dieter Bürkle, Darmstadt
Druck und buchbinderische Verarbeitung: Rosch-Buch, Scheßlitz
Printed in Germany

ISBN 3-531-13361-6

Inhalt

Vorwort   **9**

Einleitung   **11**

1   Kontexte der aktuellen Diskussion um Staatsbürgerschaft   **17**

1.1   Soziale Rechte auf dem Prüfstand   17
1.2   Liberalismus und Kommunitarismus: Status und Praxis revisited   21
1.3   Universalistisches Ideal und partikularistische Identitäten   27
1.4   Die feministische Kritik des liberalen Modells   32
1.5   (Staats)Bürgerschaft jenseits des Nationalstaates?   36
1.6   Eine soziologische Perspektive: Staatsbürgerschaft, gesellschaftliche Krise und soziale Ordnung   42

2   Die Tradition einer Soziologie der Staatsbürgerschaft   **44**

2.1   Gesellschaftliche Integration und individuelle Inklusion - Staatsbürgerschaft als Krisenkonzept   44
2.2   Emile Durkheim: eine implizite Theorie nationaler Staatsbürgerschaft   45
     2.2.1   Die Grundlage der Theorie gesellschaftlicher Integration   47
     2.2.2   Historischer Kontext und institutionelle Reform   48
     2.2.3   Der Stellenwert staatsbürgerlicher Moral   49
     2.2.4   Staatsbürgerliche Moral und Demokratie   51
     2.2.5   Bedeutung und offene Fragen   54
2.3   T.H. Marshall: Staatsbürgerrechte und soziale Klassen   56
     2.3.1   Marshalls Analyse   57
     2.3.1.1   Bürgerliche und politische Rechte im 19. Jahrhundert   59
     2.3.1.2   Soziale Rechte im 20. Jahrhundert   60

	2.3.2	Die liberale Perspektive: Statusgleichheit und legitime Ungleichheit	61
	2.3.3	Marshalls Bedeutung	63
2.4		Talcott Parsons: Der Doppelcharakter moderner Staatsbürgerrechte	66
	2.4.1	Der Strukturwandel der gesellschaftlichen Gemeinschaft	67
	2.4.2	Das Integrationsmodell: Zur Balance von Gleichheit und Ungleichheit	71
	2.4.3	Kontexte der Institutionalisierung von Gleichheit: Statusgleichheit und Legitimation sozialer Schichtung	74
	2.4.4	Die Inklusionskraft der gesellschaftlichen Gemeinschaft	77
	2.4.5	Bedeutung und Probleme	79
2.5		Dimensionen des soziologischen Modells nationaler Staatsbürgerschaft	80

3 Das inklusivistische Selbstverständnis nationaler Staatsbürgerschaft unter Veränderungsdruck 85

3.1		Immigration, Nationalstaat und Staatsbürgerschaft	85
3.2		Immigration in westliche liberal-demokratische Gesellschaften	86
3.3		Nachkriegsmigration	88
	3.3.1	Rückkehrer und postkoloniale Wanderer	89
	3.3.2	Arbeitsmigration während der langen Phase wirtschaftlichen Wachstums	90
	3.3.3	Flucht und Asyl	92
	3.3.4	'Unsichtbare Eliten'	93
3.4		Zur gegenwärtigen Situation: Europa als Einwanderungskontinent	94
3.5		Nationale Staatsbürgerschaft oder 'Postnational Citizenship'?	98
3.6		Souveränitätsverlust des Nationalstaates?	102
3.7		Nationalstaat und Schließung	107

4 Jenseits des inklusivistischen Anspruchs nationaler Staatsbürgerschaft 111

4.1		Interne Exklusion - auf der Suche nach Erklärung	111
	4.1.1	Die klassische 'Soziologie des Fremden'	112

	4.1.2	Symbolische Klassifikationen	115
4.2		Zur Theorie funktionaler Differenzierung	119
	4.2.1	Migration, Weltgesellschaft und der Fremde - indifferente Soziologie?	123
	4.2.2	Der Fremde - soziale Ungleichheit als Problem	128
4.3		Die defizitäre Erklärungslage interner Exklusion	131

5 Die Theorie sozialer Schließung - 'bringing actors back in' — 133

5.1		Das Konzept sozialer Schließung	133
5.2		Max Weber: 'Offene' und 'geschlossene' soziale Beziehungen	134
5.3		Frank Parkin: Soziale Schließung als politischer Prozeß	135
	5.3.1	Ausschließung und Usurpation	136
	5.3.2	Duale Schließung	139
5.4		Raymond Murphy: Die Theorie sozialer Schließung	141
	5.4.1	Ein allgemeiner Bezugsrahmen der Analyse von Herrschaft	141
	5.4.2	Die Durchsetzung von Exklusionskriterien im Prozeß gesellschaftlicher Rationalisierung	147
5.5		Der schließungstheoretische Ansatz: Probleme und Anknüpfungspunkte	148

6 Staatsbürgerschaft als Modus sozialer Schließung — 154

6.1		Der *political turn* der Schließungstheorie	154
6.2		Die handlungszentrierte Wende der Theorie sozialer Schließung	155
6.3		Der konzeptionelle Rahmen zur Analyse interner Schliessung in Nationalstaaten	164
	6.3.1	Zur Bedeutung der Staatsangehörigkeit	164
	6.3.2	Das erweiterte Konzept der Schließungsgleichung	166
	6.3.3	Kollektive Akteure und Schließungsstrategien	170
	6.3.4	Strukturelle Grundlagen interner Schließung	173
6.4		Strukturierte Schließungsverhältnisse	177

7 Kampf um Zugehörigkeit - Strukturmomente der Reproduktion eines Systems sozialer Ungleichheit — 179

7.1	Die strukturellen Grundlagen der Kämpfe um Zugehörigkeit	179

7.2	Rechtliche Regelungen: Exklusionseffekte und die Tiefenstruktur sozialer Schließung	180
	7.2.1 Bürgerliche Rechte	180
	7.2.2 Politische Rechte	183
	7.2.3 Das Zusammenwirken von Exklusionseffekten I	184
	7.2.4 Soziale Rechte	186
	7.2.5 Ökonomische Rechte	188
	7.2.6 Das Zusammenwirken von Exklusionseffekten II	191
	7.2.7 Kulturelle Rechte	192
7.3	Diskurse: Kommunikation und Legitimation	198
7.4	Ressourcen: Kontrolle und die Durchsetzung von Schliessungsstrategien	201
7.5	Zusammenfassung: Mechanismen interner Schließung	204

Schluß   208

Literatur   216

Personenregister   238

Sachregister   242

Vorwort

Die Institution der Staatsbürgerschaft (Citizenship) scheint in modernen Gesellschaften eine Selbstverständlichkeit zu sein. Sie gilt offensichtlich unhinterfragt als gegeben und unproblematisch, und die Sozialwissenschaften haben ihr deshalb lange Zeit wenig Interesse entgegengebracht. Nach einer langen Phase, in der die Staatsbürgerschaft schon völlig von der Tagesordnung verschwunden schien, hat sich dies in den vergangenen Jahren grundlegend geändert: Staatsbürgerschaft steht inzwischen im Zentrum wichtiger gesellschaftspolitischer Debatten. Eines der zentralen Problemfelder stellt das Verhältnis von Staatsbürgerschaft und Immigration dar. In Deutschland hat sich die Soziologie merkwürdigerweise fast vollständig aus dieser Diskussion herausgehalten - von einer Auseinandersetzung um Staatsbürgerschaft kann in der Disziplin keine Rede sein. Zugleich hat die politische Diskussion um das Verhältnis von Staatsbürgerschaft und Immigration Hochkonjunktur. Sie ist gekennzeichnet durch ein kulturalistisches Übergewicht, und auf beiden Seiten des politischen Spektrums ranken Mythen und Legenden um die Rechtsinstitution der Staatsbürgerschaft. Eine Einmischung in diese Debatte aus der Perspektive einer kritischen Soziologie ist bisher nicht zu vernehmen. Diese Lücke gilt es zu füllen. Die folgende Studie setzt sich deshalb zum Ziel, sowohl die wissenschaftliche Diskussion voranzubringen als auch zur Versachlichung der politischen Diskussion beizutragen.

Die vorliegende Arbeit wurde im Juli 1998 von der Philosophischen Fakultät III der Humboldt-Universität zu Berlin als Dissertation angenommen.

An dieser Stelle möchte ich einigen Personen danken, die zum Gelingen dieser Arbeit beigetragen haben. Den größten intellektuellen Dank schulde ich Hans-Peter Müller, der mich auf die Bedeutung der aktuellen Diskussion um Citizenship und ihr soziologisches Defizit aufmerksam gemacht, und mich in vielen Diskussionen immer wieder zur Präzisierung der theoretischen Argumentation 'gezwungen' hat. Ebenso danke ich Klaus Eder für die Betreuung in den vergangenen Jahren und für die anhaltende Forderung, das theoretische Gebäude der empirischen Überprüfung zu unterziehen.

Sabine Wagenblass und Uwe Vormbusch haben mir den unschätzbaren Freundschaftsdienst erwiesen, jedes Kapitel der Arbeit zu lesen und mich in gemeinsamen Diskussionen mit Unklarheiten und Ungereimtheiten zu konfrontieren. Für die Möglichkeit zur Diskussion danke ich ferner Carsten Dose und Cornelia Dörries sowie den Teilnehmerinnen und Teilnehmern der Colloquien an den Lehrstühlen von Hans-Peter Müller und Klaus Eder.

Ohne die finanzielle Unterstützung verschiedener Institutionen hätte diese Arbeit nicht geschrieben werden können. Sie wurde ermöglicht durch ein Promotionsstipendium der Nachwuchsförderung der Humboldt-Universität zu Berlin, ein Forschungsstipendium des DAAD an der New York University sowie eine Abschlußförderung der FAZIT-Stiftung Frankfurt/Main. Letzterer danke ich auch für die Finanzierung der Drucklegung dieser Arbeit.

Mein Dank gilt nicht zuletzt meinen Eltern, die die Jahre des Studiums und der Promotion in vielfältiger Weise unterstützt haben. Ihnen - meinem Vater im Angedenken - ist diese Arbeit gewidmet.

Berlin, im September 1998   Jürgen Mackert

Einleitung

Moderne Staatsbürgerschaft bezeichnet ein Bündel von Rechten und Pflichten[1], welches Individuen eine formale, legale Identität verleiht.[2] Ihre Entstehung ist unmittelbar mit der Herausbildung des Systems moderner Nationalstaaten und den zentralen staatlichen Institutionen verbunden.[3] Während sich die Durchsetzung der Staatsbürgerschaft auf historisch und kulturell unterschiedliche Weise vollzog[4], bedeutet ihre Institutionalisierung, daß durch die bürgerlichen, politischen und sozialen Rechte, die den Status des Staatsbürgers konstituieren[5], alle Staatsbürger zu formal Gleichen erklärt werden.[6] Ihre unveräußerlichen Rechte und die damit einhergehenden Pflichten[7] regeln das Verhältnis der Bürger innerhalb einer politischen - gewöhnlich nationalen - Gemeinschaft sowie das Verhältnis des Bürgers zum Staat.[8] Dieses ist durch drei Aspekte gekennzeichnet: "[The] recognition of the necessity of an authority which is rational, that is non-arbitrary and non-contradictory; loyalty vis-à-vis the 'universal' institutions, as opposed to exclusive groups; and an interest in public affairs" (Leca 1992: 17f).

Seit Aristoteles' (1994) Definition der Staatsbürgerschaft als der Fähigkeit zu regieren und regiert zu werden, ist diese eng mit der Idee der Gleichheit vor dem Gesetz und politischer Gleichheit verbunden.[9] Seit der Entstehung demokratischer Gemeinwesen in der griechischen Polis lassen sich mit der Römischen Republik, den Städten des Mittelalters und der Renaissance oder auch dem kosmopolitischen Ideal der Stoiker äußerst unterschiedliche historische Kontexte und mit ihnen verbundene Bedeutungsinhalte der Staatsbürgerschaft unterscheiden.[10] Die spezifischen strukturellen und kulturellen Rahmenbedingungen moderner Staatsbürgerschaft - "a city culture, secularization, the decline of particularistic values, the emergence of the idea of a public realm, the erosion of particularistic commitments and the administrative framework of the nation-state" (Turner 1993a: VII) - stellen jedoch die Voraussetzungen dafür dar, sie als eine

---

1 Andrews (1991b); Grawert (1987); Lamont/Fournier (1992a); Turner (1997).
2 LaTorre (1995); Turner (1997).
3 Bendix (1977); Tilly (1975).
4 Siehe Turner (1990).
5 So die klassische Definition von T.H. Marshall (1981a); vgl. auch Dahrendorf (1992).
6 Vgl. Balibar (1988); Brinkmann (1986).
7 Zur Bedeutung sozialer Pflichten siehe Carens (1986); Janowitz (1980); Pufendorf (1991).
8 Zur Bedeutung der Bürgerrechte siehe ausführlich Dworkin (1990).
9 Pocock (1992).
10 Vgl. Heater (1990); Pitz (1990).

von den historischen Konzeptionen grundlegend verschiedene Form der Institutionalisierung von Rechten und Pflichten zu begreifen. Im Zuge historischer Transformationsprozesse wird damit ein Prinzip wechselseitigen Aufeinanderbezogenseins zwischen Bürger und Staat institutionalisiert, mit dem zum ersten Mal in der Geschichte westlicher politischer Gemeinwesen ein universalistischer Anspruch erhoben wird.[11] Moderne Staatsbürgerschaft behauptet die Inklusion aller Mitglieder eines solchen Gemeinwesens, während alle historisch früheren Formen partikularistischen Charakter hatten, indem sie Fremde, Sklaven, Frauen, Kinder oder andere Mitglieder der Gemeinschaft vom Status des Staatsbürgers ausschlossen.

Die Geburtsstunde moderner Staatsbürgerschaft schlägt am 26.8.1789 mit der Verkündung der Menschen- und Bürgerrechte. Die Durchsetzung ihres spezifischen Charakters, die sie zu einem der herausragenden Kennzeichen moderner, nationalstaatlich verfaßter Gesellschaften macht, und die mit ihr verbundenen Annahmen können deshalb als Konsequenzen der Französischen Revolution begriffen werden: "Als eine bürgerliche Revolution schuf sie einen allgemeinen Mitgliedsstatus auf der Basis der Gleichheit vor dem Gesetz. Als eine demokratische Revolution belebte sie die klassische Konzeption der aktiven politischen Staatsbürgerschaft neu, wandelte sie aber von einem Sonderstatus in einen im Prinzip (wenn auch nicht in der Praxis) allgemeinen Status um. Als eine nationale Revolution verstärkte sie die Grenzen - und Antagonismen - zwischen den Mitgliedern verschiedener Nationalstaaten. Als eine staatsbildende Revolution verlieh sie der Staatsbürgerschaft eine neue Unmittelbarkeit und kodifizierte sie. Die nationale *Staats*bürgerschaft, wie wir sie kennen, trägt das Gepräge all dieser Entwicklungen" (Brubaker 1994: 78).

In den vergangenen Jahren lassen sich nun aber politische, ökonomische, soziale und kulturelle Umbrüche identifizieren, die unmittelbar auf das Modell nationaler Staatsbürgerschaft einwirken. *Erstens* sind vor dem Hintergrund ökonomischer Rezession und fiskalischer Krisen die ausgebauten Wohlfahrtsstaaten westlicher Industrienationen unter Druck geraten. Ökonomische Globalisierung und neoliberale Politik verstärken diesen Trend und führen zu Kürzungen von Sozialprogrammen und wohlfahrtsstaatlichen Leistungen. Daraus resultieren verschärfte soziale Ungleichheiten, Erscheinungsformen 'neuer Armut' und die Marginalisierung gesellschaftlicher Gruppen. Die Entstehung supranationaler Einheiten (EU) rückt *zweitens* die Frage nach der fortbestehenden Relevanz der Institution des Nationalstaates in den Mittelpunkt. Damit verbunden sind Probleme einer gleichzeitig wachsenden Bedeutung von Regionalismus und Separatismus, die die behauptete nationale Identität aller Staatsbürger zu unterlaufen scheint. Einen *dritten* Aspekt stellen die tiefgreifenden Umbrüche in Osteuropa, der Kollaps der Sowjetunion, andauernde Kriege, Bürgerkriege und ethnische

---

11 Eine interessante evolutionstheoretische Auseinandersetzung mit der Verrechtlichung in modernen Gesellschaften findet sich bei Eder (1985).

Konflikte sowie die weltweite Zerstörung von Lebensgrundlagen und anhaltende politische Verfolgung dar. Sie sind nur einige der Faktoren, die zu verstärkter Migration in westliche liberal-demokratische Gesellschaften führen. Der Ausschluß Fremder von Staatsbürgerrechten verändert das Selbstverständnis dieser Gesellschaften und führt zu formalen Ungleichheiten zwischen Bürgern und Nicht-Bürgern. *Viertens* schließlich hat gesellschaftliche Pluralisierung und Individualisierung die tendenzielle Auflösung gesellschaftlicher Großgruppen und ihrer identitätsstiftenden Kraft bewirkt und die Reintegration der Individuen in eine Vielzahl kultureller Gruppierungen befördert. Damit steht der einzige und allgemeine Status des Staatsbürgers in Frage. In zunehmendem Maße fordern Individuen und Gruppen die Anerkennung kultureller Differenzen, und dies im Kontext einer 'differenzierten Staatsbürgerschaft'.

Diese historischen Umbrüche zeigen unmißverständlich, daß die Annahmen, die mit dem Modell nationaler Staatsbürgerschaft einhergehen, und die über einen langen Zeitraum unhinterfragt als gegeben galten, fraglich werden. Durch sie ist Staatsbürgerschaft im vergangenen Jahrzehnt zu einem der am heftigsten diskutierten wissenschaftlichen und politischen Themen geworden. Während mit diesem Revival nach einer langen Phase der Nichtbeachtung in den Sozialwissenschaften kaum zu rechnen war, hat eine wahre Flut von Veröffentlichungen dazu geführt, daß das Thema mittlerweile ganz oben auf der Tagesordnung steht[12], die Diskussion aber völlig unübersichtlich geworden ist.

Von einer weitverzweigten wissenschaftlichen Debatte zu Citizenship kann hingegen nur im angelsächsischen Sprachraum gesprochen werden.[13] Hier ist der 'Bürger' zweifellos ins Zentrum sozialwissenschaftlicher Aufmerksamkeit zurückgekehrt.[14] Für Deutschland hingegen muß festgestellt werden, daß eine lebhafte wissenschaftliche Diskussion um Staatsbürgerschaft bisher ausgeblieben ist. Sie kommt bestenfalls gerade in Gang.[15]

Die Auswirkungen einer der Ursachen für das erneute Interesse an Staatsbürgerschaft stehen im Mittelpunkt der folgenden Analyse. Massive Immigrationsprozesse der Nachkriegszeit in alle westlichen liberal-demokratischen Gesellschaften haben zum einen dazu geführt, daß sich diese in einem Prozeß zunehmender ethnischer und kultureller Heterogenisierung befinden, zum anderen

---

12 Dies zeigt sich u.a. auch daran, daß 'Citizenship' inzwischen in neuen Nachschlagewerken als Begriff Berücksichtigung findet. So etwa Bottomore (1994) in 'The Blackwell Dictionary of Twentieth Century Social Thought' oder Mouffe (1993b) in 'The Oxford Companion to Politics of the World'.
13 Siehe die Vielzahl der Sammelbände zum Thema, so bspw. Baldwin/Schain (1994); Bauböck (1994); Brink, v.d./Reijen, v (1995); Brubaker (1989); Crouch/Eder/Tambini (1999); Layton-Henry (1990); Steenbergen, v. (1994); Turner/Hamilton (1994).
14 Der Citizen beerbt damit natürlich Konzepte wie etwa das Klassensubjekt der 70er Jahre. Vgl. Eder (1994).
15 Siehe die Schwerpunkt-Hefte zu Staatsbürgerschaft im Berliner Journal für Soziologie 2/96 und 4/98; Prokla 4/96 und zu Gruppenrechten in PERIPHERIE 4/96.

wird dadurch die Annahme obsolet, daß alle Mitglieder einer Gesellschaft formal Gleiche sind.

Diese Situation rückt die Frage nach der Integration von Migranten in den Gesellschaften, in denen sie seit langem als 'Bürger zweiter Klasse' leben, ins Zentrum des Interesses und macht sie zugleich zu einem wichtigen soziologischen Problem, denn die Vorenthaltung der Staatsbürgerrechte, die Nationalstaaten ausschließlich ihren Bürgern verleihen, hat zur Folge, daß Staatsbürgerrechte zu einem immer heftiger umkämpften, knappen Gut werden.

Hintergrund der politischen Konflikte um rechtliche Gleichstellung und Integration von Migranten ist seit Mitte der 80er Jahre die öffentliche Auseinandersetzung um die Idee der *multikulturellen Gesellschaft*.[16] Diese wird auf der einen Seite als Perspektive für ein spannungsfreies Zusammenleben unterschiedlicher Kulturen oder, skeptischer, als eine über den schwierigen Weg einer 'multikulturellen Demokratie' (Cohn-Bendit/Schmidt) erreichbare Gesellschaftsform zum Thema gemacht. Die Gegenseite verteidigt hingegen die Idee einer homogenen nationalen Gemeinschaft oder Kulturnation.[17] Für sie bedeutet die multikulturelle Gesellschaft nicht weniger als ein desorganisiertes, babylonisches Wirrwarr und warnend wird auf die Beschreibungen gewaltsam aufbrechender sozialer Konflikte im Mutterland des Multikulturalismus als *first multicultural riots* (Kwong) oder *first multiethnic riots* (Rutten) verwiesen.[18] Es wird deutlich, daß diese im Kontext des Multikulturalismus geführten Debatten die Frage der Integration von Nicht-Staatsbürgern zwar thematisieren, sie bleiben jedoch unbefriedigend, wie ein kurzer Blick auf die politische Diskussion in Deutschland verdeutlicht. Diese konzentriert sich nach wie vor fast ausschließlich auf die Auseinandersetzungen um Einwanderung, die Rechte von Migranten sowie die doppelte Staatsbürgerschaft für die zweite oder dritte Generation der 'Gastarbeiter'.[19] Auffallend ist dabei, daß eine stärkere Integration von Immigranten ganz offensichtlich von allen politischen Positionen aus befürwortet wird[20], die Mechanismen hingegen, die deren Ausschluß von nationalen Staatsbürgerrechten zugrundeliegen, werden von keiner der beiden Seiten problematisiert. Nach wie vor gilt deshalb Brubakers Feststellung, daß es "noch keine

---

16 Cohn-Bendit/Schmid (1992); Leggewie (1993; 1994a; 1994b); Zur Einschätzung, daß Deutschland Einwanderungsland ohne Einwanderungsentscheidung geworden ist siehe Boos-Nünning (1990); SOPEMI-Daten zur ausländischen Wohnbevölkerung in Deutschland siehe in Kap. 3.
17 Vgl. Blumenwitz (1994); Faul (1992).
18 Kwong (1992); Rutten (1992); zur aktuellen Diskussion um den Multikulturalismus siehe beispielhaft Higham (1994); Hughes (1992); Joppke (1996); Ostendorf (1992); Radtke (1994); Rex (1996); siehe auch Bauböck (1994b) zu einer Kritik an den Prämissen des Diskurses um den Multikulturalismus; In neuem Gewand präsentiert Huntigton (1993; 1996) die Unmöglichkeit eines Multikulturalismus als 'Clash of Civilizations'.
19 Mühlum (1993); Rittstieg (1993); Winkler (1994).
20 Man vergleiche nur die oft gleichlautenden Beschlüsse der Parteien zu Fragen der Integration von Ausländern; siehe dazu auch Gerhardt (1997); Schönbohm (1997).

gründliche Analyse von Struktur und Funktion der Staatsbürgerschaft als eines Modus sozialer Schließung [gibt]" (Brubaker 1994: 251). Es ist diese Aufgabe, der sich die vorliegende Arbeit annimmt.

Das einleitende Kapitel der Arbeit bietet einen systematischen Überblick über die wichtigsten Kontexte der aktuellen Dikussion um Staatsbürgerschaft. Es will damit einen Beitrag leisten, die ausgedehnte Debatte um Citizenship auch im deutschsprachigen Raum bekannter zu machen. Zugleich dienen die sozialphilosophischen, politikwissenschaftlichen, rechtsphilosophischen und -theoretischen Debatten als Hintergrund, gegen den die soziologische Perspektive eines Verständnisses nationaler Staatsbürgerschaft als *Krisenkonzept* entwickelt und abgegrenzt werden kann. Nationale Staatsbürgerschaft wird dabei als Konstitutions- und Integrationsinstrument moderner Gesellschaften begriffen, das über ein spezifisches Verhältnis von Inklusion und Exklusion zur Regulierung gesellschaftlicher Krisen und zur Institutionalisierung sozialer Ordnung beiträgt.

Davon ausgehend rekonstruiert Kapitel 2 zur historischen Überprüfung der These vom Krisenkonzept ein soziologisches Modell nationaler Staatsbürgerschaft. Zwar bestätigt sich die These, es wird zugleich aber deutlich, daß das mit diesem Modell verbundene Selbstverständnis ausschließlich die Inklusionsseite der Staatsbürgerschaft diskutiert und der Exklusionsaspekt hingegen ausgeblendet bleibt. Kapitel 3 geht deshalb der Frage nach, ob das so konzipierte Modell nationaler Staatsbürgerschaft angesichts der Immigrationsprozesse der Nachkriegszeit weiterhin Gültigkeit beanspruchen kann. Die Diskussion des Kapitels verteidigt sowohl die fortbestehende Bedeutung des Nationalstaates als auch die Institution nationaler Staatsbürgerschaft, weist das *inklusivistische Selbstverständnis* allerdings zurück. Vielmehr werden zwei Exklusionsaspekte nationaler Staatsbürgerschaft unterschieden: erstens der *extern exklusive,* durch den der Nationalstaat souverän über Einwanderung auf sein Territorium entscheidet; zweitens der *intern exklusive,* der im Land lebende Migranten von einem großen Teil der Staatsbürgerrechte ausschließt. Dieser zweite Aspekt ist Gegenstand der Arbeit - auf ihn bezieht sich die folgende Analyse.

Die Erklärungslage interner Exklusion ist defizitär. Kapitel 4 führt diesen Nachweis, indem sowohl historische als auch aktuelle Erklärungsansätze, die sich mit der Figur des Fremden auseinandersetzen, daraufhin überprüft werden, ob sie die Rechtsbeziehungen zwischen Fremden (Migranten) und Staat zum Thema machen. Einer solchen Auseinandersetzung stehen hingegen konzeptionelle, inhaltliche und theoretische Probleme entgegen. Aufgrund dieser problematischen Situation wird in Abgrenzung zu den diskutierten Ansätzen in Kapitel 5 mit der im Anschluß an Max Weber entwickelten Theorie sozialer Schließung ein handlungstheoretisch orientierter Erklärungszugang vorgeschlagen, der das Handeln sozialer Akteure in den Mittelpunkt rückt. Auf dieser theoretischen Grundlage läßt sich ein Verständnis interner Schließung gewinnen, das diese als soziale Auseinandersetzungen und politische Konflikte um den Zugang zu staatsbürgerlichen Rechten begreift. Kapitel 6 überwindet zunächst theoretische Defizite der Schließungstheorie und entwickelt im Anschluß daran einen mehrdimensionalen, konzeptionellen Rahmen zur Analyse interner Schließung. Das letzte Kapitel der Arbeit bestätigt abschließend den theoretischen Analyserahmen durch eine illustrative Explikation der strukturellen Grundlagen interner Schließung am Beispiel der Bundesrepublik Deutschland.

Ausgehend von der Vorstellung, daß Staatsbürgerschaft als Instrument zur Regulierung gesellschaftlicher Krisen und damit zur Herstellung sozialer Ordnung begriffen werden kann, wird die Frage entscheidend, wie diese auf der Grundlage nationaler Staatsbürgerschaft unter Bedingungen kultureller und ethnischer Heterogenität möglich ist. Die Antwort lautet, daß soziale Ordnung mittels massiver Exklusionsprozesse gegen Migranten hergestellt wird. Die um den Zugang zu Staatsbürgerrechten zwischen Akteuren auf seiten des Staates und auf seiten der Immigranten geführten Auseinandersetzungen können deshalb treffend als *Kampf um Zugehörigkeit* definiert werden. Dieser ist ein dynamischer Prozeß, in dem auf der Grundlage von Mechanismen sozialer Schließung fortwährend ein System sozialer Ungleichheit produziert und reproduziert wird. Den Blick auf diese prekäre Situation in westlichen Nationalstaaten zu richten und die in diesen Prozessen handelnden sozialen Akteure in den Mittelpunkt zu rücken, ist das wichtigste Anliegen dieser Arbeit.

1 Kontexte der aktuellen Diskussion um Staatsbürgerschaft

1.1 Soziale Rechte auf dem Prüfstand

Die Diskussion um den Wohlfahrtsstaat und den Status sozialer Staatsbürgerrechte ist mit Sicherheit die entscheidende Debatte, die das Thema der Staatsbürgerrechte sowohl im politischen als auch wissenschaftlichen Kontext wieder zum Gegenstand der Auseinandersetzung gemacht hat. Seit Ende der 70er Jahre haben ökonomische Entwicklungen und konservative politische Strategien zunächst vor allem im angelsächsischen Raum eine lebhafte Auseinandersetzung darüber entfacht, welche Bedeutung der Institution der Staatsbürgerschaft in komplexen Gesellschaften mit einer kapitalistisch organisierten Ökonomie zukommt.[1] Die Diskussion in Großbritannien hat verdeutlicht, daß einige der Gründe für ihr Aufleben unmittelbar mit den Erfahrungen der Thatcher-Ära zusammenhängen: "[The] dismantling of the welfare state, the growing centralisation of power, the erosion of local democracy, of free speech, trade-union and other civil rights" (Hall/Held 1989: 173).[2]

Die Erfahrung, daß einmal erkämpfte Staatsbürgerrechte weder langfristig gesichert, noch unwidersprochen akzeptiert sind, haben nach der Ölkrise von 1973 ausnahmslos alle kapitalistischen, liberal-demokratischen Gesellschaften gemacht. Die ökonomische Krise führte den Bürgern der meisten OECD-Staaten unmißverständlich vor Augen, daß der bis zu diesem Zeitpunkt stetig steigende Teil der Ausgaben des jeweiligen nationalen Bruttosozialproduktes für wohlfahrtsstaatliche Leistungen nicht naturwüchsig weiter steigen würde. Plötzlich stand die Höhe der Ausgaben des Wohlfahrtsstaates für Bildung, Gesundheit, Erziehung, soziale Sicherung etc. zur Disposition. Was bis zu diesem Zeitpunkt als zivilisatorischer Standard gesichert schien, wurde durch die 'angebotsorientierte Wende in den achtziger Jahren' (Dahrendorf), durch Reaganismus und Thatcherismus, radikal in Frage gestellt. Während die ökonomische Krise die Voraussetzungen für eine Umverteilungspolitik untergrub und die Ausgaben des Wohlfahrtsstaates zurückgefahren werden mußten, wurde in den späten 70er und in den 80er Jahren der ideologische Druck auf wohlfahrtsstaatliche Regime und vor allem auf den Status sozialer Rechte immer größer. Im Zuge des Nieder-

---

1 Marquand (1991).
2 Crouch (1992); vgl. zur britischen Diskussion Andrews (1991; 1991a).

gangs Keynesianischer Wirtschaftspolitik und des Erstarkens der ökonomischen Vorstellungen Milton Friedmans und Friedrich Hayeks, formulierte die Neue Rechte in den Vereinigten Staaten und Großbritannien sowohl aus *ökonomischer* als auch *moralischer* Perspektive grundlegende Kritik an den Folgen der aus sozialen Rechten resultierenden Ansprüche der Bürger. Vertreter der Neuen Rechten lehnten diese ab, sie hielten sie für: "...a) inconsistent with the demands of (negative) freedom or (desert-based) justice, b) economically inefficient, and c) steps down to serfdom" (Kymlicka/Norman 1994: 355).

Im einzelnen zielt die ökonomisch begründete Kritik darauf ab, daß öffentliche Wohlfahrt letztlich dazu führt, die Kräfte des Marktes zu zerstören, da es diejenigen, die in ökonomisch schwierigen Zeiten über ein garantiertes Mindesteinkommen verfügen davon abhält, tatsächlich nach Arbeit zu suchen, was sie ohne staatliche Unterstützung zweifellos intensiver verfolgen würden. Ökonomisch sei der Wohlfahrtsstaat alleine schon wegen des erreichten Ausmaßes der Umverteilung kontraproduktiv und habe zudem negative Auswirkungen auf das persönliche Sparverhalten der Bürger, das als Grundlage für Investitionen wichtig sei. Das moralische Argument hingegen behauptet einen negativen Einfluß auf die Familie. Wohlfahrtsstaatliche Unterstützung im Falle gescheiterter Ehen führe zu verstärkter Desintegration von Familien, der Wohlfahrtsstaat zerstöre ferner den Wert der Freiheit selbst, da er Individuen zu Klienten großer Bürokratien degradiere, zum Anwachsen der Macht des Staates über das Individuum führe und individuelle Freiheit einschränke.[3] Die Rolle des Marktes als Garant politischer Freiheit werde zerstört und gesellschaftliche Konflikte zwischen denen, die Steuern bezahlen und jenen, die in den Genuß staatlicher Unterstützung kommen, seien vorprogrammiert.[4] Die Kritik der Neuen Rechten an sozialen Staatsbürgerrechten beinhaltet deshalb die Forderung nach mehr Eigenverantwortung des Bürgers und der Erfüllung sozialer Pflichten und damit die erneute Einforderung einer Reziprozität von Rechten und Pflichten des Bürgers.

Kymlicka/Norman haben darauf hingewiesen, daß die von der politischen Linken entwickelte Gegenkritik an den Forderungen der Neuen Rechten mindestens vier Aspekte umfaßt: *Erstens* wird geltend gemacht, daß von ihr weder die globale ökonomische Umstrukturierung als Grund für die Abhängigkeit der Bürger von Sozialprogrammen akzeptiert, noch wahrgenommen wird, daß ausgebaute Wohlfahrtsstaaten traditionell die niedrigsten Arbeitslosenraten zu verzeichnen haben; *zweitens* fehlt jeglicher Hinweis darauf, daß die Reformen der 80er Jahre, die dem freien Spiel der Märkte größeren Raum gewährte, bei den Bürgern mehr Verantwortungssinn erzeugt haben; *drittens* macht die Deregulierung der Märkte individuelle Nutzenmaximierung und ökonomisch riskantes Verhalten erst möglich; *viertens* schließlich trägt die Kürzung wohlfahrtsstaatlicher Unterstützung keineswegs dazu bei, benachteiligte Bürger wieder zu inte-

---

3 Vgl. Hasenfeld/Rafferty/Zald (1987).
4 Kritisch dazu King/Waldron (1988).

grieren. "Class inequalities have been exacerbated, and the working poor and unemployed have been effectively 'disenfranchised', unable to participate in the new economy of the New Right" (Kymlicka/Norman 1994: 357).

Im Anschluß an die Diskussion der 80er Jahre steht in jüngster Zeit ganz offensichtlich die Frage der Vermarktlichung sozialer Staatsbürgerschaft ('Marketisation') auf der Tagesordnung.[5] So argumentiert Harrison (1991: 212): "It might be feasible, for instance, to argue that privatised forms of social provision (and access to 'choices' in markets) amount to an alternative form of 'modern citizenship' which has been expanding an securing certain types of household welfare in Britain recently." Diese Vorstellung hat Peter Saunders aufgenommen und alte Argumente gegen den Wohlfahrtsstaat provokativ in ein neues Gewand gepackt: "I shall argue, not only that a liberal social order of market capitalism can generate the conditions for full citizenship, but also that pursuit of egalitarianism and the construction of socialist political institutions tend necessarily to undermine it" (Saunders 1993: 57). Saunders führt zum einen das Argument der Klientelisierung des Bürgers durch wohlfahrtsstaatliche Bürokratien und die dadurch hervorgerufene Erosion des Staatsbürgerstatus an, zum anderen behauptet er einen direkten Zusammenhang zwischen moralischer Ordnung einer Gesellschaft und individualistischer Marktgesellschaft. Der Markt ist für ihn deshalb "eine moralische Ordnung in dem Maße, wie er den Einzelnen Optionen ermöglicht; nachdem wir nicht mehr in einer Ökonomie der Subsistenz leben, sind solche Optionen auch objektiv möglich. Allerdings ist auch diese liberale Ordnung auf ein Gefühl der Zugehörigkeit angewiesen, das aber nicht durch eine Ausweitung sozialer Rechte, die notwendig wohlfahrtsstaatliche Agenturen nach sich ziehen, sondern nur durch politische Formen der Bürgerrechte, die die Optionsfreiheit des Einzelnen optimieren, hergestellt werden kann" (Eder 1994: 764). Saunders setzt dazu auf die Schaffung intermediärer politischer Institutionen. Er fordert einen 'local state', eine Dezentralisierung politischer Macht, die den Einzelnen Partizipationsmöglichkeiten eröffnet: "The local state is thus (the?) crucial mediating institution between the individual and society, the private realm and the alienation of the megastructures of the public sphere" (Saunders 1993: 81).

Eine der problematischsten Tendenzen angesichts gekürzter Sozialprogramme und reduzierter staatlicher Umverteilung vor dem Hintergrund struktureller ökonomischer Probleme sowie umfassender fiskalischer Krisen stellen in den vergangenen Jahren in allen westlichen Industriegesellschaften die Ausweitung einer 'neuen Armut' und die Entstehung einer neuen 'Unterklasse' dar.[6] "Diese Unterklasse besteht aus Menschen - Langzeitarbeitslosen, auf Dauer Verarmten, Mitgliedern von benachteiligten ethnischen Gruppen oder solchen, die all das zusammen und noch anderes sind -, die durch das soziale Netz gefallen sind. Sie

---

5 Zum Begriff der Marketisation siehe Jenson/Phillips (1996); Crouch/Eder/Tambini (1999).
6 Zu Armut und Staatsbürgerschaft siehe Procacci (1996).

haben den geregelten und garantierten Zugang zu Märkten eingebüßt, besonders den zum Arbeitsmarkt, zur politischen Gemeinschaft und zum Netzwerk legitimer sozialer Beziehungen" (Dahrendorf 1995: 36). Für die Vereinigten Staaten hat W.J. Wilson (1994; 1996) auf die Konsequenzen aus wirtschaftlicher Rezession, Deindustrialisierung und Verwahrlosung der Innenstädte sowie den tiefen Einschnitten in das soziale Netz hingewiesen und den prekären Zusammenhang zwischen diesen strukturellen Prozessen und der Diskriminierung amerikanischer Schwarzer als Problematik der 'Inner City Ghetto Poor' auf den Punkt gebracht. In vergleichender Perspektive bestimmt Barabara Schmitter-Heissler den Ausschluß von sozialen Staatsbürgerrechten als das entscheidende institutionelle und strukturelle Problem für die Situation der amerikanischen und britischen Unterklasse: "The case of the underclass is characterized by the correlation of extreme economic marginality and the existence of significant structural barriers and obstacles that together act to seperate and exclude this population from economic, social, and political institutions. (...) The emergence of the underclass and of the boundaries that primarily define it may be a consequence of continuing historical deficits in citizenship rights, or reversal of such rights" (Schmitter-Heissler 1994: 129).[7]

Die Bedeutung sozialer Rechte ist angesichts der Kritik der Neuen Rechten und den Erfahrungen mit wachsender Armut, sich verschärfenden Klassengegensätzen oder auch der Entstehung einer neuen Unterklasse wieder ins Bewußtsein getreten. Forderungen nach dem 'active citizen', der für die Neue Rechte keineswegs den politisch aktiven, sondern vielmehr den unentgeltlich in seiner Nachbarschaft karitativ tätigen Bürger meint, tritt die Linke mit neuen Überlegungen eines 'empowerment' der Bürger entgegen, ohne länger davon auszugehen, daß dieser Prozeß zwangsläufig Resultat sozialer Rechte sei. Ein neues Verhältnis von Rechten und Pflichten[8], die Sicherung sozialer Rechte, die die individuelle Autonomie der Bürger garantieren[9] und unabdingbare Voraussetzung für eine aktive Teilnahme des Bürgers an den öffentlichen Belangen darstellen, stehen im Mittelpunkt. King und Waldron (1988) haben ferner darauf hingewiesen, daß zum einen erst der Ausgleich großer sozialer Ungleichheiten unter Bürgern einen Sinn für Gemeinschaft erzeuge, Ungleichheit deshalb tendenziell zu gesellschaftlichen Instabilitäten führt; zweitens sei soziale Absicherung unabdingbar für eine langfristige Lebensplanung; das Wissen darum, was die Gesellschaft für ihre Mitglieder leiste, präge drittens die Art, in der Bürger ihr Leben organisieren und ihr Gefühl der Zugehörigkeit zu einer bestimmten Gesellschaft.[10]

---

7   Zum Problem der Ausgrenzung in deutschen Städten siehe Bremer/Gestring (1997).
8   Hall/Held (1989).
9   Held (1991).
10 Vgl. Waldron (1993).

1.2 Liberalismus und Kommunitarismus: Status und Praxis revisited

Die Auseinandersetzung um ein angemessenes Verständnis der Staatsbürgerschaft in modernen Gesellschaften ist ein Aspekt der in den letzten Jahren prominent gewordenen Diskussion zwischen Liberalen und Kommunitaristen. Sie bezieht sich auf ein konstitutives, dem Verständnis moderner Staatsbürgerschaft zugrundeliegendes Spannungsverhältnis, welches auf gegensätzliche Konzeptionen der Staatsbürgerschaft in den sozialphilosophischen Traditionen des *Liberalismus* und *Republikanismus* zurückgeht. John Stuart Mill (1988) begründete in seinem Essay 'On Liberty' das liberale Verständnis der Staatsbürgerschaft, indem er, zum Schutz des Einzelnen vor zunehmender gesellschaftlicher Macht, auf der Grundlage des Utilitarismus[11] die grundlegenden individuellen Freiheitsrechte der Person formulierte. Mit den klassischen negativen Freiheitsrechten definierte Mill Staatsbürgerschaft als persönlichen *Status*, der all jenen zukommt, die über diese *Rechte* verfügen. Staatsbürgerschaft erhält damit einen *passiven* und *privaten Charakter*, der Einzelne ist nicht verpflichtet, an der aktiven Gestaltung des Gemeinwesens teilzunehmen, er muß lediglich die Rechte Anderer respektieren. Ganz im Gegensatz zu dieser liberalen Konzeption steht die auf Rousseau zurückgehende Auffassung der Rolle des Staatsbürgers. Die Vorstellung des im 'Gesellschaftsvertrag'[12] entwickelten Verständnisses des politisch mündigen Bürgers, der durch das willentliche Abtreten seiner natürlichen Freiheit an den Gemeinwillen (volonté générale) einen idealen Staat schafft, schreibt diesem eine aktive Rolle in der Gestaltung der Zukunft des jeweiligen Gemeinwesens zu. Neben Mut, Hingabe und militärischer Disziplin[13] gelten die Teilnahme an der politischen Willensbildung und Diskussion als die bedeutendsten Pflichten.[14] Weit davon entfernt, lediglich individueller Status des *bourgeois* zu sein, akzentuiert die republikanische Tradition damit die Vorstellung des Bürgers als *citoyen*[15], indem die individuelle *Praxis* in den Mittelpunkt gerückt, die *öffentlichen Belange* zur Aufgabe des Einzelnen erklärt und die *politische Partizipation* gefordert wird. Nicht die Rechte des Bürgers, sondern seine *Pflichten*[16] erhalten zentralen Stellenwert.[17]

In gewissem Sinne kehren diese gegensätzlichen Vorstellungen eines angemessenen Verständnissses der Rolle des Staatsbürgers in der Debatte um den

---

11 Mill (1985).
12 Rousseau (1986).
13 Gunsteren, v. (1994).
14 Den historischen Hintergrund der republikanischen Idee stellt die griechische Polis oder das Florenz des 15. Jahrhunderts dar, ein idealisiertes Bild kleiner, homogener Gemeinwesen mit geteilten Traditionen und einer aktiven Bürgerschaft.
15 Siehe Riedel (1979).
16 Vgl. Oldfield (1990).
17 Zu unterschiedlichen Konzeptionen moderner Staatsbürgerschaft siehe Gunsteren, v. (1978a; 1978b); Miller, D. (1990).

Kommunitarismus zurück. Zugleich ist die Kritik des Kommunitarismus an liberalen Positionen aber auch radikaler als frühere Kritiken, "weil er gegen die alteuropäische Tradition des politischen Identitätsdenkens Differenz, Andersheit und Nichtidentität setzt" (Brumlik/Brunkhorst 1993a: 11f). Im Kontext einer Diskussion um Staatsbürgerschaft ist die Kritik der Kommunitaristen zunächst von Interesse, weil auf *sozialphilosophischer Ebene* die Rolle des Bürgers und das liberale Verständnis der Staatsbürgerschaft kritisch hinterfragt und zugleich alternative Konzeptionen entworfen werden. Das kommunitaristische Denken ist aber auch deshalb von Bedeutung, da es, in der republikanischen Tradition stehend, den Aspekt der Partizipation des Bürgers in den Vordergrund rückt. Dabei lassen sich vereinfachend zwei Positionen unterscheiden: in *demokratietheoretischer Perspektive* geht es um die direkte Partizipation des Bürgers an der politischen Gemeinschaft; in *soziologischer Perspektive* hingegen tritt die Partizipation in der 'community' des einzelnen Bürgers in den Mittelpunkt.

Die Diskussion, die um die Möglichkeiten und Grenzen des Liberalismus für die Konstitution einer gerechten sozialen Ordnung geführt wird, nimmt ihren Ausgang von unterschiedlichen Vorstellungen über die Voraussetzungen und Grundlagen einer solchen Gesellschaft. Während der Liberalismus das mit Rechten ausgestattete Individuum zum Ausgangspunkt einer spezifischen Gerechtigkeitskonzeption macht, beharrt die kommunitaristische Kritik hingegen auf der Bedeutung gemeinschaftlich geteilter Normen und Werte und begreift deshalb die gemeinsamen Traditionen von Individuen als unhintergehbare Voraussetzung für die Entstehung einer gerechten Sozialordnung. "Im Zentrum der Kommunitarismus-Debatte steht demnach die Frontstellung zwischen Konzeptionen, die die individuellen Rechte freier und gleicher Bürger in den Mittelpunkt ihrer Überlegungen stellen, und Ansätzen, denen zufolge erst der Rekurs auf die gemeinschaftlichen Vorstellungen des Guten, die Bildung einer gerechten Gesellschaft ermöglicht" (Sigmund 1993: 50).

Daß es tatsächlich Staatsbürger sind, die im Mittelpunkt der Debatte stehen, war zu Beginn umstritten. John Rawls hatte in seiner 'Theorie der Gerechtigkeit' (1979) in einem vertragstheoretischen Modell einen Urzustand angenommen, in dem sich Individuen unter einem 'Schleier des Nichtwissens' auf Gerechtigkeitsgrundsätze für eine spezifische Gesellschaftsstruktur einigen. Die angenommenen Kennzeichen dieses Urzustandes bestehen darin, daß niemand seine Stellung in der Gesellschaft, seine Klasse oder seinen Status, seine Verfügung über natürliche Gaben wie Intelligenz oder Körperkraft und ebenso wenig seine Vorstellung vom Guten und seine besonderen psychologischen Neigungen kennt.[18] Auf dieses Konzept, welches auf eigenschaftslose und voneinander isolierte, atomistische Wesen zu rekurrieren scheint, hat Michael Sandel (1993) mit einer scharfen Kritik an Rawls' Konzeption des 'ungebundenen Selbst' reagiert und,

---

18 Rawls (1979: 29).

entgegen der Idee einer über individuelle Rechte konstituierten Gesellschaft, den Vorrang einer gemeinsamen Konzeption des Guten vor dem Rechten behauptet. Erst seit Rawls (1993) seine Konzeption der 'Gerechtigkeit als Fairneß' nicht mehr metaphysisch, sondern politisch begründet und sich damit auf ein intersubjektivitätstheoretisch erweitertes Konzept der menschlichen Person eingelassen hat[19], ist klar, daß es sich bei jenen Personen, die sich unter dem 'Schleier des Nichtwissens' auf eine spezifische Konzeption einigen, keineswegs um ausschließlich rationale Subjekte handelt, sondern um "konkrete *Staatsbürger*, die in der Tradition der westlichen Demokratie moralisch groß geworden sind" (Honneth 1993a: 12 - Hervorhebung: J.M.).

Die Konzeption und das Verständnis des Bürgers kann damit als einer der zentralen Diskussionspunkte der Kommunitarismus-Debatte begriffen werden, und insofern trifft die Einschätzung - "[what] is really at stake between John Rawls and his communitarian critics is the issue of citizenship" (Mouffe 1992b: 60) - durchaus zu. Zugleich lassen sich auf beiden Seiten die Positionen jedoch weiter differenzieren, so daß für die Beantwortung der Frage, wie Solidarität unter Bürgern möglich sei, um die Idee sozialer Gerechtigkeit zu verwirklichen, je zwei liberale und kommunitaristische Modelle unterschieden werden können. Mit Forst (1993) lassen sich diese auf liberaler Seite als Modelle eines *modus vivendi* und eines *übergreifenden Konsenses* bestimmen, auf der Gegenseite als *substantialistisches* und *republikanisches Modell*. Das auf Larmore (1993) zurückgehende Modell des 'modus vivendi' geht davon aus, daß die gemeinsamen Prinzipien der Bürger "lediglich Verfahrensregeln rationaler Argumentation (bzw. Nichtargumentation) und gegenseitigen Respekt [darstellen]" (Forst 1993: 198), während im Konzept des 'übergreifenden Konsenses' "das politische Leben des Bürgers zwar nicht die alleinige Verwirklichung des guten Lebens" sei, die Bürger vielmehr über die "Tugenden sozialer Kooperation, gegenseitiger Toleranz und eines Sinnes für Gerechtigkeit" verfügen müssen (ebd.: 198f). Ein viel stärkeres Verständnis des Staatsbürgers findet sich erwartungsgemäß auf der Gegenseite. Das 'substantialistische Modell' geht davon aus, daß der Bürger sich mit der Gemeinschaft als einem sittlichen Ganzen identifizieren müsse, um Erhalt und Stabilität derselben zu garantieren. Das 'republikanische Modell' schließlich bewegt sich zwischen den Extremen der zuvor genannten. "Das politische Leben ist nicht der Ort des guten Lebens, und Staatsbürgerschaft definiert sich nicht über die Mitgliedschaft in einer kulturell-sittlich integrierten Gemeinschaft, doch heißt Staatsbürgerschaft auch, als Mitglied eines Gemeinwesens Autor von dessen Gesetzen zu sein, für die Gemeinschaft als ganzes Verantwortung zu übernehmen und gesellschaftliche Solidarität zu üben" (ebd.: 201).

Staatsbürgerschaft steht in der Kommunitarismus-Debatte damit im Brennpunkt einer Auseinandersetzung um die Frage einer sozial gerechten Gesell-

---

19 Siehe Honneth (1993a).

schaftsordnung. Ohne hier detailliert auf die unterschiedlichen Ansätze eingehen zu können, stellen John Rawls' *Theorie der Gerechtigkeit* und Michael Walzers *Sphären der Gerechtigkeit* (1994a) die am weitesten ausgearbeiteten Gerechtigkeitskonzeptionen dar, die im Kern auf das Prinzip gleicher Staatsbürgerschaft rekurrieren.[20] Während damit auf sozialphilosophischer Ebene mit einer *idealen Theorie* einerseits, einer *kontextspezifischen Theorie* andererseits zwei gegensätzlich konzipierte Theorien sozialer Gerechtigkeit vorliegen, läßt sich mit Blick auf die Soziologie sagen, daß spätestens mit dieser Herausforderung "das Problem von Staatsbürgerschaft und Gerechtigkeit auf der Tagesordnung" steht (Müller/Wegener 1995a: 37).

Die Kritik des Kommunitarismus an der liberalen Auffassung des Staatsbürgers läßt sich gleichwohl nicht auf eine homogene Position reduzieren. Die Rückkehr des Republikanismus im Kontext der Kommunitarismus-Debatte, die Forderung der Kommunitaristen nach Engagement und Partizipation der Bürger, kann an zwei sehr unterschiedlichen Positionen verdeutlicht werden. Als Rekurs auf rousseauistische Ideen kann Benjamin Barbers (1994) demokratietheoretischer Entwurf begriffen werden, den er sowohl gegen das liberale Modell der 'repräsentativen Demokratie' als auch gegen eine 'Einheitsdemokratie', die auf der Idee gemeinsamer Blutsbande aller Staatsbürger beruht, abgrenzt und mit dem er im Konzept der *starken Demokratie* "den demokratischen Prozeß selbst zum zentralen Element ihrer Definition der Bürgerschaft" macht (ebd.: 213).[21] Ganz im Sinne Rousseaus begreift Barber den öffentlichen Bereich starker demokratischer Politik als den Raum, in dem das Individuum zum Bürger wird und seine eigentlichen Aufgaben wahrnimmt. Die Bürgerschaft gilt dabei als die einzige legitime Form der natürlichen Abhängigkeit des Menschen, sie stellt eine dynamische Beziehung zwischen Fremden dar, die im politischen Prozeß zu Nachbarn werden; ihre Nähe leitet sich aus einem in diesem Prozeß wachsenden Bewußtsein her; Individuen sind durch Partizipation an gemeinsamen Institutionen der Selbstregierung beteiligt; sie haben miteinander zu tun durch gemeinsames Engagement in der Politik; sie sind verbunden durch gemeinsames Handeln und Bewußtsein; der politische Stil der starken Demokratie ist der einer Tätigkeit und Kooperation; die entscheidende bürgerliche Tugend ist das zivile Verhalten selbst (vgl. ebd.: 219). Man kann kaum näher an Rousseau heranrücken, um die Idee einer, stärker als im liberalen Modell entwickelten, aktiven, umfassenden und permanenten Partizipation des Bürgers an der *res publica* zu propagieren. Bürgerschaft gilt Barber als "moralische Identität par excellence" (ebd.: 220), als ideale Grundlage definiert er einen unter den Bürgern herrschenden *kreativen Konsens*, "eine Übereinkunft, die gemeinsam Sprechen,

---

20 Für einen ausgezeichneten Vergleich beider Gerechtigkeitskonzeptionen siehe Forst (1996: 215ff); ferner Okin (1995).
21 Zu einer Kritik des Kommunitarismus und insbesondere des Ansatzes von Barber siehe Bader (1995a; 1995b); vgl. ferner Barber (1992; 1996).

1.2 Liberalismus und Kommunitarismus: Status und Praxis revisited

gemeinsamer Entscheidung und Arbeit entspringt, aber auf aktiver und beständiger Partizipation der Bürger an einem Prozeß beruht, in dem Konflikte durch Herstellung eines gemeinsamen Bewußtseins und durch politisches Urteilen transformiert werden" (ebd.: 221). Abgesehen von der nur schwer realisierbaren Durchsetzung eines solchen Konzepts 'starker Demokratie' geht Barber ganz offensichtlich davon aus, daß sich moderne funktional differenzierte sowie ethnisch und kulturell heterogene Gesellschaften um das alleinige Gut politischer Partizipation organisieren lassen, so daß es nicht darum geht, "daß diejenigen die Bürger sind, die an der Selbstregierung partizipieren, sondern daß diejenigen, die an der Selbstregierung partizipieren, Bürger eines Gemeinwesens sind, das offen ist für Partizipation, ungehinderten Zugang zur Selbstregierung ermöglicht und partizipatorische Institutionen allgemein zur Verfügung stellt" (ebd.: 223). 'Starke Demokratie' impliziert damit eine offene Gesellschaft, an der jeder partizipieren kann, die keine Mechanismen der Exklusion kennt, die mit der Reduktion auf direkte politische Partizipation aber zugleich einen völlig unterkomplexen Begriff von Staatsbürgerschaft beinhaltet. Der *radical view* einer starken Demokratie begeht damit aber ohne Zweifel genau den Fehler, den Mouffe (1992b) völlig zu Recht als Gefahr einer Rückkehr zu einem vormodernen Verständnis von Politik herausgearbeitet hat, welches Gefahr läuft, selbst totalitär zu werden: "The recovery of a strong participatory idea of citizenship should not be made at the cost of sacrificing individual liberty" (ebd.: 62).

Die zweite Variante eines partizipatorischen Verständnisses von Staatsbürgerschaft ist am klarsten von Robert Bellah und seinen Mitarbeitern (1985) formuliert worden. Ihr Verständnis von Staatsbürgerschaft rückt die Idee eines gemeinsamen Guten einer 'community' in den Vordergrund und reagiert damit auf die Gefahren des bereits von Tocqueville thematisierten Individualismus in der amerikanischen Gesellschaft.

"How ought we to live? How do we think about how to live?" (ebd.: VII), dies sind die Ausgangsfragen Bellahs u.a., um den 'Gewohnheiten des Herzens' amerikanischer Bürger auf die Spur zu kommen. Dabei kann in der amerikanischen Gesellschaft traditionell von vier entscheidenden Aspekten für ein Verständnis von Citizenship ausgegangen werden: "[Citizenship] as social standing, (...) citizenship as nationality, as active participation or 'good' citizenship, and finally, ideal republican citizenship" (Shklar 1991:3). Bellahs u.a. Sorge gilt einer immer schwerer zu erkennenden 'Idee des guten Lebens' in einer Gesellschaft, in der die Traditionen eines *utilitaristischen* und *expressiven* Individualismus die eines *religiösen* und *republikanischen* Individualismus in zunehmendem Maße zu verdrängen scheinen.[22] Neben diesem grassierenden Individualismus, den Michael Walzer (1993) auf wachsende geographische, soziale, politische und Ehemobilität zurückgeführt hat, tritt als zweite, institutionelle Kom-

---

22 Vgl. Müller (1992a).

ponente eine wachsende Zentralisierung in Politik ('big government') und Ökonomie ('big money'), die dem einzelnen Bürger als *invisible complexity* gegenübertreten und die notwendige Partizipation des Bürgers in der öffentlichen Sphäre tendenziell verhindern. Worin besteht die Lösung, die Bellah u.a. anbieten? Sie bestimmen zunächst Formen der Staatsbürgerschaft, die auf unterschiedlichen Ebenen des institutionellen Systems angesiedelt und mit bestimmten Formen von Politik verbunden sind.

Auf der Ebene der 'community' meint Citizenship einen Prozeß des "...'getting involved' with one's neighbors for the good of the community" (Bellah 1994: 265). Diese Vorstellung korrespondiert mit einer nostalgischen Auffassung von Politik als konsensueller, zwangloser Übereinkunft einander ähnlicher und miteinander über Tradition und Herkunft verbundener Bürger.[23] Ihr stehen auf der nächsten Ebene die 'politics of interest' - "...the complicated, professional, yet highly personal, business of adversarial struggles, alliance building, and interest bargaining" (Bellah u.a. 1985: 201) - entgegen. Sie werden auf unterschiedlichen Konfliktfeldern von zumeist professionellen Politikern geführt, und das entsprechende Verständnis von Citizenship ist weiter von der alltäglichen Realität der Bürger entfernt. Auf der dritten Ebene hat man es mit den 'politics of the nation' zu tun. In großer Distanz zu den einzelnen Bürgern scheint Politik auf Regierungsebene bei Amerikanern wenig Interesse zu wecken, ihr 'commitment' als Bürger bleibt auf symbolische Akte beschränkt.

Bellah befürwortet angesichts dieser Ergebnisse eine Remoralisierung der Politik jenseits der lokalen community.[24] Die Konzeption einer Gesellschaft, die um eine Vielzahl unterschiedlicher und miteinander zusammenhängender Gruppen organisiert ist, wäre nach Bellah u.a. in der Lage, eine 'Sprache des gemeinsamen Guten' zu erzeugen "...that could adjudicate between conflicting wants and interests, thus taking the pressure off of the overstained logic of individual rights" (ebd.: 207). Damit steht die Idee des 'guten Lebens' im Mittelpunkt. Es ist die Entscheidung zwischen einem administrativen Despotismus und einer verantwortlichen und responsiven Regierung; einer Zentralisierung oder Dezentralisierung der Regierung; einer Gesellschaft, die auf 'face-to-face-Organisationen' oder auf 'large-scale-Organisationen' und Interessengruppen gründet, einer partizipierenden oder vom politischen Prozeß entfremdeten Bürgerschaft und damit letztlich eine Entscheidung zwischen einer um die *Idee eines gemeinsamen 'Guten'* organisierten oder einer auf *individuellen Rechten* begründeten Gesellschaft.[25] Zur Schwäche solch dualistischer Konzeptionen hat Seyla Benhabib bemerkt, daß "die Debatte des letzten Jahrzehnts zwischen Liberalismus und Kommunitarismus, die Gerechtigkeit gegen Solidarität stellte und die Sprache von Rechten gegen die Sprache der Freundschaft setzte, (...) auf falschen Anti-

---

23 Bellah u.a. (1985: 200).
24 Bellah (1994: 266).
25 Siehe Macedo (1994) für eine Kritik an Bellah u.a. im Anschluß an Tocqueville (1985).

nomien und Gegensätzen [basiert]. Eine mit demokratischer Selbstregierung vereinbare Solidarität kann nicht ohne universale Gerechtigkeit erreicht werden; komplexe, heterogene Gesellschaften, die immer mehr die weltweite Norm als die Ausnahme darstellen, können nicht allein auf Freundschaft basieren; nur ein System egalitärer Rechte kann das Band zwischen Bürgern stiften, das eine Vorbedingung für Solidarität ist" (Benhabib 1993: 114f).

1.3 Universalistisches Ideal und partikularistische Identitäten

Der universalistische Anspruch moderner Staatsbürgerschaft, alle Bürger einer Gesellschaft qua staatsbürgerlicher Rechte als Gleiche anzuerkennen und ihnen eine gemeinsame nationale Identität zuzuschreiben, wird vor dem Hintergrund fortschreitender ethnischer Heterogenisierung und kultureller Pluralisierung in liberal-demokratischen Gesellschaften zunehmend zum Auslöser sozialer Auseinandersetzungen. In deren Zentrum steht die Frage nach der Bedeutung der Zugehörigkeit eines Individuums zu einer ethnischen oder kulturellen Gruppe, und ob ein universalistisch argumentierendes Konzept von Staatsbürgerschaft diesen partikularen Identitäten gerecht werden kann. Auf sozialphilosophischer Ebene erscheint diese Frage als Konflikt zwischen einer *Politik gleicher Würde* und einer *Politik der Anerkennung*. Beide Positionen sind in einem spezifischen Sinne egalitär und stellen normative Prinzipien dar, die "... citizens, politicians and servants of the state expect to be met, that are appealed to in criticism when they are not, and that legitimate the functioning of state institutions and the outcomes of political processes to the extent that they are" (Lukes 1993: 2).

Die Politik gleicher Würde fordert als abstraktes, unparteiliches und differenzblindes Prinzip, Menschen als Gleiche zu behandeln und ihren je individuellen Vorstellungen eines guten Lebens - nach kritischer Abwägung von Alternativen - gleiches Gewicht zu geben. Fünf Punkte charakterisieren dieses Prinzip: *erstens* die Freiheit von Zwang zu einer bestimmten Lebensform; *zweitens* die Neutralität des Staates, der keine spezifische Form des guten Lebens bevorzugt; *drittens* die Nicht-Diskriminierung Einzelner oder von Gruppen hinsichtlich ihrer spezifischen Art zu leben, ihrer Ideen oder Ziele; *viertens* die Forderung nach einer unparteilichen, von spezifischen Interessen gelösten Perspektive zur Beurteilung öffentlicher Entscheidungen; *schließlich* eine individualistische Perspektive, die das Individuum zum Adressaten von Politik macht (vgl. ebd.: 3f). Als weniger abstraktes, parteiliches und auf Differenz achtendes Prinzip rückt die Politik der Anerkennung hingegen die besondere Identität eines Individuums oder einer Gruppe sowie deren spezifische Konzeption eines gemeinsamen Guten ins Zentrum. Nicht mehr das, worin alle gleich sind, sondern das spezifisch Besondere und Einzigartige wird entscheidend. Auch dieses Prinzip läßt sich anhand einiger Punkte charakterisieren: *erstens* ist auch hier die Freiheit von Zwang kennzeichnend, nicht jedoch aufgrund der Begrenzung von Autonomie, sondern hinsichtlich der Unterdrückung von Authentizität, d.h. des spezifischen Ausdrucks partikularer Werte einer Gruppe; *zweitens* die Zurückweisung jeglichen Anspruchs auf die Möglichkeit differenzblinder Begründungen und Rechtfertigungen; *drittens* die Forderung nach positiver Diskriminierung, zum Ausgleich erlittener Benachteiligung und zur Durchsetzung der Interessen von Minderheiten; *viertens* die Skepsis gegenüber Abstraktion und der Bedeutung von Objektivität; *schließlich* ist das Prinzip nichtindividualistisch, insofern es Individuen als Mitglieder bestimmter Kollektive und Träger kollektiver Eigenschaften begreift (vgl. ebd.: 5ff).[26]

Die Herausforderung, die der Anerkennungsdiskurs vor dem Hintergrund dieser sich widersprechenden Positionen für die moderne Konzeption der Staatsbürgerschaft darstellt, beruht im wesentlichen darin, daß nicht mehr die Überschneidung von Identität und Nationalität als zentrales Strukturmerkmal von Staatsbürgerschaft akzeptiert wird[27], sondern vielmehr die Bedeutung des Zusammenhangs von Identität und 'Anerkennung' partikularer Identitäten in der öffentlichen Sphäre an Bedeutung gewinnt.[28] Aus diesem Konflikt hat sich in den vergangenen Jahren eine Debatte um die 'richtige' Interpretation liberaler Prinzipien entwickelt. Charles Taylor (1993a) favorisiert gegen einen differenzblinden Liberalismus eine Politik, die auf der Grundlage allgemein geltender Grundrechte sensibel für Gruppenrechte ist. Die aus einer 'Politik der Differenz' resultierende Achtung der Besonderheiten bestimmter Kulturen sieht Taylor als unabdingbare Voraussetzung für den Schutz der Identität der Mitglieder dieser Gruppen angesichts der 'Multikulturalisierung' aller Gesellschaften. Sein Vorschlag räumt den entsprechenden Gruppen die Möglichkeit ein, sich "innerhalb bestimmter Grenzen selbst zu behaupten" (ebd.: 59), weist jedoch die kulturrelativistische Forderung, allen Kulturen gleichen Wert beizumessen zugleich zurück. Gegen diese 'Korrektur' liberaler Prinzipien verteidigt Habermas (1993) den Universalismus einer prozeduralistischen Rechtsauffassung.[29] Er geht davon aus, daß sich "der demokratische Prozeß der Verwirklichung gleicher subjektiver Rechte auch auf die Gewährleistung der gleichberechtigten Koexistenz verschiedener ethnischer Gruppen und ihrer kulturellen Lebensformen [erstreckt]" (ebd.: 172). Aus dieser Perspektive resultiert die Verpflichtung zu den von Taylor geforderten weitreichenden Statusgarantien, dem Recht auf Selbstverwaltung, infrastrukturellen Leistungen, Subventionen etc. aus *Rechts*ansprüchen und nicht aus der allgemeinen *Wert*schätzung einer bestimmten Kultur (vgl. ebd.). Gruppenrechte sind in demokratischen Rechtsstaaten deshalb nicht

---

26 Siehe Radtke (1990b) für eine Kritik am Begriff der ethnischen Identität.
27 Vgl. Wiener (1996a).
28 Als bedeutendste Vertreter des Anerkennungsdiskurses gelten zweifellos Taylor (1993a) und Honneth (1994).
29 Siehe auch Habermas (1996b).

1.3 Universalistisches Ideal und partikularistische Identitäten

nur unnötig, sondern auch normativ fragwürdig, da der Schutz von Minderheitenkulturen die Anerkennung der einzelnen Mitglieder sichern soll und "keineswegs den Sinn eines administrativen Artenschutzes hat. Der ökologische Gesichtspunkt der Konservierung läßt sich nicht auf Kulturen übertragen" (ebd.: 173). Die Gewährleistung des Zusammenlebens unterschiedlicher kultureller und ethnischer Gruppen in multikulturellen Gesellschaften erfordert vielmehr die Entkopplung der ethischen Integration von Gruppen und Subkulturen mit je eigener kollektiver Identität von der Ebene der abstrakten, alle Staatsbürger gleichmäßig erfassenden politischen Integration.[30]

Daß es sich bei der Frage nach der Angemessenheit eines universalistischen Ideals von Staatsbürgerschaft und der Legitimität von Gruppenrechten nicht lediglich um einen sozialphilosophischen Streit um die richtige Interpretation abstrakter Prinzipien dreht, wird deutlich, wenn man danach fragt, ob ein universalistisch argumentierendes Konzept von Staatsbürgerschaft zur Lösung aktuell drängender politischer Fragen wie der Bedrohung ethnischer Minderheiten durch Vertreibung, ethnische Säuberungen oder erzwungene Assimilation durch Religion oder Sprache beitragen kann? Muß es nicht notwendig um Minderheitenrechte ergänzt werden, um das friedliche Zusammenleben ethnisch und kulturell verschiedener Bevölkerungsgruppen in liberal-demokratischen Gesellschaften sicherzustellen und zu verhindern, daß diese in einen 'ethnischen Flickenteppich' (Leggewie) zerfallen? Will Kymlickas Ansatz, die liberale Theorie systematisch um Gruppenrechte zu erweitern, um so partikulare Identitäten zu sichern und Gerechtigkeit zwischen Merheitsgesellschaft und Minderheiten zu ermöglichen, stellt zur Beantwortung dieser Fragen mit Sicherheit den anspruchsvollsten Zugang dar. Er differenziert zwischen ethnischen und nationalen Minderheiten, die auf je spezifische Gruppenrechte legitimerweise Anspruch erheben können. Als *nationale Minderheiten* gelten Gruppen wie etwa die Ureinwohner der klassischen Einwanderungsländer, die unter Zwang in die Gesellschaft inkorporiert wurden, während *ethnische Gruppen* aus individueller oder kollektiver Migration herrühren. Aus dieser Unterscheidung resultieren zwei Formen des Multikulturalismus: "A state is multicultural if its members either belong to different nations (a multination state), or have emigrated from different nations (a polyethnic state), and if this fact is an important aspect of personal identity" (Kymlicka 1995a: 18). Drei Formen von Minderheitenrechten sollen auftretende Konflikte in multikulturellen Gesellschaften lösen helfen: *Self-Government Rights* können nationale Minderheiten zur Sicherstellung politischer Autonomie und territorialer Verwaltung einfordern; *Polyethnic Rights* ermöglichen als zeitlich befristete Maßnahmen die gesellschaftliche Integration. Zur Bekämpfung der Diskriminierung von Minderheiten beinhalten sie Forderungen ethnischer Gruppen, von bestimmten Vorschriften der Mehrheitsgesellschaft aufgrund religiöser

---

30 Habermas (1993: 177f).

oder kultureller Regeln ausgenommen zu werden. *Special Representation Rights* sind schließlich Forderungen nationaler oder ethnischer Gruppierungen, im politischen Prozeß angemessen repräsentiert zu werden. Auch sie sollen zeitlich begrenzt sein und die Integration von Minderheiten in die Mehrheitsgesellschaft sichern. Es wird deutlich, daß die einzelnen Formen der Gruppenrechte den universalistischen Anspruch nationaler Staatsbürgerschaft in unterschiedlichem Ausmaß in Frage stellen. Sowohl Special Representation Rights als auch Polyethnic Rights stellen Regeln dar, die in einer Übergangsphase als 'affirmative action' die Respektierung partikularer Identitäten sichern und den Integrationsprozeß von Minderheiten in die Aufnahmegesellschaft vorantreiben sollen. Self-Government Rights hingegen zielen auf Autonomie und begünstigen damit letztlich separatistische Tendenzen. Die Idee des universalistischen Ideals wird damit auf den Kopf gestellt. Kymlicka geht im Anschluß an Taylor von einer wenig optimistischen Einschätzung aus: "A society founded on 'deep diversity' is unlikely to stay together unless people value diversity itself, and want to live with diverse forms of cultural and political membership" (ebd.: 191).

Neben diesen Versuchen, an der liberalen Theorie festzuhalten und sie um Gruppenrechte zu erweitern, formuliert der Diskurs des kulturellen Pluralismus eine viel radikalere Kritik am universalistischen Ideal moderner Staatsbürgerschaft. Ohne auf den Begriff der Anerkennung zurückzugreifen, geht es Iris Marion Young (1989; 1990) darum, nachzuweisen, daß die mit dem Status des Staatsbürgers verbundenen Ideen von Gleichheit und Gerechtigkeit für eine Vielzahl gesellschaftlicher Gruppen fern von jeder Realität sind und angesichts realer Unterschiede ein staatsbürgerliches Ideal, das Differenzen transzendiert, ohne jede Bedeutung ist. Um strukturelle Ungerechtigkeiten zu beseitigen, sollen deshalb alle gesellschaftlichen Gruppen, die unter *Herrschaft*, d.h. den institutionellen Bedingungen, die Menschen daran hindern, an Entscheidungen teilzuhaben, die ihr Leben betreffen, und *Unterdrückung*, d.h. Erscheinungen von Ausbeutung, Marginalisierung, Machtlosigkeit, kulturellem Imperialismus und Gewalt leiden, legitimerweise Anspruch auf besondere Repräsentation im politischen Prozeß geltend machen können.[31] Klare Anwärter für solche Rechte sind "...women, blacks, Native Americans, old people, poor people, disabled people, gay men and lesbians, Spanish-speaking Americans, young people, and nonprofessional workers" (Young 1989: 265). Der Schlüssel zur Lösung besteht nicht in einem differenzblinden Verständnis von Staatsbürgerschaft, sondern im Konzept eines *differentiated citizenship*, welches *erstens* die Selbstorganisation der jeweiligen Mitglieder, *zweitens* Stellungnahmen zu den Auswirkungen der Sozialpolitik auf die Situation der Gruppe und konkrete Vorschläge für eine Veränderung ihrer Situation, und *drittens* ein Veto-Recht in bezug auf Entscheidungen

---

31 Young (1990: 39ff).

1.3 Universalistisches Ideal und partikularistische Identitäten 31

der Politik, die eine spezifische Gruppe unmittelbar betreffen, vorsieht.³² Die wichtigste Kritik, die sowohl gegen Kymlickas Modifikation der liberalen Theorie als auch gegen Youngs vollständigen Verzicht auf ein einheitliches Modell von Staatsbürgerschaft vorgebracht wird, hat Glazer (1983: 227) formuliert: "[The] hope of a larger fraternity of all Americans will have to be abandoned".³³ Neben der ungeklärten Frage möglicher zentrifugaler Tendenzen von Gruppenrechten, der Kulturalisierung gesellschaftlicher Konflikte³⁴ und einem verbreiteten statischen Begriff von Kultur³⁵, stellt die Zuschreibung spezifischer Rechte auf der Grundlage askriptiver Kriterien eines der größten Probleme des kulturellen Pluralismus dar. Trotzdem oder vielleicht gerade deshalb ist die Auseinandersetzung um die Legitimität von Gruppenrechten die Gretchenfrage im Hinblick auf das Verhältnis von Mehrheitsgesellschaft und ethnischen/kulturellen Minderheiten in multikulturellen Gesellschaften. Jenseits der aufgezeigten Kontroversen und weiteren Debatten innerhalb der politischen Philosophie und Rechtsphilosophie³⁶, gewinnen einerseits konkretere Vorschläge an Bedeutung, angesichts der ethnischen und kulturellen Heterogenisierung traditioneller Nationalstaaten die realen Erfahrungen multikultureller Gesellschaften auf diese zu übertragen,³⁷ andererseits werden unterschiedliche Modelle und Konzepte der Inkorporation von Immigranten diskutiert.³⁸ Die Sozialphilosophie scheint aufgrund der Probleme eines zunehmend aggressiver auftretenden Multikulturalismus vorsichtiger geworden zu sein. Lukes (1993) und neuerdings Michael Walzer (1994b; 1997) diskutieren als Lösungsvorschläge für die Konflikte in multikulturellen Gesellschaften unterschiedliche Modelle staatlicher Organisation und den mit ihnen verbundenen Umgang mit Minderheiten. Dabei drängt sich

---

32 Youngs Ansatz ist von Nancy Fraser (1995a; 1995b) heftig kritisiert worden. Ihr geht es nicht um die Frage der Staatsbürgerschaft, sondern um die Frage, ob in 'post-sozialistischen' Zeiten die Frage nach Gerechtigkeit angemessen kulturalistisch als Kampf um Anerkennung erfaßt und die Frage ökonomischer Umverteilung der Geschichte überantwortet werden kann. Fraser thematisiert das Verhältnis einer 'Politik der Anerkennung' und einer 'Politik der Umverteilung' und schlägt einen analytischen Rahmen zur Überwindung eines 'redistribution-recognition'-Dilemmas vor. Entlang der Achsen Anerkennung/Umverteilung und affirmativ/transformativ plädiert sie für die Kombination transformatorischer politischer Strategien, die einerseits eine sozialistische Umgestaltung der Ökonomie und damit der sozioökonomischen Grundlagen realer, sozialer Ungleichheiten fordert und andererseits einer Transformation von Anerkennungsverhältnissen, die mittels einer dekonstruktivistischen Strategie darauf abzielt, Gruppengrenzen zu überwinden. Zur weiteren Diskussion siehe Fraser (1997); Young (1997).
33 Ferner Glazer (1994; 1996); Kukathas (1992).
34 Kaschuba (1994); Fraser (1995a; 1995b).
35 Vgl. Gitlin (1996).
36 Siehe die Diskussionen zwischen Williams (1995) und Baker (1995); Kukathas (1992) und Kymlicka (1992) sowie die Beiträge zum Schwerpunkt-Heft des Canadian Journal of Law and Jurisprudence 2/1991 von Green (1991); Hartney (1991); MacDonald (1991); Narveson (1991); und Pestieau (1991).
37 Castles (1992; 1994); Leggewie (1996).
38 Schmitter-Heissler (1992); Soysal (1994).

der Eindruck auf, daß nicht mehr Forderungen des Multikulturalismus nach Anerkennung im Mittelpunkt stehen, sondern zunehmend Fragen der *Toleranz* gegenüber Minderheitengruppen.[39]

1.4 Die feministische Kritik des liberalen Modells

Auch aus feministischer Perspektive gerät das liberale Modell der Staatsbürgerschaft zunehmend unter Druck. Die Kritik problematisiert die Bedeutung der formalen Gleichheit aller Staatsbürger und weist auf die ihr zugrundeliegenden sozialen Trennungen und realen Unterschiede hin. Sie macht geltend, daß "mit dem bürgerlich rechtsstaatlichen Patentrezept der formalen Gleichheit nur 'vor dem Gesetz' (...) in den Klassen- und Geschlechterverhältnissen immer wieder der Status quo bestehender Herrschaftsverhältnisse befestigt und die materielle Ungleichheit sowie die Sonderstellung und Diskriminierung der Frauen legalisiert [wurde]" (Gerhard 1990a: 188). Obgleich die feministische Diskussion um Staatsbürgerschaft weit verzweigt ist, teilen die unterschiedlichen Stränge jedoch die Überzeugung, daß die Kategorie 'Geschlecht' weder in der liberalen Tradition noch in den gegenwärtigen Auseinandersetzungen um Staatsbürgerschaft Berücksichtigung findet und die Diskussion um Staatsbürgerschaft deshalb die Grundlagen feministischer Theorie und politischer Strategien berührt.[40] Es muß zunächst den *Ursachen* der Exklusion von Frauen in der Diskussion um Staatsbürgerschaft nachgegangen werden. Im Anschluß daran können sowohl *alternative Modelle von Staatsbürgerschaft* als auch *unterschiedliche Strategien* zur Überwindung der Exklusion von Frauen aufgezeigt werden.

Ein widersprüchliches Verhältnis zwischen Feminismus und Liberalismus ist Ursprung der Kritik am liberalen Verständnis der Staatsbürgerschaft. Einerseits kennzeichnen die Ideen gleicher Rechte und die Forderung nach Chancengleichheit, die Vorstellung individueller Freiheit und die Forderung nach Abschaffung von Vorrechten Liberalismus und Feminismus[41], und in der Tat herrscht in der feministischen Literatur weitgehend Einigkeit darin, daß beide Traditionen eng miteinander verbunden sind: "Introducing a 'conception of individuals of free and equal beings, emancipated from the ascribed, hierarchical bonds of tradition', it seemed to cry out for application to women and while early liberals hardly rushed to make this connection, their principles seemed a basis for feminist ideals" (Phillips 1987: 6). Diesem aufklärerischen Impetus verkündeter Freiheiten stehen allerdings sowohl bei John Stuart Mill (1989) als auch bei John Locke

---

39 In welchem Verhältnis Anerkennung und Toleranz zueinander stehen, scheint bisher eine offene Frage zu sein.
40 Walby (1994); Lister (1995).
41 Mitchell (1987); Phillips (1987a); Pateman (1989).

(1992) problematische Konzeptionen des Geschlechterverhältnisses entgegen. Obgleich Mill die Unterordnung von Frauen unter ihre Ehemänner als ungerechtfertigte Ausnahme von den proklamierten liberalen Prinzipien begreift und die Herrschaft von Männern als in Traditionen verankert und auf der Überzeugung ihrer natürlichen Überlegenheit beruhend kritisiert, vermeidet er es, diese Überzeugung konsequent auf den häuslichen Bereich zu übertragen, um damit auch die Arbeitsteilung zwischen den Geschlechtern zu kritisieren. "Mill argues that because of their upbringing, lack of education and legal and social pressures, women do not have a free choice whether or not marry: 'wife' is the only occupation open to them" (Pateman 1989: 376). Nicht weniger folgenreich erweist sich Lockes Konzeption des Ehevertrages, der das Geschlechterverhältnis regelt, neben den Gesellschaftsvertrag tritt und Frauen prinzipiell unter männliche Gewalt stellt.[42]

Vor diesem Hintergrund verweisen feministische Theoretikerinnen auf drei Probleme, die mit dem liberalen Verständnis der Staatsbürgerschaft verbunden sind. *Erstens* ist die Trennung der gesellschaftlichen Sphären des Privaten und Öffentlichen, die voneinander getrennt und einander gegenüberstehend konzipiert werden, mit der Zuweisung von Frauen zur privaten und Männern zur öffentlichen Sphäre verbunden. Durch die Zuweisung der Geschlechter werden für beide Sphären vollständig gegensätzliche Prinzipien konstitutiv.[43] Diese Strukturierung und der aus ihr resultierende Ausschluß von Frauen aus der Öffentlichkeit hat grundlegende Bedeutung für deren Position und Staatsbürgerstatus.[44]

Zweitens resultiert die vollständige Ausklammerung des privaten, häuslichen Bereiches jedoch aus einer weiteren Trennung von Privat und Öffentlich, die sich dieses Mal innerhalb der 'Civil Society' selbst vollzieht. "'Private' in this sense is not about the family; abstracting entirely from the domestic sphere, it refers to the market, to the economy, to our 'social' as opposed to our 'political' life. And because the family is now completely out of the picture, liberalism can more plausibly pretend that we are indeed the private and isolated individuals on which its theories rest" (Phillips 1987a: 15). Indem damit von der privaten, im Sinne einer häuslichen Sphäre und ihren partikularen Bezügen abstrahiert, und in

---

42 Gerhard (1990b). Zu einem interessanten rechtstheoretischen Ansatz, der die Konstitution von Bürgerinnen und Bürgern durch eine spezifische Rechtsordnung zum Thema macht, siehe Baer (1997).
43 "The family is based on natural ties of sentiment and blood and on the sexually ascribed status of wife and husband (mother and father). Participation in the public sphere is governed by universal, impersonal and conventional criteria of achievement, interests, rights, equality and property - liberal criteria, applicable only to men" (Pateman 1987: 106).
44 Siehe dazu Wilde (1995: 144): "Die Struktur ist deutlich erkennbar: In der öffentlichen Sphäre sind Stärke und Fähigkeit als natürliche Unterschiede keine Kriterien für die Rechtsgleichheit der (männlichen) Individuen. In der sozialen Institution Familie dagegen wird die natürliche Verschiedenheit in Form des Geschlechts zum entscheidenden Maßstab für die Ausgrenzung aus dem etablierten Rechtsverständnis und damit nicht nur für soziale, sondern auch politische Ungleichheit." Siehe auch Pateman (1987); Lister (1993); Young (1995).

der 'Civil Society' jene Sphäre als privat gilt, die Männern zugewiesen wird, verschwinden Frauen gewissermaßen aus der Welt der Staatsbürger. "In seemingly universal concern over the limits of the state and the freedoms of the individual, liberalism talks in effect of a world occupied by men" (ebd.).[45]

Als *drittes* Problem tritt zu diesen beiden Trennungen von Privat und Öffentlich die patriarchale Strukturierung des Haushaltes, die in zweifacher Hinsicht zum Thema wird: zum einen geht es darum, daß die Gegenüberstellung von häuslicher Sphäre und Öffentlichkeit ideologisch ist, da sowohl die Trennung beider Sphären als auch die hierarchische und patriarchalische Ordnung der häuslichen Sphäre Resultat politischer, in der Sphäre des Öffentlichen getroffener Entscheidungen sind.[46] Zum anderen bleibt, wie Ursula Vogel (1991) in einer kritischen Diskussion der wichtigsten Traditionen der politischen Philosophie gezeigt hat, die Institution der Ehe das größte Hindernis für eine Staatsbürgerschaft für Frauen. Die Ehe schreibt auch unter wohlfahrtsstaatlichen Bedingungen die Abhängigkeit der Frauen von ihren Ehemännern fest, fesselt sie an die häusliche Sphäre und hält sie in einem Status der Unmündigkeit.

In welchem Maße geschlechtsspezifische Arbeitsteilung und die Zuweisung von Frauen in die häusliche Sphäre die Entstehung einer Staatsbürgerschaft für Frauen, im Sinne einer Partizipation in Ökonomie, Staat und politischer Gemeinschaft beeinträchtigen, hat Ruth Lister (1990; 1993; 1995) herausgearbeitet. Da Berufstätigkeit als 'key to citizenship' (Pateman) begriffen werden kann, werden ungleiche Bezahlung von Frauen und Männern für gleiche Tätigkeiten, unsichere Arbeitsverhältnisse und Teilzeitarbeit, Unterbrechungen des Berufslebens wegen Kindererziehung und der Pflege von Angehörigen sowie die fortbestehenden Auswirkungen der Ideologie des Zuverdienens von Frauen zum Hindernis ihrer vollständig gleichberechtigten Partizipation in der Ökonomie. Die geschlechtsspezifische Arbeitsteilung "...which places no obligation on men to undertake caring and domestic work and which governs the relationship of women and men to both paid and unpaid work, also has implications for their respective positions as citizens in the other two areas of the public sphere: the state and the polity" (Lister 1993: 6). In bezug auf den Staat wird die besondere Bedeutung sozialer Staatsbürgerrechte für die Ausübung aktiver Staatsbürgerschaft deutlich. Da diese aber an die Partizipation auf dem Arbeitsmarkt gebunden sind, wird die aus der geschlechtsspezifischen Arbeitsteilung resultierende Abhängigkeit von Frauen von ihren Ehepartnern das zentrale Problem. Diese Abhängigkeit in einer als privat definierten Sphäre, in der der Staat kaum regulierend eingreift, zieht einen Mangel an Sicherheit, Rechten und Autonomie nach sich, ein Zustand "... [which] can create any corrosive of any notion of citizenship rights" (ebd.). Schließlich werden auch hinsichtlich der Partizipation von Frauen an der politischen Gemeinschaft die Folgen geschlechtsspezifischer Ar-

---

45 Vgl. auch Pateman (1987); Vogel (1991).
46 Okin (1992: 60).

1.4 Die feministische Kritik des liberalen Modells

beitsteilung deutlich. Nicht allein das verknappte Zeitbudget durch Reproduktionstätigkeiten und eventuell Teilzeit- oder Ganztagsarbeit, sondern auch fehlende öffentliche Infrastruktur, spezifische Geschlechterpolitiken in Organisationen und die verstärkte Partizipation in 'subaltern counterpolitics' (Fraser) statt in politischen Parteien, zeigen die Barrieren, die politischem Engagement von Frauen im Wege stehen.

Ausgehend von diesen Folgen, die sich für Frauen aus den Grundlagen des liberalen Modells der Staatsbürgerschaft ergeben, konzentriert sich die Diskussion einerseits auf alternative Modelle von Staatsbürgerschaft, andererseits auf konkrete Strategien zur Überwindung von Exklusion.

Die Frage, ob das klassische Verständnis von Staatsbürgerschaft für Frauen überhaupt noch Sinn macht, beurteilt Susan Moller Okin (1992: 57) eher skeptisch. "[In] many respects the ideal does have to be subverted or deconstructed - not only in order to include women, but in order to be an improved ideal for men too." Zwei mögliche Modelle können hierzu unterschieden werden: einerseits ein Modell, welches *geschlechtsneutral* (gender-neutral) argumentiert und unter Absehung zugeschriebener Geschlechterrollen Frauen und Männer gleichermassen einbezieht. Ein solches Festhalten an einem universalistischen Verständnis hätte einerseits zu berücksichtigen, daß in das Bündel der Staatsbürgerrechte spezifische bürgerliche Rechte von Frauen, wie 'reproductive rights' aufgenommen werden müßten.[47] Andererseits zeigt die Erfahrung eines 'state feminism' in skandinavischen Ländern aber auch, daß eine an universalistischen Prinzipien orientierte staatliche Politik durchaus die Situation von Frauen grundlegend verändern kann: "[The] rights of social citizenship have actually empowered women for political participation" (Vogel 1991: 81). Im Gegensatz zur Einschätzung, daß auf der Grundlage eines derartigen Modells die Gleichberechtigung von Frauen und Männern zu erreichen sei, will andererseits ein Modell, welches als *geschlechtsspezifisch* (gender-differentiated) bezeichnet werden kann, der Differenz zwischen den Geschlechtern Rechnung tragen.[48] Hier wird davon ausgegangen, daß die aus der Trennung der Geschlechter resultierende Ungleichheit zu völlig unterschiedlichen moralischen Erfahrungen und Wahrnehmungen geführt hat und daraus verschiedene Konzeptionen von Verantwortlichkeiten und der Partizipation als Staatsbürger und Staatsbürgerinnen resultieren. Damit soll sowohl ein Opferstatus für Frauen abgelehnt als auch die Annahme eigener Vorstellungen positiv gewertet werden.[49] Die Betonung von Differenz führt jedoch zur Frage, ob nicht auch der Ansatz weißer Mittelklasse-Frauen, 'Frau' als homogene Kategorie zu konzipieren und damit stillschweigend die Identitäten schwarzer, lesbischer oder behinderter Frauen zu vernach-

---

47 Vgl. Held (1990c); Walby (1994).
48 Siehe Walby (1994).
49 Vgl. Vogel (1991).

lässigen, selbst zum Problem wird[50], und deshalb nicht nur eine geschlechtsspezifische Form der Staatsbürgerschaft, sondern eine differenzierte Staatsbürgerschaft zu fordern ist, die diesen multiplen Identitäten gerecht wird.[51] Vor dem Hintergrund dieser Modelle kennzeichnet eine Vielzahl unterschiedlicher und zum Teil kontroverser Strategien zur Überwindung der Unterordnung von Frauen die feministische Debatte. Obgleich diese weitgehend offen lassen, wie und wodurch dieser Prozeß genau in Gang gesetzt werden kann, scheint Einigkeit in der Einschätzung zu bestehen, daß eine 'volle' Staatsbürgerschaft für Frauen radikale Veränderungen sowohl hinsichtlich der Sphäre des Privaten in der Zivilgesellschaft, der Trennung von Privat und Öffentlich sowie der geschlechtsspezifischen Arbeitsteilung unabdingbare Voraussetzung sind. Von diesen Strategien sei hier nur auf zwei sehr bedeutende verwiesen: Mary Dietz (1994: 446) kritisiert sowohl das liberale Verständnis "...of the citizen as the bearer of rights, democracy as the capitalist market society and politics as representative government" als auch marxistische und maternalistische Strömungen des Feminismus.[52] Sie nimmt einen radikaldemokratischen Standpunkt ein und fordert, wie auch Carole Pateman (1989), eine radikale Demokratisierung des Privaten und des Öffentlichen sowie des Geschlechterverhältnisses, ohne die eine Staatsbürgerschaft für Frauen nicht zu haben sei. Einen interessanten neuen Vorstoß, um sowohl den "falschen Universalismus in der Staatsbürgerschaft und im Begriff 'Frau'" zu überwinden hat jüngst Ruth Lister (1997: 21) mit dem Konzept eines *differenzierten Universalismus* unternommen. Ihr geht es darum, das emanzipatorische Potential des Universalismus zu bewahren, der zugleich jedoch Vielfalt und Differenz anerkennen muß. Lister zielt darauf ab, eine Staatsbürgerschaftskonzeption zu entwickeln, in der sich die Idee von Gruppenrechten mit einem "universalistischen und grundsätzlichen Verständnis von menschlichen Bedürfnissen" (ebd.: 22) als der Grundlage von Staatsbürgerrechten verbindet.

1.5 (Staats)Bürgerschaft jenseits des Nationalstaates?

Der Nationalstaat ist in der Krise. Ein entstehender Korpus rechtlicher Regelungen, der Kompetenzen des Nationalstaates auf die supranationale Ebene verlagert sowie der von Globalisierung und Regionalisierung ausgehende Druck auf institutionelle Arrangements leisten Überzeugungen Vorschub, die die wachsende supra- und internationale Verflechtung und Einbindung von Nationalstaaten

---

50 Hierzu sehr informativ Lister (1997).
51 Für Young (1990) stellen Frauen eine der gesellschaftlichen Gruppen dar, zu deren Schutz spezifische Rechte unerlässlich sind.
52 Siehe die Debatte zwischen Dietz (1985) und Elshtain (1985).

1.5 (Staats)Bürgerschaft jenseits des Nationalstaates? 37

als deren Ende begreifen. In dem Maße, in dem unklar zu werden scheint, ob der Nationalstaat auch jenseits der Jahrtausendwende die entscheidende Instanz sein wird, die die Rechte von Bürgern gewähren, sichern und durchsetzen kann, wird auch der Status nationaler Staatsbürgerschaft zur Disposition gestellt. Alternative Konzepte beanspruchen die legitime Nachfolge nationaler Staatsbürgerschaft, die angeblich zunehmend an Prägekraft verliert. Es zeigt sich aber, daß die unterschiedlichen, jenseits des Nationalstaates angesiedelten Konzepte vage sind und ihre institutionelle Verankerung völlig unklar bleibt. *Kosmopolitische Bürgerschaft, Weltbürgergesellschaft, transnational citizenship, global citizenship, postnational citizenship* oder *citizen of the planet earth,* sind bestenfalls normative Modelle, die wahlweise demokratietheoretisch informiert, ökologisch inspiriert oder dem Kantschen Ideal des Weltbürgers verpflichtet sind.[53] Während sie sich jedoch noch mit einer, wenn auch unklaren, Erweiterung des Bürgerstatus auseinandersetzen, plädiert ein alternativer Diskussionsstrang für die vollständige Durchsetzung der Menschenrechte, die an die Stelle nationaler Staatsbürgerrechte treten sollen.[54] Im Gegensatz zum historisch und kulturell spezifisch westlichen Konzept der Staatsbürgerschaft scheinen sie 'universalistischer, zeitgemäßer und progressiver' zu sein (Turner 1993b). Diese Position ist gleichwohl nicht unproblematisch. Vor dem Kurzschluß, voreilig auf die globale Durchsetzung der Menschenrechte zu setzen und diese gegen nationale Staatsbürgerrechte auszuspielen, hat Maurice Roche (1995: 726) eindringlich gewarnt: "Presumably we would all wish to see human rights institutionalized effectively and recognize that if this cannot be achieved at the nation-state level then it needs to be achieved by regulation and institutionbuilding at the transnational level. (...) To make the ideal of developing a world of human rights-respecting societies into a more tangible and practical reality new and complex institutionalizations of transnational and subnational forms of rights and membership, new forms of 'postnational citizenship' need to be envisaged and struggled for over the long term".[55]

Neben all diesen Konzepten und Entwürfen ist die Einführung der *Unionsbürgerschaft* durch Artikel 8-8e des Maastricht-Vertrages vom 7.2.1992 die am weitesten entwickelte und institutionalisierte Form eines supranationalen Modells der Mitgliedschaft. Artikel 8 (1) stellt fest: "Es wird eine Unionsbürgerschaft eingeführt. Unionsbürger ist, wer die Staatsangehörigkeit eines Mitgliedsstaates besitzt."[56] Die Unionsbürgerschaft ist zweifellos Ergebnis des fortschreitenden institutionellen Integrationsprozesses der Mitgliedsstaaten der

---

53 Siehe Archibugi/Held (1995) zur 'kosmopolitischen Bürgerschaft'; Dahrendorf (1994) zur 'Weltbürgergesellschaft'; Marko (1996) zu 'transnational citizenship'; Falk (1994) zu 'global citizenship'; Soysal (1994) zu 'postnational citizenship' und Steward (1991) zu 'citizen of the planet earth'.
54 Siehe zu dieser Argumentation ausführlicher Kap. 3.
55 Siehe auch Turner (1997); Parry (1991); Soysal (1994).
56 Siehe Bundesgesetzblatt Jg. 1992, Teil II.

Europäischen Union.⁵⁷ Während nach den Verträgen zur Montanunion und zu Euratom sowie den Römischen Verträgen (1957) dieser Prozeß bereits weit fortgeschritten war, wurde er mit der Errichtung des europäischen Binnenmarktes und der Wirtschaftsunion, sowie gegenwärtig durch die beabsichtigte Währungsunion und eine zu errichtende europäische Zentralbank weiter vorangetrieben. Lepsius (1991: 312) hat in diesem Zusammenhang darauf hingewiesen, daß dieser Prozeß nicht nur die Kompetenz der Regierungen und der Parlamente relativiert, sondern vielmehr Auswirkungen auf "das gesamte nationalstaatliche Geflecht der Interessenformierung und der Institutionalisierung und Vermittlung von Interessenkonflikten, sowie (...) die damit in Zusammenhang stehenden Prozesse der Legitimierung von Verteilungskonflikten [hat]."⁵⁸ Als ein Resultat dieses 'kumulativen und expansiven' inneren Entwicklungsprozesses wurde mit der Unionsbürgerschaft jenseits des Nationalstaates ein im juristischen Sinne systematisches Verständnis der Bürgerschaft entwickelt. Die Artikel 8a-8e beinhalten eine Liste spezifischer Rechte, die mit dem Status des 'European Citizen' verknüpft sind. Artikel 8a garantiert Bewegungsfreiheit in jedem Mitgliedsstaat; Artikel 8b gewährt Unionsbürgern das Recht, in einem Mitgliedsland der Union, in dem sie ihren Wohnsitz haben, an Kommunalwahlen und Europawahlen teilzunehmen und bei diesen Wahlen wählbar zu sein. Artikel 8c sichert diplomatischen Schutz der Mitgliedsstaaten für den Fall, daß das eigene Land in einem dritten keine diplomatische Vertretung unterhält; Artikel 8d gewährt jedem Unionsbürger das Petitionsrecht sowie die Möglichkeit, sich an den Bürgerbeauftragten der Europäischen Union zu wenden. Artikel 8e schließlich hält die Möglichkeit einer weiteren Entwicklung, Ausdehnung und Vertiefung der Unionsbürgerschaft offen.⁵⁹ Es zeigt sich, daß die Unionsbürgerschaft keinerlei soziale Rechte enthält und somit zunächst als klassisches politisches und rechtliches Konzept verstanden werden muß.⁶⁰ D'Oliveira (1994) hat zu diesen Rechten bemerkt, daß sie keine Fortentwicklung darstellen und lediglich schon zuvor Erreichtes kodifizieren. Die Unionsbürgerschaft ist für ihn deshalb "...nearly exclusively a symbolic plaything without substantive content, and in the Maastricht Treaty very little is added to the existing status of nationals of Member States" (ebd.: 147).⁶¹

Gleichwohl läßt sich nicht abstreiten, daß die Errichtung der Unionsbürgerschaft mit Konsequenzen verbunden ist. Diese Diskussion ist bisher weitgehend Thema des juristischen Diskurses geblieben, und im Gegensatz zu den oben erwähnten Konzepten herrscht in Sachen Unionsbürgerschaft offenbar weitge-

---

57 Die Institutionalisierung einer Unionsbürgerschaft ist bereits seit 1974 Thema.
58 Vgl. auch Lepsius (1990b).
59 Zu dieser Einschätzung La Torre (1995); siehe Bundesgesetzblatt Jg. 1992, Teil II.
60 La Torre (1995: 4).
61 Ausführlich zur Bedeutung der Artikel 8a-8e des Maastricht-Vertrages: Closa (1992); La Torre (1995); D'Oliveira (1994).

hend Einigkeit darüber, daß sie keineswegs an die Stelle nationaler Staatsbürgerschaft tritt, sondern mit ihr vielmehr eine *duale Staatsbürgerschaft* entsteht. Unionsbürger erhalten diesen Status als Staatsangehörige der Mitgliedsstaaten, so daß der Vorrang nationaler Staatsbürgerschaft nicht angetastet und auch nicht über das Konzept der Nationalität als Kriterium für die Zugehörigkeit zu einem Nationalstaat hinausgegangen wird.[62] Weiter besteht Einigkeit darüber, daß Artikel 8e des Vertrages eine *dynamische Konzeption* begründet, die eine weitere Ausdehnung der 'Unionsbürgerrechte' offen hält: "[Citizenship] of the Union adds to the first group of nationality rights enjoyed within a member State a second circle of new rights enjoyed in any Member State" (Closa 1995: 493).[63]

Trotz des inzwischen etablierten Rechtsterminus des Unionsbürgers kann auf keinen einheitlichen europäischen Begriff für diesen Status zurückgegriffen werden. Einem solchen Verständnis stehen vielmehr unterschiedliche historische, kulturelle und politische Traditionen in den einzelnen Mitgliedsstaaten entgegen, weshalb für den Begriff des Staatsbürgers aufgrund der nationalen Rechtsordnungen von einer Pluralität an Bedeutungsgehalten ausgegangen werden muß.[64] An fünf Problembereichen wird deutlich, daß aus der Institutionalisierung der Unionsbürgerschaft Fragen resultieren, die auf nationaler Ebene gelöst schienen: Das staatszentrierte Modell der Staatsbürgerschaft, der Zusammenhang von Nationalität und Identität, der spezifische Charakter des neuen Modells, die Legitimität von Herrschaft sowie neue Formen der Partizipation sind die entscheidenden Dimensionen.

Raymond Aron (1974) hat sowohl die Bedeutung eines staatszentrierten Verständnisses von Citizenship als auch den Zusammenhang von Identität und Nationalität hervorgehoben und grundlegende Skepsis und Vorbehalt gegenüber der Vorstellung einer im Zuge des europäischen Einigungsprozesses entstehenden multinationalen (Staats)Bürgerschaft formuliert. Eine Loslösung der Staatsbürgerschaft von der Institution des Nationalstaates schien ihm unmöglich, er war vielmehr überzeugt davon, daß politische Rechte an den Nationalstaat gebunden sind und die Integration nationaler Ökonomien im Zuge der europäischen Integration nicht zwangsläufig eine politische Vereinigung nach sich ziehen müssen. Der Nationalstaat galt Aron als die einzige Instanz, die ein Gefühl der Zugehörigkeit unter den Bürgern gewährleisten kann. "Though the European Community tends to grant all the citizens of its member states the same economic and social rights, there are no such animals as 'European citizens'. There are only French, German, Italian citizens" (ebd.: 653). Gegen dieses Festhalten an einem staatszentrierten Konzept von Citizenship wird jedoch das Argument geltend gemacht, daß dieses Verständnis nationaler Staatsbürgerschaft lediglich ein historisches Modell unter anderen darstellt und eine Vielzahl von Kontexten

---

62 Vgl. Closa (1992).
63 Informativ zur Entstehung einer europäischen Verfassung: Mancini (1989).
64 Vgl. Preuß/Everson (1996).

und unterschiedlichen Bedeutungen des rechtlichen und politischen Status, des Verhältnisses von Rechten und Pflichten, der Loyalitäten und Identitäten, die mit dem (Staats)Bürgerstatus zusammenhängen, identifiziert werden kann.[65]

Mit der Relativierung des staatszentrierten Verständnisses moderner Staatsbürgerschaft wird auch die Annahme eines internen Zusammenhanges von Staatsbürgerschaft und nationaler *Identität* fraglich. Habermas hat deutlich gemacht, daß auch dieser Zusammenhang als historisch kontingent begriffen werden muß. "Only briefly did the democratic nation-state forge a close link between *ethnos* and *demos*. Citizenship was never conceptually tied to national identity" (Habermas 1994: 23).[66] Es ist daher vorstellbar, daß das entstehende Konzept der Unionsbürgerschaft nicht nur den Zusammenhang zwischen Individuum und Staat sondern auch den Konnex von Identität und Nationalität lockern kann. Im Gegensatz zur zurückhaltenden Einschätzung der tatsächlichen Bedeutung der Unionsbürgerschaft innerhalb des juristischen Diskurses, geht Meehan (1993a; 1993b) davon aus, daß aus beiden Entwicklungen eine neue Konfiguration entsteht, "...which is multiple in enabling the various identities that we all possess to be expressed, and our rights and duties exercised, through an increasingly complex configuration of common institutions, states, national and transnational interest groups and voluntary associations, local or provincial authorities, regions and alliances of regions" (Meehan 1993b: 185).[67]

Einen weitgehend unbeachteten Aspekt stellt der *Charakter* der Unionsbürgerschaft dar. Im Anschluß an Turner (1990) kann festgestellt werden, daß die europäische Staatsbürgerschaft von den Bürgern Europas keineswegs *from below* gegen Autoritäten erkämpft wurde, sondern die Rechte, die sie durch den Vertrag von Maastricht erhielten, gewissermaßen paternalistisch *from above* verliehen wurden. Ähnlich wie auf nationalstaatlicher Ebene könnte dies dazu führen, daß die Unionsbürgerschaft eine 'autoritäre Form der Demokratie' (Turner) darstellen wird, in der anstelle des Nationalstaates eine supranationale Institution über den öffentlichen Raum bestimmt, "...inviting the citizen periodically to select a leader, who is then no longer responsible on a daily basis to the electorate" (ebd.: 200f).

Eng mit dieser Frage nach dem demokratischen Charakter verbunden ist das von Habermas (1992a; 1994) in den Mittelpunkt gerückte Problem der *Legitimität* angesichts der Distanz der Brüsseler Bürokratien vom demokratischen Prozeß. Vor dem Hintergrund einer zunehmenden Betroffenheit der Bürger von den Entscheidungen auf EU-Ebene und der Unmöglichkeit, daran verändernd zu partizipieren sowie dem Fehlen einer Europäischen Öffentlichen Meinung, sieht Habermas die Gefahr der Abkopplung eines ausschließlich nach ökonomischen Kriterien verlaufenden ökonomischen, administrativen Integrationsprozesses.

---

65 Zu dieser Einschätzung siehe Heater (1990); Stewart (1995).
66 Siehe auch Habermas (1992a; 1992b).
67 Siehe ferner Meehan (1991).

1.5 (Staats)Bürgerschaft jenseits des Nationalstaates?

"As self-regulated systems, economy and administration tend to cut themselves off from their environments and obey only their internal imperatives of money and power" (Habermas 1994: 32). Die Lösung des Problems eines Verlustes politischer Legitimität in einem solchen Prozeß, der mit der Idee einer selbstbestimmten Gemeinschaft von Bürgern nicht zu vereinbaren ist, besteht für Monar (1996) hingegen gerade in der Institutionalisierung der Unionsbürgerschaft. Er geht davon aus, daß eine Situation, in der mit der nationalen und der europäischen zwei voneinander getrennte Ebenen existieren, denen gegenüber der Bürger in einem Verhältnis von Rechten und Pflichten steht, eine duale Konzeption von Bürgerschaft unumgänglich macht: "As long as there are two different levels of public authority in the European Union which exercise real powers over European citizens each of them must have its own citizenship type relationship with the citizens if the legitimacy and public support for the entire construction is not going to be put at risk" (ebd.: 11).

Als letzter Punkt rückt die Frage nach sich verändernden *Partizipationsmustern* angesichts einer '(Staats)Bürgerschaft ohne Staat' (Wiener) in den Mittelpunkt. Auf der Grundlage der Dimensionen von Rechten, Zugang und Zugehörigkeit, welche Wiener (1996b) als konstitutiv für ein *dynamisches Verständnis* von Citizenship erachtet, zeigt sie, wie die bisherige, an den Nationalstaat gebundene Staatsbürgerschaftspraxis durch die Unionsbürgerschaft zu einer 'fragmentierten Staatsbürgerschaftspraxis' wird. Die Unionsbürgerschaft führt dazu, daß EU-Bürger in unterschiedlichen Ländern und in unterschiedlichem Ausmaße Rechte geltend machen, Zugehörigkeiten entwickeln und Zugang zu spezifischen Institutionen erhalten können.

Neben diesen Spannungsverhältnissen zwischen nationaler Staatsbürgerschaft und Unionsbürgerschaft sowie den damit zusammenhängenden offenen Fragen und Problemen, entstehen auf der neuen institutionellen Ebene der Unionsbürgerschaft selbst eine Vielzahl von Fragen, die auf eingehende Untersuchung warten.[68] So etwa die Kriterien des Erwerbs der Unionsbürgerschaft, der entscheidenden Dimensionen von Inklusion und Exklusion, die Frage nach dem Verhältnis von ius soli und ius sanguinis als einander entgegengesetzter Grundlagen der Zugehörigkeit, das Verhältnis von Rechten und Pflichten in der Europäischen Union, die Frage nach institutionellen Ebenen und möglichen Formen politischer Partizipation. Damit sind nur einige der relevanten Dimensionen aufgezeigt, denen sozialwissenschaftliche Forschung nachgehen muß, um sowohl den Gehalt des juristischen Konzepts der Unionsbürgerschaft aufzuschlüsseln als auch die Auswirkungen auf das nationale Modell der Staatsbürgerschaft aufzuklären.

---

68 Vgl. dazu die analytischen Dimensionen bei Preuß/Everson (1996)

1.6 Eine soziologische Perspektive - Staatsbürgerschaft, gesellschaftliche Krise und soziale Ordnung

Der Überblick über die aktuelle theoretische Diskussion um Citizenship macht deutlich, daß das Thema in den vergangenen Jahren enormes Interesse geweckt hat. Staatsbürgerschaft ist Gegenstand einer breiten Diskussion geworden, die in eine Vielzahl von Einzeldiskursen zerfällt. Ob es die Auseinandersetzungen um die Legitimität sozialer Rechte, der Diskurs um die entscheidenden, Zugehörigkeit zur politischen Gemeinschaft definierenden Grundlagen der Staatsbürgerschaft, die Diskussion um das Verhältnis von universalistischem Ideal und partikularistischen Ansprüchen, der Ausschluß von Frauen aus der Sphäre des Öffentlichen oder schließlich die Frage nach der entscheidenden Instanz der Gewährung staatsbürgerlicher Rechte ist: die in phänomenologisch-additiver Absicht vorgenommene Darstellung der Kontexte der aktuellen Debatten um Staatsbürgerschaft zeigt, daß diese im wesentlichen unter stark normativen Gesichtspunkten geführt, dabei kaum aufeinander bezogen werden und Citizenship zunehmend zum 'catch-all'-Begriff für die Diskussion alter und neuer Probleme zu werden droht.

Systematisiert man die Diskussionszusammenhänge jedoch, so läßt sich als gemeinsamer Nenner das dem nationalen Modell von Staatsbürgerschaft, wie auch allen ihm historisch vorangehenden Formen zugrundeliegende Prinzip von Inklusion und Exklusion bestimmen. Aus unterschiedlichen Perspektiven wird damit die Frage der Zugehörigkeit oder Nicht-Zugehörigkeit von Individuen oder Gruppen zur Gesamtheit der Staatsbürger zum Thema und das Problem der Exklusion in zunehmendem Maße skandalisiert.

Offen bleiben dabei jedoch zwei zentrale Fragen: *erstens* wird unter einem zeitdiagnostischen Gesichtspunkt nicht klar, warum nationale Staatsbürgerschaft gerade in den vergangenen Jahren solch enorme Aufmerksamkeit erfahren hat und dabei zu einem problematischen Konzept geworden ist; *zweitens* bleibt in analytischer Hinsicht unbeantwortet, welche Mechanismen den mittels Staatsbürgerschaft durchgesetzten Formen von Exklusion zugrundeliegen. Da diese nicht zum Gegenstand der Untersuchung gemacht werden, bleibt die Frage nach der Funktionsweise nationaler Staatsbürgerschaft als Exklusionsinstrument offen.

Zur Klärung dieser vernachlässigten Aspekte wird in der vorliegenden Arbeit eine soziologische Perspektive entwickelt, die den Zusammenhang von nationaler Staatsbürgerschaft, gesellschaftlichen Krisen und sozialer Ordnung zum Thema macht. Nationale Staatsbürgerschaft ist ein Konstitutions- und Integrationsinstrument[69] moderner politischer Gemeinwesen, dessen historische Durchsetzung als Lösungsversuch derjenigen gesellschaftlichen Krisen begriffen werden kann, die die tiefgreifenden strukturellen und kulturellen Transformationsprozesse im Übergang zur modernen Gesellschaft begleiteten. Aus diesem Prozeß läßt sich ein Verständnis von Staatsbürgerschaft als *Krisenkonzept* gewinnen, das der folgenden Diskussion zugrundegelegt wird. Über die Inklusion/Exklusion von Individuen in und von Staatsbürgerrechten hat nationale Staatsbürgerschaft zur Regulierung gesellschaftlicher Krisen und damit zur Institutionalisierung einer spezifischen Form sozialer Ordnung beigetragen. Diese Ordnung ist in den vergangenen Jahren unter dem Einfluß tiefgreifender politischer, sozialer und ökonomischer Veränderungen brüchig geworden. Im Verlauf dieser historischen Umbrüche werden deshalb *Neubestimmungen* des Verhältnisses zwischen Individuen und Staat, *Neudefinitionen* der politischen Gemeinschaften und ein *neues Aushandeln* der verbindlichen gesellschaftlichen Werte erforderlich. In diesen Prozessen wird die Regulierungsfähigkeit des nationalen Modells der Staatsbürgerschaft zwangsläufig selbst fraglich, und entscheidend wird die Beantwortung der Frage, ob und wie nationale Staatsbürgerschaft angesichts dieser Situation zur Regulierung der neuen gesellschaftlichen Krisen beitragen kann. Ohne Zweifel steht das Modell nationaler Staatsbürgerschaft dadurch gegenwärtig vor großen Herausforderungen, und in dem Maße, in dem es an Grenzen zu geraten scheint, bringt die aktuelle Beschäftigung mit Fragen der Staatsbürgerschaft selbst ein Gefühl der Krise und Unsicherheit zum Ausdruck.[70]

Die Diskussion der Debatten um Staatsbürgerschaft hat deutlich gemacht, daß der Kreis jener, die nationale Staatsbürgerschaft bereits für ein Auslaufmodell halten, wächst, und in Anbetracht neuer gesellschaftlicher Krisen eher auf andere Modelle gesetzt wird. Die Einschätzung, daß das nationale Modell seine Schuldigkeit getan hat und an sein historisches Ende gelangt ist, erfolgt jedoch ein wenig überstürzt und es mangelt ihr an einer grundlegenden Auseinandersetzung mit seiner tatsächlichen Regulierungsfähigkeit. Gegen weite Teile der aktuellen Diskussion um Citizenship wird im folgenden deshalb die fortbestehende Bedeutung nationaler Staatsbürgerschaft behauptet. Hierzu wird zunächst der interne Zusammenhang zwischen einem soziologischen Modell nationaler Staatsbürgerschaft und gesellschaftlichen Krisen herausgearbeitet. Erst auf dieser Grundlage kann das bisher unbehandelte Problem der Funktionsweise nationaler Staatsbürgerschaft als eines Modus sozialer Schließung zum Gegenstand der Analyse gemacht werden.

---

[69] Vgl. Grawert (1987)
[70] Vogel/Moran (1991a).

2 Die Tradition einer Soziologie der Staatsbürgerschaft

2.1 Gesellschaftliche Integration und individuelle Inklusion - Staatsbürgerschaft als Krisenkonzept

Zwei Aspekte kennzeichnen die klassisch soziologische Diskussion der Staatsbürgerschaft: zum einen die zentrale Bedeutung gesellschaftlicher Krisen im Zuge historischer Umbrüche, deren Wahrnehmung zum Ausgangspunkt einer Auseinandersetzung mit dem Konzept der Staatsbürgerschaft wird; zum anderen der Versuch, auf der Grundlage einer Analyse der Funktionsweise nationaler Staatsbürgerschaft diese als entscheidendes Instrument zur Regulierung dieser Krisen zu bestimmen. Die Arbeiten Emile Durkheims, T.H. Marshalls und Talcott Parsons' - den Klassikern einer Soziologie der Staatsbürgerschaft - markieren den Beginn dieser Auseinandersetzung, in der der Beitrag nationaler Staatsbürgerschaft zur Institutionalisierung sozialer Ordnung thematisiert, und Staatsbürgerschaft als Krisenkonzept begriffen wird.

Emile Durkheims Beschäftigung mit Fragen staatsbürgerlicher Moral reagiert auf die Auswirkungen des epochalen Umbruchs zur modernen Industriegesellschaft. Er setzt sich mit den Folgeerscheinungen einer unregulierten kapitalistischen Ökonomie und plädiert für eine neue Form moralischer Regulierung der Gesellschaft auseinander. T.H. Marshalls historisches Konzept moderner Staatsbürgerschaft stellt eine Reaktion auf die sich verschärfenden sozialen Ungleichheiten in kapitalistischen Klassengesellschaften der Nachkriegszeit dar. Er stellt sich damit dem Problem der virulenten Auseinandersetzungen zwischen Arbeit und Kapital und schlägt zur Überwindung der Klassengegensätze den Aufbau wohlfahrtsstaatlicher Institutionen und die Verwirklichung sozialer Rechte vor. Talcott Parsons' Ansatz schließlich stellt sich der fortgesetzten kulturellen Heterogenisierung der amerikanischen Gesellschaft und dem damit verbundenen Problem der Vermittlung universalistischer Wertmuster bei gleichzeitiger Bewahrung kultureller Pluralität. Er reagiert damit auf die Integrationsprobleme amerikanischer Schwarzer in die amerikanische Gesellschaft, entwickelt vor dem Hintergrund der historischen Erfahrungen der Integrationsprozesse der 'new immigrants' in den Vereinigten Staaten und angesichts der Kämpfe und Errungenschaften der 'Civil Rights'-Bewegung aber eine optimistische Perspektive.

Die These, die in diesem Teil der Arbeit verfolgt wird lautet deshalb, daß die Klassiker einer Soziologie der Staatsbürgerschaft, obgleich sie vor unterschiedlichen historischen Problemen und in unterschiedlichen kulturellen Kontexten stehen und mit dem ökonomischen, sozialen und kulturellen Aspekt moderner Staatsbürgerschaft unterschiedliche Schwerpunkte setzen, eine gemeinsame Antwort auf die Frage nach der Bedeutung nationaler Staatsbürgerschaft geben. Sie lautet: Sicherung gesellschaftlicher Integration durch Inklusion aller Gesellschaftsmitglieder. Auf *theoretischer Ebene* läßt sich dabei zwischen den Arbeiten des französischen, britischen und amerikanischen Soziologen ein interner Zusammenhang erkennen. Wenn auch nicht immer explizit, so kann zumindest implizit ein Bezug der Theoretiker aufeinander festgestellt werden, die Staatsbürgerschaft in der Perspektive einer Theorie gesellschaftlicher Integration zum Kristallisationspunkt der Analyse macht und gesellschaftliche Krisen durch eine Ausdehnung der Inklusion der Gesellschaftsmitglieder überwinden will. Auf *inhaltlicher Ebene* hingegen wird der Bedeutungsgehalt des Konzepts nationaler Staatsbürgerschaft sukzessive erweitert, wodurch es der je spezifischen historischen Situation Rechnung tragen kann.

Dieser Prozeß ermöglicht es, in einer kritischen Rekonstruktion der Ansätze die *Grundlagen, Kennzeichen und internen Spannungsverhältnisse* der Staatsbürgerschaft zu bestimmen und so zu einem *soziologisch gehaltvollen Konzept* nationaler Staatsbürgerschaft zu gelangen.

2.2 Emile Durkheim: eine implizite Theorie nationaler Staatsbürgerschaft

Emile Durkheim ist zweifellos derjenige unter den Gründervätern der Soziologie, der Fragen der Staatsbürgerschaft das größte Interesse entgegengebracht hat.[1] Seine Diskussion steht freilich weder im Kontext einer Auseinandersetzung um staatsbürgerliche *Rechte*, die der Einzelne gegenüber dem Staat geltend machen kann, noch widmet Durkheim der *Institution* Staatsbürgerschaft seine Aufmerksamkeit. Im Rahmen einer normativen Demokratietheorie entwickelt er vielmehr eine implizite Theorie der Staatsbürgerschaft, die in *Gestalt staatsbürgerlicher Moral* ein durch spezifische, wechselseitige Verpflichtungen charakterisiertes Verhältnis zwischen Individuum und Staat zum Thema macht.[2] Seine in der *Physik der Sitten und des Rechts* entwickelte 'politische Soziologie'[3] bringt eine liberale Vision zum Ausdruck: im Zentrum steht die Analyse derjenigen sozialen Bedingungen, die notwendig sind, um den Bereich menschlicher Frei-

---

[1] Vgl. Max Weber (1985) zu den Ursprüngen der Staatsbürgerschaft; Tönnies (1979) implizit zum Wesen sozialer Mitgliedschaft; Marx (1988) zur historischen Errungenschaft und bloßem Schein staatsbürgerlicher Rechte; Turner (1993b).
[2] Zu Durkheims Moralbegriff siehe Durkheim (1986a); Müller (1986); zum Begriff der Moralität siehe Durkheim (1984).
[3] Müller (1991; 1993) hat wiederholt darauf hingewiesen, daß Durkheim keine politische Soziologie im eigentlichen Sinn entwickelt hat.

heit zu erweitern. Es steht für Durkheim außer Frage, daß die Demokratie diejenige politische Organisationsform darstellt, die angesichts sozialer, politischer und ökonomischer Ungleichheiten am besten den Schutz des Individuums und seiner Freiheiten gewährleisten kann.[4] In werkgeschichtlicher Perspektive hat Robert Nisbet (1965) darauf hingewiesen, daß Durkheim nie mehr zu seiner frühen Unterscheidung zwischen mechanischer und organischer Solidarität zurückgekehrt sei, und daraus die lange Zeit weithin geteilte Ansicht abgeleitet, daß zwischen Durkheims frühen und späten Arbeiten und den darin behandelten Fragen und Problemen kein systematischer Zusammenhang erkennbar sei. Entgegen dieser 'orthodoxen' Sicht der Durkheim-Rezeption hat Anthony Giddens (1977a) jedoch darauf aufmerksam gemacht, daß es gerade diese Unterscheidung sei, auf der Durkheims gesamte spätere Arbeiten basieren, und dabei explizit auf die Bedeutung dieser Differenzierung für die 'politische Soziologie' Durkheims verwiesen.[5] Diese *Kontinuitätsthese* hat Müller weiter präzisiert. Er geht davon aus, "daß Durkheim die ungelösten Probleme aus der Arbeitsteilung zum Gegenstand seiner Physik der Sitten macht. Er diskutiert die Rolle von Berufsgruppen als Träger organischer Solidarität, die Funktion von Staat und Demokratie sowie die Bedeutung des 'moralischen Individualismus' als modernes Kollektivbewußtsein. Wenn durch institutionelle Reformen eine neue Moralökologie ausgebildet werden kann, die ein reibungsloses Zusammenspiel von Berufsgruppen, demokratischem Staat und individualistischem Ideal gestattet, dann, so seine Überzeugung, wird Arbeitsteilung organische Solidarität erzeugen und soziale Integration sicherstellen" (Müller 1991: 315f). Trotz dieses offensichtlich systematischen Zusammenhangs zwischen Durkheims frühen und späten Schriften sind seine Arbeiten zu Politik und Staat lange Zeit fast vollständig vernachlässigt worden.[6] Die Auseinandersetzung, die nach der Publikation der Physik der Sitten und des Rechts in den vergangenen Jahren einsetzte, konzentriert sich weitgehend auf den *institutionellen Aspekt* des Werkes und damit auf die Konzeptionen der Berufsgruppen und des Korporatismus sowie der Analyse von Demokratie und Staatsautonomie.[7] Ungeklärt bleibt in dieser institutionentheoretischen Perspektive damit zunächst die Bedeutung, die der *moralischen Regelung* gesellschaftlicher Funktionsbereiche zukommt.[8] Um überhaupt Bedeutung und Stellenwert staatsbürgerlicher Moral innerhalb dieser neuen Moralökologie moderner Gesellschaften bestimmen zu können, müssen zunächst die theoretischen und historischen Grundlagen des Durkheimschen Zugangs in gebotener Kürze geklärt werden.

---

4 Siehe Prager (1981: 919).
5 Siehe dazu ausführlich Allardt (1968).
6 Vgl. Giddens (1977a); Müller (1991).
7 Zu dieser Auseinandersetzung siehe Hamilton (1990); Meier (1987).
8 Siehe zu diesem Problem Wallwork (1972).

2.2 Emile Durkheim: eine implizite Theorie nationaler Staatsbürgerschaft

2.2.1 Die Grundlage der Theorie gesellschaftlicher Integration

Die Bestimmung von Formen gesellschaftlicher Solidarität, das Kernstück der Durkheimschen Theorie gesellschaftlicher Integration, beruht auf der Gegenüberstellung einfacher, archaischer Gesellschaften und moderner, funktional differenzierter Gesellschaften. Dieser methodologische Schritt ermöglicht es Durkheim, evolutionär aufeinanderfolgende Gesellschaftstypen entsprechend des in ihnen erreichten Grades der Arbeitsteilung, der Form des Kollektivbewußtseins und der vorherrschenden Art der Solidarität zu vergleichen.[9]

Einfache Gesellschaften sind in kleine Einheiten segmentär differenziert, sie sind gekennzeichnet durch eine geringe Arbeitsteilung. Der Einzelne wird direkt in ein Kollektiv integriert, ein starkes Kollektivbewußtsein kommt im gesellschaftlichen Ideal eines Kults des Staates zum Ausdruck. Die Solidarität, die einfache Gesellschaften kennzeichnet, ist eine Solidarität, die aus Ähnlichkeiten besteht. Durkheim definiert sie als mechanische Solidarität. *Moderne Gesellschaften* hingegen sind funktional differenziert aufgrund einer hohen gesellschaftlichen Arbeitsteilung. Der Einzelne ist nicht direkt in die Gesellschaft integriert, sondern indirekt über spezifische Tätigkeits- und Funktionsbereiche. Im Prozeß gesellschaftlicher Ausdifferenzierung ändert sich auch das Kollektivbewußtsein dieser Gesellschaften. Ein einheitliches Kollektivbewußtsein verflüchtigt sich, es differenziert sich zusehends aus. An die Stelle des Kollektivideals des Staates tritt in zunehmendem Maße der Kult des Individuums. Die Solidarität, die moderne Gesellschaften aufgrund dieser Prozesse kennzeichnet, bezeichnet Durkheim als organische Solidarität. Für ihn steht ein direkter Zusammenhang zwischen Arbeitsteilung, Solidarität und Moral außer Frage.[10] "Mit einem Wort: Dadurch, daß die Arbeitsteilung zur Hauptquelle der sozialen Solidarität wird, wird sie gleichzeitig zur Basis der moralischen Ordnung" (Durkheim 1988: 471). Es ist in der Sekundärliteratur hingegen weitgehend unbestritten, daß der postulierte Zusammenhang zwischen Arbeitsteilung und organischer Solidarität unklar bleibt.[11] Sein Lösungsversuch in der Arbeitsteilung läßt drei Problemkomplexe unbeantwortet. Durkheim kann weder die Rolle kollektiver Akteure noch die Rolle des Staates oder auch jene des modernen Kollektivbewußtseins klären.[12]

Entscheidend für den Gegenstand dieser Arbeit ist jedoch, daß sich im gesellschaftlichen Differenzierungsprozeß mit der Ausdifferenzierung der Lebensbereiche, in die Individuen integriert werden, auch die entsprechenden regulierenden Moralen vervielfältigen. Mit der Durchsetzung des moralischen Indivi-

---

9 Vgl. die werkgeschichtliche Einführung in Durkheims 'Arbeitsteilung' bei Müller/Schmid (1988).
10 Siehe Müller (1993: 505).
11 Zu dieser Einschätzung siehe Müller (1991); Schmid (1989); Tyrell (1985).
12 Ausführlich hierzu Müller (1983; 1991; 1993).

dualismus als modernem Kollektivbewußtsein entsteht die Notwendigkeit, die Funktion der einzelnen Moralen zu bestimmen, die das "reibungslose Zusammenspiel von Berufsgruppen, demokratischem Staat und individualistischem Ideal gestatten" (Müller 1991: 316).

2.2.2 Historischer Kontext und institutionelle Reform

Vor dem Hintergrund des theoretisch postulierten Zusammenhang zwischen Arbeitsteilung und gesellschaftlicher Solidarität formuliert Durkheim die zeitdiagnostische These einer Krise der französischen Gesellschaft. Seine *Bestandshypothese*[13] des gesellschaftlichen Zustandes betont, daß sowohl das politische als auch das ökonomische Leben durch das Fehlen verbindlicher moralischer Regeln gekennzeichnet sei, die Gesellschaft sich deshalb in einem anomischen Zustand befinde.[14] In der *politischen Sphäre* sieht er durch die Kriegsniederlage von 1870/71 und die Niederlage der Pariser Commune das nationale Selbstverständnis erschüttert. Als Anhänger der Dritten Republik und als entschiedener Verfechter der Ideale der Französischen Revolution erkennt er zugleich, daß diese Ideale im Rahmen der existierenden Gesellschaftsordnung nicht verwirklicht worden waren. In der *ökonomischen Sphäre* hingegen begrüßt Durkheim wie Saint-Simon das Entstehen des industriellen Zeitalters, mit dem er die Hoffnung auf Durchsetzung des Kultes des Individuums verbindet, bleibt jedoch, wie Jeffrey Prager deutlich gemacht hat, dem Kaptitalismus gegenüber skeptisch: "Capitalism is the pathological form in society for in its instrumentality, it desacralizes social relations. The economic order creates an anarchic state of disequilibrium producing nothing but individual appetites (i.e., self-interested individuals) divorced from the moral order" (Prager 1981: 927).

Die fehlende moralische Regulierung von Politik und Ökonomie führt Durkheim auf die Zerschlagung aller intermediären Organisationen im Zuge der Französischen Revolution zurück. Die Durchsetzung der Rousseauschen Demokratiekonzeption[15] hat in seinen Augen ein direktes Verhältnis von Individuum und Staat, und damit eine gesellschaftliche Konfiguration erzeugt, die er nur als 'soziologisches Monstrum' bezeichnen konnte (Durkheim 1988). Aus diesem Grund, so Durkheims *Beurteilungshypothese*, "hat also die politische Malaise dieselbe Ursache wie die gesellschaftliche Malaise, unter der wir leiden: das Fehlen von sekundären Organen, die zwischen den Staat und die übrige Gesellschaft eingeschaltet wären" (Durkheim 1991: 150f). Angesichts der politischen und ökonomischen Situation im Frankreich des ausgehenden 19. Jahrhunderts entwickelt Durkheim deshalb, und dies ist die *Reformhypothese*, ein insti-

---

13 Zu Durkheims Forschungsprogramm siehe Müller (1983); Müller/Schmid (1988).
14 Zum Begriff der Anomie siehe Durkheim (1987; 1988).
15 Vgl. Rousseau (1986).

tutionelles Reformprojekt, das die Realisierung gesellschaftlicher Solidarität gewährleisten soll. Während in funktional differenzierten, arbeitsteilig organisierten Gesellschaften familiale, regionale und religiöse Organisationen an Bedeutung verlieren, erachtet Durkheim in Anlehnung an den Zunftgedanken[16] die Rolle der *Berufsgruppen* für so bedeutend, daß er ihnen sowohl in der Ökonomie als auch in der Politik die Rolle der entscheidenden intermediären Institution, die sich zwischen Staat und Individuum schiebt, zuweist. "Nach Durkheims Auffassung prägt das berufliche Milieu in besonderem Maße die individuelle Lebensführung. Das gilt zum einen *quantitativ*, denn der moderne Berufsmensch investiert einen Großteil von Zeit, Kraft und Energie in seine Ausbildung und seine Arbeit. Das gilt zum anderen *qualitativ*, weil die funktional spezialisierte Tätigkeit die besondere Individualität eines Menschen fördert oder behindert und durch die Ausübung eines Berufs auf selbstverständliche Weise die Zugehörigkeit zu einem arbeitsteiligen Gemeinwesen sicherstellt" (Müller 1991: 319).

Wenn die Berufsgruppen in Durkheims Konzeption eine derart dominante Rolle für das institutionelle Gefüge und die moralische Regulierung moderner Gesellschaften spielen, dann stellt sich an diesem Punkt die Frage, welche Bedeutung den Regeln staatsbürgerlicher Moral überhaupt zukommen kann. Meine These ist, daß innerhalb des von Durkheim entwickelten normativen Ideals des Verhältnisses zwischen Individuum und Staat den Regeln staatsbürgerlicher Moral eine prominente Rolle der moralischen Regulierung zukommt und er im Anschluß daran die Demokratie als die institutionelle Konfiguration bestimmt, "die unserer heutigen Auffassung vom Individuum am besten entspricht" (Durkheim 1991: 139).

2.2.3 Der Stellenwert staatsbürgerlicher Moral

Die Gesamtheit der das Leben moderner Gesellschaften regulierenden moralischen Vorschriften differenziert Durkheim in zwei Sets moralischer Regeln. Die Regeln *universeller Moral* umfassen die Pflichten des Individuums gegenüber sich selbst sowie die Pflichten gegenüber der Menschheit. Da der Einzelne in modernen Gesellschaften mehreren Gruppen gleichzeitig angehört, lassen sich ferner drei Formen *partikularer Moralen* unterscheiden, die jeweils die Beziehungen zwischen dem Individuum und einer spezifischen gesellschaftlichen Gruppe regulieren: *familiale, berufliche und staatsbürgerliche Moral.* Die Gesamtheit dieser Moralen kann hierarchisch angeordnet werden, so daß in aufsteigender Richtung die jeweils nächste Moral einen höheren Grad an Allgemeingültigkeit beanspruchen kann.

---

16 Durkheim (1991: 31ff).

Abb. 1: Der Allgemeinheitsgrad moralischer Regeln

steigender Allgemeinheitsgrad →	Pflichten gegenüber der Menschheit	universelle Regeln
	Staatsbürgerliche Moral	partikulare Regeln
	Berufsmoral	partikulare Regeln
	Familiale Moral	partikulare Regeln
	Pflichten des Menschen gegenüber sich selbst	universelle Regeln

Mit der Doppelstrategie der Konzeption verbindlicher moralischer Regelungen einerseits, der institutionellen Reorganisation der Gesellschaft andererseits, befindet sich Durkheim auf der Suche nach den Grundlagen organischer Solidarität.[17] In institutionentheoretischer Perspektive behauptet David Lockwood (1992), daß Durkheim letzten Endes dem korporatistischen Modell und nicht der Staatsbürgerschaft diese Rolle zuspricht. Müller geht entsprechend der Bedeutung, die Durkheim den Berufsgruppen für die institutionelle Reorganisation der Gesellschaft zuschreibt, davon aus, daß "unter den partikularen Moralregeln (...) die berufliche Moral und folglich die Berufsgruppe die wichtigste Rolle [spielen]" (Müller 1991: 318). Meine These hingegen ist, daß Durkheim die Berufsgruppen zwar zur entscheidenden intermediären Instanz macht, aufgrund der *Doppelfunktion*, die er ihnen zuweist, jedoch unterschiedliche moralische Regeln relevant werden. Die *interne, ökonomische Funktion*, und damit die Regulierung der ökonomischen Sphäre, des gesamten wirtschaftlichen Lebens und der individuellen Lebensführung weist Durkheim der Berufsmoral zu. *Extern*, in der *politischen Sphäre*, stellen Berufsgruppen als intermediäre Instanz aber ein demokratisches Institutionengefüge sicher. Die dadurch ermöglichte Regulierung des Verhältnisses zwischen Individuum und Staat fällt den Regeln staatsbürgerlicher Moral zu. Damit wird deutlich, daß die moralische Regulierung der ökonomischen und politischen Sphäre nicht zusammenfällt, obwohl in beiden Fällen die Berufsgruppen das institutionelle Kernstück des gesellschaftlichen Integrationsprozesses darstellen. Es werden vielmehr unterschiedliche moralische Regelungen handlungsrelevant. Die jeweils gültigen Moralvorschriften beider Sphären differieren dabei in Allgemeinheitsgrad und Reichweite.

Die Bedeutung moralischer Regeln für die gesellschaftliche Solidarität und Integration steigt mit deren *Allgemeinheitsgrad* (Durkheim 1991: 106). Es sind deshalb in Durkheims Modell die Regeln staatsbürgerlicher Moral, die "die Beziehung des einzelnen zu der obersten Autorität bestimmen" (ebd.: 73), wo-

---

17 Siehe Lockwood (1992).

durch sie in der politischen Sphäre, der Regulierung des wechselseitigen Verhältnisses von Individuum und Staat, zentrale Bedeutung erhalten. Sie gehen über den Partikularismus der Berufsmoral hinaus.[18] An oberster Stufe der partikularen Moralen stehend, kommt ihnen zugleich eine zweite Funktion zu, die jenseits der *Reichweite* beruflicher Moral liegt. Staatsbürgerliche Moral umfaßt nicht nur die Regeln des Verhältnisses zwischen Individuum und Staat, sie übernimmt zugleich die 'Verbindungsfunktion' zwischen den Regeln, die auf nationalstaatlicher Ebene Relevanz besitzen und jenen, die jenseits des Nationalstaates durch die "Pflichten bestimmt werden, die der Mensch den anderen gegenüber allein aufgrund der Tatsache hat, daß sie alle Menschen sind." Diese Regeln "bilden den Schlußstein der Ethik, den krönenden Abschluß des gesamten Gebäudes" (ebd.: 12). Staatsbürgerliche Moral stellt damit auch die Grundlage für einen möglichen, von Durkheim vorhergesehenen historischen Prozeß der Überwindung nationalstaatlicher Grenzen bereit.[19]

"Jeder Staat müßte es sich zur Aufgabe machen, nicht zu wachsen und seine Autonomie auszudehnen, sondern seine Autonomie zu festigen und seine Bürger in größtmöglicher Zahl zu einem immer moralischeren Leben anzuleiten, dann verschwände jeglicher Widerspruch zwischen der nationalen und der allgemeinmenschlichen Moral. Wenn der Staat kein anderes Ziel hat, als seine Bürger zu Menschen im vollsten Sinne des Worte zu machen, dann werden die staatsbürgerlichen Pflichten nur noch einen Sonderfall der allgemeinmenschlichen Pflichten darstellen" (ebd.: 109).

Wenn die These stimmt, daß neben der Berufsmoral den Regeln staatsbürgerlicher Moral eine bedeutende Rolle für die Lösung der gesellschaftlichen Krise zukommt, so muß abschließend geklärt werden, worin ihre Funktion besteht und was sie charakterisiert.

2.2.4 *Staatsbürgerliche Moral und Demokratie*

Staatsbürgerliche Moral kann verstanden werden als die Gesamtheit sanktionsbewahrter Regeln, die den Charakter zwischen Individuum und Staat definie-

---

18 Siehe Durkheim (1991: 15).
19 Durkheim (1991: 108f) diskutiert eine solche mögliche Perspektive vorsichtig, skeptisch und bestenfalls als einen ersten Schritt vor dem Hintergrund des Konflikts zwischen Kosmopolitismus und einem egoistischen Individualismus: "Es gäbe durchaus eine theoretische Lösung für das Problem; man bräuchte sich nur vorzustellen, daß die Menschheit insgesamt als Gesellschaft organisiert wäre. Doch es liegt auf der Hand, daß solch eine Vorstellung, falls sie denn überhaupt realisierbar sein sollte, in eine so ungewisse Zukunft verwiesen werden muß, daß es gar keinen Sinn hat, sie bei unseren Überlegungen zu berücksichtigen. Vergeblich gilt heute als Endpunkt der Entwicklung größerer Gesellschaften, als sie gegenwärtig existieren, zum Beispiel eine Konföderation der europäischen Staaten. Eine solch umfassendere Konföderation wäre aber ihrerseits wieder ein Einzelstaat mit eigener Persönlichkeit, eigenen Interessen und einer eigenen Physiognomie. Die Menschheit wäre sie noch nicht."

ren.[20] Dieses Verhältnis stellt eine reziproke Beziehung dar, denn die wichtigsten Pflichten der staatsbürgerlichen Moral sind jene, "die der Bürger gegenüber dem Staat und umgekehrt der Staat gegenüber dem Bürger hat" (ebd: 72). Die konkrete Ausgestaltung dieses Verhältnisses beruht auf zwei historischen Prozessen, die sich zunächst zu widersprechen scheinen. Einerseits läßt sich auf seiten des Staates eine Ausdehnung von Tätigkeiten und Funktionen feststellen. Als spezielle Gruppe von Funktionsträgern *sui generis* entwickelt der Staat die Vorstellungen und Willensakte, "die für die Gemeinschaft bindende Kraft haben, obwohl sie nicht das Werk der Gemeinschaft sind" (ebd.: 74). Als speziellem Organ gesellschaftlichen Denkens kommt ihm damit die Funktion zu, das Verhalten der Gemeinschaft zu lenken (ebd.: 76). Andererseits entwickelt sich im historischen Prozeß immer stärker der 'Kult des Individuums', so daß die individuelle Persönlichkeit immer mehr zum "herausragenden Gegenstand moralischer Achtung" wird (ebd.: 83). Der Kult des Individuums ist dadurch gekennzeichnet, daß die Würde der Person immer größeres Gewicht erhält, das Individuum zum autonomen Handlungsträger wird, d.h. zu einem System, das personale Kräfte entfaltet, die nicht unterbunden werden können (vgl. ebd.). Die Auflösung dieser Antinomie einer Ausdehnung der Staatstätigkeiten bei gleichzeitigem Bedeutungszuwachs des Stellenwerts des Individuums sieht Durkheim darin, daß der Staat in modernen Gesellschaften seine Funktion ändert und zum Garanten des Kultes des Individuums wird. Staat und Individuum sind 'harmonisch' aufeinander bezogen. Erst der Staat setzt die Rechte des Individuums ein, er bringt diese hervor, organisiert und verwirklicht sie, so daß die moralische Individualität als Produkt des Staates gelten kann. Die fundamentale Pflicht des Staates besteht darin, "das Individuum immer stärker ins moralische Dasein zu rufen. Ich sage, dies sei seine fundamentale Pflicht, weil die staatsbürgerliche Moral keinen anderen Dreh- und Angelpunkt haben kann als die moralischen Belange.[21] Da der Kult der menschlichen Person[22] der einzige zu sein scheint, der überleben dürfte, muß dieser Kult einer des Staates wie auch des Individuums sein" (ebd.: 102). Zu den staatsbürgerlichen Pflichten des Individuums "gehören unter anderem die Pflicht, die uns gebietet, das Gesetz zu achten, und die Pflicht, die uns vorschreibt, uns an der Ausarbeitung der Gesetze durch die Ausübung unseres Wahlrechts zu beteiligen oder allgemeiner: uns am öffentlichen Leben zu beteiligen" (ebd.: 152).

---

20 Durkheim (1991: 64).
21 Vgl. hierzu Durkheims (1995a) Auseinandersetzung mit dem Deutschland seiner Zeit.
22 Zu seinem Verständnis von Individualismus siehe Durkheim (1986b).

2.2 Emile Durkheim: eine implizite Theorie nationaler Staatsbürgerschaft

Abb. 2: Die moralische Regulierung des Verhältnisses von Bürger und Staat

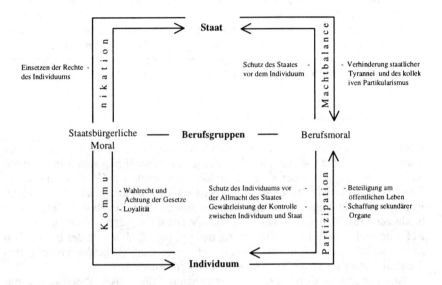

Auf der Grundlage dieser Idee wechselseitiger Verpflichtung, die die Idealform einer *normativen Regulierung* zwischen Staat und Individuum beschreibt, sucht Durkheim eine *institutionelle Konfiguration*, die diese Beziehung sichern und auf Dauer stellen kann. Zwei Formen despotischer Gesellschaftsordnung bedrohen dieses Verhältnis. Während der Staat einerseits das Individuum von der Macht partikularer Gemeinschaften befreit und dessen Rechte einsetzt, verhindert er einen *kollektiven Partikularismus* dieser Gruppen, die die Entfaltung des Individuums unterdrücken und dem Ideal des moralischen Individualismus entgegenstehen. Andererseits kann auch der Staat selbst zu mächtig werden, so daß er die Entwicklung des Individuums nicht mehr fördert, sondern unterdrückt. Ohne Gegengewicht durch intermediäre Organisationen, die ihrerseits die Macht des Staates beschränken, entwickelt sich ein Zustand *staatlicher Tyrannei*.[23] Für Durkheim bietet nur die *Demokratie* Schutz vor beiden Entwicklungen. Sie gewährt eine *Machtbalance* zwischen Staat und Berufsgruppen; sie stellt ferner die *Kommunikation* zwischen Staat und Individuum sicher und ist schließlich durch die *aktive Partizipation* der Individuen an den öffentlichen Angelegenheiten charakterisiert.

---

23 Ausführlich zum Verhältnis von Korporatismus, Staatsautonomie und Demokratie siehe Hearn (1985).

Damit läßt sich für die politische Sphäre eine spezifische institutionelle und moralische Konfiguration bestimmen, die den Ausweg aus der gesellschaftlichen Krise ermöglichen soll: *Demokratie* als politische Organisationsform, *Berufsgruppen* als intermediäre Institutionen sowie die *staatsbürgerliche Moral* als Korpus verbindlicher normativer Regelungen und daraus resultierender Verpflichtungen stellen die spezifischen Bedingungen dar, um den Prozeß gesellschaftlicher Integration in der *politischen Sphäre*, das moralisch regulierte Verhältnis zwischen Individuum und Staat sicherzustellen.

2.2.5 Bedeutung und offene Fragen

Emile Durkheim hat, wie deutlich geworden ist, keine explizite Theorie der Staatsbürgerschaft entwickelt, sondern Fragen des Verhältnisses von Individuum und Staat im Kontext einer neuen Moralökologie moderner Gesellschaften zum Thema gemacht. Sein Interesse ist im wesentlichen darauf gerichtet, zu klären, welchen Beitrag unterschiedliche Formen moralischer Regeln zur Integration moderner Gesellschaften leisten können. Wenngleich für sein institutionelles Reformprojekt die Rolle der Berufsgruppen entscheidend ist und der beruflichen Moral deshalb große Bedeutung zukommt, sollte deutlich geworden sein, daß die staatsbürgerliche Moral nicht vernachlässigt werden darf.

Aus mindestens vier Gründen ist Durkheims frühe Auseinandersetzung mit der Bedeutung staatsbürgerlicher Moral für die weitere soziologische Diskussion bedeutsam geworden. Sein Zugang stellt *erstens* den Ausgangspunkt einer Beschäftigung mit Fragen der Staatsbürgerschaft auf der Grundlage einer auf gesellschaftliche Integration verpflichteten Theorie dar. *Zweitens* entwickelt Durkheim eine explizit liberale Perspektive, indem er auf der Suche nach einer 'dynamischen und gerechten Gesellschaftsordnung' (Müller 1993) eine regulierte kapitalistische Wirtschaftsordnung und ein demokratisches politisches System miteinander zu verbinden sucht. *Drittens* wird deutlich, daß Durkheim, wenngleich eine historische Überwindung nationalstaatlicher Grenzen einerseits, eine Vermittlung von Patriotismus und Kosmopolitismus[24] andererseits wiederholt thematisiert werden, den Nationalstaat und die nationale Gemeinschaft zu Bezugspunkten der Analyse moderner Gesellschaften macht. *Viertens* schließlich formuliert Durkheim einen unmittelbaren Zusammenhang zwischen staatsbürgerlicher Moral und Demokratie, wobei er keinen Zweifel an der Notwendigkeit aktiver Partizipation durch die Bürger läßt. Durkheim legt damit die Grundlage für eine Diskussion nationaler Staatsbürgerschaft in integrationstheoretischer Perspektive.[25] Mit dieser theoretischen Festlegung sind allerdings weitreichende

---

24 Durkheim (1991: 106).
25 Diese Bedeutung Durkheims ist in der Sekundärliteratur fast vollständig ignoriert worden. Ausnahmen bilden Lockwood (1974; 1987; 1996); Müller (1995a); Turner (1986).

Probleme für eine Soziologie der Staatsbürgerschaft verbunden. Durkheims normative Konzeption umgeht Widersprüche, die für ein Verständnis der Staatsbürgerschaft entscheidend sind. In seinem auf die moralische Regulierung gesellschaftlicher Konflikte angelegten Zugang kann Durkheim weder das für ein modernes Verständnis der Staatsbürgerschaft konstitutive Spannungsverhältnis zwischen kapitalistischer Ökonomie und politischer Demokratie noch das widersprüchliche Verhältnis zwischen Individuum und Staat zum Thema machen. Damit ist vorentschieden, daß der Klassenkampf als anomische Situation und nicht als Medium der Durchsetzung von Rechten begriffen werden kann. Durkheim tendiert vielmehr dazu, ein 'top-down Modell' moralischer Regulierung des Verhältnisses anzunehmen, in dem der Staat die Rechte des Individuums einsetzt. Bürger stellen in diesem Verständnis keine Rechtssubjekte dar, die in einem 'bottom-up Modell' ihre Ansprüche gegen den Staat durchsetzen, wodurch offensichtlich würde, daß Bürger sowohl gegen den Staat Rechte geltend machen können als auch gegen staatliche Übergriffe geschützt werden müssen. Durkheims normative Demokratietheorie geht deshalb von harmonisierten Beziehungen aus, wo tatsächlich widersprüchliche Verhältnisse Realität sind. Beide Modelle im Kontext von Rechtsbeziehungen als historische Möglichkeiten zu sehen, hätte Durkheim vor der voreiligen Vereinseitigung der Annahme eines moralisch regulierten Verhältnisses zwischen Individuum und Staat bewahrt.

Ein zweites Problem resultiert daraus, daß Durkheim nicht erkennt, daß er im Begriff der staatsbürgerlichen Moral völlig unterschiedliche Aspekte gesellschaftlicher Regulierung zusammenzieht. Damit konstruiert er ein Verhältnis zwischen Bürger und Staat, das offensichtlich über Regeln staatsbürgerlicher Moral reguliert wird, läßt dabei jedoch offen, welche Regeln im einzelnen spezifische Bereiche des gesellschaftlichen Lebens regulieren und wie dies genau geschieht. Daraus resultiert ein Verständnis staatsbürgerlicher Moral, das sich seitens des Individuums in Wahlrecht und Achtung vor dem Gesetz erschöpft, seitens des Staates das Einsetzen der Rechte des Individuums als fundamentale Pflicht definiert. Dieses Minimalprogramm staatsbürgerlicher 'Rechte' ist ganz offensichtlich ungenügend für ein Verständnis hochgradig verrechtlichter Beziehungen zwischen Individuum und Staat *in modernen Gesellschaften.*

Ein drittes Problem entsteht schließlich aus der dominanten Rolle, die Durkheim den Berufsgruppen als intermediäre Instanz im politischen Bereich zuweist. Die Konzentration auf Berufsgruppen als einzig entscheidende gesellschaftliche Institution, die sich zwischen Staat und Individuum schiebt, ist zu stark von der französischen Erfahrung geprägt. Sie verhindert, daß Staatsbürgerschaft als Institution, die in der Verwaltungsstruktur und der politischen Kultur moderner Nationalstaaten eine entscheidende Rolle spielt, überhaupt in den Blick gerät.[26] Der Institution nationaler Staatsbürgerschaft Aufmerksamkeit zu widmen, hätte

---

26 Siehe dazu Brubaker (1994: 47).

es Durkheim ermöglicht zu erkennen, daß es die Rechtsbeziehungen und nicht moralische Regeln sind, die in modernen Gesellschaften das Verhältnis zwischen Individuum und Staat charakterisieren und für die Bürger Verhaltenssicherheit gewährleisten. Dieser Schritt blieb jedoch vierzig Jahre später dem britischen Soziologen T.H. Marshall vorbehalten. Seine historische Arbeit zur Herausbildung moderner Staatsbürgerrechte markiert den Beginn eines soziologischen Konzepts moderner Staatsbürgerschaft.

2.3 T.H. Marshall: Staatsbürgerrechte und soziale Klassen

Wenn Emile Durkheim als derjenige unter den Gründervätern der Soziologie bezeichnet werden kann, der eine implizite Theorie nationaler Staatsbürgerschaft entwickelt hat, so ist es zweifellos das Verdienst des englischen Soziologen T.H. Marshall, mit dem Essay 'Citizenship and Social Class' (1950) den inzwischen klassisch zu nennenden Text einer Soziologie der Staatsbürgerschaft verfaßt zu haben.[27] Hintergrund seiner Analyse sind die aus dem kapitalistischen Klassensystem resultierenden Erscheinungen extremer Formen sozialer Ungleichheit. Aufgrund dieser gesellschaftlichen Krisenerfahrung geht Marshall der Frage nach, welchen Beitrag moderne Staatsbürgerrechte leisten können, um die disruptiven Tendenzen moderner Klassengesellschaften einzudämmen. Wenngleich sich Marshall an keiner Stelle explizit auf das Durkheimsche Forschungsprogramm bezieht, so zeigt sich doch, daß er mit dieser Problemstellung an dessen Frage nach der Grundlage organischer Solidarität und damit nach der sozialen Integration in fortgeschrittenen Gesellschaften anknüpft. In *methodologischer Hinsicht* wird analog zu Durkheims Bestands-, Krisen- und Reformhypothese[28] der Entwicklungsprozeß von einer in Ständen geordneten Gesellschaft, über ein auf dem Vertrag beruhenden, fast rein markt-dominierten Klassensystem hin zu einer Gesellschaft beschrieben, in der durch die Institution der Staatsbürgerschaft ein neues Status-System errichtet wird (vgl. Lockwood 1974: 365f).[29] *Inhaltlich* können in der Anlage der Analyse jedoch drei Perspektivenwechsel festgestellt werden: *erstens* wird das Verhältnis zwischen Individuum und Staat nicht mehr unter der Prämisse moralischer Regeln, sondern systematisch im Kontext von Rechtsbeziehungen diskutiert; *zweitens* wechselt Marshall von einem normativen Konzept, welches unter 'normalen' Bedingungen von einem spannungsfreien Verhältnis zwischen Individuum und Staat ausgeht zu einer Perspektive, die ein konflikthaftes Verhältnis betont; *drittens* wird, entgegen der

---

27 Vgl. Bottomore (1981; 1992); Lockwood (1974; 1992).
28 Zu dieser Analyse des Durkheimschen Forschungsprogramms siehe ausführlich Müller (1983)
29 Dies ist die Tradition soziologisch gehaltvoller Theorie der von Beck (1983; 1986) in ausgedünnter Form thematisierten Prozesse der Herauslösung, Freisetzung und Wiedereinbindung von Individuen im Zuge gesellschaftlicher Modernisierung.

2.3 T.H. Marshall: Staatsbürgerrechte und soziale Klassen

Annahme eines harmonischen Zusammenwirkens von kapitalistischer Ökonomie und Demokratie, ein nicht vollständig auflösbares Spannungsverhältnis zwischen kapitalistischer Marktwirtschaft und politischer Demokratie und die daraus resultierende spezifische Dynamik zum Ausgangspunkt der Analyse. Indem Marshall die von Durkheim als anomisch bezeichneten widersprüchlichen Verhältnisse kapitalistischer Klassengesellschaften als deren charakteristische Kennzeichen begreift, vermeidet er die Fehleinschätzung, den Klassenkonflikt lediglich als Übergangsphänomen zu interpretieren.[30] Für den Zuschnitt der Analyse wird deshalb nicht die ideale Vorstellung einer normativen Regulierung ausdifferenzierter Funktionsbereiche, sondern die historische Entwicklung staatsbürgerlicher Rechte vor dem Hintergrund der gesellschaftlichen Realität der Nachkriegszeit entscheidend. In der Tradition des Liberalismus und englischen Empirismus stehend[31] ist Marshalls Interesse auf die Frage gerichtet, ob eine grundsätzliche menschliche Gleichheit, die in einem gemeinsamen Status aller Mitglieder einer Gesellschaft zum Ausdruck kommt, mit einem System sozialer Ungleichheit vereinbar ist. Im Gegensatz zu Marx (1988), der die Durchsetzung der Staatsbürgerrechte zwar als historische Errungenschaft begrüßte, zugleich jedoch keinen Zweifel daran ließ, daß die Emanzipation der Individuen nur durch die revolutionäre Umgestaltung der gesellschaftlichen Verhältnisse zu erreichen sei, bietet Marshall eine entschieden liberale Lösung des Problems. Er geht davon aus, daß "die Ungleichheit eines Systems sozialer Ungleichheit (...) unter der Voraussetzung akzeptiert werden [kann], daß die Gleichheit des Staatsbürgerstatus anerkannt ist" (Marshall 1981a: 38). Die Vision des Ökonomen Alfred Marshall, der einem Gentleman angemessenen Lebensumstände als Maß eines zivilisierten Lebens aller, formulierte T.H. Marshall deshalb in soziologischen Begriffen, indem er davon ausging, "daß der Anspruch aller, sich dieser Umstände zu erfreuen, ein Anspruch auf einen Anteil am gesellschaftlichen Erbe ist, und der wiederum einen Anspruch bedeutet, als volles Mitglied der Gesellschaft anerkannt zu werden, und das ist: als Staatsbürger" (ebd.).

2.3.1 Marshalls Analyse

Marshall geht davon aus, daß die sozialen Beziehungen in Gesellschaften bereits auf frühen Stufen gesellschaftlicher Entwicklung als Rechtsverhältnisse begriffen werden können. Während diese Rechte in traditionalen Gesellschaften jedoch unauflöslich miteinander verbunden sind, bewirkt der gesellschaftliche Differenzierungsprozeß, daß dieses Bündel von Rechten sich seit dem 12. Jahrhundert auseinander zu entwickeln beginnt und die einzelnen Rechte sich schließlich mit spezifischen gesellschaftlichen Institutionen verbinden. Mit der

---

30 Vgl. Halsey (1984).
31 Vgl. Ettrich (1993a).

Heraufkunft eines neuen gesellschaftlichen Systems und der Institutionalisierung bürgerlicher Rechte setzt sich die Verrechtlichung der Sozialbeziehungen schließlich durch. Dieser Prozeß gewinnt im 18. Jahrhundert mit der Entwicklung der Staatsbürgerrechte an Bedeutung. Hier setzt Marshalls Analyse ein. *Bürgerliche Rechte* entstehen im 18. Jahrhundert. Sie sichern die Freiheit des Individuums und umfassen das Recht der Freiheit der Person, Redefreiheit, Gedanken- und Glaubensfreiheit, Freiheit des Eigentums, die Freiheit, gültige Verträge abzuschließen und das Recht auf ein Gerichtsverfahren. Die mit diesen Rechten verbundenen Institutionen sind die Gerichtshöfe. *Politische Rechte*, die sich im 19. Jahrhundert etablieren, beinhalten das Recht auf die Teilnahme am Gebrauch politischer Macht, d.h. das Wahlrecht, sowie das Recht, für ein politisches Amt wählbar zu sein.[32] Die entsprechenden Institutionen sind Parlamente und Gemeinderäte. Im 20. Jahrhundert schließlich entstehen die *sozialen Rechte*, all jene Rechte, die ein Mindestmaß an wirtschaftlicher Wohlfahrt und Sicherheit verbürgen, wie das Recht auf vollen Anteil am gesellschaftlichen Erbe, auf ein zivilisiertes Leben entsprechend der herrschenden gesellschaftlichen Standards. Mit diesen Rechten verbunden sind die Institutionen des Erziehungswesens und der sozialen Dienste.

Dieser Entwicklungsprozeß beschreibt freilich nicht lediglich eine funktionale Differenzierung von Rechtsformen. Indem alle Bürger einer Nation legitimerweise Anspruch auf diese Rechte erheben können, tritt im Übergang zur modernen Gesellschaft an die Stelle der vielen unterschiedlichen, lokalen oder regionalen, Ungleichheit verbürgenden Status der Feudalgesellschaft vielmehr der einzige und allgemeine, Gleichheit institutionalisierende Status nationaler Staatsbürgerschaft. Alle Bürger einer Nation werden in diesem Prozeß formal zu Gleichen erklärt. Die Entstehung nationaler Staatsbürgerschaft bringt damit zugleich zwei analytisch zu unterscheidende Aspekte zum Ausdruck, die Marshall als inhärentes Kennzeichen dieser Entwicklung begreift: zum einen die Inklusion immer neuer gesellschaftlicher Gruppen in die bestehenden staatsbürgerlichen Rechte; zum anderen aber auch die sukzessive Anreicherung des Staatsbürgerstatus mit immer neuen Rechten. Ausgehend von diesem auf Inklusion aller Bürger gerichteten Verständnis moderner Staatsbürgerrechte verfolgt Marshalls Analyse eine doppelte Perspektive: zum einen fragt er nach ihrem Einfluß auf die soziale Ungleichheit des Klassensystems, zum anderen nach ihrer Bedeutung für die Sicherstellung gesellschaftlicher Integration.

---

32 Die Durchsetzung politischer Rechte erfolgte freilich nicht für alle Bürger. Am deutlichsten läßt sich dies an der späten Errungenschaft des Frauenwahlrechts zeigen.

2.3.1.1 Bürgerliche und politische Rechte im 19. Jahrhundert

Das Verhältnis der beiden gleichzeitig entstehenden Strukturprinzipien moderner Gesellschaften - des Systems der Staatsbürgerrechte und des kapitalistischen Klassensystems - ist erklärungsbedürftig, denn es steht außer Frage, "daß im zwanzigsten Jahrhundert Staatsbürgerrechte und kapitalistisches Klassensystem miteinander im Krieg liegen" (Marshall 1981a: 54). Die Institutionalisierung der Staatsbürgerrechte verleiht einerseits all jenen, die volle Mitglieder einer Gemeinschaft sind, einen Status, der sie hinsichtlich ihrer Rechte und Pflichten zu Gleichen macht. Andererseits führt sie dazu, daß jene Gesellschaften, in denen sich die Institutionen der Staatsbürgerrechte zu entfalten beginnen, normative Vorstellungen eines idealen Staatsbürgerstatus entwickeln, an denen reale Fortschritte gemessen und auf die Anstrengungen gerichtet werden können (vgl. ebd.: 53). Diesem auf formale Gleichheit aller Bürger zielenden System stehen soziale Klassen als ein System sozialer Ungleichheit gegenüber. Wie tragen diese beiden, zu gleicher Zeit sich herausbildenden, gegensätzlichen Organisationsprinzipien zum Gelingen sozialer Integration bei, ohne daß von ihrem konfliktfreien Ineinandergreifen ausgegangen werden könnte?

Der frühe Einfluß der Staatsbürgerrechte auf die sozialen Ungleichheiten des Klassensystems ist gering. Die Klärung des Beitrags *bürgerlicher Rechte* stellt dabei die geringsten Probleme. Die Entfaltung des kapitalistischen Systems setzt den Zusammenbruch der feudalen Ordnung, das Zerbrechen feudaler Bindungen, die Auflösung eines traditionalen Statussystems und damit einen umfassenden Freisetzungsprozeß der Individuen voraus. Die Entwicklung negativer Freiheitsrechte, aus denen der Kern der bürgerlichen Rechte besteht, ist daher für eine Marktwirtschaft unverzichtbar, sollen sich Kapitalist und der doppelt freie Lohnarbeiter auf dem Markt begegnen können, denn die bürgerlichen Freiheitsrechte "gaben jedem Mann als Teil seines individuellen Status die Macht, sich als selbständige Einheit am wirtschaftlichen Kampf zu beteiligen" (ebd.: 56f). Als unverzichtbare Voraussetzung für die Entwicklung des kapitalistischen Systems bleiben bürgerliche Rechte deshalb ohne Auswirkungen auf die Erscheinungen sozialer Ungleichheiten.

Der Beitrag *politischer Rechte* zum gesellschaftlichen Integrationsprozeß ist nicht ganz so eindeutig. Im Gegensatz zu bürgerlichen Rechten stellte die Ausdehnung politischer Rechte prinzipiell eine große Gefahr für das kapitalistische System dar. Marshalls Argument einer relativen Machtlosigkeit der Masse der arbeitenden Bevölkerung stützt sich darauf, daß zu diesem frühen Zeitpunkt die Ausübung politischer Macht erst im Entstehen begriffen war, neue Organisationsformen für die politische Durchsetzung eigener Ansprüche also erst entwickelt werden mußten. Die Anhebung des sozialen und wirtschaftlichen Status der Arbeiter erkämpfte die Gewerkschaftsbewegung deshalb auch auf der Grundlage bürgerlicher Freiheitsrechte. Als wichtigste Errungenschaft ihrer politischen

Macht kann die Durchsetzung der Anerkennung des Rechts auf Tarifverhandlungen gelten. "Das bedeutet, daß sozialer Fortschritt über die Stärkung von Freiheitsrechten gesucht wurde, nicht über die Schaffung sozialer Rechte, sondern durch den Gebrauch von Verträgen in einem offenen Markt, und nicht durch Mindestlöhne und soziale Sicherheit" (ebd.: 63). Die Gewerkschaftsbewegung schuf damit "ein zweites System wirtschaftlicher Staatsbürgerrechte (...), parallel und ergänzend zum System politischer Staatsbürgerrechte" (ebd.: 64).

Wenngleich bürgerliche Rechte aufgrund ihres Charakters, und frühe Formen politischer Rechte aufgrund ihres gering entwickelten Wirkungsgrades die Erscheinungen sozialer Ungleichheit des kapitalistischen Systems kaum in Frage stellten, so sind sie doch bereits auf dieser frühen Stufe für den Integrationsprozeß moderner Gesellschaften unter zwei Aspekten bedeutsam: zum einen eröffnen sie die Perspektive hin zu einer egalitären Politik und der Vorstellung gleichen sozialen Werts aller Individuen, zum anderen sind sie nach dem Zusammenbruch des Feudalismus wichtiger Bestandteil des Integrationsprozesses der entstehenden nationalen Gemeinschaft, denn der "Staatsbürgerstatus setzt eine Bindung anderer Art voraus, ein unmittelbares Gefühl der Mitgliedschaft in einer Gemeinschaft auf der Grundlage von Loyalität gegenüber einer Kultur, die von allen geteilt wird. Es ist die Loyalität freier Menschen, die mit Rechten ausgestattet sind und durch ein gemeinsames Recht geschützt werden" (ebd.: 62). Diese Loyalität einer Bürgergemeinde, deren Mitglieder als formal Gleiche definiert werden, findet ihren Ausdruck in einem erwachenden Patriotismus, einem zunehmenden Nationalbewußtsein und der Fiktion eines gemeinsamen nationalen Erbes.

2.3.1.2 Soziale Rechte im 20. Jahrhundert

Mit der Institutionalisierung *sozialer Rechte* stößt man schließlich zum Kern des Problems vor. Im Gegensatz zu bürgerlichen und frühen Formen politischer Rechte zielt die Durchsetzung sozialer Rechte unmittelbar auf die Umverteilung gesellschaftlichen Reichtums und die Beschneidung der Privilegien der herrschenden Klasse. Sie stellen damit die Legitimität extremer Erscheinungsformen sozialer Ungleichheit als Resultat der kapitalistischen Ökonomie in Frage. Diese neue, und nach Marshall letzte Phase der Entwicklung der Staatsbürgerrechte bringt schließlich die entscheidenden Fortschritte in der Durchsetzung der egalitären Prinzipien des Staatsbürgerstatus. Sie markiert einen Prozeß, in dem sich die soziale Integration von der Sphäre des Gefühls und des Patriotismus einer nationalen Gemeinschaft mit gemeinsamem kulturellem Erbe in die Sphäre materieller Teilhabe auszudehnen beginnt (ebd.: 66). Damit wählt Marshall eine Erklärung sozialer Integration, die nicht die Ausdehnung des Wahlrechts und damit die politische Dimension der Staatsbürgerrechte in den Mittelpunkt stellt, sondern der ökonomischen und sozialen Dimension als Institutionen primärer und sekundärer Distribution die zentrale Bedeutung für diesen Prozeß zuspricht.[33] Integration beruht entscheidend auf der Befriedigung der materiellen Interessen der Bürger. Dieser weitgehend vernachlässigte Aspekt der Marshallschen Argumentation ist von entscheidender Wichtigkeit, weil er verdeutlicht, daß Marshall die ökonomische Entwicklung der Nachkriegszeit und damit die Durchsetzung eines industriellen Systems der Massenproduktion als unverzichtbare Voraussetzung für die Gewährleistung materieller Teilhabe Aller und damit der Sicherstellung sozialer Integration begreift. Sein Erklärungsversuch kann deshalb mit Barbalet in drei Schritten zusammengefaßt werden: "First, citizenship as civil rights creates a class system in which distinct class cultures diminish. Secondly, citizenship, especially through social rights, removes the significance of class inequalities. Third, mass production creates a common material civilization in which the demand for the expansion of citizenship is enhanced" (Barbalet 1988: 92). Barbalet weist hier mit Nachdruck darauf hin, daß die Ansprüche auf Umverteilung gesellschaftlicher Güter, die Bürger aufgrund ihrer sozialen Rechte geltend machen können, in Marshalls Ansatz entscheidende Bedeutung erfahren. Sie verändern das gesamte Ungleichheitsgefüge kapitalistischer Klassengesellschaften grundlegend, indem sie illegitime Ungleichheiten beseitigen und so egalisierende Wirkung entfalten.

2.3.2 Die liberale Perspektive: Statusgleichheit und legitime Ungleichheit

Die Beseitigung illegitimer Ungleichheiten erklärt gleichwohl noch nicht, wie soziale Rechte tatsächlich zur sozialen Integration kapitalistischer Klassengesellschaften beitragen. Mit der Umverteilung gesellschaftlichen Reichtums ist nur eine der Konsequenzen benannt, die mit der Institutionalisierung sozialer Staatsbürgerrechte einhergehen. Entgegen der Marxschen Perspektive, die die Ursache extremer Formen der Ungleichheit im kapitalistischen System der Mehrwertproduktion begründet sah und deshalb die Gleichheit aller Individuen durch eine radikale Reorganisation des kapitalistischen Gesellschaftssystems erreichen wollte, bringt Marshall sein liberales Credo in der Feststellung zum Ausdruck, daß eine Gesellschaft demokratische Freiheiten nicht bewahren könne, ohne gleichzeitig einen weiten Bereich wirtschaftlicher Freiheiten zu gewährleisten. Damit verteidigt Marshall einerseits die Bedeutung *eines formalen Status der Gleichheit*, andererseits aber auch die *Legitimität realer sozialer Ungleichheit*. Es bleibt in dieser Perspektive kein Zweifel daran, daß die Ausweitung sozialer Einrichtungen nicht in erster Linie dazu dient, absolute Gleichheit herzustellen, sondern vielmehr allen Bürgern die Teilnahme an einem zivilisierten Leben

---

33 Zur Bedeutung sozialer Rechte siehe Harrison (1991); Roche (1992); Turner (1991; 1997).

ermöglichen soll: "Die Gleichstellung geschieht weniger zwischen Klassen als vielmehr zwischen den Individuen einer Bevölkerung, die jetzt für diesen Zweck so behandelt werden, als seien sie eine Klasse. Statusgleichheit ist wichtiger als Einkommensgleichheit" (ebd.: 73). Das Augenmerk ist deshalb viel stärker auf soziale Gerechtigkeit, als auf völlige Gleichheit zwischen den Bürgern einer Gesellschaft gerichtet.

> "Wir zielen nicht auf absolute Gleichheit. Es gibt in dieser egalitären Bewegung eingebaute Grenzen. Die Bewegung ist aber eine doppelte. Sie wirkt teilweise durch Staatsbürgerrechte und teilweise durch das Wirtschaftssystem. In beiden Fällen ist das Ziel die Entfernung von Ungleichheiten, die nicht als legitim gelten können. Der Maßstab der Legitimität ist allerdings jeweils ein anderer. In dem ersteren ist es der Maßstab sozialer Gerechtigkeit, im letzteren ist es soziale Gerechtigkeit kombiniert mit wirtschaftlicher Notwendigkeit" (Marshall 1981a: 88).

Soziale Rechte selbst leisten ihren Beitrag zur sozialen Integration moderner Gesellschaften dadurch, daß sie zu 'Architekten sozialer Ungleichheit' werden. Entscheidender Faktor in der Herstellung legitimer sozialer Ungleichheiten wird dabei das soziale Recht auf Bildung. Auf der Grundlage einer dynamischen Marktwirtschaft verbürgt die Verknüpfung der Bildung mit der Erwerbstätigkeit in modernen Gesellschaften den Anspruch auf eine berufliche Stellung auf entsprechend hohem Niveau (ebd.: 79). Ein immer differenzierteres und hohe Anforderungen an professionelle Fähigkeiten stellendes Berufsystem erzeugt einen Prozeß der Selektion und Mobilität im Bildungswesen und generiert damit soziale Ungleichheit. Die Legitimität, die Marshall diesem Prozeß zuspricht, beruht auf zwei grundlegenden Annahmen: der liberalen Überzeugung bestehender Chancengleichheit im Bildungswesen einerseits, der modernisierungstheoretischen Perspektive der Beseitigung vererbbarer Privilegien durch individuell erworbene Bildung andererseits. Wenngleich, so Marshall, durch die Bildung in ihren Beziehungen zur Beschäftigungsstruktur Staatsbürgerrechte als Instrument sozialer Schichtung fungieren, so sind die Konsequenzen dennoch begrüßenswert, denn der "durch Bildung erlangte Status, der in die Welt hinaus getragen wird, trägt den Stempel der Legitimität, weil er durch eine Institution verliehen wird, die eingerichtet wurde, dem Bürger seine ihm zustehenden Rechte zu erfüllen" (ebd.: 81). Sozialen Staatsbürgerrechten, und hier vor allem der Bildung, kommt somit auf der Grundlage einer funktionierenden Marktwirtschaft die Aufgabe zu, die zentrifugalen Kräfte der kapitalistischen Klassengesellschaft durch ihre integrierende Kraft zu bändigen und sie in ein legitime Ungleichheiten erzeugendes System sozialer Schichtung zu überführen.

Es wird deutlich, daß Marshall sich vollständig der Tatsache bewußt war, daß die kapitalistische Marktwirtschaft die Ursache sozialer Ungerechtigkeit ist und damit ein Problem für die gesellschaftliche Integration darstellt. Die Institution, mit sich die sozialen Rechte der Bürger verbinden, und der Marshall deshalb die Aufgabe zuweist, das Verhältnis zwischen politischer Demokratie und kapitalistischer Ökonomie zu regulieren, ist der entstehende Wohlfahrtsstaat der Nachkriegszeit. "Die Schaffung einer Mischwirtschaft und die Entwicklung des Wohlfahrtsstaates sind Prozesse, in denen (...) der Kapitalismus soweit zivilisiert wurde, um mit der Demokratie koexistieren zu können" (Marshall 1981c: 145).[34] Die prekäre Balance des Spannungsverhältnisses von gemischter Wirtschaft, wohlfahrtsstaatlichen Institutionen und liberaler Demokratie präzisierte Marshall schließlich mit seinem Modell der 'hyphenated society.'[35] Der 'Zivilisationsprozeß des Kapitalismus' über die Institutionalisierung des Wohlfahrtsstaates hebt den Widerspruch zwischen Staatsbürgerschaft und sozialer Klasse jedoch nicht auf. Das Besondere an Marshalls Modell besteht deshalb darin, Staatsbürgerschaft nicht mit Integration gleichzusetzen, sondern soziale Integration als immer vorläufig, auf Zeit gestellt und nie vollständig erreichbar zu begreifen. Der Konflikt zwischen den gegensätzlichen Organisationsprinzipien moderner Gesellschaften ist deshalb deren Normalzustand.[36]

2.3.3 Marshalls Bedeutung

Bereits die Häufigkeit, mit der Marshalls Essay 'Citizenship and Social Class' seit seinem Erscheinen immer wieder Debatten zu aktuellen Problemen moderner Gesellschaften angestoßen hat, vermittelt einen Eindruck der Bedeutung, die seiner historischen Analyse moderner Staatsbürgerrechte in den Sozialwissenschaften zukommt.[37] Drei Rezeptionswellen können unterschieden werden. Die frühe Auseinandersetzung interpretierte in den sechziger Jahren Staatsbürgerrechte einerseits als Mittel der Integration der Arbeiterklasse in die kapitalistische Gesellschaft[38], andererseits diente Marshalls Arbeit aber auch als Grundlage für die Analyse des Wählerverhaltens und der politischen Apathie der Bürger in modernen liberal-demokratischen Gesellschaften.[39] Eine zweite Phase zu Beginn der siebziger Jahre beschränkte die Diskussion im wesentlichen auf den von Marshall vorgegebenen Rahmen und diskutierte Bedeutungsgehalt und Reichweite des Konzepts nationaler Staatsbürgerschaft.[40] Nach einer Phase weitgehender Vernachlässigung, in der Herman van Gunsteren zu der Einschätzung gelangte, daß "...[the] concept of citizenship has gone out of fashion among political thinkers" (van Gunsteren 1978: 9), setzte schließlich zu Beginn der achtziger Jahre angesichts politischer, ökonomischer und sozialer Umbrüche in

---

34 Vgl. Marshall (1981b).
35 Marshall (1981c).
36 Siehe hierzu Turner (1986).
37 Die Bedeutung zeigt sich auch an der Neuveröffentlichung von 'Citizenship and Social Class': Marshall/Bottomore (1992).
38 So etwa Dahrendorf (1959); Bendix (1964); Lipset (1960).
39 Vgl. Rokkan (1960).
40 Siehe hierzu Aron (1974); Dahrendorf (1974); Nisbet (1974).

westlichen liberal-demokratischen Gesellschaften eine grundsätzliche Auseinandersetzung mit Marshalls Konzept ein.[41] Dessen Bedeutung beschränkt sich nicht mehr auf die offensichtlich immer wiederkehrende Konjunktur der Staatsbürgerschaftsproblematik, die dritte Rezeptionswelle hält inzwischen vielmehr seit über fünfzehn Jahren an und hat in den vergangenen Jahren deutlich gemacht, daß Staatsbürgerschaft im Zentrum fast aller aktuellen gesellschaftlichen und politischen Konflikte stehen. Die von Anthony Giddens angestoßene Debatte ist im Verlauf der letzten Jahre fast unüberschaubar geworden.[42] Hier ist nicht der Ort, die Kritik und Auseinandersetzung, die im Anschluß an Marshalls Konzept geführt wurde, im einzelnen darzustellen.[43] In diesem Teil der Arbeit steht vielmehr die Frage nach dem Beitrag Marshalls zu einem soziologisch gehaltvollen Konzept nationaler Staatsbürgerschaft und dem Beitrag von Staatsbürgerrechten zur gesellschaftlichen Integration zur Debatte.[44] Die Perspektive, die Marshall für die weitere Entwicklung eines genuin soziologischen Konzepts nationaler Staatsbürgerschaft vorgegeben hat, läßt sich in den folgenden Punkten zusammenfassen: *erstens* folgt Marshall Durkheims *theoretischer Perspektive sozialer Integration*, ohne jedoch den konflikthaften Charakter des Verhältnisses

---

41 Die besten Auseinandersetzungen mit Marshall findet sich nach wie vor bei Barbalet (1988) und Turner (1986).

42 Es ist zweifellos Anthony Giddens' Verdienst, diese Debatte angestoßen zu haben. Giddens (1983; 1985; 1994) betont zwar die Bedeutung der Staatsbürgerrechte für die Analyse gegenwärtiger Industriegesellschaften, kritisiert jedoch Marshalls evolutionistischen Ansatz, die Annahme einer Entwicklungslogik, die Vernachlässigung industrieller Rechte, seine Auffassung von Staatsbürgerrechten als homogenem Bündel und schließlich die Verallgemeinerung des historischen Falles Großbritannien zu einem allgemeinen Konzept der Staatsbürgerschaft. Zu einer interessanten Kritik an Giddens' Interpretation siehe Held (1990c). Zu Giddens' anhaltender Auseinandersetzung mit Marshall siehe Giddens (1996a).

43 Die Diskussion läßt sich grob vereinfacht in Positionen unterteilen, die dem Marshallschen Konzept positiv oder ablehnend gegenüberstehen. Zur Diskussion, die eng an Marshalls Konzept blieb, siehe Barbalet (1988) und Turner (1986; 1988); zu jenen, die sich um die produktive Weiterentwicklung bemühen siehe v.a. Turner (1990; 1991; 1993b; 1993c); Barbalet (1993); Hall/Held (1989); Jenson (1996); Jenson/Phillips (1996); Roche (1987; 1992; 1995); Somers (1993; 1994; 1995a; 1995b) für eine historische Kritik und den Versuch, den Zusammenhang der Diskussion um Staatsbürgerschaft und Zivilgesellschaftstheorie herzustellen. Dazu ferner Cohen/Arato (1992); in demokratietheoretischer Perspektive v.a. die Arbeiten von David Held (1990a; 1990b; 1990c; 1991a; 1991b; 1993a); Mouffe (1992a; 1992b; 1992c; 1993a); Zolo (1993). Ferner Jessop (1978); Oldfield (1990), Parry (1991); Stewart (1995). Grundsätzliche Kritik an der Brauchbarkeit des Marshallschen Konzepts kommt dagegen vor allem aus feministischer Perspektive: Dietz (1992); Lister (1991; 1995); Pateman (1989a); aus der Perspektive eines kulturellen Pluralismus Young (1989; 1990); ferner Taylor (1989).

44 Zu dieser Frage siehe die Diskussion zwischen Mann (1987) und Turner (1990). Mann zieht den emanzipatorischen Charakter der Staatsbürgerrechte im Rahmen eines historisch-komparativen Zuganges in Zweifel und definiert sie als Integrationsinstrument für eine Vielzahl politischer Regime. Turner entwickelt gegen diesen 'klassenreduktionistischen' Zugang ein stärker soziologisch geprägtes Verständnis der Herausbildung der Staatsbürgerschaft, indem er entlang der beiden Achsen öffentlich/privat und aktiv/passiv unterschiedliche historische und kulturelle Traditionen der Genese nationaler Staatsbürgerschaft herausstellt.

von Klassengesellschaft und Bürgerrechten aus dem Blick zu verlieren. Gesellschaftliche Integration bleibt für Marshall deshalb prekär und Gegenstand gesellschaftlicher Auseinandersetzungen. Zum zentralen Integrationsmechanismus wird die *materielle Teilhabe* aller Mitglieder einer Gesellschaft an deren Reichtum; sie setzt ein industrielles System der Massenproduktion voraus. *Zweitens* beinhaltet die historische Analyse eine *implizite Theorie sozialen Wandels*, an deren Ende ein Statussystem steht, welches formale Gleichheit verbürgt.[45] Der Vorzug der Analyse besteht in einem systematischen Zugang zum Verhältnis zwischen den verschiedenen Elementen der Staatsbürgerschaft und der Klassenstruktur sowie der daraus sich ergebenden Bedeutung für ein Verständnis heutiger Gesellschaften. Marshall leistet damit einen wichtigen Beitrag *zur Analyse sozialer Schichtung in modernen Gesellschaften*[46] und geht über klassentheoretische Engführungen hinaus. *Drittens* hebt Marshall die *Bedeutung von Rechten* für die Geltendmachung von Ansprüchen und die langfristige Veränderung gesellschaftlicher Strukturen hervor. Gegen die marxistische Kritik des Scheins bürgerlicher, politischer und sozialer Rechte einerseits, der Revolutionsperspektive als Hebel gesellschaftlicher Veränderung andererseits, unterstreicht Marshall die Bedeutung eines *formalen Status rechtlicher Gleichheit* für die Ausdehnung persönlicher Ansprüche gegenüber dem Staat und damit die Bedeutung der Institutionalisierung der Staatsbürgerrechte für systemimmanente Veränderungen und langfristigen sozialen Wandel. *Viertens* trägt der Perspektivenwechsel von einer im Durkheimschen Sinne moralischen Regulierung sozialer Beziehungen hin zu einer Auseinandersetzung um legitime Rechtsansprüche der Bürger der historischen Entwicklung einer *Verschiebung von Pflichten zu Rechten* Rechnung. Zugleich läßt Marshall die Frage der Bedeutung von Pflichten der Bürger in modernen Gesellschaften jedoch nicht außer Acht.[47] Er betont die Bedeutung staatsbürgerlicher Pflichten als Pendant zu staatsbürgerlichen Rechten, wenngleich er hinsichtlich der Wirkungskraft wechselseitiger Verpflichtungen im Rahmen nationaler Gemeinschaften skeptisch bleibt. Auf der Grundlage der gesellschaftlichen Entwicklung Großbritanniens bietet Marshall schließlich eine frühe, historisch gesättigte *Analyse des institutionellen Gefüges* der britischen Nachkriegsgesellschaft, welches sich auch in den anderen westlichen liberal-demokratischen Gesellschaften weitgehend durchgesetzt hat. In diesem Prozeß wird deutlich, daß die Institutionalisierung der Staatsbürgerrechte, und vor allem der sozialen Staatsbürgerrechte, als neues gesellschaftliches System den demokratischen, wohlfahrtsstaatlichen Kapitalismus hervorbringt.[48] Der Wohlfahrtsstaat wird zum allgemeinen Strukturmerkmal westlicher Industriegesellschaften.

---

45 Zu dieser Perspektive siehe Lockwood (1992); Turner (1986).
46 Vgl. Bendix (1960); Dahrendorf (1987); Lockwood (1974).
47 Darauf weisen Barbalet (1988) und Janowitz (1980) hin.
48 Vgl. Halsey (1984).

Mit diesen Aspekten verbindet Marshall die Überzeugung, daß Staatsbürgerrechte im historischen Prozeß auf immer mehr gesellschaftliche Gruppen ausgedehnt werden und immer mehr Rechte in den Status der Staatsbürgerschaft aufgenommen werden. Die Integrationsperspektive und die Annahme fortschreitender Inklusion stellen den Ausgangspunkt des Selbstverständnisses moderner Staatsbürgerschaft dar, eines Selbstverständnisses, das Talcott Parsons im Anschluß an Durkheim und Marshall weiter präzisiert und radikalisiert hat.

2.4 Talcott Parsons: Der Doppelcharakter moderner Staatsbürgerrechte

Die Bedeutung, die Talcott Parsons' Arbeiten für die Entwicklung eines soziologisch gehaltvollen Konzepts der Staatsbürgerschaft zukommt, ist in der Sekundärliteratur fast vollständig auf die Erweiterung der Marshallschen Dreiteilung staatsbürgerlicher Rechte um die kulturelle Dimension reduziert worden.[49] Dadurch hat man es mit einem 'halbierten' Parsons zu tun, dessen in integrationstheoretischer Perspektive wichtigere Hälfte unbeachtet geblieben ist. Meine These in diesem Kapitel lautet, daß es der von Parsons zum Gegenstand gemachte 'Doppelcharakter staatsbürgerlicher Rechte' ist, der für ein Verständnis ihrer Funktionsweise entscheidend ist.

In spezifischer Weise schließt Parsons an die Arbeiten seiner Vorläufer an. Von Marshall übernimmt er die Überzeugung der enormen Bedeutung, die Staatsbürgerrechten in modernen Gesellschaften zukommen, erweitert dabei das Konzept um die Dimension der kulturellen Bürgerrechte und stellt es systematisch in den Kontext einer Theorie sozialer Integration. Ein Zurück zu Durkheim ist damit nicht beabsichtigt, wenngleich Parsons keinen Zweifel an dessen Bedeutung für die Entwicklung einer Theorie der Integration sozialer Systeme läßt.[50] Parsons' spezifischer Anschluß an Durkheim[51] dient vielmehr dazu, gegen Marshalls konflikthafte Perspektive die eines Modells zu setzen, das Integration als dynamischen Gleichgewichtszustand begreift.[52] Werkgeschichtlich fällt Parsons' Auseinandersetzung mit der Staatsbürgerschafts-Problematik in die späte Phase der Entwicklung einer soziokulturellen Evolutionstheorie (Parsons 1966a; 1966b; 1977a; 1985).[53] Auf *gesellschaftstheoretischer Ebene* diskutiert er die Herausbildung der Staatsbürgerschaft daher im Rahmen einer Theorie langzeitlichen gesellschaftlichen Wandels. Im Mittelpunkt stehen die Konsequenzen, die sich im Zuge der gesellschaftlichen Entwicklung für die Struktur

---

49 Eine Ausnahme findet sich bei Müller (1995a).
50 Parsons (1960; 1993).
51 Vgl. dazu Parsons' Durkheim-Interpretation (1968; 1993).
52 Zur Bedeutung der Vorstellung eines dynamischen Gleichgewichts siehe Parsons (1976).
53 Vgl. Ettrich (1993b); Turner (1993c).

2.4 Talcott Parsons: Der Doppelcharakter moderner Staatsbürgerrechte

und Funktionsweise solidarischer Integration ergeben. *Integrationstheoretisch* entwickelt Parsons ein allgemeines Modell sozialer Integration, das auf einer spezifischen Balance von Faktoren der Statusgleichheit und solchen der Legitimation sozialer Ungleichheit beruht. In modernen Gesellschaften kommt die Aufgabe, dieses Gleichgewicht zu gewährleisten den Staatsbürgerrechten zu, die damit einen Aspekt des Problems sozialer Ordnung lösen. Als Konsequenz ihrer grundlegenden Transformation entwickelt die gesellschaftliche Gemeinschaft enorme Inklusionskraft, so daß auf der Grundlage der Staatsbürgerrechte die umfassende Inklusion gesellschaftlicher Gruppen in die gesellschaftliche Gemeinschaft zum herausragenden Kennzeichen moderner Gesellschaften wird.

2.4.1 Der Strukturwandel der gesellschaftlichen Gemeinschaft

Integration stellt das zentrale Problem moderner Gesellschaften dar. Die Ursache des Problems sieht Parsons im tiefgreifenden Strukturwandel der gesellschaftlichen Gemeinschaft (societal community), der sich im Zuge des gesellschaftlichen Evolutionsprozesses vollzieht. Der Schlüssel zu seiner Lösung besteht für ihn in der Institutionalisierung moderner Staatsbürgerrechte.

Parsons legt der Diskussion um die Funktion der Staatsbürgerrechte in der gesellschaftlichen Gemeinschaft das Vierfunktionenschema bzw. AGIL-Schema zugrunde, welches er gemeinsam mit Robert F. Bales und Edward A. Shils (1953) in den *Working Papers in the Theory of Action* entwickelt hat, und dessen Ausarbeitung er selbst als seine eigentliche Theorieleistung verstand.[54] Auf abstraktester Ebene läßt sich das Allgemeine Handlungssystem in die Subsysteme Behavioral Organism (A), Personality (G); Social System (I) und Cultural System (L) differenzieren. Dem Gesellschaftssystem (Social System) kommt auf dieser Ebene als Subsystem integrative Funktion zu. Differenziert man das Gesellschaftssystem selbst und begibt sich so eine Ebene tiefer, so lassen sich als funktionale Subsysteme Ökonomie (A), Politik (G), Gesellschaftliche Gemeinschaft (I) und Kultur (L) definieren. Die Diskussion um Staatsbürgerschaft bezieht sich ihrerseits auf das Subsystem der gesellschaftlichen Gemeinschaft als integrativem Subsystem der Gesellschaft - genauer: die einzelnen Staatsbürgerrechte werden zu funktionalen Subsystemen der gesellschaftlichen Gemeinschaft. Soziale und ökonomische Rechte[55] erfüllen adaptive Funktion (A), politische Rechte gewähren Zielerreichung (G), kulturelle Rechte übernehmen integrative Funktion (I), während bürgerliche Rechte die Aufrechterhaltung von

---

54 Zu dieser Einschätzung siehe Luhmann (1988).
55 Parsons' Gebrauch der Begriffe soziale und ökonomische Rechte ist äußerst irreführend. Er benutzt beide Begriffe, klärt aber nicht, daß sie für ihn eine einzige Dimension staatsbürgerlicher Rechte darstellen. Vgl. Parsons (1977a: 336, 338, 340).

Wertmustern garantieren (L).[56] Gemeinsam konstituieren Staatsbürgerrechte damit das Subsystem 'Gesellschaftliche Gemeinschaft' und gewährleisten dessen integrative Funktion für das Soziale System (siehe Abb. 3).

Parsons' Analyse des Verlaufsprozesses gesellschaftlicher Entwicklung erfolgt im Rahmen einer Differenzierungs- und Evolutionstheorie. Im Zentrum des Interesses stehen dabei die innerhalb einer Gesellschaft stattfindenden Differenzierungsprozesse. Diese stellen einen gesellschaftlichen Entwicklungsprozeß dar, in dem die Subsysteme der Gesellschaft immer stärker auseinandertreten. Evolutionäre Entwicklung von Gesellschaften ist durch vier Prozesse strukturellen Wandels gekennzeichnet, die gemeinsam eine 'progressive' Weiterentwicklung auf ein höheres Niveau ermöglichen und einen gerichteten Prozeß beschreiben. Differenzierung entsteht, wenn sich eine Einheit oder Struktur in einem sozialen System in zwei oder mehrere Einheiten oder Strukturen teilt und dabei ihren Charakter und ihre funktionale Bedeutung für das System ändern. Adaptive Upgrading bezeichnet einen Prozeß, in dem das Anpassungsvermögen eines Systems an seine Umwelt gesteigert und dieses von bestehenden Restriktionen befreit wird. Die damit einhergehenden integrativen Probleme können nur durch die Inklusion der neuen Einheiten, Strukturen und Mechanismen innerhalb des normativen Rahmens der gesellschaftlichen Gemeinschaft gelöst werden. Die ablaufenden Prozesse müssen deshalb durch eine Wertgeneralisierung ergänzt werden.[57] Wie ist vor diesem Hintergrund der Strukturwandel der gesellschaftlichen Gemeinschaft zu begreifen, in dessen Verlauf Staatsbürgerrechten integrative Funktion zugesprochen wird? Welches allgemeine Modell der Gewährleistung von Integration bietet Parsons an und wie erfüllen Staatsbürgerrechte in diesem Modell unter spezifisch modernen Bedingungen ihre integrative Aufgabe?

---

56 Richard Münchs Analyse der gesellschaftlichen Gemeinschaft ist in zweifacher Hinsicht äußerst problematisch. Die von mir vorgenommene Zuordnung staatsbürgerlicher Rechte zu funktionalen Subsystemen der gesellschaftlichen Gemeinschaft weicht von seiner Interpretation ab. Münch (1984: 296) ordnet Staatsbürgerrechten folgende Funktionen zu: "Nach den Dimensionen des Handlungsraumes können wir diese Bürgerrechte weiter in Freiheitsrechte (A), politische Rechte (G), soziale Rechte (I) und kulturelle Rechte (L) differenzieren." Dies steht jedoch im Widerspruch zu Parsons' Bestimmung bürgerlicher Rechte als verantwortlich für die Aufrechterhaltung von Wertmustern: "When I speak of the legal or civil component of the citizenship complex as having pattern-maintenance functions, I do not refer to the total society but to the societal community as the system within and on behalf of which this component has pattern-maintenance functions. The societal community is here conceived as a primary, functionally differentiated subsystem of a society" (Parsons 1977a: 341f). Daraus entsteht ein zweites Problem. Nach Parsons stellt die gesellschaftliche Gemeinschaft das integrative Subsystem der Gesellschaft dar, Staatsbürgerrechte übernehmen entsprechend ihre Funktion für die gesamte Gesellschaft. Münch hingegen siedelt Staatsbürgerrechte eine Ebene tiefer an. Sie werden so zu Subsystemen des integrativen Subsystems der gesellschaftlichen Gemeinschaft. (Vgl. Diagramm 22 in Münch 1984: 300). Meine Diskussion folgt in beiden Punkten der Parsonsschen Sichtweise.
57 Vgl. Parsons (1969: 55f).

2.4 Talcott Parsons: Der Doppelcharakter moderner Staatsbürgerrechte

Abb. 3: Die funktionalen Subsysteme der Gesellschaft

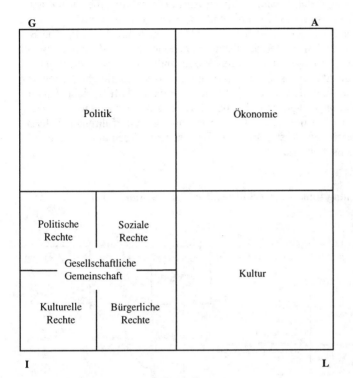

Die Transformation der gesellschaftlichen Gemeinschaft ist Resultat der historischen Umbrüche der Industriellen, Demokratischen und der Bildungsrevolution. Die mit ihnen verbundenen tiefgreifenden Umwälzungen bewirken einen grundlegenden Strukturwandel des integrativen Subsystems der Gesellschaft im Zuge der Entstehung moderner Gesellschaften.[58] Die *Industrielle Revolution* und die Herausbildung eines kapitalistischen Wirtschaftssystems führt zur Differenzierung zwischen Wirtschaft und politischer Herrschaft[59] und steigert das Anpassungs- und Integrationsvermögen moderner Gesellschaften, "welches neue Ebenen der Differenzierung und vermehrte organische Solidarität im Sinne Durkheims mit sich brachte" (Parsons 1985: 97). Mit der zunehmenden gesellschaftlichen Differenzierung erhöhen sich zugleich jedoch die funktionalen

---

[58] Zu den Differenzierungsprozessen der gesellschaftlichen Subsysteme von der gesellschaftlichen Gemeinschaft Toby (1977); Müller/Schmid (1995a).
[59] Siehe Parsons (1969: Kap. 17).

Erfordernisse neuer integrativer Strukturen. Dieser Aspekt moderner Gesellschaften wird im Zuge der *Demokratischen Revolution*[60], die die Differenzierung von ziviler Gesellschaft, Ökonomie und politischem System mit sich bringt, auf eine neue Grundlage gestellt.[61] Sie konzentrierte sich auf die politische Bedeutung der Mitgliedschaft in der gesellschaftlichen Gemeinschaft und damit auf die Rechtfertigung von Ungleichheiten des Wohlstands sowie, was wichtiger ist, der politischen Autorität und sozialen Privilegien (ebd.). Die gleiche Bedeutung für den Strukturwandel der gesellschaftlichen Gemeinschaft spricht Parsons schließlich der *Bildungsrevolution*, d.h. der Durchsetzung der Elementarbildung seit dem 19. Jahrhundert und der stetigen Ausdehnung weiterführender Bildung bis hin zur universitären Ausbildung zu. Sie führt zur Trennung von gesellschaftlicher Gemeinschaft und Kultur.

Abb. 4: Die Trennung funktionaler Subsysteme (vgl. Parsons 1977b: 7)

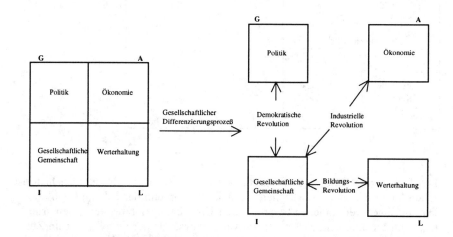

---

60 Im Zuge der Demokratischen Revolution entwickelt sich als evolutionäre Universalie die demokratische Assoziation. In seinem Aufsatz 'Evolutionäre Universalien der Gesellschaft' (1971: 55) definiert Parsons diese als "jede in sich geordnete Entwicklung oder 'Erfindung', die für die weitere Evolution so wichtig ist, daß sie nicht nur an einer Stelle auftritt, sondern daß mit großer Wahrscheinlichkeit mehrere Systeme unter ganz verschiednenen Bedingungen diese 'Erfindung' machen." Die demokratische Assoziation stellt in der Reihe der von Parsons diskutierten Universalien die letzte und damit die moderne Gesellschaft kennzeichnende dar. Der interne Zusammenhang zwischen demokratischer Assoziation und politischen Staatsbürgerrechten zeigt die herausragende Bedeutung, die diesen für ein Verständnis moderner Gesellschaften zukommt. Vgl. auch Ettrich (1993b).

61 Siehe hierzu Parsons (1967).

2.4 Talcott Parsons: Der Doppelcharakter moderner Staatsbürgerrechte

Die revolutionären Umgestaltungen stellen einen Prozeß des 'adaptive upgrading' dar, in dessen Verlauf die Anpassungsfähigkeit des gesellschaftlichen Systems gesteigert wird, durch den zugleich aber neue Anforderungen an das integrative Subsystem der gesellschaftlichen Gemeinschaft gestellt werden. Im Zuge der historischen Transformationsprozesse bildet sich deshalb als ihr Kern mit der Staatsbürgerschaft ein einziger, allgemeiner Status der Mitglieder heraus. "Die moderne Gesellschaft ist nicht nur durch die vollständige Auflösung dieser gesellschaftlichen Gemeinschaft (vormoderner Gesellschaften - J.M.) im Zuge der Ausdifferenzierung von Funktionssystemen gekennzeichnet, sondern durch die gleichzeitige Entwicklung einer freien Bürgergemeinschaft (citizenship) als [solidarischem] Kern einer äußerst differenzierten und pluralistischen Gesellschaft" (Münch 1995: 18). [62]

Die Durchsetzung der Staatsbürgerschaft in modernen Gesellschaften ist folgenreich, denn indem "... [the] 'subject' pattern of societal membership was in turn replaced by a citizenship pattern" (Parsons 1969: 50), wird das integrative Subsystem auf eine völlig neue Basis gestellt und verändert damit grundlegend die Funktionsweise, in der die Integration der gesellschaftlichen Gemeinschaft erreicht werden kann.

2.4.2 Das Integrationsmodell: Zur Balance von Gleichheit und Ungleichheit

Die Funktionsweise moderner Staatsbürgerrechte erörtert Parsons im Kontext einer Diskussion des Verhältnisses von Gleichheit und Ungleichheit in Gesellschaften. Er geht davon aus, daß in diesen im Verlauf der vergangenen Jahrhunderte in zunehmendem Maße Grundlagen von Gleichheit institutionalisiert werden. Fokus dieses Prozesses ist die Herausbildung der Staatsbürgerschaft als einzigem und allgemeinem Status von Gleichen. Trotz der Tendenz hin zu mehr gesellschaftlicher Gleichheit hält Parsons an der Überzeugung fest, "...that the institutionalization of stratification, or more precisely of relations of inequality of status, constitutes an essential aspect in the solution of the problem of order in social systems through the legitimation of essential inequalities; but the same holds, *pari passu*, for the institutionalization of patterns of equality" (Parsons 1977a: 327). Bevor deshalb der Funktionsweise moderner Staatsbürgerrechte nachgegangen werden kann, muß der Charakter gesellschaftlicher Ungleichheit in modernen Gesellschaften geklärt werden.

Die im Zuge der drei Revolutionen sich vollziehenden Veränderungen der Grundlagen und Kontexte gesellschaftlicher Ungleichheit analysiert Parsons,

---

62 Vgl. auch Alexander (1983: 98): "Parsons is concerned with the transition from a particularistic societal community to a universalistic one, a process which he views as synonymous with the growth of citizenship."

indem er analog zu Durkheims Vorgehen einfache und moderne Gesellschaften einander vergleichend gegenüberstellt. In *vormodernen Gesellschaften* entscheidet der einem Individuum *zugeschriebene Status* über seine Stellung in der gesellschaftlichen Hierarchie. Für diesen Zuweisungsprozeß sind im wesentlichen zwei *askriptive Grundlagen* verantwortlich: die Zugehörigkeit des Einzelnen zu religiösen und/oder ethnischen Gruppierungen. Neben diesen können *askriptive Kontexte* bestimmt werden, die ihrerseits für die gesellschaftliche Stellung des Individuums entscheidend werden: lokaler und regionaler Partikularismus einerseits, die Zugehörigkeit zu einer sozialen Klasse andererseits. Mit der Durchsetzung von Modernisierungsschüben im Zuge der Industriellen, Demokratischen und der Bildungsrevolution ändern sich Grundlagen und Kontexte von Ungleichheit in *modernen Gesellschaften* vollständig: askriptive Grundlagen und Kontexte vormoderner Gesellschaften lösen sich auf, an ihre Stelle treten solche, die auf individuellem Erwerb beruhen. Die *Statuszuweisung* des Einzelnen erfolgt nicht mehr über ethnische und religiöse Zugehörigkeiten, sondern über *Bildung und Beruf*. Ferner transformieren sich auch die Kontexte: die Differenzierung in zwei soziale Klassen löst sich in ein *vielgliedriges Schichtsystem*[63]; die lokalen und regionalen Partikularismen gehen im Zuge wachsender Mobilität im *modernen Nationalstaat* auf. In diesem Prozeß transformiert sich die gesellschaftliche Gemeinschaft zur Nation. An die Stelle eines dem Individuum qua Herkunft zugeschriebenen Status - ein Prozeß, der eine *erbliche Aristokratie* institutionalisierte - tritt jetzt ein erworbener Status, der *den institutionalisierten Individualismus* moderner Gesellschaften auf der Grundlage eines ausdifferenzierten Bildungs- und Beschäftigungssystems begründet[64] (siehe Abb. 5).

Die Auflösung des gesamten Komplexes der Zuschreibung vormoderner Gesellschaften ist von zentraler Bedeutung. Mit der Durchsetzung der auf individuellem Erwerb beruhenden Grundlagen und Kontexte sozialer Ungleichheit institutionalisieren moderne Gesellschaften nämlich zugleich *das Prinzip der Chancengleichheit* und damit einen internen Zusammenhang von Gleichheit und Ungleichheit zwischen den Bürgern: "Such structures are related to the problem of equality through the principle of equality of opportunity" (Parsons 1977a: 327).[65] Entscheidende Bedeutung für diese institutionell vermittelte Herstellung einer Balance zwischen Gleichheit und Ungleichheit kommt der Bildungsrevolution zu. "Das 20. Jahrhundert eröffnete eine neue Phase im Übergang von einer Schichtung auf der Grundlage der erblichen Zuweisung zu einer Schich-

---

63 Parsons (1977a) unterscheidet zwischen Klasse im alten und neuen Sinn. Erstere stellt für ihn eine vorübergehende Phase des historischen Entwicklungsprozesses moderner Gesellschaften dar, die durch das Verhältnis von Kapital und Arbeit gekennzeichnet ist. Klasse im neuen Sinn hat dagegen den Charakter eines vielgliedrigen Schichtsystems.
64 Vgl. Parsons (1977a).
65 Parsons (1977a: 327) betont gleichwohl die fortbestehende Bedeutung der Familie, um erworbene Merkmale von Generation zu Generation weiterzugeben.

2.4 Talcott Parsons: Der Doppelcharakter moderner Staatsbürgerrechte

tung, in der Zuweisung keinerlei Rolle mehr spielt" (Parsons 1985: 122). Es ist die Bildungsrevolution, "die in gewissem Sinn die Themen der industriellen und der demokratischen Revolution, Chancengleichheit und Gleichheit als Bürger, miteinander verbindet. (...) In zunehmendem Maße ergeben sich Chancen für die relativ Benachteiligten, durch Auslese, die ungewöhnlich stark durch universalistische Normen reguliert wird, zum Erfolg zu kommen" (ebd.: 123). Aufgrund dieser herausragenden Bedeutung der Bildungsrevolution für den gesellschaftlichen Transformationsprozeß ergänzt Parsons das Marshallsche Schema der Bürgerrechte um eine vierte Dimension: die *kulturellen Bürgerrechte*.

Bildung und allgemein die Teilhabe an der Kultur einer Gesellschaft werden damit aus den sozialen Bürgerrechten herausgelöst, unter die Marshall sie noch subsumiert hatte, und denen er die Funktion zugesprochen hatte, einerseits formale Gleichheit durchzusetzen, andererseits selbst zu 'Architekten sozialer Ungleichheit' zu werden. Diese Perspektive radikalisiert Parsons, indem er Staatsbürgerrechte als 'Kontexte der Institutionalisierung von Gleichheit'[66] in modernen Gesellschaften definiert, die alle - vermittelt über das Prinzip der Chancengleichheit - zugleich gesellschaftliche Ungleichheiten legitimieren.

Abb. 5: Die Institutionalisierung von Ungleichheit in Gesellschaften

vormoderne Gesellschaften:
Zugeschriebener Status: - institutionalisierter Status erblicher Aristokratie
Komplex der Zuschreibung: - Grundlagen der Zuschreibung: Ethnizität und/oder Religion
                                  - Kontexte der Zuschreibung: a) lokaler/regionaler Partikularismus
                                                          b) soziale Klasse

moderne Gesellschaften:
Erworbener Status: - 'institutionalisierter Individualismus'
Komplex des Erwerbs: - Grundlagen des Erwerbs: Kriterien von Bildung und Beruf
                                - Kontexte des Erwerbs: a) Schichtsystem
                                                        b) Nationalstaat

---

66 Parsons (1977a: 333).

2.4.3 Kontexte der Institutionalisierung von Gleichheit: Statusgleichheit und Legitimation sozialer Schichtung

Es ist deutlich geworden, daß der Durchsetzung individueller Rechte im Übergang zur modernen Gesellschaft zentrale Bedeutung zukommt. "Die Bürgerrechte formen den Kern der gemeinsamen Lebenswelt einer modernen gesellschaftlichen Gemeinschaft. Die Basis ist die grundsätzliche Gleichheit der Gemeinschaftsmitglieder in der Verfügung über diese Rechte" (Münch 1984: 296). Parsons läßt keinen Zweifel daran, wie weit diese grundsätzliche Gleichheit von der Vorstellung absoluter Gleichheit zwischen den Individuen entfernt ist. Vielmehr besteht eine der entscheidenden Funktionen moderner Staatsbürgerrechte darin, über das Prinzip der Chancengleichheit bestimmte Erscheinungsformen sozialer Ungleichheiten zu legitimieren: "The conception of equality of opportunity then forms, from the egalitarian side, the most important institutional link, not between equality and inequality generally, but between equality and that set of components of the latter which could be most fully integrated with the equality context via achievement and functionally justified authority" (Parsons 1977a: 334). Damit definiert Parsons den *Doppelcharakter moderner Staatsbürgerrechte*: "Each of the four categories is at the same time a focus of the institutionalization of components of equality of status and of the legitimation of components of stratification" (ebd.). [67]

Es ist dieser Doppelcharakter, der die von Parsons angenommene Balance von Gleichheit und Ungleichheit in Gesellschaften unter spezifisch modernen Bedingungen ermöglicht. Innerhalb des im Kern von Marshall übernommenen und zugleich radikalisierten liberalen Modells eröffnen die einzelnen rechtlichen Dimensionen der Staatsbürgerschaft lediglich Möglichkeitshorizonte, innerhalb derer Individuen aktiv werden können. Die Partizipation in den verschiedenen Arenen führt jedoch zu differentiellen Ungleichheiten, wobei es Aufgabe des Staates ist, extreme Ungleichheiten zu verhindern. Da die Ungleichheiten zwischen den Individuen auf Prozesse des Statuserwerbs zurückgeführt werden können, Chancengleichheit vorausgesetzt wird und das institutionalisierte Schichtsystem 'durchlässig' ist, begreift Parsons diese als legitim und für die Dynamik moderner Gesellschaften funktional. Die über Staatsbürgerrechte institutionalisierte Gleichheit ist deshalb nicht substantiell, sie stellt eine formale Gleichheit dar.

Wie werden die vier Formen staatsbürgerlicher Rechte tatsächlich sowohl zu Faktoren der Institutionalisierung von Statusgleichheit als auch der Legitimation sozialer Schichtung, und welche Funktion kommt den einzelnen Dimensionen für die Sicherstellung der Integration der gesellschaftlichen Gemeinschaft zu?

---

[67] Zum Verhältnis von Schichtung und Staatsbürgerschaft siehe Dahrendorf (1987; 1992); Lockwood (1987; 1996).

Adaptation: Parsons schließt sich der Überzeugung an, daß *soziale Rechte* die Substanz für die Wahrnehmung anderer Rechte darstellen und moderne Gesellschaften über wohlfahrtsstaatliche Institutionen somit Statusgleichheit sichern. Während ein Aspekt dieses Prozesses deshalb darin besteht, über den Zugang zum Wohlfahrtssystem grobe materielle Ungleichheiten auszugleichen, verweist ein anderer wiederum auf das Prinzip der Chancengleichheit. Am Problem der Armut in den Vereinigten Staaten diskutiert Parsons ihre Ursachen, die sowohl in Erscheinungsformen *relativer Deprivation* von Bevölkerungsgruppen als auch in einer durch Selbstisolierung und den Druck anderer Gruppen *erzeugten Subkultur der Armut* zum Ausdruck kommen. Parsons bestreitet keineswegs den ökonomischen Aspekt des Problems, sieht die tiefere Ursache jedoch in der ungenügenden sozialen Integration der betroffenen Gruppen in die Gesellschaft.

Der Zustand mangelhafter Integration wird durch zwei analytisch unterscheidbare Dimensionen sichtbar: einerseits durch einen spezifischen 'style of life', der in bestimmten Konsumtionsmustern zum Ausdruck kommt; zum anderen in solchen Faktoren, die in den Fähigkeiten und persönlicher Motivation zum Ausdruck kommen, potentielle Möglichkeiten sozialer Mobilität zu nutzen. Der Schlüssel zur Lösung des Problems der Integration dieser gesellschaftlichen Gruppen beruht für Parsons deshalb ganz entscheidend darin, in welchem Maße ihnen der Zugang zu Bildung ermöglicht wird: "Equal access to education is clearly one of the most important components of the equality of opportunity complex, helping enormously to lift those who can take advantage of it out of economic dependency and to open doors to higher levels of occupational and other success" (ebd.: 338). Die Partizipation an Bildung und allgemein an 'Kultur' geht gleichwohl weit über den sozialen Aufstieg im Schichtsystem hinaus. Parsons spricht der Bildung eine derart bedeutende Rolle zu, "...that levels of education become exceedingly important conditions of the more general participations which symbolize full citizenship" (ebd.). Während unter dem Aspekt sozialer und ökonomischer Rechte Bildung als 'Transmissionsriemen' der Überwindung eines subalternen Status zentrale Bedeutung für den Integrationsprozeß der gesellschaftlichen Gemeinschaft erhält, wird sie im Kontext kultureller Rechte aufgrund ihres spezifischen Charakters entscheidend.

Goal Attainment: Im Zuge der demokratischen Revolution institutionalisieren *politische Rechte* das Prinzip 'Eine Person - eine Stimme' und stellen damit Statusgleichheit her. Die Durchsetzung dieses egalitären Prinzips kann als Reaktion gegen willkürliche Formen der Ausübung von Herrschaft begriffen werden, es demokratisiert politische Herrschaft und hat darüber hinaus auch Auswirkungen auf private Assoziationen. Die Kehrseite dieses Prozesses zeigt sich darin, daß das Prinzip einer auf Konsens beruhenden Herrschaft "...has, however, also given rise to a new basis of the legitimation of inequality, namely in the authority and power of incumbents of elective office relative to that of the larger numbers on whose electoral decisions this grant of power rests" (ebd.:

335). Das Prinzip der repräsentativen Ausübung von Herrschaft legitimiert damit mindestens drei Formen von Ungleichheit, die in Machtunterschieden zum Ausdruck kommen: bürokratische Hierarchie, professionelle Kontrolle und politische Herrschaft.

Integration: Über *kulturelle* Rechte wird schließlich eine bestimmte Gleichheit des kulturellen Niveaus durch die Gewährleistung einer allgemeinen Ausbildung für alle Gesellschaftsmitglieder gesichert. Das Niveau dieser Bildungsstufe variiert im historischen Prozeß und ist gekennzeichnet durch ein 'cultural upgrading', einer systematischen Ausdehnung von allgemeiner, weiterführender und universitärer Bildung. Hier wird noch einmal die herausragende Bedeutung der Bildungsrevolution deutlich: zum einen kommt der Schichtungsaspekt durch die Minimierung der institutionalisierten Aristokratie früherer Gesellschaftsformen und auf der Grundlage des Bildungssystems durch kulturelle Überlegenheit als Folge der Kompetenz für spezifische Berufsrollen zum Ausdruck. Zum anderen institutionalisiert das Bildungswesen moderner Gesellschaften ein generalisiertes Wertmuster, das religiöse oder ideologische Partikularismen transzendiert. "Another way of putting the point is to say that we have been living in an increasingly pluralistic culture, which is intimately linked to the pluralization of the structure of modern society (ebd.: 339f). Der integrative Prozeß in der Dimension kultureller Rechte beruht damit auf der Überlegenheit des universalistischen Charakters allgemeiner kultureller Muster in modernen Gesellschaften gegenüber den Partikularismen früherer Gesellschaftsformen. "[The] only sensible way to define 'general' education in a sense which permits progressive upgrading is in terms of participation in this process of universalistically defined generalization of the cultural traditions" (ebd.: 340). Parsons' Vorgehen, für die in westlichen Bildungssystemen verankerten Werte universalistische Geltung zu beanspruchen, und kulturellen Rechten deshalb die entscheidende Bedeutung für die Integration moderner Gesellschaften zuzuweisen, ist angesichts der ethnischen und kulturellen Heterogenisierung westlicher Nationalstaaten mehr als problematisch. An diesem Anspruch entzünden sich gegenwärtig Konflikte ethnischer und kultureller Minderheiten auf Gruppenrechte.

Latent-Pattern Maintenance: Es sind die *bürgerlichen Rechte*, die hinsichtlich der Freiheit der Person, Redefreiheit und Versammlungsfreiheit grundlegende Gleichheiten sicherstellen. Zugleich werden jedoch auch solche 'gleichen Freiheiten' institutionalisiert, die denjenigen, die sie nutzen können, Statusunterschiede herzustellen gestatten. Wichtigstes Beispiel derartiger Gleichheiten ist die Institution des Arbeitsvertrages. Der Bezug zwischen der Freiheit des Kontraktes und Aspekten der Chancengleichheit ist in dieser Dimension offensichtlich.

Gemeinsam konstituieren Staatsbürgerrechte vier prinzipielle Kontexte, innerhalb derer das Problem des Verhältnisses von Statusgleichheit und legitimer Ungleichheit virulent wird, und damit auf der Grundlage des Prinzips der Chancengleichheit ein 'System der Dimensionen von Gleichheit'.[68] Während politische, soziale und ökonomische sowie kulturelle Rechte in ihren Dimensionen prinzipiell Ungleichheit legitimieren, stellt sich die Situation in der Sphäre bürgerlicher Rechte anders dar. Wie am Beispiel des Arbeitsvertrages deutlich wurde, legitimieren auch sie Ungleichheiten, gleichwohl gilt dies nicht prinzipiell. Im Rahmen der bürgerlichen Rechte stellen in der Verfassung garantierte 'unveräußerliche Rechte' eine Grundlage *absoluter Gleichheit* sicher. Parsons verdeutlicht dies anhand der in der amerikanischen Verfassung verankerten Grundsätze der Nichtdiskriminierung auf der Grundlage askriptiver Merkmale wie Rasse und Hautfarbe einerseits, der Glaubensfreiheit andererseits. Beide Prinzipien sichern eine grundsätzliche Gleichheit aller Gesellschaftsmitglieder. Dies verdeutlicht noch einmal, "...that the 'legal' complex has, relative to the other three, pattern-maintenance functions. It has evolved in most modern societies to the point of institutionalizing the principle that there shall be a 'base' in the status of citizenship, with respect to which all individual citizens stand as equals" (Parsons 1977a: 340f). Für Parsons wird diese grundsätzliche Gleichheit zum Ausgangspunkt, von dem aus legitime Ungleichheiten auf der Grundlage des Prinzips der Chancengleichheit erreicht werden können.[69]

Der Entwicklungsprozeß von vormodernen zu modernen Gesellschaften kann mit Parsons als einer der Differenzierung, des adaptive upgrading und der Wertgeneralisierung beschrieben werden.[70] Der notwendige Integrationsprozeß wird durch die Institutionalisierung von Statusgleichheit und die Legitimation sozialer Ungleichheiten auf der Grundlage moderner Staatsbürgerrechte gewährleistet. Damit sind weitreichende Konsequenzen verbunden, denen abschließend nachgegangen werden muß.

2.4.4   Die Inklusionskraft der gesellschaftlichen Gemeinschaft

Das grundlegende und kennzeichnende Merkmal hochentwickelter Gesellschaften stellt für Parsons *die enorme Inklusionskraft der gesellschaftlichen Gemeinschaft* dar[71], die sich auf der Grundlage der Staatsbürgerrechte vollzieht: "The concept of citizenship (...), refers to full membership in what I shall call the societal community" (Parsons 1966a: 709). In dieser Perspektive lautet Parsons' optimistische These, daß sich aufgrund fortschreitender Systemdifferenzierung die Inklusion zuvor aus der gesellschaftlichen Gemeinschaft ausgeschlossener

---

68 Parsons (1977a: 340).
69 Das Parsonssche Modell kann von diesem Punkt aus über die Interpenetration der Subsysteme der gesellschaftlichen Gemeinschaft hin zum integrativen Prozeß von gesellschaftlicher Gemeinschaft und den Subsystemen des Gesellschaftssystems weiterverfolgt werden. Für die vorliegende Arbeit genügt jedoch die bis zu diesem Punkt verfolgte Diskussion.
70 Siehe Kapitel 2.4.1.
71 Vgl. Münch (1995: 18).

Gruppen entwicklungslogisch zwingend einstellen muß. "The long-run trend, however, is successful inclusion" (Parsons: 1977b: 185). Ausgangspunkt dieses Prozesses ist eine (ausreichende) ursprüngliche kulturelle Homogenität, die dann die Inklusion weiterer Gruppen ermöglicht.

Den Prozeß selbst analysiert Parsons in Form eines Gleichgewichtsmodells auf der Grundlage des ökonomischen Paradigmas von Angebot und Nachfrage ('supply and demand'). Sowohl seitens der exkludierten Gruppe als auch der gesellschaftlichen Gemeinschaft besteht dabei sowohl 'Nachfrage' nach Inklusion als auch spezifische 'Angebote'. Auf der *Angebotsseite* müssen exkludierte Gruppen hinsichtlich ihrer kulturellen und sozialen Struktur spezifische Qualifikationen für Mitgliedschaft erbringen, während die Aufnahmegesellschaft strukturelle Voraussetzungen schaffen muß, um institutionelle 'Nischen' für die zu inkludierende Gruppe bereitzustellen. Diese Angebote beziehen sich auf beiden Seiten auf ein spezifisches Set struktureller Bedingungen, die die Ausdehnung und Festigung der gesellschaftlichen Gemeinschaft sicherstellen, so z.B. eine Verpflichtung auf den Assoziationscharakter der gesellschaftlichen Gemeinschaft, die Erbringung von Fähigkeiten und Eröffnung von Möglichkeiten im Rahmen staatsbürgerlicher Rechte sowie der Bezug auf grundlegende Wertmuster (vgl. Parsons 1966a: 722). Auf der *Nachfrageseite* werden im Inklusionsprozeß von beiden Seiten spezifische Forderungen in Bezug auf diese strukturellen Bedingungen erhoben. Entscheidend werden zum einen die Einstellungen beider Gruppen, ob Inklusion normativ wünschbar ist und befördert werden sollte, zum anderen die Umsetzung dieser Vorstellungen in spezifische Programme und deren Implementation (ebd.).

Auf der Grundlage dieses allgemeinen Modells diskutiert Parsons den Inklusionsprozeß am historischen Beispiel der 'new immigrants' und zeigt, wie Juden und Katholiken in die gesellschaftliche Gemeinschaft der USA integriert wurden. Deutlich wird, daß der Inklusionsprozeß keine Assimilation voraussetzt. Staatsbürgerschaft - getrennt von allen askriptiven Kriterien - ermöglicht zugleich Inklusion und Rollenvielfalt. "Full inclusion and multiple role participation are compatible with the maintenance of distinctive ethnic and/or religious identity" (Parsons 1966a: 716). Optimistisch beurteilt Parsons deshalb auch die Entwicklung der Bedingungen für eine Inklusion amerikanischer Schwarzer. Er plädiert in diesem Zusammenhang für die Schaffung der strukturellen Voraussetzungen hinsichtlich bürgerlicher und politischer Rechte sowie einer effektiven Institutionalisierung sozialer Rechte. Die entscheidende Bedeutung in diesem Inklusionsprozeß spricht Parsons jedoch den kulturellen Staatsbürgerrechten, und damit der Vermittlung von Werten über das Bildungswesen und der Verinnerlichung von Normen zu. "It seems likely that the time will come when the 'general education' component of higher education will be universalized and become, however redefined, both a prerogative and a requisite of full citizenship for everyone" (Parsons 1977a: 353).[72]

2.4.5 Bedeutung und Probleme

Talcott Parsons' Beitrag zur Entwicklung eines soziologisch gehaltvollen Konzepts nationaler Staatsbürgerschaft ist weitgehend unbeachtet geblieben, und dies, obwohl sein Ansatz in spezifischer Weise wesentliche Aspekte der Arbeiten seiner Vorgänger aufnimmt. Während Parsons im Anschluß an Durkheim die Theorie gesellschaftlicher Integration weiterentwickelt, dabei die methodologische Kontrastierung vormoderner und moderner Gesellschaften übernimmt und Veränderungen der Erscheinungsformen gesellschaftlicher Solidarität seine Aufmerksamkeit widmet, akzeptiert er die Bedeutung, die Marshall Rechtsbeziehungen in modernen Gesellschaften zuspricht, erweitert dessen Modell jedoch zugleich um die kulturelle Dimension. Die von Marshall aufgezeigte Perspektive zunehmender Inklusion wird dabei vorangetrieben.

Damit schließt Parsons nicht lediglich an diese Arbeiten an, sein Beitrag setzt zugleich andere Akzente. So rückt seine Diskussion moderner Staatsbürgerrechte nicht das Verhältnis von Individuum und Staat in den Mittelpunkt, er favorisiert vielmehr ein gemeinschaftliches Modell, in dem die Beziehungen der Individuen untereinander analysiert werden.[73] Ohne hier auf grundlegende Probleme der Parsonsschen Theoriebildung und die Frage nach dem Ausmaß der normativen Integration von Individuen in eine Gesellschaft eingehen zu können, wird deutlich, daß Dennis Wrongs Feststellung einer 'oversocialized conception of man' (1961) in Parsons' Arbeiten auch für dessen Diskussion der Integration der gesellschaftlichen Gemeinschaft zutrifft. Bezeichnenderweise verlagert Parsons nämlich den entscheidenden Integrationsmechanismus, den Marshall noch sozialen Rechten zugesprochen hatte, auf die kulturelle Dimension und setzt damit - im Vertrauen auf die 'universalistischen Werte' der westlichen Zivilisation - auf deren Verinnerlichung durch die Partizipation aller Bürger an Bildung und Kultur.[74] Daraus entsteht ein grundlegendes Problem für Parsons' Diskussion der Integration von Migranten. Die Annahme des zwangsläufig sich vollziehenden Inklusionsprozesses in die gesellschaftliche Gemeinschaft beruht in entscheidendem Maße auf deren Recht auf Partizipation am Bildungswesen einer dominanten Kultur. Diese problematische Fassung kultureller Rechte berücksichtigt dabei in keiner Weise, daß der Inklusionsprozeß von Migranten zu einer Neudefinition der als verbindlich geltenden Werte und Normen einer Ge-

---

72 Vgl. hierzu die hervorragende Studie zur 'amerikanischen Universität' von Parsons/Platt (1973).
73 Alexander (1983: 254).
74 Vgl. Turner (1993d).

sellschaft führen muß.[75] Die Konflikte, die gerade aus diesen unterschiedlichen Wertvorstellungen resultieren, sind Parsons offensichtlich nicht bewußt geworden. Selbst die gewalttätigen Auseinandersetzung zwischen Schwarzen und Weißen in den Vereinigten Staaten zur Zeit der Bürgerrechtsbewegung konnten ihn nicht von seiner evolutionistischen Sichtweise und der Annahme eines 'in the long run' sich vollziehenden Inklusionsprozesses abbringen. Seine Idee einer universalistischen kulturellen Steuerung auf nationaler Grundlage, die er zur Erklärung des Inklusionsprozesses entwickelt, ist wenig realistisch. Die Integration neuer Gruppen in eine Gesellschaft ist vielmehr ein äußerst konflikthafter Prozeß. Mit seinem Erklärungsangebot hat Parsons zweifellos die Entpolitisierung der Staatsbürgerschaft vorangetrieben - sein kulturelles Modell, in dem Einwanderung als wechselseitiges Passungsverhältnis von Angebot und Nachfrage diskutiert wird, muß notwendig durch ein politisches ersetzt werden.

Die konflikthafte Perspektive auf die Funktionsweise moderner Staatsbürgerrechte geht in einem weiteren Punkt verloren. Durch Parsons' Verständnis der Erscheinung sozialer Konflikte zwischen Klassen als Übergangsphänomen - auch hier zeigt sich seine Nähe zu Durkheim - geht der von Marshall zu Recht problematisierte, und für ein Verständnis der Staatsbürgerschaft charakteristische, prekäre Zusammenhang von Klassengesellschaft und politischer Demokratie verloren. Die Annahme der Erreichbarkeit eines spezifischen Gleichgewichtszustandes sowie die Generalisierung und Radikalisierung des von Marshall formulierten liberalen Credos führen statt dessen zu den bekannten Engführungen der Theorie sozialer Schichtung. Der Klassenkonflikt löst sich auf in einen Konflikt um Positionen im gesellschaftlichen Schichtungssystem.

Tom Bottomore (1969) hat in einer heftigen Kritik die Distanz der Parsonsschen Theoriebildung zu den politischen und gesellschaftlichen Problemen seiner Zeit angeprangert und Parsons' Vorstellungen der gesellschaftlichen Entwicklung als naiv bezeichnet. Naiv oder nicht - Parsons' Arbeiten zur Staatsbürgerschaft haben ohne jeden Zweifel in entscheidender Weise zum Selbstverständnis, vielleicht auch zur Ideologie nationaler Staatsbürgerschaft als einem auf umfassende und fortschreitende Inklusion zielenden Konzept beigetragen.

2.5 Dimensionen des soziologischen Modells nationaler Staatsbürgerschaft

In diesem Teil der Arbeit wurde der Versuch unternommen, durch eine kritische Diskussion der klassischen Arbeiten Emile Durkheims, T.H. Marshalls und Talcott Parsons' die *Grundlagen* und die *internen Spannungsverhältnisse* des von ihnen entwickelten Modells nationaler Staatsbürgerschaft herauszuarbeiten

---

75 Zu diesem Prozeß siehe Barbalet (1988); Hettlage (1996).

2.5 Dimensionen des soziologischen Modells nationaler Staatsbürgerschaft

und dessen *Selbstverständnis* zu bestimmen. Zieht man die Fäden zusammen, so zeigt sich, daß die soziologischen Klassiker eine Theorie der Staatsbürgerschaft als Modernisierung thematisiert haben.[76] Im Anschluß an Durkheim entwickeln Marshall und Parsons ein *soziologisch gehaltvolles, historisch spezifisches Modell*, das auf krisenhafte gesellschaftliche Entwicklungen der Nachkriegszeit reagiert und zu deren Regulierung beiträgt. Sie machen damit zugleich deutlich, daß Staatsbürgerschaft als soziales Konstrukt über Raum und Zeit Veränderungen unterworfen ist.[77]

Das entwickelte Modell moderner Staatsbürgerschaft beruht auf drei Grundlagen. *Politische Grundlage* ist der Nationalstaat als einzige Bezugsgröße. Während der territoriale Aspekt des Nationalstaates auf die Herausbildung des europäischen Systems der Nationalstaaten zurückgeht, stellt der Wohlfahrtsstaat seit der Mitte des 20. Jahrhunderts die entscheidende institutionelle Dimension dar. Auf ihn sind Bürger in dreifacher Weise bezogen: erstens verleihen sie als Souverän in Wahlen staatliche Macht; zweitens sind sie zugleich dieser staatlicher Macht unterworfen; sie sind drittens auf staatliche Leistungen angewiesen.[78] Der Nationalstaat ist damit die entscheidende Instanz, der gegenüber Bürger Rechte und Ansprüche geltend machen können. Die *ökonomische Grundlage* kommt am deutlichsten in Marshalls Analyse zum Ausdruck. Er macht unmißverständlich klar, daß das nationale Modell der Staatsbürgerschaft auf einer kapitalistisch organisierten Ökonomie beruht. Die Partizipation aller Mitglieder einer Gesellschaft an ihrer materialen Kultur setzt ein System industrieller Massenproduktion voraus, das national reguliert wird. Im Kontext der Nachkriegszeit ist dieses durch ein fordistisches Akkumulationsregime gekennzeichnet.[79] Die *kulturelle Grundlage* des nationalen Modells der Staatsbürgerschaft beruht in der Annahme einer nationalen, kulturell homogenen Gemeinschaft, die mit der politischen identifiziert wird.[80] Faßt man diese Bestimmung der Grundlagen zusammen, so stellt das Modell der Staatsbürgerschaft ein *nationalstaatlich verfaßtes, fordistisches, wohlfahrtsstaatlich reguliertes und auf der Annahme kultureller Homogenität beruhendes Modell* dar, das als historisch-spezifisches Citizenship-Regime[81] bezeichnet werden kann.

---

76 Zu dieser Einschätzung siehe Turner (1993b)
77 Vgl. Jenson (1996); Jenson/Phillips (1996). Zu unterschiedlichen historischen Kontexten siehe Heater (1990).
78 Offe (1987).
79 Zur Fordismusdebatte und dem Begriff des Akkumulationsregimes siehe Aglietta (1976); Hirsch/Roth (1986).
80 Dies kann m.E. auch für Parsons behauptet werden, obwohl er in der Inklusion von Immigranten keine Probleme sieht. Dies ist allerdings nur vor dem Hintergrund eines universalistischen Anspruchs der Werte zu begreifen, die über das Bildungswesen in Nationalstaaten der westlichen Zivilisation vermittelt werden.
81 Zum Begriff des 'citizenship regime' siehe Jenson (1996); Jenson/Phillips (1996).

Ausgehend von diesen Bestimmungen erhält in soziologischer Perspektive der *Doppelcharakter moderner Staatsbürgerrechte* grundlegende Bedeutung. Aufgrund dieses typischen Kennzeichens tragen Staatsbürgerrechte, wie deutlich wurde, zwar zur gesellschaftlichen Integration bei, zugleich werden sie aber zur anhaltenden Quelle gesellschaftlichen Konflikts. Staatsbürgerrechte werden deshalb zu *Arenen gesellschaftlicher Auseinandersetzung*. Bereits Marshall, vor allem jedoch Parsons, rückt den auf der Grundlage der Staatsbürgerrechte entstehenden und nicht aufzulösenden Widerspruch *zwischen formaler Gleichheit und realer Ungleichheit* in den Mittelpunkt. Dieser läßt sich anhand folgender *interner Spannungsverhältnisse* bestimmen: Nationale Staatsbürgerschaft ist erstens ein *liberales Konzept*, insofern es die bürgerlichen Freiheitsrechte stärkt und zugleich unter Voraussetzung der Chancengleichheit soziale Ungleichheiten legitimiert; es ist zweitens ein *egalitäres Konzept*, insofern es formal alle Staatsbürger zu rechtlich Gleichen macht, die über das Wahlrecht gemeinsam politische Herrschaft ausüben. Zugleich werden dabei jedoch Unterschiede zwischen Herrschern und Beherrschten institutionalisiert; es ist drittens *ein auf soziale Gerechtigkeit zielendes Konzept*, insofern es über wohlfahrtsstaatlich verbürgte Ansprüche die Grundlage für eine effektive Ausübung staatsbürgerlicher Rechte schafft und nicht zu rechtfertigende Ungleichheiten abfedert, zugleich aber faktische Unterschiede im Lebensstil zuläßt; viertens ist es ein *auf kulturelle Einheitlichkeit verpflichtetes Konzept*, insofern es dem Zugang zum Bildungswesen und damit der Vermittlung der Werte einer dominanten Kultur zentralen Stellenwert beimißt, zugleich aber die aus berufsbezogenen Kompetenzen resultierenden Differenzen und gesellschaftlichen Hierarchien rechtfertigt.[82]

Entscheidend für ein Verständnis des entwickelten soziologischen Modells als Krisenkonzept, das durch die Institutionalisierung eines spezifischen Verhältnisses von Inklusion/Exklusion zur Regulierung gesellschaftlicher Krisen beiträgt und somit eine bestimmte Form sozialer Ordnung möglich macht, wird jedoch das mit ihm verbundene *Selbstverständnis*. Dieses besteht im Anspruch auf umfassende und fortschreitende Inklusion aller Gesellschaftsmitglieder. Im Gegensatz zu allen vorhergehenden historischen Formen der 'Staatsbürgerschaft', die per Definition spezifische gesellschaftliche Gruppen ausschlossen, beansprucht es, die universalistischen Werte der Französischen Revolution zu institutionalisieren und Fragen der Zugehörigkeit von partikularen und primordialen Zugehörigkeiten zu lösen. Das Selbstverständnis nationaler Staatsbürgerschaft kann deshalb als *inklusivistisches* charakterisiert werden.[83] Bereits Marshalls historische Analyse beinhaltet die Idee fortschreitender Inklusion als ein latent im Konzept der Staatsbürgerschaft enthaltenes Telos, welches verwirklicht werden

---

[82] Zu einem normativen Kriterienset nationaler Staatsbürgerschaft siehe Brubaker (1989a; 1989d).
[83] Vgl. Mackert (1996); Müller (1995a)

2.5 Dimensionen des soziologischen Modells nationaler Staatsbürgerschaft

müsse.[84] Diese Vorstellung einer kontinuierlichen Ausdehnung von immer mehr Rechten auf einem wachsende Zahl von Personen setzt sich in Parsons' Auseinandersetzung mit dem Inklusionsprozeß der 'new immigrants' und der amerikanischen Schwarzen fort.

In dieser Vorstellung eines fortgesetzten Inklusionsprozesses liegt jedoch das entscheidende Problem des soziologischen Modells: das inklusivistische Selbstverständnis hat einen 'blinden Fleck', denn indem für alle Gruppen innerhalb einer Gesellschaft das Inklusionsgebot gilt, bleibt der Exklusionsaspekt nationaler Staatsbürgerschaft unbeachtet. Die Vorstellung, Staatsbürgerschaft könne durch einen immer weiter sich fortsetzenden Inklusionsprozeß gesellschaftliche Krisen bearbeiten und zu deren Regulierung beitragen, ist nur vor dem Hintergrund verständlich, daß mehrere Faktoren ganz offensichtlich als gegeben galten: in einer Welt klar voneinander getrennter Nationalstaaten kennzeichneten die *rechtlich kodifizierte Gleichheit* aller Mitglieder einer Gesellschaft, *die aktive politische Partizipation* der Bürger, deren *Inklusion* in die nationale Gemeinschaft und die *Exklusion* gegenüber anderen Nationalstaaten die zentralen Dimensionen der Zugehörigkeit von Individuen zu nationalen Gemeinschaften.[85]

Durch die Konzentration auf die innerhalb einer Gesellschaft sich abspielenden Prozesse und die Betonung von Inklusion, wird Exklusion im Modell der Klassiker einer Soziologie der Staatsbürgerschaft zwar implizit mitgedacht, allerdings nur unter dem Aspekt der Abgrenzung nach außen, gegenüber anderen Nationalstaaten und nationalen Gemeinschaften. Daß im Innern der Gesellschaft lebende Individuen langfristig von Staatsbürgerrechten exkludiert werden, schien ihnen hingegen ganz offensichtlich nicht vorstellbar.[86]

Was folgt aus diesen charakteristischen Merkmalen des soziologischen Modells und der festgestellten Vernachlässigung des Exklusionscharakters für ein Verständnis der Staatsbürgerschaft als Krisenkonzept? Angesichts der erwähnten politischen, ökonomischen, sozialen und kulturellen Umbrüche der vergangenen Jahre, muß zunächst geklärt werden, ob das nationale Modell der Staatsbürgerschaft angesichts einer 'in Bewegung geratenen' Welt überhaupt noch Gültigkeit beanspruchen kann und in der Lage ist, auf die mit diesen Umbrüchen einhergehenden Krisenerscheinungen regulierend zu wirken.

Im folgenden Kapitel werden zur Beantwortung dieser Frage die Auswirkungen massiver Immigrationsprozesse auf das nationale Modell der Staatsbürgerschaft und den Nationalstaat selbst diskutiert. Während große Teile der aktuellen Diskussion zum Zusammenhang von Immigration und Staatsbürgerschaft allzu bereit sind, sowohl dem Nationalstaat als auch nationalen Modell der Staatsbürgerschaft eine weiterhin bestehende Bedeutung abzusprechen, wird diese in dem im folgenden entwickelten Zugang für beide Institutionen vertei-

---

84 Vgl. Parry (1991).
85 Vgl. Müller (1995a).
86 Zu seiner unzureichenden Behandlung des Exklusionsproblems siehe Parsons (1977a: 359).

digt. Nationale Staatsbürgerschaft, so die These, behält entscheidende Relevanz, auch wenn ihrem Exklusionsaspekt von den Klassikern einer Soziologie der Staatsbürgerschaft keine Beachtung geschenkt wurde. Es wird sich zeigen, daß Staatsbürgerschaft ein 'mächtiges Instrument sozialer Schließung' (Brubaker) ist, auch wenn dieser Tatbestand in soziologischer Perspektive bisher vernachlässigt wurde.

Ausgehend vom inklusivistischen Selbstverständnis des in diesem Kapitel rekonstruierten Modells, tragen die folgenden Teile der Arbeit deshalb den Charakter einer Problemexploration des Bedeutungs- und Funktionswandels nationaler Staatsbürgerschaft.

3 Das inklusivistische Selbstverständnis nationaler Staatsbürgerschaft unter Veränderungsdruck

3.1 Immigration, Nationalstaat und Staatsbürgerschaft

Tiefgreifende Veränderungen der politischen Rahmenbedingungen, ökonomischen Grundlagen und kulturellen Annahmen haben in den vergangenen Jahren dazu geführt, daß das von den Klassikern entwickelte Modell der Staatsbürgerschaft unter Druck geraten ist. Das Spannungsfeld, in dem sowohl der Nationalstaat als auch die mit ihm verbundene nationale Staatsbürgerschaft stehen, resultiert aus Prozessen, die sich - glaubt man der Mehrzahl aktueller Veröffentlichungen - unaufhaltsam und naturhaft abspielen und in den vergangenen Jahren in zunehmendem Maße unter dem 'catch-all'-Begriff der Globalisierung[1] diskutiert werden. Keine der mit dem traditionellen Modell der Staatsbürgerschaft verbundenen Vorstellungen - eine wohlgeordnete Welt voneinander abgegrenzter, autonom handelnder und souveräner Nationalstaaten, wohlfahrtsstaatlich regulierte, fordistische Ökonomien sowie die Vorstellung ethnisch und kulturell weitgehend homogener Bevölkerungen, die die politische Gemeinschaft konstituieren - können weiterhin unhinterfragt als gegeben gelten. Dieser generelle Prozeß der Veränderung der Randbedingungen hat entscheidende Auswirkungen auf das Modell nationaler Staatsbürgerschaft. "Citizenship regimes exist as the concretisation in a particular place of the general model of citizenship. *Each regime is forged out of the political circumstances of a national state. Being a regime, citizenship does not alter quickly or even easily.* Nonetheless, it is likely to change at moments of economic and political turbulence that bring disputes about the role of the state, the division of labour between state and market, and between public and 'private', between civil society and the state. *Citizenship regimes come under pressure at such times precisely because they are a crucial component of the model of development*" (Jenson 1996: 5; Hervorhebung - J.M.). Ohne jeden Zweifel gerät im Zuge dieser historischen Veränderungen damit aber nicht nur das Citizenship-Regime selbst, sondern auch das inklusivistische Selbstverständnis, welches es bisher kennzeichnete, unter Veränderungsdruck.

---

1 Siehe Albrow (1996) für einen ersten Versuch einer Definition des Begriffes; ferner Wiesenthal (1996).

Der Gesamtheit derjenigen Prozesse, aufgrund derer der Nationalstaat und das nationale Modell der Staatsbürgerschaft unter Druck geraten, kann an dieser Stelle nicht nachgegangen werden. Die Arbeit beschränkt sich vielmehr auf die tiefgreifenden Auswirkungen der Immigrationsprozesse der Nachkriegszeit auf westeuropäische Nationalstaaten. Castles und Miller (1993: 42) haben auf ihre entscheidende Bedeutung hingewiesen: "[Increasing] ethnic diversity will contribute to *changes in central political institutions,* such as *citizenship,* and may affect the very nature of the *nation-state.* Such effects will be even more profound if mass migration continues, as seems likely" (Hervorhebung - J.M.).

Welcher Art sind diese Veränderungen? Kann mit Recht von einem Bedeutungsverlust nationaler Staatsbürgerschaft gesprochen, und begründet von einem Souveränitätsverlust des Nationalstaates ausgegangen werden? Die Beantwortung dieser Fragen macht angesichts anhaltender Immigrationsprozesse eine Bestandsaufnahme der aktuellen Situation in westlichen liberal-demokratischen Gesellschaften erforderlich. In deskriptiver Absicht werden zunächst die Auswirkungen der Immigrationsprozesse der Nachkriegszeit in westeuropäische Nationalstaaten nachgezeichnet. Es wird deutlich, daß die Immigration in diese Staaten, die faktisch zu Einwanderungsländern geworden sind, sowohl eine zentrale Grundlage als auch das Selbstverständnis des soziologischen Modells der Staatsbürgerschaft obsolet macht: *erstens* befinden sich westliche Nationalstaaten in einem Prozeß zunehmender ethnischer und kultureller Heterogenisierung, der die Grundannahme einer Homogenität der nationalen Gemeinschaft hinfällig werden läßt; *zweitens* kann von einem umfassenden Inklusionsprozeß, einer sukzessiven Ausdehnung der Staatsbürgerrechte auf Immigranten in ihren Aufnahmeländern keine Rede sein. Der inklusivistische Anspruch, den das traditionelle Modell erhebt, ist damit faktisch außer Kraft gesetzt. Neben diesen Auswirkungen auf das nationale Modell der Staatsbürgerschaft, steht im folgenden auch die Frage im Mittelpunkt, ob der Nationalstaat angesichts massiver Immigrationsprozesse sowohl in bezug auf die Entscheidung darüber, wer auf sein Territorium einreisen darf als auch hinsichtlich der Frage, wer legitimerweise staatsbürgerliche Rechte beanspruchen darf, seine Souveränität eingebüßt hat.

3.2 Immigration in westliche liberal-demokratische Gesellschaften

Migration ist kein modernes Phänomen. Sie ist weder ein spezifisches Kennzeichen des zu Ende gehenden 20. Jahrhunderts noch alleiniges Resultat von Kapitalismus und Kolonialismus. Bevölkerungsbewegungen aufgrund demographischer Entwicklungen, Veränderungen der Umweltbedingungen, ökonomischer Prozesse oder politischer Entscheidungen gehören untrennbar zur menschlichen Geschichte. Gleichwohl ist das 20. Jahrhundert zurecht als 'Age of Migration' bezeichnet worden.[2] Dies hat nicht nur damit zu tun, daß zu Beginn des 20. Jahrhunderts die Anzahl der Menschen, die nicht in ihren Herkunftsländern lebt, sondern in westliche Nationalstaaten auswandert oder flieht, enorm ansteigt.[3] Viel wichtiger, und die Situation kennzeichnend, sind zwei Aspekte: zum einen, daß die Unterscheidung zwischen den Bürgern eines Landes und jenen, die als Arbeitsmigranten oder Flüchtlinge in dieses Land kommen über das Kriterium der Staatsbürgerschaft erfolgt und daher mit viel weiterreichenden Konsequenzen verbunden ist, als vor dem Zeitpunkt der Stabilisierung des Nationalstaates zu Beginn des 20. Jahrhunderts. Zum anderen wird der Zusammenhang dieser Fluchtbewegungen mit dem sich durchsetzenden System der europäischen Nationalstaaten, entscheidend. "Die Geschichte, die wir heute vor allem mit Afrika und Asien assoziieren, ist ein zutiefst europäisches Produkt, dessen Genese in der sich wandelnden Struktur der europäischen Staaten im frühen 20. Jahrhundert liegt. Die Geschichte der Massenfluchten ist die andere, weniger bekannte Seite der Geschichte des Staates und der zwischenstaatlichen Beziehungen im Europa des 20. Jahrhunderts. Die wachsende Bedeutung der Grenzen, der immer länger werdende Arm des Staates und der Einfluß unterschiedlich verstandener Konstrukte nationaler Identität als Teil des Nationalstaates machen deutlich, daß eine neue Phase in der Geschichte des europäischen Staates begonnen hat. Auf diesem Boden konnten die Massenfluchten gedeihen, und es ist schwer, sich die eine Geschichte ohne die andere vorzustellen" (Sassen 1996: 114).

Die Situation in Europa war bis in die dreißiger Jahre des 20. Jahrhunderts von der Emigration nach Übersee geprägt. Mehr als 50 Millionen Europäer wanderten bis 1939 nach Übersee aus, fast 30 Millionen davon in die USA. Es gab und gibt auch weiterhin Emigration aus Europa nach Übersee, sie ging in ihrer Bedeutung im Vergleich zum Beginn des Jahrhunderts aber stark zurück. Innerhalb Europas wanderten Hunderttausende polnische und ukrainische Arbeiter in die neu entstehenden Zentren der Schwerindustrie Frankreichs, Deutschlands und Englands; in vergleichbarer Anzahl suchten Iren in England und Schottland nach Arbeit; mehrere Zehntausend Italiener gingen nach Frankreich, in die Schweiz und nach Österreich. Hinzu kamen Hunderttausende von Juden auf der Flucht vor Pogromen.[4]

In der Zeit vor dem Zweiten Weltkrieg veränderten sich die Migrationsmuster grundlegend. "With the consolidation of the nation-state and nationalism in the twentieth century, international migration took a different course. Western industrialized countries became large-scale importers of workers, while government control, protective legislation, and compulsion came to dominate population movements" (Soysal 1994: 17f). Für diesen Zeitraum weist Soysal auf mehrere charakteristische Veränderungen hin: Festzustellen ist ein Übergang zu höhe-

---

2   Siehe Castles/Miller (1993); zur besonderen Situation von Frauen siehe Campani (1995).
3   Zur Immigration nach Europa siehe Hollifield (1992).
4   Vgl. Fassmann/Münz (1996a).

ren Immigrations- als Emigrationszahlen in Europa. Die Emigration aus Deutschland ging bspw. von einer Million auf 300000 zurück. Ferner ein Prozeß, in dem viele europäische Migranten in ihre Herkunftsländer zurückkehrten. Aus den Vereinigten Staaten etwa kehrten zu Beginn des Jahrhunderts 63% der Norditaliener, 56% der Süditaliener, 51% der Spanier, 41% der Russen, 31% der Polen und 21% der Deutschen zurück in ihre Heimatländer. Erkennbar wurden in dieser Periode weiterhin frühe Formen temporärer Migration, bei der die Staatsbürgerschaft im Herkunftsland nicht aufgegeben wurde. Sassen-Koob (1981) verweist auf Arbeitsmigranten, die Fünfjahres-Verträge und freie Reise zum Aufnahmeland und zurück erhielten. Ein weiteres Kennzeichen dieser Vorkriegsphase bestand in der Etablierung systematischer Einwanderungsregeln und der Kontrolle von Fremden in vielen europäischen Ländern, sowie einer Intensivierung der Kontrolle von Einwanderung in den Vereinigten Staaten. Einen letzten wichtigen Punkt stellt schließlich der Austausch von Bevölkerungen auf der Grundlage ethnischer oder religiöser Zugehörigkeit im Zeitraum von 1918-1939 dar. So wanderten 1,1 Millionen Polen von Rußland nach Polen, 700000 Deutsche von West-Polen nach Deutschland, 190000 Griechen aus der Türkei nach Griechenland und 388000 Muslime aus Griechenland in die Türkei.[5]

3.3   Nachkriegsmigration

Die Nachkriegsmigration auf dem europäischen Kontinent stand zunächst ganz im Zeichen der innereuropäischen Flucht und Vertreibung nach der Niederlage und Kapitulation Hitler-Deutschlands. Auf diese Wanderungsbewegungen soll hier jedoch nicht näher eingegangen werden, da die Zugehörigkeit zu einer Nationalität oder Volksgruppe das auslösende Kriterium darstellten, und sie so nicht zu einer Heterogenisierung der nationalen Gesellschaften beitrugen, sondern vielmehr den umgekehrten Effekt erzielten. Es ist fraglich, ob bspw. Deutschland jemals dem ideologischen Ideal, eine ethnisch homogene Nation zu sein, näher kam, als unmittelbar nach dem Zweiten Weltkrieg. Welche Art von Politik jedoch zur Durchsetzung ethnisch weitgehend homogener Gemeinschaften nötig ist, dafür boten nach dem Faschismus in Deutschland die ethnischen Säuberungen im Verlauf des Krieges im ehemaligen Jugoslawien erneut ein Beispiel auf europäischem Boden.

Die wichtigsten Wanderungsbewegungen, die tatsächlich eine Heterogenisierung der westeuropäischen Gesellschaften mit sich brachten, können in vier Migrationstypen unterteilt werden: Rückkehrern und postkolonialen Wanderern, Arbeitsmigranten und nachziehenden Familienangehörigen, Flüchtlingen und

---

5   Soysal (1994: 18).

3.3.1 Rückkehrer und postkoloniale Wanderer

Der massive Prozeß der Entkolonialisierung nach 1945 hatte zur Folge, daß seit Mitte der 50er Jahre eine bedeutende Zahl ehemaliger Siedler in ihre Herkunftsländer zurückkehrten.

Am Beispiel postkolonialer Wanderer wird deutlich, daß Migration keinesfalls ein Prozeß ist, der aus der individuellen Entscheidung des jeweiligen Migranten erklärbar wäre. Vielmehr zeigen sich 'privilegierte Beziehungen' zwischen Herkunfts- und Aufnahmeländern, die ein 'System' konstituieren, innerhalb dessen Migrationsströme verlaufen. Die lange koloniale Abhängigkeit ist eine dieser Beziehungen. Postkoloniale Einwanderung hatten deshalb ausschließlich die ehemaligen Kolonialmächte zu verzeichnen. Mehrere Millionen Menschen kamen in der Phase der Entkolonialisierung aus Afrika, Asien und der Karibik nach Großbritannien, Frankreich, in die Benelux-Staaten und später nach Spanien und Portugal.

Für Großbritannien läßt sich feststellen, daß aus den Staaten des Commonwealth bis 1951 218000 Migranten ins Land kamen, eine Zahl, die sich durch Anwerbung und Arbeitsuche bis 1961 auf 541000 erhöhte.[7] Trotz Einreiseerschwerungen im Zuge ökonomischer Stagnation und dem Commonwealth Immigrants Act von 1962, stieg die Zahl dieser Zuwanderer bis 1981 auf 1,5 Millionen. Frankreich erlebte ebenfalls sehr schnell einen starken Migrationsschub aus seinen früheren Kolonien. 600000 Algerier, 140000 Marokkaner und 90000 Tunesier sowie Migranten aus den ehemaligen westafrikanischen Kolonien lebten 1970 in Frankreich. Hinzu kamen bis 1972 ungefähr 300000 Einwanderer aus der Karibik und von Insel Réunion. Nach Holland kamen in der Zeit nach dem Kriegsende bis zu Beginn der 60er Jahre 300000 Menschen aus dem heutigen Indonesien und nach 1965 bis zum Ende der 70er Jahre noch einmal 160000 Surinamesen.

Die postkoloniale Wanderung ist der erste entscheidende Schritt massiver außereuropäischer Einwanderung in die europäischen Zentren. Er hat "die Großstädte Westeuropas in multikulturelle Inseln innerhalb etablierter Nationalstaaten verwandelt, neue Netzwerke erzeugt und sichtbare 'farbige' Minderheiten (z.B. Pakistanis in Großbritannien, Schwarzafrikaner in Frankreich) entstehen lassen" (Fassmann/Münz 1996a: 19).

---

6   Vgl. Münz (1996); Böhning (1991).
7   Für die Zahlen zur postkolonialen Wanderung siehe Castles/Miller (1993).

3.3.2 Arbeitsmigration während der langen Phase wirtschaftlichen Wachstums

Von 1945 bis zum Beginn der 70er Jahre bestand die wesentliche Strategie des ökonomischen Wiederaufbaus Westeuropas darin, in den hochentwickelten Gesellschaften zu investieren und die Produktion auszubauen. Der wirtschaftliche Aufschwung der europäischen Volkswirtschaften und die anhaltende Prosperität in den fünfziger und sechziger Jahren führten dazu, daß die nationalen Arbeitsmärkte den Bedarf an Arbeitskräften nicht decken konnten. Die westeuropäischen Staaten gingen deshalb dazu über, ausländische Arbeiter anzuwerben.[8]

Unmittelbar nach dem Ende des Zweiten Weltkrieges holte Großbritannien 90000 ausländische Arbeiter ins Land. Die Massenmigration begann Mitte der 50er Jahre und brachte in den Jahren 1955 und 1956 je 30000 Migranten von den West-Indischen Inseln nach Großbritannien, die Immigration aus Ländern des New Commonwealth erreichte jedoch erst zu Beginn der 60er Jahre ihren Höhepunkt. "For example, in 1956 just under 47000 people entered the UK while this number rose to 136400 in 1961 and 94900 for the first six months of 1962 up to the introduction of the 1962 act" (Anwar 1995: 275). Die meisten dieser Neuankömmlinge waren Arbeitsmigranten, die als 'gap filler' schwere und schlechtbezahlte Tätigkeiten in der britischen Ökonomie übernahmen. Nach dem Erlaß des Commonwealth Immigrants Act sank die Zahl der ins Land kommenden Arbeitsmigranten drastisch. Sie betrug im Zeitraum von 1969 bis 1977 für alle New Commonwealth Staaten gemeinsam 318521 Personen. Davon waren nur 58875 männliche Arbeiter, während 259646 als nachziehende Familienangehörige nach Großbritannien gelangten.[9]

Frankreich eröffnete 1945 das Office National d'Immigration, um Arbeiter aus Südeuropa anzuwerben.[10] Von 1946 bis 1990 stieg die Zahl der ausländischen Bevölkerung von 1,7 auf 3,7 Millionen. Im gleichen Zeitraum betrug die Zahl der Einbürgerungen allerdings 1,8 Millionen.[11]

Auch die Schweiz importierte im Zuge der Industrialisierung nach 1850 ausländische Arbeitskräfte in großem Ausmaß, nachdem sie über Jahrhunderte hinweg klassisches Emigrationsland gewesen war. Nach dem Zweiten Weltkrieg erlebte die Ökonomie den größten Boom ihrer Geschichte, so daß die Grenzen für Arbeitsmigranten geöffnet wurden. Während der 50er und 60er Jahre verdoppelte sich jeweils die ausländische Bevölkerung. Den Höhepunkt erreichte der Immigrationsprozeß 1974 mit einer Gesamtzahl von 1064526 Immigranten, 16,7% der Gesamtbevölkerung. Mitte der 70er Jahre ging in der Schweiz der

---

8 Vgl. Baldwin/Schain (1994a); zur türkischen Migration nach Europa siehe Abadan-Unat (1995); zur Migration aus dem früheren Jugoslawien siehe Schierup (1995).
9 Anwar (1995: 275).
10 Vgl. Wihtol de Wenden (1994a).
11 Ogden (1995: 220).

3.3 Nachkriegsmigration

traditionell hohe Anteil italienischer Arbeitsmigranten zurück. Ihren Platz nahmen zunehmend Jugoslawen, Portugiesen und Türken ein.

Alle diese Staaten[12] entwickelten *Gastarbeiter-Systeme*, die im wesentlichen durch zwei Kennzeichen geprägt waren: zum einen wurden junge, gesunde, motivierte und kräftige Männer angeworben, die als un- oder angelernte Arbeiter für schlecht bezahlte Tätigkeiten im verarbeitenden Gewerbe, der Bau- und Landwirtschaft, der Schwerindustrie oder im Bergbau benötigt wurden. Zum anderen ist es das entscheidende Kennzeichen jedes Gastarbeiter-Systems, daß von einer zeitlichen Begrenztheit des Aufenthalts der Arbeitskräfte, und nicht von deren Einwanderung oder Niederlassung ausgegangen wird.

Das mit Hilfe des Marshallplans ermöglichte deutsche Wirtschaftswunder führte dazu, daß Deutschland trotz der steten Zuwanderung aus dem Osten zum Hauptimporteur ausländischer Arbeitnehmer wurde.[13] Hier findet sich deshalb auch die am weitesten entwickelte Form des Gastarbeitersystems. 1955 wurde mit Italien das erste Anwerbeabkommen geschlossen, dem ähnliche Vereinbarungen mit Spanien, Griechenland, der Türkei, Marokko, Portugal, Tunesien und schließlich 1968 mit Jugoslawien folgten.[14]

Die massive Anwerbung von Arbeitskräften durch die sechs wichtigsten Arbeitgeberländer (Deutschland, Frankreich, Schweden, Belgien, Schweiz und Österreich) hat dazu geführt, daß diese Länder, wenn auch ungewollt, zu Einwanderungsländern wurden. Die südeuropäischen Entsendestaaten blieben ihrerseits bis in die siebziger Jahre hinein Emigrationsländer. In der Phase von 1950 bis in die frühen 70er Jahre verdreifachte sich die Zahl der in westeuropäischen Aufnahmeländern lebenden Ausländer. Waren es 1950 in den heutigen 15 Mitgliedsstaaten der Europäischen Union zuzüglich Liechtenstein, Norwegen und der Schweiz lediglich 4 Millionen Ausländer gewesen, so waren es 1992/93 in diesen Staaten knapp 19 Millionen. "This trend clearly reflects the ongoing internationalisation of Western populations, labour markets and societies" (Münz 1996: 11).

Mit der Ölkrise von 1973, der folgenden Rezession und den steigenden Arbeitslosenzahlen war der "kurze Traum immerwährender Prosperität" (Lutz 1984) in den westeuropäischen Industrienationen vorbei. Das Ende des Wiederaufbaus und der Rückgang der industriellen Produktion in den Aufnahmeländern hatten eine Kehrtwende in der bis zu diesem Zeitpunkt verfolgten Anwerbepolitik zur Folge. Die Verhängung von Anwerbestopps durch die Schweiz im Jahr 1970, in Deutschland 1973 sowie in Frankreich und den Benelux-Staaten 1974 markieren das Ende der 'Gastarbeiter-Migration' im Europa der Nachkriegszeit. "Gab es vor der Ölkrise erkennbare Unterschiede in den Migrationspolitiken der europäischen Aufnahmeländer, so waren sich nun alle Staaten einig, daß die

---

12 Dies gilt auch für Belgien, die Niederlande und Schweden.
13 Zur Entwicklung in Deutschland siehe Meier-Braun (1988; 1995).
14 Vgl. Santel (1995).

nationalen Arbeitsmärkte vor weiterer Zuwanderung abgesperrt werden müssen" (Santel 1995: 62). Die Anwerbestopps für ausländische Arbeitnehmer zielten nicht nur darauf ab, deren weiteren Zuzug zu verhindern, in den Anwerbestaaten verband sich damit auch die Hoffnung auf eine massenhafte Rückkehr der Gastarbeiter in ihre Heimatländer. Tatsächlich kehrten nach dem Anwerbestopp auch Hunderttausende der ausländischen Arbeitnehmer zurück. Zugleich begannen jedoch, von der Politik völlig unerwartet, viele der bleibenden Arbeitsmigranten ihre Familien nach Deutschland nachzuholen. Der Familiennachzug veränderte die Struktur der ausländischen Bevölkerung grundlegend, so daß zunehmend nicht mehr nur junge Männer, sondern Frauen und Kinder das Erscheinungsbild der ausländischen Population bestimmten.[15]

3.3.3 Flucht und Asyl

Seit der Mitte der 70er Jahre kann von einer Welt-Flüchtlings-Krise gesprochen werden.[16] Was mit den Massenfluchten in Indochina begann, setzte sich in vielen Staaten Afrikas und Lateinamerikas fort. Im Schatten des Kalten Krieges führten Stellvertreterkriege der Supermächte und die Unterstützung autoritärer Regime zum Exodus Hunderttausender. Erst in den 80er Jahren tritt mit den in Europa um Asyl nachsuchenden Flüchtlingen ein neuer Migrationstypus auf. "Trotz starker Fluktuationen durch Flüchtlingskrisen oder politische Veränderungen stiegen die Zahlen am Ende der 80er Jahre sehr stark an" (Sassen 1996: 122). Die Fluchtursachen haben sich vervielfältigt. Mittlerweile zählen Kriege, Bürgerkriege, ethnische Säuberungen, religiöser Fundamentalismus, ökologische Katastrophen sowie die zunehmende Verstädterung zu den wichtigsten Fluchtursachen. Weltweit schätzt der UNHCR die Zahl der Flüchtlinge gegenwärtig auf 15 Millionen, andere Schätzungen gehen von bis zu 20 Millionen aus. Diese Zahlen umfassen jedoch lediglich jene Flüchtlinge, die gemäß der Genfer Flüchtlingskonvention als politisch Verfolgte gelten. Der größte Teil dieser Flüchtlinge, etwa 80%, halten sich in Ländern der Dritten Welt auf, ca. 10% in Westeuropa.[17] Nichtsdestotrotz hat der Zustrom von Flüchtlingen nach Westeuropa weiter zur Heterogenisierung der Bevölkerungen in westeuropäischen Nationalstaaten beigetragen (siehe Tab. 1).

---

15 Castles (1995) zu einer Einschätzung künftiger Tendenzen von Arbeitsmigration.
16 Vgl. Münz (1994).
17 Siehe hierzu Biermann (1992).

3.3 Nachkriegsmigration

Tab. 1: Flüchtlingszahlen in ausgewählten OECD-Ländern von 1986-1994 (in Tsd.):

	1986	1987	1988	1989	1990	1991	1992	1993	1994 (1)
Belgien	7,6	6,0	4,5	8,1	13,0	15,4	17,3	26,2	14,3
Deutschland	99,7	57,4	103,1	121,3	193,1	256,1	438,2	322,6	127,2
Frankreich (2)	26,2	27,6	34,3	61,4	54,8	47,4	28,9	27,6	26,0
Großbritannien (3)	5,7	5,9	5,7	16,8	38,2	73,4	32,3	28,5	41,0
Niederlande	5,9	13,5	7,5	13,9	21,2	21,6	20,3	35,4	52,6
Norwegen	2,7	8,6	6,6	4,4	4,0	4,6	5,2	12,9	3,9
Österreich	8,6	11,4	15,8	21,9	22,8	27,3	16,2	4,7	-
Schweden	14,6	18,1	19,6	30,0	29,4	27,4	84,0	37,6	17,4
Schweiz	8,5	10,9	16,7	24,4	35,8	41,6	18,0	24,7	16,1
Spanien (2)	2,8	3,7	4,5	4,1	8,6	8,1	11,7	12,6	10,2

1. Vorläufige Daten
2. Daten beziehen sich auf Antragsteller, nicht auf deren Angehörige.
3. Daten berücksichtigen Angehörige.

Quelle: SOPEMI. Annual Report 1994

3.3.4 'Unsichtbare Eliten'

Die Wanderung von Eliten stellt einen letzten Migrationstypus dar. Westeuropas hoher Integrationsgrad in die Weltökonomie hat zur Folge, daß dieser Typus inzwischen ein enormes Ausmaß angenommen hat.[18] Es handelt sich hierbei im wesentlichen um Manager, Geschäftsleute Internationaler Konzerne, hochqualifizierte Wissenschaftler, Künstler, Beschäftigte Internationaler Behörden etc. Nur ein Teil von ihnen bleibt für längere Zeit in den jeweiligen Gastländern, doch auch sie konkurrieren - freilich in anderen Marktsegmenten - mit der einheimischen Wohnbevölkerung um Ressourcen und Güter, werden dabei jedoch kaum als Fremde wahrgenommen, obgleich sie als solche sichtbar sind.[19] Da die

---

18 Siehe Findlay (1995).
19 Vgl. Böhning (1991).

Anwesenheit professioneller Eliten in westeuropäischen Nationalstaaten offensichtlich kein Problem darstellt, wird deutlich, weshalb sich die westeuropäischen Nationalstaaten künftig gemeinsam gegen sogenannte Armuts- und Wirtschaftsflüchtlinge abschotten werden: es geht einerseits darum, die schrumpfenden nationalen Arbeitsmärkte für Staatsbürger, bzw. europäische Staatsbürger zu reservieren; andererseits ist es Ziel dieser Maßnahmen, die nationalen Wohlfahrtsstaaten vor den Ansprüchen potentieller Zuwanderer zu schützen. In keinem dieser Fälle stellen wandernde Eliten eine 'Bedrohung' der nationalen Institutionen dar.

3.4 Zur gegenwärtigen Situation: Europa als Einwanderungskontinent

Der Fall der Berliner Mauer, die Überwindung der Teilung Europas, die Implosion der Sowjetunion und die Demokratisierung der osteuropäischen Regime hat zu einem seltsamen Paradox geführt[20]: Der eiserne Vorhang, so wird immer deutlicher, hat nicht den Osten vor dem Westen, sondern umgekehrt, den Wohlstand des Westens vor dem Osten geschützt, und dies in dem Sinne, daß in Europa für mehr als dreißig Jahre die Ost-West-Migration unterbrochen wurde. Neben der weiterhin bestehenden Süd-Nord Migration läßt sich in den vergangenen Jahren ein erneutes Anwachsen der Migration aus Osteuropa in westeuropäische Länder verzeichnen.[21] Die Migrationsgründe aus den Ländern Osteuropas, die sich in einem schwierigen politischen, ökonomischen und sozialen Transformationsprozeß befinden, sind vielfältig, einige Faktoren sind jedoch ausschlaggebend: *erstens* das sich weiter vergrößernde Wohlstandsgefälle zwischen Ost- und Westeuropa; *zweitens* die Probleme umfangreicher nationaler Minderheiten, die häufig nicht effektiv geschützt werden; *drittens* die Unterdrückung der politischen Opposition durch autoritäre Regime, und *viertens* die Hoffnungs- und Perspektivlosigkeit der jüngeren Generation in bezug auf persönliche Entfaltungsmöglichkeiten.[22] Trotz der schwierigen ökonomischen Verhältnisse in diesen Staaten kann jedoch davon ausgegangen werden, daß die Wanderungsbewegungen, die zur dauerhaften Niederlassung in Westeuropa führen, im wesentlichen aus ethnischen und nationalen Konflikten resultieren.[23] Eine zweite Herkunftsregion, die in Zukunft stärker die potentiellen Einwanderungsländer Westeuropas beschäftigen wird, stellen die Maghreb-Staaten dar. Biermann (1992) weist darauf hin, daß in Belgien und Frankreich ein Anwach-

---

20 Vgl. Müller (1995a).
21 Siehe Fassmann/Münz (1995).
22 Ausführlich Biermann (1992).
23 Vgl. Ronge (1993).

3.4 Zur gegenwärtigen Situation: Europa als Einwanderungskontinent

sen illegaler Einwanderer aus Tunesien, Algerien und Marokko verzeichnet werden kann, mit einer Zunahme der Flüchtlinge aus diesen Staaten aber auch andere Länder zu potentiellen Migrationszielen werden.

Angesichts der fortbestehenden weltweiten Flüchtlingsbewegungen und den neu entstehenden Herkunftsregionen verändert sich auch die seit dem Ende der 80er Jahre bestehende 'Arbeitsteilung' von Emigrations- und Immigrationsländern in Europa. In zunehmendem Maße werden jetzt auch die klassischen Entsendeländer Italien, Griechenland, Spanien und Portugal selbst zu Aufnahmeländern für Migranten[24] (siehe Tab. 2).

Die Geschichte der Immigration in westeuropäische Staaten liest sich rückblickend wie eine Reihe unerwarteter Konsequenzen spezifischer Strategien westlicher Nationalstaaten: während postkoloniale Wanderung nach Europa das unerwartete Resultat auf die Epoche der Kolonialisierung und die unmittelbare Konsequenz der umfassenden Entkolonialisierung in der Nachkriegszeit darstellt, ist die de facto Einwanderung der Arbeitsmigranten in den europäischen Anwerbestaaten und vor allem der Familiennachzug, der diesen Schritt erst verfestigte, mit Sicherheit die am wenigsten erwartete Konsequenz des Anwerbestopps Mitte der 70er Jahre.[25] Fluchtbewegungen und steigende Asylbegehren Mitte der 70er Jahre können zumindest zum Teil als unerwartete Konsequenz des Kalten Krieges und der in dieser Zeit zwischen den Supermächten ausgetragenen Konflikte in Ländern der Dritten Welt begriffen werden, die aktuellen Fluchtbewegungen vor den rapide sich verschlechternden Lebensbedingungen in diesen Teilen der Welt durchaus als unerwartete Folge der sich durchsetzenden ökonomischen Globalisierung, sowie informations- und transporttechnologischen Umwälzungen.[26]

Wenn wir es also bei allen Migrationsbewegungen am Ende mit unerwarteten Folgen geopolitischer, ökonomischer, sozialer oder politischer Entscheidungen zu tun haben, so wird nun immer deutlicher, daß diese ihrerseits Konsequenzen unerwarteten Ausmaßes nach sich ziehen. Immigration in westliche liberaldemokratische Gesellschaften und die aus ihr resultierende zunehmende ethnische und kulturelle Heterogenisierung, die die angenommene gemeinsame nationale Identität aller Gesellschaftsmitglieder problematisch werden lassen, die Entstehung ethnischer Minoritäten in Nationalstaaten, die in zunehmendem Maße spezifische Rechte einklagen und damit den einzigen und allgemeinen Status des Staatsbürgers in Frage stellen sowie die wachsende

---

[24] Zu Italien und Griechenland siehe Fakiolas (1995); zu Spanien und Portugal siehe Solé (1995).
[25] Vgl. Pagenstecher (1996).
[26] Interessant zur Migration innerhalb Europas: Dummett (1995); zur künftigen Entwicklung von Migration siehe Zolberg (1991).

Tab. 2: Ausländische Wohnbevölkerung in ausgewählten OECD-Ländern (1) von 1985 - 1993 (in Tsd.):

	1985	1986	1987	1988	1989	1990	1991	1992	1993
Belgien (2)	846,5	853,2	862,5	868,8	880,8	904,5	922,5	909,3	920,6
% der Gesamtbevölk.	8,6	8,6	8,7	8,8	8,9	9,1	9,2	9,0	9,1
Deutschland (3)	4378,9	4512,7	4240,5	4489,1	4845,9	5342,5	5882,3	6495,8	6878,1
% der Gesamtbevölk.	7,2	7,4	6,9	7,3	7,7	8,4	7,3	8,0	8,5
Frankreich (4)	-	-	-	-	-	3596,6	-	-	-
% der Gesamtbevölk.	-	-	-	-	-	6,3	-	-	-
Großbritannien (5)	1731	1820	1839	1821	1812	1723	1750	1985	2001
% der Gesamtbevölk.	3,1	3,2	3,2	3,2	3,2	3,2	3,1	3,5	3,5
Italien (6)	423,0	450,2	572,1	645,4	490,4	781,1	896,8	923,6	987,4
% der Gesamtbevölk.	0,7	0,8	1,0	1,1	0,9	1,4	1,5	1,6	1,7
Niederlande	552,5	568,0	591,8	623,7	641,9	692,4	732,9	757,4	779,8
% der Gesamtbevölk.	3,8	3,9	4,0	4,2	4,3	4,6	4,8	5,0	5,1
Norwegen (7)	101,5	109,3	123,7	135,9	140,3	143,3	147,8	154,0	162,3
% der Gesamtbevölk.	2,4	2,6	2,9	3,2	3,3	3,4	3,5	3,6	3,8
Österreich (8)	304,4	314,9	326,2	344,0	387,2	456,1	532,7	623,0	689,6
% der Gesamtbevölk.	4,0	4,1	4,3	4,5	5,1	5,9	6,8	7,9	8,6
Schweden	388,6	390,8	401,0	421,0	456,0	483,7	493,8	499,1	507,5
% der Gesamtbevölk.	4,6	4,7	4,8	5,0	5,3	5,6	5,7	5,7	5,8
Schweiz (9)	939,7	956,0	978,7	1006,5	1040,3	1100,3	1163,2	1213,5	1260,3
% der Gesamtbevölk.	14,5	14,7	14,9	15,2	15,2	16,3	17,1	17,6	18,1
Spanien (10)	242,0	293,2	334,9	360,0	249,6	278,7	360,7	393,1	430,4
% der Gesamtbevölk.	0,6	0,8	0,9	0,9	0,6	0,7	0,9	1,0	1,1

1. Die Daten stammen aus den Bevölkerungsregistern der einzelnen Länder, mit Ausnahme von Frankreich und Großbritannien. Stand ist jeweils der 31.12. des angegebenen Jahres.
2. 1985 und 1992 wurde durch Gesetzesänderungen eine große Zahl von Ausländern eingebürgert. Dies erklärt den Rückgang des Anteils der ausländischen Bevölkerung von 1984 nach 1985 und von 1991 nach 1992.

3. Stand bis 1984 30. September; ab 1985 31. Dezember. Daten von 1987 bis 1989 auf Grundlage der Volkszählung von 1987 korrigiert; Daten bis 1990 beziehen sich auf Westdeutschland; ab 1991 für Gesamtdeutschland.
4. Daten stammen aus der Volkszählung von 1990. Die Zahl der Umfrage von 1982 ist 3714,2.
5. Geschätzt anhand der jährlich erhobenen Zahlen der Erwerbsbevölkerung
6. Die Daten sind so angepaßt, daß die Gesetze von 1987/88 und 1990 berücksichtigt werden. Der Rückgang von 1989 resultiert aus der Überprüfung des Ausländerregisters (Bereinigung von Doppelregistrierung; Berücksichtigung von Rückwanderung).
7. Ab 1987 werden Asylbewerber, deren Anträge bearbeitet werden, berücksichtigt. Diese Gruppe war zuvor sehr klein.
8. Jährlicher Durchschnitt; vorläufige Zahlen aus dem Zensus von 1991.
9. Anzahl derjenigen Ausländer, die über eine jährliche Arbeitserlaubnis oder unbefristete Aufenthaltserlaubnis verfügen.
10. Anzahl der Ausländer mit Aufenthaltserlaubnis. Zahlen für 1991 beinhalten 108372 Erlaubnisse, die aus einer Gesetzesänderung resultieren. Der Rückgang im Jahre 1989 resultiert aus einer Überprüfung des Ausländerregisters.

Quelle: SOPEMI. Annual Report 1994

Bedeutung des globalen Diskurses um Menschenrechte, die an die Stelle der Bürgerrechte treten sollen, sind die entscheidenden Gründe, die in der wissenschaftlichen Debatte zur Behauptung geführt haben, daß das nationale Modell der Staatsbürgerschaft hinfällig geworden sei. Gleich, ob das an die Stelle nationaler Staatsbürgerschaft tretende Modell *postnational citizenship, transnational citizenship*, oder *global citizenship* heißt, immer befindet man sich damit auch schon jenseits des Nationalstaates.[27]

Kann mit Recht davon ausgegangen werden, daß sowohl der Nationalstaat als auch das Modell nationaler Staatsbürgerschaft auf dem Wege zur Bedeutungslosigkeit sind? Dieser Abschied scheint etwas voreilig. Im folgenden werden deshalb zunächst die Argumente dieser Position geprüft. Im Anschluß daran wird der Frage nachzugehen sein, ob angesichts massiver Immigrationsprozesse von einem neuen Modell der Zugehörigkeit und von einem weitreichenden Souveränitätsverlust des Nationalstaates ausgegangen werden muß oder *ob* und *wie* der Nationalstaat weiterhin mittels des Instruments nationaler Staatsbürgerschaft auf die daraus resultierende krisenhafte Situation regulieren kann.

---

27 Vgl. Soysal (1994; 1996a; 1996b; 1996c) zu 'postnational citizenship'; Marko (1996) zu 'transnational citizenship'; Falk (1994) zu 'global citizenship'.

3.5 Nationale Staatsbürgerschaft oder 'Postnational Citizenship'?

Am entschiedensten hat Yasemin N. Soysal (1994) die weiterhin bestehende Gültigkeit des nationalen Modells der Staatsbürgerschaft sowie den Nationalstaat als relevante Institution und Bezugsgröße einer Diskussion um 'Zugehörigkeit' in Frage gestellt. Angesichts der Massenimmigration der Nachkriegszeit in westeuropäische Nationalstaaten, der Niederlassung ehemaliger 'Gastarbeiter' sowie deren weitgehender Inkorporation in die Institutionen ihrer Aufnahmeländer geht Soysal davon aus, daß die Rechte und Privilegien, die im nationalen Modell der Staatsbürgerschaft ausschließlich Staatsbürgern vorbehalten sind, zunehmend als Rechte der Person kodifiziert und verliehen werden. In diesem Prozeß, der dazu führt, daß nationale Staatsbürgerschaft nicht länger die notwendige Voraussetzung für die Mitgliedschaft in politischen Gemeinschaften darstellt, der nationale Zugehörigkeit und institutionelle Einbindung in zunehmendem Maße entkoppelt und in dessen Verlauf bisher nationale Rechte universalisiert werden, wird die klare Trennung zwischen Bürgern und Nicht-Bürgern zusehends undeutlich, so daß von der Herausbildung eines neuen Modells der Zugehörigkeit gesprochen werden kann: "This new model, which I call *postnational*, reflects a different logic and praxis: what were previously defined as national rights become entitlements legitimized on the basis of personhood. (...) Postnational citizenship confers upon every person the right and duty of participation in the authority structures and public life of a polity, regardless of their historical or cultural ties to that community" (Soysal 1994: 3).

Wie läßt sich eine derart weitreichende Kritik an der fortbestehenden Bedeutung des Modells nationaler Mitgliedschaft begründen, und läßt sich überzeugend behaupten, daß im Zuge der Durchsetzung des postnationalen Modells der Mitgliedschaft sowohl nationale Staatsbürgerschaft als auch der Nationalstaat selbst an Bedeutung verlieren?

Als transnationale Quellen für die Entstehung und Durchsetzung eines neuen Modells der Mitgliedschaft führt Soysal zwei Entwicklungen an: *einerseits* gilt ihr die Transformation der Organisation des internationalen Staatensystems als Indikator, *andererseits* der immer stärker sich durchsetzende weltweite Diskurs um die Menschenrechte. Beide Prozesse haben unmittelbare Auswirkungen auf die Souveränität des Nationalstaates und führen zugleich zu einer Veränderung der Institution der Staatsbürgerschaft und ihrer Bedeutung in gegenwärtigen Nationalstaaten.

Die Einbindung des Nationalstaates in ein wachsendes Geflecht inter- und transnationaler Beziehungen und wechselseitiger Abhängigkeiten verkomplizieren Fragen nationalstaatlicher Souveränität. Neben diesem quantitativen Argument wachsender Interdependenz geht es Soysal vor allem aber um den qualitativen Aspekt des Prozesses. Im Falle der Arbeitsmigranten wird deutlich, daß deren Behandlung in ihren Aufnahmeländern längst nicht mehr ins Belieben des jeweiligen Nationalstaates gestellt ist, sondern im Rahmen bi- oder multilateraler Abkommen verbindlich ausgehandelt wird. Das dichte Netz zwischenstaatlicher Interaktionen begrenzt daher die Handlungsfreiheit des einzelnen Nationalstaates und macht die Behandlung der jeweiligen Migrantenpopulation zu einem supranationalen Problem. Soysal erkennt hier eine neue Ordnung der Souveränität, "...which has shifted to the global level, transcending territorialized identities and structures. In this new order of sovereignty, the larger system assumes the role of defining rules and principles, charging nation-states with the responsibility to uphold them" (ebd.: 144).

Die Entstehung universalistischer Regeln und Konzeptionen, durch die die Rechte des Individuums als Menschenrechte anerkannt und durch eine Vielzahl internationaler Vereinbarung und Abkommen kodifiziert werden, stellt den zweiten Prozeß dar. Sie werden durch eine Vielzahl von Körperschaften anerkannt und so zu formalen, institutionalisierten Normen, die schließlich auf nationaler Ebene verbindlich werden. "These collectivities, by advising national governments, enforcing legal categories, crafting models and standards, and producing reports and recommendations, promote and diffuse ideas and norms about universal human rights that in turn engenders a commanding discourse on membership. The same discourse is adopted by states, organizations, and individuals in granting and claiming rights and privileges, thereby reenacting the transnational discourse" (ebd.: 152).

Die grundlegenden Differenzen zwischen dem nationalen Modell der Staatsbürgerschaft und dem von Soysal entwickelten Modell postnationaler Mitgliedschaft lassen sich anhand mehrerer Dimensionen verdeutlichen (siehe Abb. 6).

Unter einem *zeitlichen Aspekt* wird deutlich, daß sich das in der Französischen Revolution entstehende Modell nationaler Staatsbürgerschaft im historischen Prozeß fortentwickelt und zur Mitte des 20. Jahrhunderts seine heute bekannte, kulturell und national spezifische Ausgestaltung erfährt. Das postnationale Modell der Mitgliedschaft setzt sich aufgrund anhaltender Immigration und globaler Prozesse seit der Nachkriegszeit langsam durch und führt dazu, daß das traditionelle Modell zunehmend an Bedeutung verliert.

Das klassische Modell der Staatsbürgerschaft ist auf das *Territorium* eines Nationalstaates bezogen, es impliziert daher eine Übereinstimmung von Mitgliedschaft und Territorium. Die Rechte und Pflichten der Staatsbürger sind exklusiv und gelten nur für die Mitglieder einer nationalen Gemeinschaft. Im postnationalen Modell werden diese Grenzen 'fließend'. Gastarbeiter können Mitglieder des politischen Gemeinwesens ihres Aufnahmelandes werden, ohne dessen Staatsbürgerschaft zu besitzen. "Was postnationale Grenzen 'fließend' macht ist die Tatsache, daß Individuen unabhängig von nationalen Grenzen Ansprüche und Forderungen geltend machen können und daß Rechte selbst dann gewährt werden, wenn Individuen nicht formal zur nationalen Gemeinschaft gehören" (Soysal 1996a: 185).

Abb. 6: Nationale Staatsbürgerschaft und postnationales Modell der Mitgliedschaft

Dimensionen	Nationale Staatsbürgerschaft	Postnationale Mitgliedschaft
Zeit / Periode	19. bis Mitte 20. Jahrhundert	Nachkriegszeit
Territorium	nationalstaatlich begrenzt	fließende Grenzen
Beziehung von Mitgliedschaft und Territorium	identisch	getrennt
Rechte / Privilegien	einziger Status	multipler Status
Basis der Mitgliedschaft	Nationalität (nationale Rechte)	Universelles Mensch-Sein (Menschenrechte)
Quelle von Legitimität	Nationalstaat	Transnationale Gemeinschaft
Organisation von Mitgliedschaft	Nationalstaat	Nationalstaat

Quelle: Soysal (1994: 140)

Hinsichtlich der *Rechte und Privilegien* bringt die klassische Ordnung der Nationalstaaten durch einheitliche Staatsbürgerrechte die formale Gleichheit aller Staatsbürger zum Ausdruck. Sie verfügen über einen einzigen Status, der sie mit den gleichen Rechten ausstattet. Das postnationale Modell sieht hingegen eine Vielzahl von Mitgliedschaftsformen vor. Soysal verweist dazu auf die unterschiedlichen Status von Migranten im entstehenden europäischen System. "What makes the case of the guestworker controversial is that it violates this claim for unitary status. Rendering differential status unjustifiable within the framework of universalistic personhood, the modern polity encourages a climate for diverse claims to a further expansion of rights" (Soysal 1994: 142).

Grundlage und Legitimation der Mitgliedschaft beruhen im traditionellen Modell in der nationalen Zugehörigkeit des Einzelnen. Die Verfügung über Rechte und Pflichten ist an diese Zugehörigkeit gebunden. In diesem Sinne, so Soysal, liegt die Legitimitätsgrundlage individueller Rechte innerhalb des Nationalstaates. Im postnationalen Modell werden hingegen nationale Rechte durch universelle Menschenrechte ersetzt. "The justification for the state's obligations to foreign populations goes beyond the nation-state itself. The rights and claims of individuals are legitimated by ideologies grounded in a transnational commu-

3.5 Nationale Staatsbürgerschaft oder 'Postnational Citizenship'?

nity, through international codes, conventions, and laws on human rights, independent of their citizenship in a nation-state. Hence the individual transcends the citizen. This is the most elemental way that the postnational model differs from the national model" (ebd.). Grundlage der Mitgliedschaft wird in diesem Modell deshalb die Tatsache des Person-Seins jedes Individuums und der Bezug auf die universalistischen Menschenrechte.

Während in all diesen Dimensionen grundlegende Unterschiede zwischen dem nationalen und postnationalen Modell bestehen, so bleibt die entscheidende Institution der Durchsetzung, Gewährleistung und Sicherung individueller Rechte auch im postnationalen Modell der Nationalstaat. Soysal sieht dies nicht als Widerspruch. Sie stellt vielmehr fest, daß die Welt nach wie vor in räumlich voneinander getrennte politische Einheiten unterteilt ist, so daß - obgleich die Legitimität individueller Rechte von einer transnationalen Ordnung herrührt - die Umsetzung dieser Rechte Aufgabe nationaler Wohlfahrtsstaaten bleibt.

Dieser letzte Aspekt postnationaler Mitgliedschaft verweist zugleich auf zwei entstehende 'globale Paradoxa der Mitgliedschaft'. Zum einen besteht eine Nicht-Übereinstimmung zwischen der normativen und organisatorischen Basis von Rechten. Obgleich die *Quelle und Legitimität von Rechten* zunehmend auf transnationaler Ebene angesiedelt sind, bleibt es Aufgabe der einzelnen Staaten, diese Rechte ein- und umzusetzen, so daß in den jeweiligen Ländern spezifische Ausformungen dieser Rechte entstehen. Zum anderen läßt sich ein ähnliches Spannungsverhältnis zwischen *Identität und Rechten* der Bürger als den zwei konstitutiven Aspekten von Staatsbürgerschaft feststellen. Während Rechte einem Prozeß der Universalisierung unterliegen und zunehmend abstrakt werden, bleibt die Identität der Individuen nach wie vor an ihre Zugehörigkeit zu einer nationalen Gemeinschaft gebunden. Diese beiden paradoxen Prozesse bringen eine dem globalen System der Nachkriegszeit zugrundeliegende Dialektik zum Ausdruck: "While nation-states and their boundaries are reified through assertions of border controls and appeals to nationhood, a new mode of membership, anchored in the universalistic rights of personhood, transgresses the national order of things" (ebd.: 159).

Es wird deutlich, daß Soysal von einem Prozeß ausgeht, in dem der Nationalstaat gegenwärtig zwar noch eine Rolle für die Durchsetzung der universalistischen Rechte spielt, sich die Bedeutung der Nation bzw. der Nationalität jedoch in einem fortschreitenden Prozeß der Auflösung befindet. Nach ihrer Einschätzung befinden wir uns längst auf dem Weg in Zeiten jenseits des Nationalstaates: "However, it is essential to recognize that national citizenship is no longer an adequate concept upon which to base a perceptive narrative of membership in the postwar era. Postnational formations of membership challenge us to refurbish our definitions and theoretical vistas of and about citizenship and the nation-state" (ebd.: 167).

Yasemin Soysal hat mit dem Modell *postnationaler Mitgliedschaft* zweifellos die profilierteste Position bezogen, die den Zusammenhang von Immigration, Staatsbürgerschaft und Nationalstaat zum Thema macht. Den Nationalstaat zu verabschieden und ein neues Modell von Mitgliedschaft zu entwickeln ist jedoch nur *eine* mögliche Position. Bevor zu dieser eine Alternative formuliert werden kann, muß zunächst genauer der Frage nachgegangen werden, was es mit dem behaupteten Souveränitätsverlust des Nationalstaates auf sich hat.[28]

3.6   Souveränitätsverlust des Nationalstaates?

Soysals Perspektive, den Nationalstaat zum Auslaufmodell zu erklären, trifft sich mit den im Kontext der Globalisierungsdebatte immer häufiger zu hörenden Behauptungen eines umfassenden Souveränitätsverlustes des Nationalstaates. Michael Mann (1997: 131) hat diese seltsam harmonische Überzeugung in den Sozialwissenschaften treffend auf den Punkt gebracht: "Von Theoretikern der Postmoderne wie Baudrillard, Lyotard und Jameson über Geographen wie Harvey und Taylor, Soziologen wie Giddens, Lash und Urry bis hin zu den Ökonomen, die im Economist ihr Sprachrohr haben - von allen Seiten wird verkündet, der Nationalstaat werde 'untergraben', 'unterlaufen', 'umgangen' oder 'marginalisiert'."[29] Soysals Analyse bereitet zunächst insofern Probleme, als nicht klar wird, worauf sich der von ihr konstatierte Souveränitätsverlust des Nationalstaates tatsächlich beziehen soll. Genügt die 'quantitativ und qualitativ' wachsende Einbindung des Nationalstaates in transnationale Netzwerke schon, um einen Souveränitätsverlust zu behaupten?

Im Kontext der hier interessierenden Problematik ist die Frage entscheidend, ob der Nationalstaat weiterhin souverän darüber entscheiden kann, wer auf sein Territorium einreisen darf und welche der auf seinem Territorium lebenden Personen Staatsbürgerrechte einklagen können. Insofern ein behaupteter Souveränitätsverlust diese Fragen nationalstaatlicher Souveränität unmittelbar berührt, muß überprüft werden, ob von einem solchen Prozeß tatsächlich ausgegangen werden kann.

Die wichtigsten Argumente für einen Souveränitätsverlust des Nationalstaates sind ökonomischer Natur. Es wird behauptet, daß bisher nationale Ökonomien in einer globalen Ökonomie aufgehen, transnationale Gesellschaften und die Internationalen Finanzmärkte in diesem Prozeß die bedeutendsten Rollen spielen. Jenseits der Möglichkeiten Keynesianischer Regulation verliert der Nationalstaat jede Möglichkeit, gestaltend auf die Entwicklung der Ökonomie einzu-

---

28   Zur Abschaffung oder Aufhebung des Nationalstaates siehe Habermas (1996a).
29   Vgl. Literaturhinweise bei Mann (1997); Lash/Urry (1994); Featherstone (1990); Harvey (1992); The Economist (1995); siehe auch Mann (1993).

wirken. Die Entwicklung neuer Informations-, Kommunikations- und Produktionstechnologien läßt die Bedeutung nationalstaatlicher Grenzen hinfällig werden; das Kapital operiert weltweit, wo immer die besten Möglichkeiten zur Profitsteigerung sich bieten und die reizvollsten Steuerangebote offeriert werden: "Capitalism has spread to nearly 90% of the world" (TIME 7. Juli, 1997). Dem Staat bleibt in diesem Szenario nur die Aufgabe, die schlimmsten Auswirkungen dieser Entwicklungen auf die nationale Arbeitskraft abzumildern und Schadensbegrenzung zu betreiben.

Aufgrund dieser offensichtlich immer weiter fortschreitenden Globalisierung nationaler Ökonomien geht Robert B. Reich (1993: 4) davon aus, daß wir derzeit einer Transformation durchleben, "aus der im kommenden Jahrhundert neue Formen von Politik und Wirtschaft hervorgehen werden. Es wird dann keine nationalen Produkte und Technologien, keine nationalen Wirtschaftsunternehmen, keine nationalen Industrien mehr geben. Es wird keine Volkswirtschaften mehr geben, jedenfalls nicht in dem Sinne, wie wir sie kennen. Alles was dann noch innerhalb der Grenzen eines Landes verbleibt, sind die Menschen, aus denen sich eine Nation zusammensetzt. Das Grundkapital eines jeden Landes werden die Kenntnisse und Fertigkeiten seiner Bürger bilden. Vorrangige Aufgabe der Politik wird es sein, gegen die Zentrifugalkräfte der Weltwirtschaft anzugehen, die die nationale Bürgerschaft zu zerreißen drohen."[30]

Noch radikaler hat Kenichi Ohmae (1995) diesen Prozeß interpretiert. Weder einzelne Nationalstaaten noch Zusammenschlüsse wie die OPEC, G7, ASEAN, APEC, NAFTA oder auch die EU gelten ihm als ernst zu nehmende Akteure in der globalen Ökonomie. Er sieht vielmehr das 'Ende des Nationalstaates' und die Herausbildung regionaler Ökonomien, deren Aufstieg in der Durchsetzung der "four big Is" zum Ausdruck kommt: *Investitionen* sind nicht länger räumlich beschränkt, die *Industrie* hat eine viel globaler ausgerichtete Orientierung als noch vor einigen Jahren, neue *Informationstechnologien* beschleunigen diese beiden Prozesse und schließlich orientieren sich auch *individuelle Konsumenten* sehr viel stärker an einem globalen Markt. Nationalstaaten und ihre Regierungen sind für die Organisation dieser Prozesse überflüssig: "Because the global markets for all the Is work just fine on their own, nation states no longer have to play a market-making role" (ebd.: 4).

Hinsichtlich der Entwicklung der Finanzmärkte hat Cerny (1994) argumentiert, daß finanzielle Globalisierung in zunehmendem Maße die Möglichkeiten politischer Gestaltung einschränken und letztlich die Handlungsmöglichkeiten des Staates festlegen wird. Er sieht die wichtigste Konsequenz der fortgeschrittenen Globalisierung der Finanzmärkte darin, daß sie über das gesamte ökonomische und politische Feld eine strukturelle Hegemonie erlangen. Ein damit verbundener, umfassender Prozeß des 'disembedding' nationaler Ökonomien hat

---

30 Zu ähnlichen Einschätzungen gegenwärtiger Entwicklungen siehe auch Kennedy (1996); Thurow (1996).

seines Erachtens weitreichende Konsequenzen für den Nationalstaat: "[This] new global transformation has gravely challenged the capacity of the state to provide effective governance not only of financial markets themselves, but also of economic affairs generally" (ebd.: 320).

Die Entstehung Internationaler Organisationen stellt einen weiteren Prozeß dar, der die autonome Handlungsfähigkeit und souveräne Entscheidungsfreiheit des Nationalstaates beschränkt. Neben Organisationen wie der Weltbank, dem Internationalen Währungsfond oder der UNO stellt die Europäische Union zweifellos eine der wichtigsten Internationalen Organisationen dar. Der europäische Einigungsprozeß hat in umfassendem Maße dazu geführt, daß die Entscheidungskompetenzen der Mitgliedsstaaten in großem Maße beschnitten wurden, und dies in einem Maße, das zur Frage berechtigt, ob diese selbst innerhalb ihrer territorialen Grenzen noch als die alleinigen Machtzentren gelten können.

Internationales Recht ist ein weiterer entscheidender Faktor, der Nationalstaaten in ihrer Souveränität und Autonomie begrenzt. "International law has recognized powers and constraints, and rights and duties, which transcend the claims of nation-states and which, while they may not be backed by institutions with coercive powers of enforcement, none the less have far-reaching consequences" (Held 1991a: 218). Nationalstaaten sind durch eine Vielzahl bi-, supra- und multinationaler Verträge und Abkommen in ihrem Handeln gebunden. Hierzu gehören natürlich die vielen Abkommen und Verträge, die die Rechte der Person kodifizieren und legitimieren und die Nationalstaaten zwingen, die Einhaltung der Menschenrechte zu gewährleisten.

Auf den kulturellen Aspekt der Globalisierung hat als erster Marshall McLuhan (1964; 1992) hingewiesen. Als bestimmendes Prinzip von Kultur begreift er weniger deren spezifischen Gehalt, sondern vielmehr das Medium, durch welches sie transportiert wird. McLuhan erkannte früh den Prozeß, in dem elektronische Medien ältere Medien des Transports und der Informationsübermittlung hinfällig machen würden. "The accelerating effects of electronic communication and rapid transportation create a structural effect that McLuhan calls 'implosion'" (Waters 1994: 231). Nationalstaatliche Grenzen und die Möglichkeit des Staates, den unbeschränkten Datenfluß zu kontrollieren, werden in diesem Prozeß der Entstehung des 'global village' hinfällig.

Diese Liste der Argumente, die als Nachweis für einen Souveränitätsverlust des Nationalstaates angeführt werden ist keineswegs erschöpfend, sie verdeutlicht aber die wesentlichen Dimensionen, die hinter Soysals allgemeiner Behauptung stehen.[31] Während sie angesichts zunehmender Einbindung des Nationalstaates in globale Netzwerke einerseits, dem Bedeutungsverlust nationaler Staatsbürgerschaft aufgrund einer sukzessiven Durchsetzung der Menschen-

---

31 Dies gilt etwa für die begrenzten Möglichkeiten von Nationalstaaten, Umweltprobleme zu lösen oder ökologische Katastrophen zu bewältigen. Ebenso für ihre Einbindung in militärische Bündnisse.

3.6 Souveränitätsverlust des Nationalstaates?

rechte im Zuge der Multikulturalisierung ehemals nationaler Gemeinschaften andererseits, von einer "...decomposition of the nation state, a process of dissolution from above and below" (McDonald 1994: 241) ausgeht, müssen die Auswirkungen der aufgezeigten Prozesse m.E. viel vorsichtiger bewertet werden. Es besteht kein Zweifel, daß diese 'globalisierenden' Tendenzen die Souveränität und Handlungsautonomie des Nationalstaates begrenzen. Ohne aber auch hier ins Detail gehen zu können, läßt sich doch feststellen, daß von einem völligen Bedeutungsverlust des Nationalstaates keine Rede sein kann. Dies gilt sowohl in *institutionentheoretischer* als auch *demokratietheoretischer* Perspektive: "Unless or until supra-national political organization acquires not only governmental powers but also some measure of popular-democratic legitimacy, the national state will remain a key political factor as the highest instance of democratic political accountability" (Jessop 1994: 23). Die Auswirkung globalisierender Prozesse auf den Nationalstaat ist daher angemessener als widersprüchlich verlaufende Entwicklung zu begreifen. David Held hat darauf hingewiesen, daß die globalen Prozesse nicht in einem Maße überzogen werden sollten, das entweder das völlige Verschwinden des Nationalstaates oder die problemlose Herausbildung einer Weltgesellschaft behauptet. Vielmehr sei eine andere Entwicklung erkennbar: "States may have surrendered some rights and freedoms, but in the process they have gained and extended others" (Held 1991a: 223). Selbst im Falle der institutionell umfassendsten Einbindung des Nationalstaates, der Europäischen Union, läßt sich nicht ausschließlich von einem Souveränitätsverlust sprechen. Auch hier muß in Betracht gezogen werden, daß kein neuer Nationalstaat, sondern vielmehr ein 'Nationalitätenstaat' (Lepsius) im Entstehen begriffen ist, innerhalb dessen die Mitgliedsstaaten zwar Kompetenzen abtreten, zugleich aber entscheidende nationale Kompetenzen behalten.

Zusammenfassend drängt sich der Eindruck auf, als sei die Diskussion um den Souveränitätsverlust des Nationalstaates einerseits von einer Einschätzung geprägt, die seine einstige Stärke übertreibt und beispielsweise außer Acht läßt, daß die Souveränität des Nationalstaates und dessen Anerkennung auch ein Akt internationaler Regelungen war.[32] Andererseits wird nun umgekehrt aber auch sein aktueller Niedergang überzogen. Michael Mann (1997: 139) hat deshalb angemahnt, mit generalisierenden Aussagen über den Bedeutungs- und Souveränitätsverlust vorsichtig umzugehen und darauf hingewiesen, daß in bezug auf die Auswirkungen der Globalisierung sorgfältig zu unterscheiden sei zwischen "(a) unterschiedlichen Auswirkungen verschiedener Staatstypen in verschiedenen Regionen; (b) den Nationalstaat schwächenden *und* stärkenden Trends; (c) Trends, die nationale Regulationsmechanismen auf internationale und transnationale Netzwerke verlagern; und (d) Trends, die Nationalstaaten und Transnationalismus zugleich stärken."

---

32 Siehe die Regelungen im Westfälischen Frieden von 1648

Wenngleich unbestritten ist, daß Autonomie und Souveränität des Nationalstaates zunehmend begrenzt werden, der Prozeß selbst aber vorsichtig beurteilt werden muß und der Nationalstaat mitnichten ein Auslaufmodell darstellt, so zeigt sich, daß von einem Souveränitätsverlust in einem entscheidenden Punkt keine Rede sein kann. "The democratic state's role as the possessor of a territory, in that it regulates its population, gives it a definite legitimacy internationally in a way no other agency could have in that it can speak for that population" (Hirst/Thompson 1995: 409). Menschen sind weniger mobil als Kapital oder Waren und ihre Lebenschancen bleiben abhängig davon, welchen Paß sie besitzen, wo ihr Aufenthaltsort ist, wo sie Arbeit finden und welche Rechte und Leistungen sie gegenüber einem Nationalstaat geltend machen können. Aus diesen Gründen stellen Hirst und Thompson weiter fest: "Populations remain territorial and subject to the citizenship of a national state. States remain 'sovereign', not in the sense that they are all-powerful or omnicompetent within their territories, but because they police the borders of a territory and, to the degree that they are credibly democratic, they are representative of the citizens within those borders" (ebd.: 431).

Dieser Einschätzung einer fortbestehenden Bedeutung des Nationalstaates und der Gültigkeit des nationalen Modells der Staatsbürgerschaft kann ohne jeden Zweifel zugestimmt werden. Damit können gegen Soysals Idee postnationaler Zugehörigkeit aber zugleich zwei Argumente geltend gemacht werden. Ihr Modell weist zwar die Bedeutung des Nationalstaates als entscheidende Institution zurück, sie muß sich aber mangels Alternativen zur Durchsetzung des neuen Modells der Zugehörigkeit weiter darauf beziehen. Es gibt keine Institution, die im postulierten Prozeß hin zu einem postnationalen Modell der Mitgliedschaft an die Stelle des Nationalstaates treten könnte. Mit diesem institutionentheoretischen Defizit verliert zugleich Soysals zweite Behauptung an Überzeugungskraft. Die teilweise fortgeschrittene Inkorporation von Migranten in ihren Aufnahmeländern, ohne Staatsbürger derselben zu sein, kann nicht als Anzeichen einer Schwächung nationaler Staatsbürgerrechte und der gleichzeitigen Durchsetzung der Menschenrechte begriffen werden. Soysal differenziert ganz offensichtlich nicht zwischen den Möglichkeiten der Mitgliedschaft in der 'Civil Society' eines Nationalstaates und der Mitgliedschaft in der politischen Gemeinschaft. Daß Migranten als Mitglieder der 'Civil Society' eines Nationalstaates über entsprechende soziale, ökonomische und kulturelle Rechte verfügen macht die Grenzen zwischen Bürgern und Nicht-Bürgern keineswegs hinfällig. Erst die Mitgliedschaft in der politischen Gemeinschaft und die Verfügung über alle bürgerlichen und politischen Staatsbürgerrechte macht den Einzelnen zum Teil jener, die regieren und regiert werden.[33]

---

33 Siehe dazu ausführlich Kap. 7.

Es kann deshalb nicht darum gehen, das nationale Modell der Staatsbürgerschaft durch ein postnationales Modell der Mitgliedschaft zu ersetzen. Im Zentrum steht vielmehr die Frage, wie der Nationalstaat mittels der Institution nationaler Staatsbürgerschaft eine "begrifflich klare, rechtlich konsequente und ideologisch aufgeladene Unterscheidung zwischen Bürgern und Ausländern" durchsetzt (Brubaker 1994: 45).

3.7 Nationalstaat und Schließung

Die vorangehende Diskussion hat gezeigt, daß von einem umfassenden Bedeutungsverlust des Nationalstaates keine Rede sein kann. Vielmehr ist deutlich geworden, daß dem Nationalstaat - im Kontext der in dieser Arbeit interessierenden Problematik - weiterhin zwei entscheidende Funktionen zukommen: zum einen gilt er als souveräner 'gate-keeper', der die Zuwanderung auf sein Territorium kontrolliert, zum anderen entscheidet der Nationalstaat auch in seinem Innern souverän darüber, wer in den Genuß der Staatsbürgerrechte kommt. Dies zeigt, daß der Exklusionscharakter des nationalen Modells der Staatsbürgerschaft, der von den soziologischen Klassikern (fast) vollständig unbehandelt blieb, immer deutlicher hervortritt, und es besteht kein Zweifel, daß nationale Staatsbürgerschaft angesichts eines wachsenden Immigrationsdrucks "ein immer stärker hervorstechendes soziales und kulturelles Faktum [wird]. Als mächtiges Instrument sozialer Schließung spielt die Staatsbürgerschaft eine zentrale Rolle in der Verwaltungsstruktur und der politischen Kultur des modernen Nationalstaats und Staatssystems" (Brubaker 1994: 47).

Diese Bestimmung nationaler Staatsbürgerschaft als Instrument sozialer Schließung ermöglicht, die aufgezeigten Aspekte der souveränen Entscheidungsfreiheit des Nationalstaates näher zu spezifizieren: Aufgrund der Doppelnatur des modernen Staates als *Territorial*staat und *National*staat lassen sich zwei Formen sozialer Schließung bestimmen: Staatsbürgerschaft wirkt sowohl als Instrument *externer* als auch *interner Schließung*.[34]

Durch die territoriale Definition des Staates werden Grenzen nach außen, zu anderen Staaten und deren Bevölkerungsgruppen, gezogen.[35] Im weltweiten System der Nationalstaaten definiert jeder von ihnen ein spezifisches Territorium als sein Hoheitsgebiet, über das er Herrschaft ausübt. Durch die Festigung seiner souveränen Grenzen und deren internationale Anerkennung ist der moderne Staat als Territorialstaat nach wie vor in der Lage, Kontrolle darüber auszuüben und darüber zu entscheiden, wer in sein Territorium einreisen, sich darin aufhalten und dort niederlassen darf. Nur Staatsbürger haben das Recht auf un-

---

34 Mit der Trennung von externer und interner Schließung folge ich Brubaker (1994).
35 Wagner (1995) verweist dazu auf Walzer (1994a).

beschränkte Einreise, für den Fall, daß sie sich außerhalb ihres Nationalstaates aufgehalten haben. Migranten hingegen kann bereits der Zutritt auf ein staatliches Territorium verwehrt werden, wodurch der betreffende Nationalstaat *externe Exklusion* durchsetzt.[36] Die Zurückweisung an der Grenze und die Verweigerung des Zutritts hat für Einreisewillige zur Folge, daß diese keinerlei Ansprüche an den betreffenden Staat erheben und nicht an seinen Gütern partizipieren können. Die Mittel, die dem Nationalstaat zur Ausübung externer Exklusion bereitstehen sind vielfältig. Auf rechtlicher Ebene reicht die Palette von restriktiven nationalen Einwanderungsbestimmungen bis hin etwa zur Drittländerregelung im Kontext europäischer Flüchtlingspolitik.[37] Sie kann durchgesetzt werden mittels verschärfter Grenzkontrollen sowie der technologischen Aufrüstung zur Überwachung und Verhinderung illegaler Grenzübertritte. Auf administrativer Ebene ermöglicht eine restriktive Praxis in der Erteilung von Visa in den Herkunftsländern[38] oder aber auch die ausschließliche Gewährung kurzfristigen Aufenthalts die Sicherstellung dieser Schließungsform.[39] Unter dem Aspekt externer Exklusion wirkt Staatsbürgerschaft damit nach innen einschließend, während sie nach außen ausschließend verfährt.[40]

Der moderne Staat ist jedoch nicht nur ein territoriales Gebilde, er ist zugleich *National*staat, "insofern er beansprucht, der Staat einer Nation zu sein (...): der Staat einer bestimmten, klar unterschiedenen, begrenzten Nation - 'von ihr' und 'für sie'" (Brubaker 1994: 53). Auf diesem Selbstverständnis beruhen die charakteristischen Ansprüche des modernen Staates auf nationale Selbstbestimmung. Diese haben zur Konsequenz, daß Nicht-Bürger von nationaler Staatsbürgerschaft ausgeschlossen bleiben, der Nationalstaat also *interne Exklusion* durchsetzt und auf diese Weise auch im Innern seines Territoriums eine Grenze zwischen Staatsbürgern und Nicht-Staatsbürgern zieht.[41] Nur Staatsbürger üben als Souverän Herrschaft aus, indem sie an demokratischen Wahlen teilnehmen, nur Staatsbürger haben ungehindert Zugang zum Arbeitsmarkt oder den sozialen Sicherungssystemen[42], kurz: nur Staatsbürger sind im vollständigen Besitz der

---

36 Zum Verhältnis von Staatsbürgerschaft und Immigration siehe u.a. Baldwin/Schain (1994); Bauböck (1993a); Bovenkerk/Miles/Verbunt (1990); Brubaker (1989); Kleger/D'Amato (1995); Schnapper (1994). Insbesondere auch die Arbeiten von Hammar (1989; 1990).
37 Beispielhaft natürlich die Abkommen von Schengen als wichtiger Baustein zur Harmonisierung europäischer Flüchtlingspolitik. Vgl. Bigo (1996).
38 So in den Hauptherkunftsländern Asylsuchender.
39 Man denke etwa an die Aufenthaltserteilung für ausländische Studenten bis zum Abschluß eines Studiums und die für diesen Zeitraum geltende Beschränkung der Aufnahme einer Erwerbstätigkeit.
40 Vgl. Brubaker (1994: 45); Hammar (1989; 1990; 1994) zur Unterscheidung von citizens, denizens und aliens.
41 Zum Problem der Schließung gegenüber im Land lebenden Migranten auf der Basis von Staatsbürgerschaft vgl. Turner (1986); Barber (1994); Walzer (1994a: Kap. 2). In normativer Perspektive siehe Carens (1986; 1989; 1994); Fehér/Heller (1994).
42 Diese hier allgemein formulierte Behauptung wird in Kap. 7 ausführlich diskutiert.

3.7 Nationalstaat und Schließung

Bürgerrechte. Durch diesen Ausschluß von den Staatsbürgerrechten bleiben zwar die Menschenrechte von Nicht-Bürgern unangetastet, der Zugang zur politischen Gemeinschaft, die umfassende Möglichkeit, gegenüber dem jeweiligen Nationalstaat Rechte geltend zu machen, jedoch versagt. Die interne Differenzierung in Bürger und Nicht-Bürger sichert somit die Exklusivität der Staatsbürgerrechte für die Mitglieder der nationalen Gemeinschaft.

Es ist in Anbetracht dieser Situation deutlich geworden, daß der inklusivistische Anspruch, den das soziologische Modell nationaler Staatsbürgerschaft erhebt, nicht länger aufrechtzuerhalten ist. Die Durchsetzung interner Exklusion durch den Nationalstaat steht hierzu in bemerkenswertem Widerspruch, und sie hat zu einer Situation geführt, in der in westlichen Nationalstaaten nicht mehr alle Einwohner eines Landes in einem direkten und gleichen Verhältnis zum Staat stehen.[43] Das mit der Institution der Staatsbürgerschaft behauptete Inklusionsgebot der Bevölkerung eines Staates gilt entsprechend nicht mehr ohne Vorbehalt. Die Annahme einer Welt voneinander getrennter Nationalstaaten, die Vernachlässigung der Folgen von Immigrationsprozessen in moderne Gesellschaften sowie das entwickelte inklusivistische Selbstverständnis haben zur Folge, daß interne Exklusion und ihre Folgen in den Sozialwissenschaften fast vollständig vernachlässigt wurden[44], und die politische Diskussion in Deutschland etwa über allgemeine Absichtsbekundungen zum Für und Wider doppelter Staatsbürgerschaft oder der erleichterten Einbürgerung für 'Langzeit-Gastarbeiter' nicht hinauskommt. Das ist wenig befriedigend und zugleich auch problematisch, entstehen doch aus interner Exklusion mindestens zwei bedeutende Probleme: unter einem *normativen Gesichtspunkt* stellt sich die Frage, wie moderne Nationalstaaten langfristig legitimerweise große Gruppen von Personen aus der politischen Gemeinschaft ausschließen können, ohne die Prinzipien zu verletzen, auf die sie sich als demokratische Gesellschaften berufen und die ihr zur Legitimation dienen.[45] Neben diesem demokratietheoretischen Problem entsteht in *soziologischer Perspektive* ein nicht minder virulentes. Zugespitzt läßt sich formulieren, daß der langfristige und umfassende Ausschluß großer Teile der Bevölkerung von Staatsbürgerrechten die Integration moderner liberaldemokratischer Gesellschaften problematisch werden läßt. Es stellt sich deshalb die Frage, wie soziale Ordnung unter Bedingungen ethnischer Heterogenität möglich ist, und welche möglichen Konflikte aus der internen Exklusion großer Teile der Bevölkerung von Staatsbürgerrechten resultieren, die in zunehmendem Maße zu einem umkämpften knappen sozialen Gut werden.

Meine These ist, daß der moderne Nationalstaat soziale Ordnung unter Bedingungen zunehmender ethnischer und kultureller Heterogenität durch massive Exklusionsprozesse herzustellen versucht. Die Regulierung der gesellschaftli-

---
43 Zu dieser Argumentation siehe Baker/Lenhardt (1988).
44 Vgl. Brubaker (1990); Miller, M.J. (1994).
45 Vgl. Bauböck (1993b; 1994a; 1995); Hammar (1994).

chen Krise, vor der westliche liberal-demokratische Gesellschaften aufgrund anhaltender massiver Immigrationsprozesse stehen, versuchen sie auf der Grundlage nationaler Staatsbürgerschaft über interne Exklusion zu lösen. Das Krisenkonzept Staatsbürgerschaft stellt damit vom inklusivistischen Anspruch auf reale Exklusion um. Wenn diese Einschätzung richtig ist, dann wird es zwingend erforderlich, den Ausschluß der Nicht-Bürger von Staatsbürgerrechten zum Gegenstand soziologischer Analyse zu machen und die Mechanismen aufzuklären, die interner Exklusion zugrundeliegen. Dem Problem unter diesem Aspekt nachzugehen und die politischen Kämpfe und sozialen Auseinandersetzungen um interne Exklusion aufzuklären, ist Gegenstand der folgenden Kapitel dieser Arbeit.

4 Jenseits des inklusivistischen Anspruchs nationaler Staatsbürgerschaft

4.1 Interne Exklusion - auf der Suche nach Erklärung

Das Problem interner Exklusion, das nach der historischen Durchsetzung nationaler Staatsbürgerschaft und ihrer erkämpften Ausdehnung auf die Gesamtheit der Bürger eines Landes der Vergangenheit anzugehören schien, ist in westlichen Nationalstaaten aufgrund massiver Immigrationsprozesse der Nachkriegszeit in neuer Gestalt zurückgekehrt. Vor dem Hintergrund der Erfahrungen weltweiter Wanderungsbewegungen hat Michael Walzer (1992: 65) noch einmal nachdrücklich auf die grundlegende Bedeutung der Mitgliedschaft von Individuen in nationalen Gemeinschaften hingewiesen: "[Das] erste und wichtigste Gut, das wir aneinander zu vergeben und zu verteilen haben, ist Mitgliedschaft in einer menschlichen Gemeinschaft." Staatsbürgerschaft besitzt deshalb ohne Zweifel nach wie vor eine "Schlüsselbedeutung für den Zugang zu den wichtigsten, die Lebenschancen bestimmenden Gütern und Möglichkeiten" (Brubaker 1994: 49). Sie ist die Voraussetzung für die vollständige Partizipation an den Gütern einer Gesellschaft, und die Durchsetzung interner Exklusion in Nationalstaaten hat aus diesem Grund weitreichende Konsequenzen für die Lebensperspektiven von Nicht-Bürgern. Es wird deshalb davon ausgegangen, daß der Ausschluß von Migranten von nationalen Staatsbürgerrechten einen politisch und gesellschaftlich hart umkämpften Prozeß zwischen Nationalstaat und Immigranten darstellt, der selbst erklärungsbedürftig ist.

Die Vernachlässigung des intern exklusiven Charakters nationaler Staatsbürgerschaft hat jedoch dazu geführt, daß die Soziologie schlecht auf eine Situation vorbereitet ist, in der diese Konflikte an Dynamik und Bedeutung gewinnen. Wie kann deshalb eine soziologische Analyse aussehen, deren Ziel die Aufklärung derjenigen Mechanismen ist, die den gesellschaftlichen Kämpfen und Auseinandersetzungen um den Zugang zum knappen Gut nationaler Staatsbürgerschaft zugrundeliegen? Wie lassen sich also die politischen Konflikte, die in liberal-demokratischen Gesellschaften um interne Schließung geführt werden, analysieren? Aufschluß darüber ist von aktuellen Erklärungsansätzen zu erhoffen, die sich im Kontext eines Revivals der 'Soziologie des Fremden' mit der Situation von Migranten in modernen Gesellschaften auseinandersetzen. Diese theoretischen Zugänge müssen daraufhin befragt werden, welchen Stellenwert ihre Erklärung dem Kriterium der Staatsbürgerschaft zuschreibt, ob das Rechtsverhältnis zwischen Nationalstaat und Immigranten zum Gegenstand wird und ob damit die sozialen Auseinandersetzungen um den Zugang zu staatsbürgerlichen Rechten, d.h. die Konflikte, die sich aufgrund interner Exklusion entzünden, zum Thema werden.

4.1.1 Die klassische 'Soziologie des Fremden'

Es liegt nahe, sich zunächst kurz den drei klassischen Texten einer 'Soziologie des Fremden' zuzuwenden. Georg Simmels *Exkurs über den Fremden* (1992a), Robert E. Parks *Race and Culture* (1950) sowie Alfred Schütz' *Der Fremde* (1972a) markieren den Beginn einer soziologischen Diskussion des Fremden in der modernen Gesellschaft.[1]

Simmels berühmte Definition des Fremden markiert dabei zweifellos den Ausgangspunkt: "Es ist hier also der Fremde nicht in dem bisher vielfach berührten Sinn gemeint, als der Wandernde, der heute kommt und morgen geht, sondern als der, der heute kommt und morgen bleibt" (Simmel 1992a: 764). Der Fremde befindet sich zwar innerhalb einer bestimmten Gemeinschaft, gehört jedoch nicht von Beginn an zu ihr. Er ist Element einer Gruppe - "ein Element, dessen immanente und Gliedstellung zugleich ein Außerhalb und Gegenüber einschließt" (ebd.: 765). Simmel geht es um die Beobachterperspektive des Fremden, der sich einer ihm fremden Gruppe nähert oder gegenüber sieht. Den Fremden begreift er dabei als Person, die aufgrund ihrer besonderen Situation über ein Maß an Objektivität verfügt, das den Mitgliedern der Gruppe verwehrt ist. "Man kann Objektivität auch als Freiheit bezeichnen: der objektive Mensch ist durch keinerlei Festgelegtheiten gebunden, die ihm seine Aufnahme, sein Verständnis, seine Abwägung des Gegebenen präjudizieren könnten" (ebd.: 767). In historischer Perspektive erscheint der Händler als der typische Fremde, der europäische Jude als seine klassische Verkörperung. Er ist die Person, die den Austausch von Waren ermöglicht, die nicht innerhalb eines bestimmten Wirtschaftskreises hergestellt werden. Als Händler ist der Fremde "seiner Natur nach kein Bodenbesitzer, wobei Boden nicht nur in dem physischen Sinne verstanden wird, sondern auch in dem übertragenen einer Lebenssubstanz, die, wenn nicht an einer räumlichen, so an einer ideellen Stelle des gesellschaftlichen Umkreises fixiert ist" (ebd.: 766). Aus dieser Situation, einer spezifischen Freiheit, resultiert die Nähe und Entferntheit, die dem Fremden den Charakter der Objektivität verleiht und die deshalb zu den entscheidenden Momenten der Cha-

---

[1] Der klassische wissenssoziologische Text, der das Verhältnis von Zugehörigkeit und Nicht-Zugehörigkeit zum Thema macht, sich gleichwohl aber nicht konkret dem Verhältnis von Bürgern und Nicht-Bürgern widmet, ist zweifellos Robert K. Mertons (1972) herausragender Aufsatz 'Insiders and Outsiders: A Chapter in the Sociology of Knowledge'.

rakterisierung der Position des Fremden werden. Sie stellen die allgemeinen Größen dar, die darin zum Ausdruck kommen, "daß man mit dem Fremden nur gewisse allgemeinere Qualitäten gemein hat, während sich das Verhältnis zu den organisch Verbundenen auf der Gleichheit von spezifischen Differenzen gegen das bloß Allgemeine aufbaut" (ebd.: 768). Simmel geht deshalb davon aus, daß die Nähe zum Fremden aus Gleichheiten nationaler, sozialer, berufsmäßiger oder menschlicher Art resultieren, die Ferne zu ihm hingegen entsteht, "insofern diese Gleichheiten über ihn und uns hinausreichen und uns beide nur verbinden, weil sie überhaupt sehr Viele verbinden" (ebd.: 769). In dieser Allgemeinheit wird ein spezifisches Verhältnis von Nähe und Ferne aber für alle sozialen Beziehungen charakteristisch. Aus diesem Grund bleibt für das Verhältnis des Fremden zu einer Gemeinschaft am Ende die Einschätzung, "daß wir die eigenartige Einheit dieser Stellung nicht anders zu bezeichnen wissen, als daß sie aus gewissen Maßen von Nähe und gewissen von Ferne zusammengesetzt ist, die, in irgendwelchen Quanten jedes Verhältnis charakterisierend, in einer besonderen Proportion und gegenseitigen Spannung das spezifische, formale Verhältnis zum Fremden ergeben" (ebd.: 771). Fremdheit ist für Simmel deshalb eine spezifische Konstellation von Nähe und Entferntheit.[2]

Robert E. Park (1950) hat im Anschluß an Stonequist (1937) den Migranten, der zwischen zwei Kulturen lebt, als 'marginal man' definiert. Wie Simmel gilt auch ihm der emanzipierte Jude als der typische 'marginal man', als der erste Kosmopolit und Weltbürger. "The marginal man is always relatively the more civilized human being" (Park 1950b: 376). Parks stark kulturalistische Perspektive begreift den Fremden oder Migranten als "cultural hybrid, a man living and sharing intimately in the cultural life and traditions of two distinct peoples; never quite willing to break, even if he were permitted to do so, with his past and his traditions, and not quite accepted, because of racial prejudice, in the new society in which he now sought to find a place. He was *a man on the margin of two cultures and two societies, which never completely interpenetrated and fused*" (Park 1950a: 354; Hervorhebung - J.M.). Ganz offensichtlich geht Park von nicht überwindbaren oder miteinander zu versöhnenden Gegensätzen zwischen unterschiedlichen Kulturen aus. Er verweist deshalb auf die Probleme, die sich aus der "interpenetration of peoples and a fusion of cultures" (Park 1950b: 373) für den marginal man ergeben. Der Migrant lebt in zwei Welten und in beiden ist er mehr oder weniger ein Fremder. Im Prozeß der Akkulturation, dem Übergangsprozeß zwischen der Aufgabe alter Gewohnheiten und einem Zustand, in dem der Migrant neue kulturelle Verhaltensweisen noch nicht erlernt und verinnerlicht hat, durchläuft er eine Phase persönlicher Krise. Park verweist darauf, daß, obgleich jedes Individuum in seinem Leben ähnliche Krisenerfahrungen macht, diejenige des Migranten tiefgreifend und lang anhaltend ist. "It is in the

---

2 Vgl. Nassehi (1995).

mind of the marginal man that the moral turmoil which new cultural contacts occasion, manifests itself in the most obvious forms. It is in the mind of the marginal man - where the changes and fusions of culture are going on - that we can best study the process of civilization and of progress" (Park 1950a: 356).

Das Problem der Krise des Fremden stellt schließlich auch Alfred Schütz in den Mittelpunkt der Diskussion. Sein Ansatz will "die typische Situation untersuchen, in der sich ein Fremder befindet, der versucht, sein Verhältnis zur Zivilisation und Kultur einer sozialen Gruppe zu bestimmen und sich in ihr zurechtzufinden" (Schütz 1972a: 53). Aus dieser Situation, der "besonderen Haltung des sich annähernden Fremden" (ebd.: 69), resultiert die typische Krisis, um die es Schütz geht und die der Immigrant in besonderem Maße durchmacht. Seine Situation ist dadurch gekennzeichnet, daß er als Außenstehender die grundlegenden Denk-, Wahrnehmungs- und Beurteilungsschemata der Gruppe, der er sich nähert, nicht teilt. Weder kann der Fremde deshalb das von den Mitgliedern dieser Gruppe geteilte 'Denken-wie-üblich' teilen, welches auf in der Gruppe vorhandenen Grundannahmen beruht, noch kann er seine eigenen Orientierungsschemata benutzen, um sich zurechtzufinden. Schütz geht von einer vollständigen Unvereinbarkeit der in den jeweiligen Gruppen herrschenden kulturellen Codes aus, die dem Fremden letztlich nur zwei Auswege offen läßt: er kann, unter Preisgabe seiner Herkunft und der für ihn selbstverständlichen Orientierungsschemata, kontinuierlich jene der Gemeinschaft, in die er dauerhaft aufgenommen werden will, übernehmen und sich damit assimilieren oder er bleibt "das, was Park und Stonequist treffend einen 'marginal man' genannt haben, ein kultureller Bastard an der Grenze von zwei verschiedenen Mustern des Gruppenlebens, der nicht weiß, wohin er gehört" (ebd.: 68).

Bei aller Unterschiedlichkeit der Ansätze der klassischen Theorie und Soziologie des Fremden, zeigt sich doch zumindest eine entscheidende Gemeinsamkeit. Gleich, ob es sich um eine Positionsbestimmung des Fremden im Kontext einer Auseinandersetzung über den 'Raum und die räumliche Ordnung der Gesellschaft', eine kulturalistische Diskussion über die Unvereinbarkeit zweier Kulturen und der Notwendigkeit der Akkulturation des Migranten oder um die Diskussion der aus widersprüchlichen Verhaltensanforderungen resultierenden psychischen Probleme des Fremden dreht, in je spezifischer Weise wird das Verhältnis eines Fremden zu einer ihm gegenüberstehenden Gemeinschaft zum Thema. Zugleich beschränken sich die Ansätze, die die strukturelle, kulturelle und psychische Rolle des Fremden zum Gegenstand machen, jedoch darauf, das Verhältnis des Fremden zu einer Gruppe oder Gemeinschaft zu diskutieren. Exklusion von Staatsbürgerschaft wird so auf gesellschaftlicher Ebene behandelt, und damit stehen die vielfältigen Konflikte im Zentrum, die die Auseinandersetzungen zwischen Insidern und Outsidern kennzeichnen. Während diese Ebene der Diskussion für die Analyse der Konsequenzen entscheidend ist, die sich für Fremde aus dem Ausschluß aus Gemeinschaften ergeben, hilft sie für die

4.1 Interne Exklusion - auf der Suche nach Erklärung

Analyse interner Schließung, die das Verhältnis von Nationalstaat und Migranten untersucht, und deshalb an einer Analyse der Rechtsbeziehungen, die dieses Verhältnis konstituieren, interessiert ist, nicht weiter. Weder der mit räumlichen Kategorien argumentierende, sozialtheoretische Ansatz Simmels, noch der kulturalistische Zugang Parks und auch nicht die Schützsche, auf psychische Krisensituationen und deren Bewältigung abhebende Annäherung an das Problem 'des Fremden' machen den Ausschluß des Fremden, in seiner modernen Erscheinung als Migrant, zu einem über Staatsbürgerrechte konstituierten Gemeinwesen und die daraus resultierenden Probleme zum Thema.

4.1.2 Symbolische Klassifikationen

Neuere Ansätze, die sich mit dem Problem des Verhältnisses von Freunden, Feinden und Fremden auseinandersetzen, machen nicht mehr die Situation des Fremden angesichts der durch ein neues politisches, kulturelles und soziales Umfeld entstehenden Herausforderungen zum Thema, sondern heben die Bedeutung symbolischer Klassifizierungen hervor. Jeffrey Alexander (1992a; 1994) setzt sich mit dem Verhältnis von Bürgern und Nicht-Bürgern auseinander, verzichtet dabei aber völlig auf die Figur des Fremden und rekonstruiert auf der Grundlage einer liberalen Theorie der Zivilgesellschaft[3] deren binär kodierten Diskurs über Freunde und Feinde.[4] Zivilgesellschaft begreift er dabei als "...a realm of structured socially established consciousness, a network of understandings that operates beneath and above explicit institutions and the self-conscious interests of elites" (Alexander 1992a: 290). Alexanders Interesse ist darauf gerichtet, diejenigen symbolischen Codes zu analysieren, die darüber entscheiden, wer der Zivilgesellschaft als zugehörig, bzw. außerhalb ihrer stehend begriffen wird. Dazu geht er, im Anschluß an Mary Douglas' Unterscheidung zwischen dem Reinen und Unreinen[5], davon aus, daß jeder öffentliche Diskurs zwischen denen unterscheidet, die Inklusion verdienen und jenen, die exkludiert werden müssen. "Members of national communities firmly believe that 'the world', and this notably includes their own nation, is filled with people who either do not deserve freedom and communal support or are not capable of sustaining them (in part because they are immoral egoists). Members of national communities do not want to 'save' such persons. They do not wish to include them, protect them, or offer them rights because they conceive them as being unworthy and amoral, as in some sense 'uncivilized'" (ebd.: 291).

Alexander geht davon aus, daß Bürger sich in ihrem Urteil darüber, wer als Freund und wer als Feind zu gelten hat, auf einen 'systematischen, stark elabo-

---

3   Zur aktuellen Diskussion um die Zivilgesellschaft siehe Keane (1988a); Cohen/Arato (1992).
4   Wolfe (1992) bietet einen weiteren Ansatz binärer Kodierung.
5   Siehe Douglas (1985).

rierten symbolischen Code' beziehen. Die Trennung in Freunde und Feinde erfolgt auf der Grundlage einer binären Codierung des Diskurses der Zivilgesellschaft, der auf den Ebenen persönlicher Motive, sozialer Beziehungen und gesellschaftlicher Institutionen analysiert werden kann. Die Logik des Diskurses ist simpel - er trennt die Welt in gut und böse. Alexander unterscheidet einen *demokratischen Code*, der dem Selbstverständnis der Zivilgesellschaft entspricht und einen *gegendemokratischen Code*, der den Fremden zugeschrieben wird. Auf der Ebene persönlicher Motive gelten Bürger etwa als aktiv, autonom, rational und vernünftig, während Fremde als passiv, abhängig, irrational und hysterisch wahrgenommen werden. Auf der Ebene sozialer Beziehungen gelten diejenigen unter Bürgern als offen, vertrauenswürdig und ehrlich, während jene der Fremden als geheim, mißtrauisch und unehrlich beschrieben werden. Und auch auf der Ebene gesellschaftlicher Institutionen findet sich das gleiche Bild. Bürger, deren Motive und Beziehungen positiv bewertet werden, gelten entsprechend als fähig, Institutionen zu bilden, die regelgeleitet, gesetzeskonform, inklusiv und Gleichheit verbürgend sind, während Fremde nur in der Lage sind, Willkür, Macht, Exklusivität und Ungleichheit zu institutionalisieren. Das Zusammenwirken dieser drei Dimensionen, so Alexanders Schlußfolgerung, stellt die Grundlage bereit, auf der Gemeinschaften ihr alltägliches, unhinterfragtes politisches Alltagsleben organisieren.

Man kann die von Alexander behauptete dualistische Klassifizierung natürlich beliebig weitertreiben, vorausgesetzt, man akzeptiert sowohl die Trennung des Freund/Feind-Schemas als auch die Idee des binär codierten Diskurses der Zivilgesellschaft. Wie schon bei den Ansätzen der 'klassischen Soziologie des Fremden' beschränkt Alexander die Diskussion der Exklusion von Staatsbürgerschaft auf die gesellschaftliche, genauer: zivilgesellschaftliche Ebene. Es scheint gerade vor den Hintergrund der europäischen Entwicklung aber mehr als fraglich, ob der Diskurs der Zivilgesellschaft tatsächlich über ein Freund/Feind-Schema nicht hinauszukommen vermag. Während mit dem binär codierten Diskurs ein Instrument bereitsteht, das auf zivilgesellschaftlicher Ebene Aufschluß bringen kann, wie Exklusionsstrategien entwickelt, durchgesetzt und rationalisiert werden, bleibt deshalb auch bei Alexander der Staat - als Sphäre, die der Zivilgesellschaft gegenübersteht, - aus der Analyse ausgeklammert. Es wäre jedoch denkbar, durch die Berücksichtigung der vielfältigen und sehr differenzierten Rechtsbeziehungen zwischen Nationalstaat und Migranten, über ein dualistisches Klassifikationsschema hinauszugelangen und damit der Tatsache Rechnung zu tragen, daß Migranten häufig längst Teil der jeweiligen Zivilgesellschaft sind und nicht notwendig als Feinde definiert werden müssen.

Im Gegensatz zu Alexander bezweifelt Zygmunt Bauman (1992; 1995) in seinem Versuch einer Beschreibung der Moderne als eines Zeitalters der Ambivalenz die Stabilität und Eindeutigkeit, die jener dem binär kodierten Diskurs der Zivilgesellschaft zuschreibt. Als dritte Kategorie führt Bauman deshalb den

Fremden ein, der die Freund/Feind-Dichotomie und die damit verbundene Annahme einer Symmetrie in Frage stellt: "Gegen diesen behaglichen Antagonismus, dieses von Konflikten zerrissene Zusammenspiel von Freunden und Feinden rebelliert der *Fremde*" (1995: 75).

Bauman geht es aber nicht darum, Konflikten, wie er sie zwischen Freunden und Feinden erkennt, auch im Verhältnis von Freunden und Fremden nachzugehen und damit interne Exklusion zum Thema zu machen. Seine Studie widmet sich vielmehr einer der vielen - nach Bauman - unmöglichen Aufgaben der Moderne: der Herstellung von Ordnung[6]. Ohne den einzelnen Fragen nachgehen zu müssen, die Bauman in diesem Zusammenhang entwickelt, wird deutlich, daß seine Auseinandersetzung darauf abzielt, in der Figur des Fremden den Entwicklungsprozeß der Moderne von versuchter Ordnung zu Ambivalenz zusammenlaufen zu lassen. "Keine binäre Klassifikation, die in der Konstruktion von Ordnung verwendet wird, kann sich vollkommen mit der wesentlich nichtdiskreten, kontinuierlichen Erfahrung der Realität decken. Die Opposition, die aus dem Schrecken vor der Ambiguität entsteht, wird zur Hauptquelle der Ambivalenz." Und weiter: "Es gibt kaum eine Anomalie, die anomaler wäre als der Fremde. Er steht zwischen Freund und Feind, Ordnung und Chaos, dem Innen und dem Außen. Er steht für die Treulosigkeit von Freunden, für die schlaue Verstellung von Feinden, für die Fehlbarkeit von Ordnung, die Verletzlichkeit des Innen" (ebd.: 83). Indem der Fremde als Synonym für das Zerstören einer binär kodierten Ordnung verstanden wird, wird er zum "tödlichen Gift der Moderne", er gilt als "eine unauslöschlich ambivalente Entität, die quer über einer umkämpften Barrikade sitzt (oder eher eine Substanz, die von oben über sie ausgeschüttet ist, so daß sie sie auf beiden Seiten schlüpfrig macht), die eine Grenzlinie verwischt, die für die Konstruktion einer bestimmten gesellschaftlichen Ordnung oder einer bestimmten Lebenswelt grundlegend ist" (ebd.). Was haben derartige bildhafte Beschreibungen Aufschlußreiches für die Auseinandersetzungen zwischen Nationalstaat und Migranten, den tatsächlichen Fremden der Moderne zu bieten, und was genau ist unter der Behauptung zu verstehen, daß es ein Spezifikum des modernen Nationalstaates sei, mit dem Problem der Fremden, und nicht mit dem der Feinde, fertigzuwerden?[7] Der Nationalstaat gilt Bauman als Herrschaftsverband, der zwischen den vielen unterschiedlichen Gruppen innerhalb seines Territoriums Freundschaft erzwingen muß, da diese keineswegs 'natürlich' gegeben ist. Mittels Indoktrination und Gewalt konstruiert der Nationalstaat Solidarität innerhalb der 'imaginären Gemeinschaft' der Na-

---

6   "Unter den vielen unmöglichen Aufgaben, die die Moderne sich selbst gestellt hat und die die Moderne zu dem gemacht haben, was sie ist, ragt die Aufgabe der Ordnung (...) heraus. (...) Wir können uns die Moderne als eine Zeit denken, da Ordnung - der Welt, des menschlichen Ursprungs, des menschlichen Selbst, und der Verbindung aller drei - *reflektiert* wird" (Bauman 1995: 16f).

7   Vgl. Bauman (1995: 86).

tion.⁸ Der interne Zusammenhang zwischen Nationalismus und Staat führt dazu, daß Nationalstaaten 'Nativismus' fördern und ihre Einheimischen vor den Einwanderern bevorzugen. "Sie unterstützen und fördern die ethnische, religiöse, sprachliche und kulturelle Homogenität. Sie sind mit einer ununterbrochenen Propaganda der gemeinsamen Haltungen beschäftigt. Sie konstruieren gemeinsame historische Erinnerungen und tun ihr Bestes, widerspenstige Erinnerungen, die nicht in die gemeinsame Tradition hineingezwängt werden können, zu diskreditieren oder zu unterdrücken" (ebd.: 87). Aus dieser Perspektive läßt sich schließlich nur eine einzige Aufforderung von Nationalstaaten an Fremde erkennen, um der Bedrohung der Ordnung entgegenzutreten: der Zwang zur Assimilation, so daß eine klare Trennung von Fremden und Feinden wieder möglich wird. Bauman listet eine Reihe von Strategien auf, die diese Assimilationsforderungen durchzusetzen suchen: Reservate, Ghettos und Homelands als radikale Lösungen, strikte Verhinderung von Beziehungen, Freundschaften und wirtschaftlichen Beziehungen durch Rechtsvorschriften oder schließlich Stigmatisierung als demonstrative, behauptete Betonung des Andersseins Fremder. Bauman konzentriert die Diskussion vollständig auf den Aspekt ethnischer, kultureller, religiöser und sprachlicher Differenzen, in der der Nationalstaat zu einer Institution erklärt wird, die offensichtlich problemlos Assimilation fordern und umfassende Homogenisierung vorantreiben und durchsetzen kann.

Beide Ansätze symbolischer Klassifikationen, sei es die Dichotomie Freund/Feind oder die Trias Freund-Feind-Fremder verweisen implizit auf wichtige Aspekte der Konflikte, die angesichts massiver Migrationsprozesse in liberal-demokratischen Gesellschaften an Bedeutung gewinnen. Jeffrey Alexander verdeutlicht das ideologische Moment, das hinter der massiven Propagierung eines partikularistischen Inklusionsgedankens der Zivilgesellschaft steht, und der zu Lasten jener geht, die nicht zur Gemeinschaft der Bürger zählen. Sein Zugang birgt jedoch zwei Probleme: zum einen wird er mit der behaupteten Dichotomie des zivilgesellschaftlichen Diskurses der Komplexität der Beziehungen zwischen Bürgern und Nicht-Bürgern nicht gerecht, weil ihm dazu ein differenzierter Begriff des Nicht-Bürgers fehlt. Den Nationalstaat in diesem Kontext völlig außer Acht zu lassen bedeutet zum anderen notwendig, die zentrale Bedeutung staatsbürgerlicher Rechte für die Regulierung des Verhältnisses zwischen Staat und Immigranten aber auch zwischen Bürgern und Nicht-Bürgern unberücksichtigt zu lassen. Der Rekurs auf die Theorie der Zivilgesellschaft erfaßt die Dimension des Problems nur unzureichend.

Zygmunt Bauman hingegen führt zwar sowohl den Nationalstaat als auch den Fremden in die Analyse ein und kann zumindest ansatzweise zeigen, daß die aus Migration resultierenden Konflikte ohne die zentrale Rolle des Nationalstaates nicht begriffen werden können. Die Bestimmung des Verhältnisses, in dem Na-

---

8   Siehe Anderson (1991).

tionalstaat und Migranten (Fremde) zueinander stehen, bleibt theoretisch aber so unterbestimmt und einseitig verzerrt, daß auch hier eine Diskussion der Bedeutung des Zugangs zu Staatsbürgerrechten unmöglich wird. Die von Bauman implizit mitgedachten Machtverhältnisse zwischen Nationalstaat und Fremden sind zu stark von Verhältnissen unter totalitären Bedingungen geprägt, um der Situation in liberal-demokratischen Gesellschaften gerecht zu werden.[9] So bleibt unbeachtet, daß in diesen Gesellschaften das Verhältnis zwischen Staat und Migranten weitestgehend über rechtliche Beziehungen geregelt ist, die nationalstaatlicher Herrschaft Grenzen setzen und Fremden Rechte einräumen, ihre kulturelle und ethnische Andersartigkeit zu schützen und zu bewahren.

Zusammenfassend wird deutlich, daß weder die klassische Theorie des Fremden noch die Ansätze symbolischer Klassifikationen zu den Konflikten um interne Schließung vordringen. Keiner von ihnen widmet sich explizit der Institution der Staatsbürgerschaft, um dem durch Rechtsbeziehungen charakterisierten Verhältnis zwischen Nationalstaat und Migranten nachzugehen. Neben diesen konzeptionellen Ansätzen drängt sich als Zugang, der auf gesellschaftstheoretischer Ebene Exklusionsprozesse in den Mittelpunkt rückt, die Theorie funktionaler Differenzierung geradezu auf. Sie beansprucht in jüngster Zeit, einen Begriff von Exklusion an prominenter Stelle zu führen und Exklusionsprozessen deshalb zentrale Aufmerksamkeit zu schenken. Im Anschluß an die Skizzierung ihrer Grundkonzeption muß deshalb geprüft werden, ob auf dieser theoretischen Grundlage eine Analyse interner Exklusion von Staatsbürgerschaft - dem 'ersten und wichtigsten Gut' einer nationalen Gemeinschaft - möglich wird.

4.2 Zur Theorie funktionaler Differenzierung

Niklas Luhmann (1994) hat in einem programmatischen Aufsatz dafür plädiert, Exklusion als systematischen Begriff in die Theorie funktionaler Differenzierung aufzunehmen. Er geht davon aus, daß das in der Durkheim-Parsons-Tradition zentrale Kovariationsschema Differenzierung/Integration für moderne Gesellschaften nicht mehr ausreicht. Eine Umstellung von der Frage nach der Integration von Gesellschaft auf die Thematisierung des Verhältnisses von Inklusion und Exklusion soll Abhilfe schaffen. Luhmann verweist darauf, daß noch bei Parsons unklar bleibt, was geschieht, wenn Inklusion nicht zustande kommt. Sein theorietechnisches Argument behauptet deshalb, daß "ein Begriff nur zu gebrauchen [ist], wenn er sichtbar macht, was er ausschließt" (ebd.: 18).[10] Dem Begriff der Inklusion, dem die Systemtheorie schon immer einen zentralen Platz

---

9   Baumans Arbeit ist stark vom Bezug auf den Holocaust geprägt.
10 Siehe auch Luhmann (1991a).

eingeräumt hat[11], wird deshalb der Begriff der Exklusion entgegengesetzt, denn "von Inklusion kann man also sinnvoll nur sprechen, wenn es Exklusion gibt" (ebd.: 20). Die Konzeption einer spezifisch modernen Regelung von Inklusion/Exklusion in funktional differenzierten Gesellschaften wird anhand eines Vergleichs mit vormodernen Gesellschaften deutlich.

Sowohl in segmentären als auch in stratifizierten Gesellschaften folgen Inklusion und Exklusion dem Differenzierungsprinzip der jeweiligen Gesellschaftsform. Inklusion in *segmentären Gesellschaften* erfolgt über die Zuordnung von Individuen zu bestimmten Segmenten der Gesellschaft, im wesentlichen zu Lebens- und Wohneinheiten, deren Zuordnung dann in größere Einheiten, wie etwa Clans oder Stämme erfolgt. Kommt es in diesen Gesellschaften zum Ausschluß von Individuen aus bestimmten Segmenten, etwa als Konsequenz von Fehlverhalten, so folgt dieser Exklusion zwangsläufig die Inklusion in ein anderes Segment, da ein Leben außerhalb eines solchen eine Unmöglichkeit darstellt. *Stratifizierte Gesellschaften* stellen Inklusion auf der Grundlage der Zugehörigkeit zu einer Kaste, einem Stand oder einer bestimmten Schicht sicher. Das Individuum gehört auch in diesem Gesellschaftstypus nur *einem* Teilsystem an, Individualität wird über die Zuweisung eines spezifischen Status erworben. Exklusion, so Luhmann, erfolgt jedoch weiterhin auf der Basis von Segmentierung. Auch hier kann Exklusion den Wechsel in ein anderes Teilsystem bedeuten, zugleich wird aber auch der Ausschluß aus der Gesellschaft möglich.[12] Die Umstellung des Exklusionsmechanismus ist seit dem Spätmittelalter erkennbar. Immer stärker setzen sich Exklusionspolitiken durch, die über Zünfte oder auch über Politik im Sinne des Ausschlusses von Nationalstaaten geregelt werden.

Diese Formen der Regulierung von Inklusion und Exklusion haben in der *funktional differenzierten Gesellschaft* keine Wirkungskraft mehr, da diese mit dem Übergang zur funktionalen Differenzierung ihre Einheit verloren hat. "Aus strukturellen Gründen muß die moderne, funktional differenzierte Gesellschaft auf eine gesellschaftseinheitliche Regelung von Inklusion verzichten. Sie überläßt diese Frage ihren Funktionssystemen" (ebd.: 25). Inklusion bedeutet deshalb nur noch, daß funktionale Subsysteme Teilaspekte von Individuen für relevant erachten und deshalb immer auch nur je einen spezifischen Teilaspekt des Individuums inkludieren. Sie tun dies mit der ihnen eigenen Autonomie, so daß die Ökonomie das Individuum lediglich in seiner Funktion als Marktteilnehmer inkludiert, das Rechtssystem nur den Aspekt der Rechtsperson etc. Wenn die soziale Inklusion der autonomen Regulierung funktionaler Subsysteme überlassen bleibt, das Individuum also immer nur partiell inkludiert wird, so ist zu fragen, wie in dieser Perspektive Exklusion begriffen werden kann. Funktionale Differenzierung kann, im Gegensatz zur Selbstbeschreibung der Systeme, die die Inklusion aller behauptet, diese postulierte Vollinklusion nämlich nicht realisie-

---

11 Vgl. zu dieser Einschätzung Stichweh (1988).
12 Luhmann verweist hier etwa auf Alleinlebende oder die Situation in Klöstern.

ren. "Funktionssysteme schließen, wenn sie rational operieren, Personen aus oder marginalisieren sie so stark, daß dies Konsequenzen hat für den Zugang zu anderen Funktionssystemen" (Luhmann 1995a: 148). Luhmann stellt zugleich klar, daß Auffangregelungen, wie sie in segmentären und stratifizierten Gesellschaften im Falle von Exklusion vorgesehen waren, in der funktional differenzierten Gesellschaft nicht mehr vorhanden sind. Man hat es in der modernen Gesellschaft im Inklusionsbereich deshalb mit einer Lockerung der Integration zu tun, insofern die Inklusion in ein Funktionssystem nicht mehr festlegt, wie stark man in andere Funktionssysteme inkludiert wird und die Beziehung zwischen den Funktionssystemen nicht mehr gesamtgesellschaftlich festgelegt wird. Der Exklusionsbereich hingegen ist hochintegriert, als Negativ-Integration[13], und zwar deshalb, "weil der Ausschluß aus einem Funktionssystem quasi automatisch den Ausschluß aus anderen nach sich zieht" (Luhmann 1994: 41).[14]

Neben dieser grundlegenden Idee des Verhältnisses von Inklusion/Exklusion im Kontext der Theorie funktionaler Differenzierung, bietet Luhmann jedoch noch eine zweite Interpretation dieser Ordnung an, die für das Problem der vorliegenden Studie von Bedeutung ist. Funktional differenzierte Gesellschaften sind danach in der Lage, "extreme Ungleichheiten in der Verteilung öffentlicher und privater Güter zu erzeugen und zu tolerieren" (ebd.: 29). Diese Tatsache steht unter dem Vorbehalt, daß dieser Effekt zum einen zeitlich begrenzt ist und sich rasch ändern kann, zum anderen beharrt Luhmann darauf, daß er auf einzelne Funktionsbereiche beschränkt bleiben muß und zwischen diesen Interdependenzunterbrechungen eingerichtet sind. Damit soll sichergestellt werden, daß etwa Reichtum nicht Reichtum für alle Zeiten bedeutet und ferner Vorteile oder Erfolg in einem Subsystem sich nicht positiv auf die jeweilige Position in einem anderen Subsystem auswirken. In Ländern der Peripherie sieht Luhmann diese Bedingungen jedoch nicht mehr erfüllt. Hier kann es deshalb dazu kommen, daß "unter diesen Umständen eine kaum noch überbrückbare Kluft zwischen Inklusionsbereich und Exklusionsbereich aufreißt und dazu tendiert, die Funktion einer Primärdifferenzierung des Gesellschaftssystems zu übernehmen" (ebd.: 30).

Ausgehend von diesen theoretischen Bestimmungen stellt sich die Frage, was der Begriff der Exklusion systematisch leistet. Drei Aspekte können festgehalten werden, die sich auf die Ebene des *Individuums*, des *Nationalstaates* und der *Weltgesellschaft* beziehen: *erstens* eine spezifisch neue Form der Individualität. Insofern Individuen nur noch als Dividuen in funktionale Subsysteme teilinkludiert werden, der Exklusionsbereich aber den Bereich der persönlichen Selbstbeschreibung darstellt, beschreibt die Theorie funktionaler Differenzierung die Inklusion/Exklusion des Menschen als Freisetzungsprozeß: "Individualität ist

---

13 Vgl. Luhmann (1995a).
14 Sehr informativ zu diesem Mechanismus Fuchs/Schneider (1995).

Exklusion" (Nassehi 1997: 14).[15] *Zweitens* soll der Exklusionsbegriff innerhalb der modernen Gesellschaft zwei Theoriestellen neu besetzen. Er tritt "an die Stelle einer Begrifflichkeit, die soziale Ungleichheit in Termini von Schichtung beschreibt und er verdrängt den Armutsbegriff" (Stichweh 1997a: 125).[16] Inklusion/Exklusion stellt keine hierarchiefähige Unterscheidung mehr dar, moderne, funktional differenzierte Gesellschaften sind folglich nicht mehr als hierarchisch konstruierte zu begreifen. *Drittens* geht es um die Frage nach der Ordnung eines wachsenden Exklusionsbereiches im Kontext der Weltgesellschaft. Luhmanns Vorschlag, die Unterscheidung Inklusion/Exklusion als Primärdifferenzierung zu begreifen, die sich gewissermaßen als 'distinction directrice'[17] vor die funktionale Differenzierung schiebt, versucht der Tatsache umfassender Exklusion großer Bevölkerungsteile aus dem Inklusionsbereich in Entwicklungs- oder auch Schwellenländern gerecht zu werden. Es geht hier nicht mehr darum, daß die Regelung von Inklusion und Exklusion in der *Sach*dimension erfolgt. Das hatte bedeutet, daß Individuen immer *sowohl* inkludiert - als Dividuen in die Funktionssysteme - *als auch* exkludiert - als Individuen im Exklusionsbereich - sind. Entgegen dieser Ordnung geht es im Kontext der Weltgesellschaft vielmehr um Inklusion und Exklusion in der *Sozial*dimension, d.h. Individuen sind *entweder* inkludiert *oder* nicht. Damit wird dann der vollständige Ausschluß ganzer Bevölkerungsgruppen aus den Funktions- und Leistungsbereichen der Gesellschaft bezeichnet. Teilinklusion des Individuums durch funktionale Subsysteme, Verzicht, sowohl auf hierarchisierende Beschreibungen der modernen Gesellschaft als auch auf eine Thematisierung sozialer Ungleichheit, sowie die Umstellung der Bezugsgröße von Nationalstaat auf Weltgesellschaft, stellen zweifellos tiefgreifende Perspektivenwechsel der Theorie funktionaler Differenzierung dar.

Der Übergang von einer auf gesellschaftliche Integration verpflichteten theoretischen Ausrichtung der Soziologie auf die Form Inklusion/Exklusion zeigt sich auch deutlich am Verständnis, das der Institution der Staatsbürgerschaft entgegengebracht wird. Luhmann stimmt darin völlig mit der soziologischen Tradition überein. Er begreift Staatsbürgerrechte als Inklusionsinstrument und betont, daß die moderne Gesellschaft für die spezifische "Ordnung der Inklusion (...) semantische Korrelate entwickelt. So gibt es seit dem 18. Jahrhundert die Bürger-, wenn nicht gar Menschenrechte der Freiheit und der Gleichheit, mit

---

15 Im Kontext dieser Arbeit ist eine nähere Diskussion der Idee von Inklusionsdividuum und Exklusionsindividuum nicht erforderlich.
16 Dieses Argument ist äußerst problematisch. Während Armut in westlichen liberal-demokratischen Gesellschaften nach wie vor als Skandal empfunden werden kann, entlastet die Bezeichnung armer Gesellschaftsschichten als 'Exkludierte' staatliche Stellen von Handlungsdruck. Daß eine Umstellung von Armut auf Exklusion einen kritischen sozialen Sachverhalt entdramatisieren helfen kann, hat man zuletzt auch in der Europäischen Union erkannt. Konsequenterweise spricht deshalb selbst die Kommission für soziale Gerechtigkeit nicht mehr von Armut, sondern von 'sozialer Exklusion'.
17 Vgl. Luhmann (1986).

denen die Unvorhersehbarkeit der Inklusionen und ihrer Folgen registriert wird" (Luhmann 1994: 25f). Die Idee eines Exklusionscharakters moderner Staatsbürgerschaft kann auf der Grundlage der Systemtheorie jedoch nicht mehr thematisiert werden[18] - sie proklamiert vielmehr, daß die moderne Gesellschaft nicht länger über das Kriterium der Mitgliedschaft begriffen werden kann, sondern auf andere Konstitutionsprinzipien, die funktionalen Subsysteme, umgestellt hat.[19] Auf der Grundlage dieser Prämissen ist es schwer verständlich, weshalb Autoren mit systemtheoretischem Hintergrund sich überhaupt dem Problem der Staatsbürgerschaft zuwenden. In Gesellschaften, in denen der Mitgliedschaftscharakter offensichtlich bedeutungslos, und eine ausschließliche Zuweisung von Exklusion zu funktionalen Subsystemen zum Credo geworden ist, scheint Citizenship kein Thema mehr zu sein, über das nachzudenken sich lohnte. Es finden sich bei Rudolf Sichweh und Armin Nassehi jedoch zwei Ansätze, die sich aus systemtheoretischer Perspektive einer 'Soziologie des Fremden' zuwenden. Auf sie muß im folgenden ausführlicher eingegangen werden

4.2.1 Migration, Weltgesellschaft und der Fremde – indifferente Soziologie?

Auf der Grundlage der Theorie funktionaler Differenzierung macht Rudolf Stichweh (1997a; 1997b; 1998) zwei Probleme zum Gegenstand der Diskussion: zum einen versucht er den Zusammenhang von Migration und Exklusion zu klären; zum anderen geht es ihm um ein neues Verständnis des 'Fremden'.

Zur Analyse des Verhältnisses von Migration und Exklusion geht Stichweh von einem weltweiten System nationaler Wohlfahrtsstaaten aus, die Bausteine im Prozeß der sich entwickelnden Weltgesellschaft darstellen. Sie verbürgen das 'Prinzip Inklusion' aller Gesellschaftsmitglieder in Teilnahmerollen[20], woraus sich zwei Konsequenzen ergeben: nach *innen* garantiert der nationale Wohlfahrtsstaat formale Gleichheit "im Sinne der Unzulässigkeit eines abgestuften Bürgerstatus" und sichert darüber hinaus "eine basale materielle Gleichheit, die die Form hat, daß Mindestansprüche oder ein basaler Lebensstandard oder eine minimale Partizipation an den für eine bestimmte Lebensform charakteristischen Aktivitäten allen Bürgern garantiert und durch finanzielle und sonstige Leistungen des Wohlfahrtsstaates gesichert werden" (Stichweh 1998: 51).[21] Ungleichheit wird hingegen in die soziale Umwelt des einzelnen Staates verwiesen, so daß diese nach *außen*, im System der Weltgesellschaft in "beliebig krasser Form

---

18 Siehe zu diesem Problem auch Bommes/Halfmann (1994); Halfmann (1996).
19 Siehe Stichweh (1997b: 48).
20 Vgl. Stichweh (1988).
21 Stichweh bezieht sich hier noch auf Luhmanns Behauptung, daß Inklusion immer einen wohlfahrtsstaatlichen Index trage.

vorstellbar und dann auch faktisch stabil" wird (ebd.). Die Externalisierung von Ungleichheit führt dazu, daß diese zwar zwischen nationalen Wohlfahrtsstaaten institutionalisiert, innerhalb dieser jedoch gewissermaßen unsichtbar wird, "weil man den größten Teil seines Lebens unter Menschen verbringt, im Verhältnis zu denen die vom Wohlfahrtsstaat gesicherte Minimalgleichheit als Mechanismus wirksam ist, der sich als entproblematisierend erweist" (ebd.).

Vor diesem Hintergrund soll Stichwehs breit angelegter Diskussion nur so weit gefolgt werden, als sie zur Klärung des Problems interner Exklusion beitragen kann. Entscheidend ist hierzu der Anschluß an Luhmann. Da die moderne Gesellschaft auf andere Konstitutionsprinzipien – die funktionalen Subsysteme – umgestellt hat, können diese nicht länger über das Kriterium der Mitgliedschaft begriffen werden (vgl. Stichweh 1997b: 48). Vielmehr sei "eine solch korporatistische Selbstauffassung (...) für ältere Gesellschaftssysteme, in denen sich eine Differenzierung von Interaktion, Organisation und Gesellschaft erst ansatzweise durchgesetzt hatte, zweifellos adäquat gewesen" (ebd.: 47).

Mit diesem Schritt wird die von Brubaker (1994) bedauerte Vernachlässigung des Mitgliedschaftscharakters des Nationalstaates ganz offensichtlich nahtlos fortgesetzt. Ihr kommt darüber hinaus theorietechnisch entscheidende Bedeutung zu, denn es kann unter modernen Bedingungen auch zur Klärung der Frage der Inklusion/Exklusion Fremder in ein Sozialsystem nicht mehr auf das Kriterium der Mitgliedschaft zurückgegriffen werden. Damit wird jedoch zugleich ein Verständnis des Zusammenhangs von Migration und Exklusion problematisch: Einerseits läßt sich Migration nicht als Ursache von Exklusion begreifen, da "Migration nicht umstandslos in funktionaler Differenzierung aufgeht" (Stichweh 1997a: 131). Vielmehr, so Stichweh, sei Migration eine "typische Ursache von Exklusionsrisiken, weil Migranten wegen der relativen Kürze ihres Aufenthalts an einem neuen Ort noch nicht die pluralen Einbettungen in verschiedene Kontexte aufweisen, die einzelne Exklusionen aufzufangen erlauben" (ebd.). Ebensowenig kann andererseits Exklusion als Ursache von Migration verstanden werden. Trotz der gegenwärtigen weltweiten Wanderungsbewegungen und der enorm hohen Zahl an Armutsflüchtlingen kann Stichweh einen solchen Zusammenhang nicht erkennen: "Wenig spricht meinem Eindruck nach dafür, daß es einen direkten Zusammenhang von Exklusion und Migration gibt" (Stichweh 1998: 61). Diese Position wird damit begründet, daß die von Exklusion betroffenen Bevölkerungsteile "vermutlich nicht gerade darin privilegiert [sind], Migrationschancen wahrnehmen zu können", da Migration "Zielbewußtheit, Rationalität, Antizipationsfähigkeit und Robustheit im Umgang mit Schwierigkeiten [verlangt]; Fähigkeiten also, die man nicht unbedingt dem Leben im Exklusionsbereich verdankt" (ebd.). Dieses Argument läuft damit auf die wenig überzeugende Behauptung hinaus, daß Migranten nur jene sein können, die in ihren Herkunftsländern gut in funktionale Subsysteme inkludiert sind, daher über die entsprechenden Persönlichkeitsmerkmale verfügen und mit unerwarteten

4.2 Zur Theorie funktionaler Differenzierung

Schwierigkeiten umgehen können. Aus dieser Perspektive wird auch die zweifelhafte Behauptung nachvollziehbar, daß der Migrant immer "eine Vielzahl struktureller Einbindungen aufgibt, die ihn an seinem Herkunftsort gegen Risiken abgesichert hatten" (ebd.: 55).

Wenn ich es richtig sehe, so gibt es aus systemtheoretischer Perspektive keine schlüssige und überzeugende Erklärung für den Zusammenhang zwischen Migration und Exklusion. Die angebotenen Erklärungen sind deshalb wenig einleuchtend, und sie machen deutlich, daß der Verzicht auf den Exklusionscharakter der Staatsbürgerschaft von der Theorie funktionaler Differenzierung nicht kompensiert werden kann. *Erstens* betont Stichweh, daß der Kontext, in den eingewandert wird, "immer ein Kontext der Mitgliedschaft in einem staatlichen System" sei, und Exklusion im Zuge von Migration als Resultat "mangelnde(r) Bindungsfähigkeit der Migranten in den Staaten, in die sie eingewandert sind", zu begreifen sei (ebd.: 57). Damit wird jedoch auf das intentionale Handeln sozialer Akteure rekurriert, das die Theorie funktionaler Differenzierung gar nicht mehr vorsieht. *Zweitens* bemüht Stichweh, indem er auf die ungenügenden Einbettungen von Migranten in ihren Aufnahmeländern verweist, eine klassische 'time-lag'-Hypothese, doch auch sie ist wenig überzeugend und sie ersetzt weder eine schlüssige theoretische Begründung des Zusammenhangs von Migration und Exklusion, noch wird verständlich, weshalb funktionale Subsysteme Migranten offenbar erst nach einer bestimmten Aufenthaltsdauer in ihrem Aufnahmestaat inkludieren. *Drittens* muß zur Erklärung von Exklusion im Zuge von Migration ein kulturalistisches Argument herangezogen werden. Migranten seien immer stark in ihre nationale Herkunftskultur eingebunden, so daß man es "mit kurdischem oder türkischem Nationalismus in Deutschland zu tun" hat (ebd.), einem Prozeß, der über Phänomene der Ketten- oder Gruppenmigration verstärkt wird[22] (vgl. ebd.). Die strukturelle Verletzlichkeit von Migranten führt dazu, "daß gleichsam intakte sozialstrukturelle Vernetzungen in das Migrationsland transportiert werden und dort als ein relativ autonomes Sozialsystem neuformiert werden und auf diese Weise der Kontakt zum Migrationsland auf tangentiale Berührungen beschränkt wird" (ebd.). Es muß hier nicht ausgeführt werden, daß die Kulturalisierung sozialer Ausgrenzungsprozesse wenig überzeugend ist[23] und es wird ferner in theoretischer Perspektive nicht klar, weshalb es unter Bedingungen funktionaler Differenzierung, unter denen das Individuum ja nicht als Ganzes in Betracht gezogen wird, plötzlich von Bedeutung sein sollte, daß es zu einer weitgehenden kulturellen Integration von Migranten in ihre Aufnahmegesellschaft kommt. Neben diesen wenig überzeugenden Vorschlägen, den Zusammenhang von Exklusion und Migration zu klären, bleibt *viertens* auch das

---

22 Ein weiteres Problem ist hier, daß kulturelle oder primordiale Zugehörigkeit so als natürliche gedacht wird, von der sich Individuen gar nicht distanzieren können.
23 Auch hier stellt sich die Frage, weshalb es zur kulturellen Integration kommen muß. Zur Kulturalisierung sozialer Probleme, vgl. Kaschuba (1994).

Problem ethnischer Segregation ungeklärt: "Für den Zusammenhang von ethnischer Segregation und funktionaler Differenzierung gibt es aber nach wie vor nicht viele überzeugende Erklärungsvorschläge" (Stichweh 1997a: 130f).

Es wird deutlich, daß der Verzicht auf den Exklusionscharakter der Staatsbürgerschaft die Theorie funktionaler Differenzierung in Erklärungsnöte bringt. Keine der angebotenen Erklärungen ist überzeugend und es ist offensichtlich, daß man es hier mit Problemen zu tun hat, die zumindest zum Teil Konsequenzen interner Exklusion darstellen. Ob es die mangelnde Bindungsfähigkeit von Migranten, die Tatsache ungenügender pluraler Einbettungen, die Frage kultureller Abschottung oder auch das Problem ethnischer Segregation ist: der Ausschluß von den Staatsbürgerrechten des Aufnahmelandes, die Weigerung, Migranten einen formal gleichen Status zuzugestehen wie Staatsbürgern, scheint zur Erklärung dieser Phänomene viel erfolgversprechender zu sein.

Ohne Zweifel wird sowohl die Erklärung des Zusammenhangs von Migration und Exklusion als auch jene ethnischer Segregation aber auch deshalb zum Problem, weil beide Phänomene quer zur Theorie funktionaler Differenzierung zu liegen scheinen, und dies vermutlich deshalb, weil sie Fragen sozialer Ungleichheit aufwerfen und zu sozialstrukturellen Konsequenzen führen, die weit über formale Differenz hinausgehen und nicht mehr im Sinne einer durch das weltweite System der Wohlfahrtsstaaten institutionalisierten "Gleichheits-/Ungleichheitsschwelle" (Stichweh 1998: 52) beschrieben werden können.

Neben all diesen Problemen zeigt sich jedoch auch, daß die Theorie funktionaler Differenzierung, indem sie den Exklusionscharakter nationaler Staatsbürgerschaft nicht berücksichtigt, ein entscheidendes, aus Migration resultierendes Problem nicht mehr in den Blick nehmen kann. Im Gegensatz zu funktionalen Subsystemen, die nur nach Maßgabe ihrer eigenen Logik und ohne Ansehen der Person inkludieren, ist es aus der Perspektive des Nationalstaates nämlich nicht gleichgültig, wer auf seinem Territorium Ansprüche erheben und Rechte geltend machen kann. Mit ihrer entscheidenden theoretischen Voraussetzung, der Überantwortung von Exklusion an die funktionalen Subsysteme, nimmt sich die Theorie funktionaler Differenzierung deshalb die Möglichkeit, die politischen Konflikte und sozialen Auseinandersetzungen, die sich um den Zugang zu staatsbürgerlichen Rechten zwischen sozialen Akteuren auf seiten des Nationalstaates und auf seiten der Migranten entzünden, überhaupt erfassen zu können. Sie können nicht mehr zum Gegenstand der Diskussion gemacht werden.

Stichwehs Ansatz ist nicht zuletzt deshalb problematisch, weil der dem Kriterium nationaler Staatsbürgerschaft angesichts funktional differenzierter Verhältnisse nur noch politisch-ideologischen Charakter zuzugestehen bereit ist: "Eine beispielsweise unter politischen Vorzeichen kommunizierte Fremdenfeindlichkeit kommuniziert dann offensichtlich die Absicht, das Mitgliedschaftskriterium, das unter kosmopolitischen Vorzeichen auch trivialisiert werden könnte, erneut als ein wertvolles Gut und als Konstitutionskriterium für ein wirkungsmächtiges

4.2 Zur Theorie funktionaler Differenzierung

Sozialsystem herauszustellen" (Stichweh 1997b: 48). Diese Einschätzung steht völlig im Widerspruch zur fortbestehenden Bedeutung, die nationaler Staatsbürgerschaft in modernen liberal-demokratischen Gesellschaften weiterhin zukommt. Dies zeigt sich nicht zuletzt daran, daß die Partizipation an nationalen Staatsbürgerrechten das entscheidende Kriterium bleibt, das über die Lebenschancen von Migranten in ihren Aufnahmeländern entscheidet. Nationale Staatsbürgerschaft ist jedoch ein knappes Gut und um sie finden zunehmend härtere Verteilungskämpfe statt.

Vor diesem Hintergrund setzt sich Stichweh schließlich mit der Figur des Fremden auseinander: "Was aber ist der Sinn der Kommunikation, wenn jemand in sozialen Zusammenhängen als ein Fremder identifiziert wird? Es scheint dabei immer um die Frage der Inklusion/Exklusion in ein Sozialsystem zu gehen und spezifischer noch um eine Form von Inklusion/Exklusion, die sich auf das Kriterium der Mitgliedschaft stützt" (Stichweh 1997b: 46). Nach der ausführlichen Diskussion der Bedeutung des Nationalstaates, der formalen Gleichheit der Mitglieder durch den Bürgerstatus, der Bedeutung nationaler Kulturen für Fragen der Zugehörigkeit, der Einwanderung von Migranten in den Kontext der Mitgliedschaft in einem staatlichen System - all dies trotz der Umstellung auf andere Konstitutionsprinzipien - weist Stichweh in seiner Diskussion um die Figur des Fremden vehement die Annahme zurück, daß moderne Gesellschaften überhaupt noch als Mitgliedschaftsverband begriffen werden können. Damit stellt Stichweh seine gesamte bisherige Argumentation von den Füßen auf den Kopf und versucht nun, im Rückgriff auf die theoretische Prämisse der Theorie funktionaler Differenzierung, der Wahrnehmung des Fremden in modernen Gesellschaften nachzugehen.

Aus diesem Schritt resultieren zwei Bestimmungen, die offensichtlich nicht miteinander kompatibel sind: *erstens* scheint, so Stichweh, die moderne Gesellschaft, "wenn sie von Fremden spricht, zur *simplen Binarität* zurückzukehren" (ebd.: 49; Hervorhebung - J.M.). Dieses Prinzip kennzeichnete bereits segmentäre Gesellschaften und hatte sich in stratifizierten Gesellschaften zu einer vielfältigen sozialen Klassifikation entwickelt. Für moderne Gesellschaften, die aus systemtheoretischer Perspektive nicht mehr durch eine gesellschaftliche Hierarchie gekennzeichnet sind, geht Stichweh davon aus, daß "eine komplexe soziale Klassifikation für Fremde nicht mehr leicht einzubringen ist, daß sie sozialstrukturell keine Anschlußmöglichkeiten findet" (ebd.). *Zweitens* betont Stichweh, daß Fremde - die ja bisher durch einen binären Code identifiziert wurden - für Personen "die sich in urbanisierten, funktional differenzierten settings bewegen, entweder unsichtbar (...) oder (...) allgegenwärtig [werden], womit die Kategorie ebenfalls ihren Sinn der Ausgrenzung einer distinkten sozialen Figur verliert" (ebd.: 55). Stichweh will Fremdheit aufgrund funktionaler Differenzierung als 'strukturelle Fremdheit' verstanden wissen, wodurch Migranten lediglich zu einer - zu vernachlässigenden - Kategorie in einer Welt von Fremden werden.

Ein rigider Schematismus von Freund und Feind fungiert in Anbetracht der Konsequenzen funktionaler Differenzierung "nur noch in Extremsituationen als ein Schematismus der Politik" (ebd.: 60). In der funktional differenzierten Gesellschaft hebt sich damit aber die Rückkehr zur *simplen Binarität* offensichtlich selbst auf. Ganz nebenbei verflüchtigt sich auch der Migrant als Fremder, und dies, weil er einfach nicht mehr wahrgenommen wird. Es wird deutlich, daß es Stichweh hier ganz offensichtlich nicht um eine Analyse der Situation des Fremden in modernen Gesellschaften geht, sondern lediglich darum, wie er unter modernen Bedingungen wahrgenommen wird. Dazu wird, auf der Grundlage der Theorie funktionaler Differenzierung, eine Figur präsentiert, die weder sozialstrukturell verortbar ist, die den Folgen sozialer Ungleichheit nicht ausgesetzt scheint, die im System der Weltgesellschaft wandert, offensichtlich nirgends um Inklusion in staatsbürgerliche Rechte kämpft und insofern auch nicht unter den Folgen interner Exklusion zu leiden hat. Das ist angesichts der realen Situation von Migranten in modernen liberal-demokratischen Gesellschaften eine nicht sehr überzeugende Position. Man hat es hier nicht mit einer 'Soziologie der Indifferenz' zu tun, wie Stichweh behauptet, die Soziologie selbst ist - so betrieben - auf dem besten Wege, indifferent zu werden.

4.2.2 Der Fremde - soziale Ungleichheit als Problem

Armin Nassehi (1995) schließt in einem zweiten Ansatz an Zygmunt Baumans Unterscheidung von Freunden, Feinden und Fremden an. Sein Interesse ist dabei aber auf die Übergangsprozesse gerichtet, in denen der Fremde in modernen Gesellschaften zum Feind wird. Es geht hier nicht darum, die stark wissenssoziologisch angeleitete Analyse nachzuzeichnen, sondern darum, zu überprüfen, ob und wie in diesem Zugang zur Soziologie des Fremden Exklusion thematisiert wird.

Ausgehend vom Dilemma des Anspruchs der Französischen Revolution, der es im Übergang zur modernen Gesellschaft nicht gelang, "die Universalität der Idee der Menschenrechte und einer Vernunftethik mit der Partikularität empirischer politischer Verbände und Strukturen zu versöhnen" (ebd.: 451), klärt Nassehi zunächst die Vertrautheitsstrategien moderner Gesellschaften auf, mittels derer eine Unterscheidung von vertraut/fremd durchgesetzt wird. "Die Destabilisierung traditioneller Milieus und damit auch das Verschwinden traditioneller Solidaritäten und Vertrautheiten erforderten einen neuen Zurechnungsfokus, von dem her gesellschaftliche Identität wenigstens semantisch erzeugt werden konnte, wenn sie gesellschaftsstrukturell schon verloren war" (ebd.: 452).

Nassehi führt eine ganze Reihe solcher Vertrautheitsstrategien an. Neben "Disziplinierungstechniken, die Vertrautheit durch Ausgrenzung von Fremdem produzierten, (...), Normalisierungsstrategien, die den Wahnsinn, das Verbrechen, den Tod und die Ekstase als fremde Mächte qualifizierten, die durch Therapie, Gefängnis, Verdrängung und methodische Lebensführung gebannt wurden" (ebd.: 453), kommt nationalen Semantiken die größte Bedeutung zu. Sie dienen der Herstellung einer behaupteten Vertrautheit im Innern einer Nation, die reale Differenzen und Schranken überdeckt und dadurch einerseits zur Entschärfung interner Konflikte, andererseits zur klaren Abgrenzung nach außen beiträgt. Wenn somit alle Bürger sich als Freunde oder Vertraute begreifen können, diejenigen, die sich außerhalb des staatlichen Territoriums befinden hingegen potentielle Feinde sind, so wird "der Prototyp des Fremden in der Moderne (...) demnach der 'Ausländer im Inland'[24], d.h. der Mensch, der kein Bürger ist und dem demnach - politisch gesehen - nicht alle Menschen-/Bürgerrechte zuteil werden" (ebd.: 452). Folgerichtig firmiert der Fremde in modernen Gesellschaften als Nicht-Bürger, d.h. als "der Ausländer, der mit der Befriedung Europas[25] nicht mehr automatisch der Feind ist, an dessen Fremdheit aber kaum gezweifelt wird" (ebd.: 453).

Nassehi geht auf der Grundlage dieser Differenzierung von vertraut/fremd davon aus, daß die klassische Soziologie des Fremden die Begegnung mit dem Fremden "als Folge des Eindringens von *Out-Sidern* in *In-Groups* beschrieben hat, wobei die Grenzen zwischen *Außen* und *Innen*, entsprechend dem rigiden Nationen-Schema, tatsächlich zumeist zwischen Bürger und Nicht-Bürger zu verlaufen schienen" (ebd.). Die klassische Soziologie des Fremden habe deshalb aber nicht erkannt, "daß Gesellschaften keine nationalen In-Groups mit einheitlich internen Strukturen sind. Die Fremdheit dieser Fremden ist vielmehr ein Derivat moderner Identitätspolitik" (ebd.: 454f).

Aus einer Fokussierung der Analyse auf das Verhältnis von Bürgern und Nicht-Bürgern folgt jedoch keineswegs zwangsläufig, moderne Gesellschaften als homogene Gruppen zu begreifen, und genauso wenig wird dadurch der Blick darauf verstellt, "daß die moderne Gesellschaft in erster Linie durch Differenz denn durch Identität geprägt ist" (ebd.: 453). Vielmehr eröffnen erst die Auseinandersetzung um jene Ansprüche, die Fremde (Migranten) *legitimerweise* in ihren Aufnahmeländern stellen können und die Forderungen nach Zulassung zu gesellschaftlichen Verteilungskämpfen, die um knappe Ressourcen geführt werden, ein Verständnis des Verhältnisses, in dem Nationalstaaten und Fremde zueinander stehen. Da Nassehi aber die Auseinandersetzungen zwischen Nationalstaat und Migranten nicht thematisiert, bleibt dieses Problem, das die Frage der Verfügung über Staatsbürgerrechte aufwirft, unbehandelt. Er begreift den Übergang vom Fremden zum Vertrauten deshalb als Konsequenz daraus, daß der Fremde in gesellschaftliche Verteilungskonflikte eingreift und dadurch sein

---

24 Siehe Hahn (1994).
25 Warum an dieser Stelle Europa als Bezugsgröße gewählt wird ist nicht klar. Zur empirischen Untersuchung der Wahrnehmung von Fremden auch jenseits europäischer Grenzen siehe Fuchs/Gerhards/Roller (1993a; 1993b).

Fremdsein verliert. Die Erklärungen, die Nassehi (ebd.: 455f) in Anlehnung an Esser (1980; 1988; 1990) zur Illustration dieses Verständnisses anbietet, gleichen jedoch einem Offenbarungseid der Theorie funktionaler Differenzierung. Wie bereits Stichweh, muß auch er auf Prozesse zurückgreifen, die die Theorie funktionaler Differenzierung gar nicht mehr vorsieht, geschweige denn erklären könnte: ethnische Schichtung, ethnische Segregation von Arbeitsmärkten, Zuschreibungen auf der Basis askriptiver Merkmale, spezifische Strategien von Subjekten der 'zweiten Generation der Gastarbeiter'. Es ist nicht ohne Ironie, daß Nassehi gerade in bezug auf die 'zweite Generation' behauptet, daß sie die formalrechtliche Gleichheit der modernen Gesellschaft in Anspruch nehme. Diese formalrechtliche Gleichheit will er allerdings so verstanden wissen, daß sich aufgrund askriptiver Merkmale eine Positionszuweisung innerhalb der Sozialstruktur nicht mehr eindeutig vornehmen läßt. Das ist durchaus nachvollziehbar, problematisch aber ist ohne Zweifel, von formaler Gleichheit zu reden, wo tatsächlich formal rechtliche Ungleichheit herrscht. Der Fremde als 'formal Gleicher' in Nassehis Verständnis, wird durch sein Eingreifen in gesellschaftliche Verteilungskämpfe aber zur paradoxen Figur. "Er wird als Fremder spätestens dann wahrgenommen, wenn er nicht mehr fremd ist, d.h. wenn er als formal gleicher Nachfrager knapper Ressourcen diejenigen Mittel in Anspruch nimmt, von denen er zuvor als 'Fremder' ausgeschlossen war" (ebd.: 457).

Zum tatsächlichen Feind, so Nassehi, wird der Fremde aber erst unter der Voraussetzung, daß ethnische Zugehörigkeit zum einzigen Kriterium der Wahrnehmung von Personen in Verteilungskämpfen, und der Fremde nur noch ausschließlich als Mitglied der Fremdgruppe wahrgenommen wird, d.h. "wenn ihm eine Störung des Gefüges knapper Ressourcen, sowohl materieller als auch kultureller Art, zugerechnet werden kann" (ebd.: 457). Und auch hier kommt die Theorie funktionaler Differenzierung ans Ende ihrer Erklärungskünste: Nassehi muß letztlich die Etikettierungstheorie bemühen, um den endgültigen Übergang vom Fremden zum Feind erklären zu können.

Es ist zweifellos Nassehis Verdienst, darauf hinzuweisen, daß die Theorie funktionaler Differenzierung sich zu wenig mit dem Problem sozialer Ungleichheit beschäftigt, und er selbst hat wiederholt diese Auseinandersetzung eingefordert (vgl. Nassehi: 1995; 1997). Dieses Problem scheint jedoch systematischer Natur zu sein. Wie schon bei Stichweh deutlich wurde, zielt die Theorie funktionaler Differenzierung mit der theoretischen Umstellung von gesellschaftlicher Integration auf Inklusion/Exklusion und durch die damit verbundene Aufgabe einer Beschreibung moderner Gesellschaften als hierarchisch konstruierter, auf ein Verständnis funktional differenzierter Gesellschaften als egalitäre, die soziale Ungleichheit ins System der Weltgesellschaft externalisieren. Dieser Vorwurf trifft auch Nassehi selbst, vermeidet er doch bewußt die Begriffe 'Konflikt' oder 'Ungleichheit', um moderne Gesellschaften und die Verteilungskämpfe in ihnen zu charakterisieren. Der Begriff der Differenz ist insofern entlarvend, weil er in systemtheoretischer Manier unverbindlich bleibt im Hinblick auf gesellschaftliche Auseinandersetzungen und Konflikte und - im Anschluß an Luhmann und Stichweh - nicht-hierarchische gesellschaftliche Verhältnisse impliziert. Der Theorie fehlt, so ist zu vermuten, der systematische Ort, soziale Ungleichheit, d.h. Ungleichheit, die über formale Differenz hinausgeht, überhaupt zu erfassen.

4.3 Die defizitäre Erklärungslage interner Exklusion

Wenn die These richtig ist, daß interne Exklusion, der Ausschluß von lange in ihren Aufnahmeländern lebenden Migranten von voller Staatsbürgerschaft, zu einem der zentralen Probleme in westlichen liberal-demokratischen Gesellschaften geworden ist, dann hat man es mit dem eigenartigen Paradox zu tun, daß trotz dieser enormen Bedeutung weder aktuelle Ansätze symbolischer Klassifikationen noch die im Anschluß an die Theorie funktionaler Differenzierung, die den Anspruch erhebt, Exklusionsprozesse in modernen Gesellschaften zu erklären, dieses Problem zufriedenstellend behandeln.

Keiner der untersuchten Zugänge macht die Rechtsbeziehungen zwischen Nationalstaat und Migranten (Fremden) zum Thema - sie alle verfehlen damit systematisch das entscheidende Moment, um auf der Ebene des Staates den Ausschluß von Migranten aus nationalen Gemeinschaften erfassen zu können. Die Ansätze symbolischer Klassifikation, das ist deutlich geworden, gehen das Problem interner Exklusion nicht an, weil sie auf das Kriterium der Staatsbürgerschaft gar nicht rekurrieren. Weder die Analyse des binär kodierten Diskurses der Zivilgesellschaft noch die Beschreibung der ambivalenten Figur des Fremden dringen tatsächlich bis zum Problem des Ausschlusses von Staatsbürgerrechten vor. Das grundlegende Problem der an die Theorie funktionaler Differenzierung anschließenden Erklärungsversuche liegt hingegen zweifellos darin, die Vernachlässigung des Mitgliedschaftscharakters des Nationalstaates, die schon Brubaker bedauert hatte, nahtlos fortzusetzen.[26] Sie ist systematischer Natur, denn mit der behaupteten Umstellung auf funktionale Subsysteme als neuen gesellschaftlichen Konstitutionsprinzipien, geht jede Möglichkeit verloren, Exklusion anhand des Kriteriums der Staatsbürgerschaft zu diskutieren. Der Verzicht auf das Mitgliedschaftskriterium Staatsbürgerschaft hat, wie deutlich wurde, in beiden Ansätzen weitreichende Probleme zur Folge:

Stichweh kann weder den Zusammenhang von Migration und Exklusion noch die Entstehung ethnischer Segregation klären, weil ihm dazu das entscheidende Kriterium interner Exklusion fehlt und er deshalb zugestehen muß, daß weder Migration noch ethnische Segregation "auf funktionale Differenzierung zugerechnet werden können" (Stichweh 1997a: 130). Seine Auseinandersetzung

---

26 Siehe Brubaker (1994: 46).

mit dem 'Fremden' hingegen führt dazu, daß dessen Wahrnehmung gegen seine reale Situation ausgespielt wird. Ob Fremde aufgrund funktionaler Differenzierung und ethnischer Heterogenisierung nicht mehr unbedingt als solche wahrgenommen werden, sie andererseits als Nicht-Bürger aber rechtlich benachteiligt sind und intern exkludiert bleiben, ist jedoch zweierlei.

Weder Stichweh noch Nassehi erkennen, daß sich in liberal-demokratischen Gesellschaften die Zulassung zu Staatsbürgerrechten vor die Inklusion in Subsysteme schiebt. Es mag sein, daß funktionale Subsysteme ohne Ansehen der Person den je entsprechenden Teil eines Individuums inkludieren. Davon kann im Fall der Vergabe von Staatsbürgerrechten aber keine Rede sein. Aus der Perspektive des Nationalstaates ist es überhaupt nicht gleichgültig, wer auf seinem Territorium Ansprüche erheben und Rechte geltend machen kann. Die Bedeutung interner Exklusion in dieser entscheidenden Frage hat die Theorie funktionaler Differenzierung jedenfalls nicht erkannt. Damit läuft auch Nassehis Kritik an den Ansätzen der klassischen Soziologie des Fremden ins Leere. Sie sind keineswegs aufgrund der Vernachlässigung der Thematisierung von 'Differenz' in modernen Gesellschaften problematisch, sondern weil sie, wie Nassehis Zugang selbst, der Bedeutung der Rechtsbeziehungen zwischen Nationalstaat und Migranten für deren Rechte und Lebenschancen keine Beachtung schenken.

Auf ein letztes, allen diskutierten Erklärungsversuchen gemeinsames und entscheidendes Problem muß abschließend hingewiesen werden. Weder die Ansätze symbolischer Klassifikation noch die auf der Grundlage der Theorie funktionaler Differenzierung diskutierten Zugänge entwickeln auch nur ansatzweise handlungstheoretische Perspektiven, die das Handeln sozialer Akteure, die auf der Seite des Nationalstaates die interne Exklusion von Migranten voranzutreiben versuchen, und jenen, die auf seiten der Immigranten um Inklusion in Staatsbürgerrechte kämpfen, erfassen können. Während Migranten so zum einen hilflos der Klassifizierung als Fremde ausgesetzt erscheinen, rächt sich am konkreten Problem interner Exklusion die systemtheoretische Vertreibung des Subjekts aus der Theorie. Keiner der diskutierten Ansätze vermag eine befriedigende Antwort auf die gesellschaftlichen Auseinandersetzungen zu geben, die um den Zugang zu nationalen Staatsbürgerrechten geführt werden. Die Erklärungslage interner Exklusion ist deshalb defizitär, zu ihrer Analyse muß ein anderer Ansatz gewählt werden.

5 Die Theorie sozialer Schließung – 'bringing actors back in'

5.1 Das Konzept sozialer Schließung

Interne Schließung als umkämpften Prozeß zu begreifen und ihn als solchen analysieren zu können, erfordert notwendig die systematische Berücksichtigung des Handelns sozialer Akteure. In dem Maße, in dem symbolische Klassifikationen gewissermaßen das Endresultat eines sozialen Prozesses beschreiben, der selbst unthematisiert bleibt, und Erklärungsversuche auf der Grundlage der Theorie funktionaler Differenzierung ausschließlich aus der Systemperspektive argumentieren, bleibt die Perspektive sozialer Akteure ausgeklammert und damit völlig unbeachtet, daß es sich bei interner Schließung um Verteilungskämpfe um ein knappes Gut - die Staatsbürgerschaft - handelt. Gesellschaftliche Verteilungskämpfe sind ein hochgradig politischer Prozeß, der es erforderlich macht, die Konflikte, die sich zwischen sozialen Akteuren um den Zugang zur Staatsbürgerschaft entzünden, zu analysieren. Diese Auseinandersetzungen lassen sich mit Max Weber als *soziale Schließungen* begreifen. Ausgehend von der im Anschluß an ihn entwickelten Theorie sozialer Schließung kann, so meine These, ein konzeptioneller Rahmen zur Analyse interner Schließungsprozesse erarbeitet werden, der es ermöglicht, über das Erklärungsangebot der oben diskutierten Ansätze hinauszugehen. Soziale Schließung stellt ein in der soziologischen Theorie stark vernachlässigtes Konzept dar[1], dessen Analysekapazität zu Unrecht unterschätzt worden ist. Ihm wird erst in jüngster Zeit auf unterschiedlichen Gebieten verstärkt Aufmerksamkeit geschenkt.[2] Um dieses Konzept auch gewinnbringend auf das Problem interner Schließung anwenden zu können[3], müssen zunächst die Grundzüge der Weberschen Konzeption dargestellt, und die von Frank Parkin und Raymond Murphy im Anschluß daran entwickelte 'Theorie sozialer Schließung' einer kritischen Diskussion unterzogen werden.

---

1 Vgl. zu dieser Einschätzung Murphy (1988: Kap. 2).
2 Zur Anwendung des Schließungsansatzes siehe die Arbeiten von Bader/Benschop (1989); Balog/Cyba (1990); Cyba (1985); Cyba/Balog (1989); Kreckel (1983a; 1992).
3 Neckel (1995) verweist auf Schließungsprozesse im Kontext der Konflikte zwischen Staat und ethnischen Minoritäten in den Vereinigten Staaten.

5.2 Max Weber: 'Offene' und 'geschlossene' soziale Beziehungen

Max Weber hat in *Wirtschaft und Gesellschaft*[4] mit dem Konzept 'offener' und 'geschlossener' sozialer Beziehungen die Grundlagen einer Theorie sozialer Schließung entwickelt und darin eine soziale Beziehung als nach außen hin 'offen' definiert, "wenn und insoweit die Teilnahme an dem an ihrem Sinngehalt orientierten gegenseitigen Handeln, welches sie konstituiert, nach ihren geltenden Ordnungen niemand verwehrt wird, der dazu tatsächlich in der Lage und geneigt ist" (Weber 1985: 23). Als 'geschlossen' gilt sie hingegen "insoweit und in dem Grade, als ihr Sinngehalt oder ihre geltenden Ordnungen die Teilnahme ausschließen oder beschränken oder an Bedingungen knüpfen" (ebd.). Offenheit und Geschlossenheit einer sozialen Beziehung können traditionell, affektuell, wert- oder zweckrational bedingt sein. Es sind die rationalen Formen, denen Webers besonderes Interesse gilt. Zweckrationale Schließung bezeichnet einen Prozeß, in dem sich gesellschaftliche Gruppen durch Mechanismen der Maximierung ökonomischer Chancen und der Monopolisierung gesellschaftlicher Ressourcen andere unterordnen.[5]

Ziel dieser Schließungsprozesse ist es, die Zahl der Konkurrenten um spezifische Chancen, Güter oder Ressourcen gering zu halten, weshalb "in irgendeinem Umfang stets Schließung der betreffenden (sozialen und ökonomischen) Chancen gegen Außenstehende" erreicht werden muß (ebd.: 201). Weber geht davon aus, daß irgendein "äußerlich feststellbares Merkmal eines Teils der (aktuell oder potentiell) Mitkonkurrierenden: Rasse, Sprache, Konfession, örtliche oder soziale Herkunft, Abstammung, Wohnsitz usw. von den anderen zum Anlaß genommen wird, ihren Ausschluß vom Mitbewerb zu erstreben" (ebd.). Gleich, welche soziale Gemeinschaft sich im Schließungsprozeß als Interessentengemeinschaft konstituiert, die treibende Kraft dazu besteht in der "Tendenz zum Monopolisieren bestimmter, und zwar der Regel nach ökonomischer Chancen" (ebd.). Eher beiläufig verwies Weber darauf, daß das so entstandene Gemeinschaftshandeln auf seiten der Ausgeschlossenen spezifische Gegenreaktionen hervorrufen kann.

Obgleich Weber mit diesen formalen Definitionen die Grundlage eines handlungstheoretischen Modells sozialer Schließung formuliert, und mit den Kriterien des *vollständigen Ausschlusses*, der *beschränkten* und schließlich der *unter spezifischen Bedingungen möglichen Zulassung* bereits ein differenziertes Verständnis sozial geschlossener Beziehungen entwickelt hat, ist das Konzept

---

4 Die Bedeutung, die Weber (1985: 23ff) dem Konzept 'offener' und 'geschlossener' sozialer Beziehungen mit dem prominenten Platz in den 'Soziologischen Grundbegriffen' in Wirtschaft und Gesellschaft eingeräumt hat und der Grad der Ausarbeitung stehen in merkwürdigem Kontrast zueinander.
5 Zu einer frühen empirischen Anwendung des Weberschen Schließungskonzepts siehe Neuwirth (1969).

sozialer Schließung rudimentär geblieben. Weder hat er es zu einem allgemeinen Konzept erweitert und so über den Mechanismus der Maximierung ökonomischer Chancen hinaus ausgedehnt, noch hat er die Idee 'kollektiven Gegenhandelns' ausgeschlossener gesellschaftlicher Gruppen weiterverfolgt. Es ist Frank Parkins Verdienst, diese beiden vernachlässigten Stränge der Diskussion fast ein halbes Jahrhundert später wieder aufgenommen zu haben, um Webers Konzept zu einem analytischen Instrument der Schließungsprozesse in modernen Gesellschaften auszuarbeiten.

5.3 Frank Parkin: Soziale Schließung als politischer Prozeß

Frank Parkins Auseinandersetzung mit dem Konzept sozialer Schließung (1972; 1974; 1979; 1980; 1983) zielt darauf ab, eine Alternative zur dominanten marxistischen Klassenanalyse der 70er Jahre zu entwickeln.[6] Seine Kritik bezieht sich im Kern auf deren dualistisches Klassifikationsschema, dessen logisch sich ausschließende Kategorien keine angemessene Analyse sich modernisierender kapitalistischer Gesellschaften erlauben. Möglich wird lediglich eine Analyse von *Interklassenbeziehungen*, die einzig das ökonomische Ausbeutungsverhältnis zwischen beiden sozialen Klassen thematisiert. Auf der Grundlage des Konzepts sozialer Schließung glaubt Parkin, einen Zugang zur Analyse der Schichtungsordnung moderner Gesellschaften entwickeln zu können, der ihrer fortgeschrittenen internen Differenzierung tatsächlich gerecht wird. Er hält dabei zwar insofern an einer klassentheoretischen Perspektive fest, als er die "traditionelle und notwendige Betonung der Dichotomie zwischen den Klassen" nicht aufgeben will (Parkin 1983: 123), die Engführung marxistischer Zugänge will er jedoch in zweifacher Hinsicht überwinden: zum einen sollen *Intraklassenbeziehungen* ins Auge gefaßt werden, so daß Differenzierungen und Konflikte innerhalb einer Klasse Aufmerksamkeit geschenkt wird, zum anderen werden Schichtungen und Spaltungen ins Blickfeld gerückt, "die in Zusammenhang mit der Zugehörigkeit zu rassischen, ethnischen, religiösen und sprachlichen Gruppen (*communities*) stehen" (Parkin 1983: 122).

Parkin kann dazu nicht umstandslos an Weber anknüpfen. Das Konzept sozialer Schließung selbst muß vielmehr zunächst erweitert, und im Anschluß daran in einen systematischen Zusammenhang mit der Analyse sozialer Schichtung in modernen Gesellschaften gestellt werden.[7] Dieser Aufgabe widmet sich

---

6 Parkins Kritik an der Dominanz marxistischer Ansätze in den 70ern wird erst durch eine äußerst selektive Rezeption in der Tradition des marxistischen Strukturalismus Althussers stehender Arbeiten möglich: vgl. Carchedi (1975); Poulantzas (1978); Wright (1979).
7 Positiv zu Parkins Ansatz vgl. Kreckel (1992); Rex (1979); Roth (1980); Wrong (1981). Zur Kritik siehe Barbalet (1982), die Diskussion zwischen Giddens (1980) und Parkin (1980) sowie MacKenzie (1980); Wrong (1981).

Parkin, indem er den Schließungsbegriff modifiziert, das marxistische Konzept der Ausbeutung verallgemeinert und auf dieser Grundlage gesellschaftliche Auseinandersetzungen um Schließungsprozesse als Aspekt gesellschaftlicher Machtverteilung zum Thema macht.

5.3.1 Ausschließung und Usurpation

Der erste Schritt dieser Weiterentwicklung des Konzepts 'offener und geschlossener sozialer Beziehungen' besteht darin, den von Weber auf das Handeln ausschließender Gruppen begrenzten Begriff der Schließung so zu erweitern, daß die kollektiven Gegenaktionen der Ausgeschlossenen systematisch mitberücksichtigt werden können. "[Kollektives] Widerstandsbemühen gegen Herrschaftsansprüche, die vom Prinzip der Ausschließung getragen sind, kann durchaus als die andere Seite der sozialen Schließungsgleichung angesehen werden" (Parkin 1983: 124). Soziale Schließung bezeichnet damit zwei unterschiedliche reziproke Handlungstypen, d.h. zwei gegensätzliche Formen allgemeiner Handlungsstrategien zur Inanspruchnahme von Ressourcen. *Ausschließungsstrategien* sind gekennzeichnet durch den Versuch einer sozialen Gruppe, "die Unterordnung einer anderen Gruppe zu erhalten oder zu vermehren, d.h. eine andere Gruppe oder Schicht als unter der eigenen stehend auszugrenzen" (ebd.). Schließungsstrategien, die als *Usurpation*[8] bezeichnet werden, gelten hingegen als kollektive Antwort ausgegrenzter Gruppen auf Strategien der Ausschließung. Was charakterisiert diese gegensätzlichen, aufeinander bezogenen Handlungsstrategien?

Erstens macht die Monopolisierung gesellschaftlicher Chancen, Privilegien und Ressourcen *Ausschließungsstrategien* zur "dominanten Schließungsform in allen Schichtungssystemen" (ebd.: 125). Parkin geht davon aus, daß sich privilegierte gesellschaftliche Gruppen in kapitalistischen Klassengesellschaften zur Aufrechterhaltung der Schichtungsordnung auf zwei in gleichem Maße bedeutende Schließungsmechanismen stützen können: die staatlich abgesicherten Institutionen des *Privatbesitzes an Produktionsmitteln* einerseits, den *Kredentialismus* andererseits: "Each represents a set of legal arrangements for restricting access to rewards and privileges: property ownership is a form of closure designed to prevent general access to the means of production and its fruits; credentialism is a form of closure designed to control and monitor entry to key positions in the division of labour. The two sets of benificiaries of these state-enforced exclusionary practices may thus be thought of as the core components of the dominant class under capitalism" (Parkin 1979: 48). Der Bezug ausschliessender Gruppen auf staatlichen Schutz und die rechtliche Sicherung beider Institutionen erklärt den überwiegend *legalistischen Charakter von Ausschlies-*

---

8 Parkin (1983) ersetzt den Begriff Solidarismus durch Usurpation. Solidarismus wird dadurch zu einer möglichen Usurpationsstrategie.

sungsstrategien, die sowohl an kollektivistischen als auch individualistischen Kriterien derjenigen, die ausgeschlossen werden sollen, anknüpfen können.[9]

Zweitens ist, entgegen der Versuche, mittels Ausschließungsstrategien die existierende Schichtungsordnung aufrechtzuerhalten, die Durchsetzung neuer Standards der Verteilung gesellschaftlicher Ressourcen und Güter Kennzeichen aller *usurpatorischer Schließungsstrategien*. Untergeordnete gesellschaftliche Gruppen zielen mittels Usurpation darauf ab, den Ressourcenanteil der ihnen übergeordneten Gruppen zu ihrem eigenen Vorteil zu verringern. So stellen etwa "soziale Schließungspraktiken von Minoritäten im allgemeinen das Ressourcenmonopol der Majorität in Frage, indem sie darauf gerichtet sind, kollektivistische Ausschließungsregelungen durch individualistische zu ersetzen. Bürgerrechtsbewegungen von Minoritäten sind ein Beispiel für diese Aktionsform: das Ziel der sozialen Zugehörigkeit verlangt den Abbau von Privilegien, die aus kollektiver Diskriminierung resultieren" (Parkin 1983: 129). Indem sich Usurpationsstrategien gegen die staatlich gesicherte Schichtungsordnung wenden, bewegen sie sich häufig am Rande der Legalität. Sie sind deshalb im wesentlichen auf eine *solidaristische Taktik*, den Zusammenschluß der Ausgeschlossenen, angewiesen.

Es wird deutlich, daß Parkin den Gegensatz zwischen Klassen nicht weiter durch formale Kriterien erklären will, sondern deren Verhältnis an unterschiedlichen Prinzipien sozialen Handelns festmacht: "Das Konzept der Schließung bezieht sich auf die prozessualen Kennzeichen von Klasse und betont damit die Prinzipien, die der Klassenbildung zugrunde liegen" (ebd.: 131).[10] Entscheidend für eine Bestimmung des Verhältnisses zwischen sozialen Klassen ist damit nicht mehr die jeweilige Stellung im Produktionsprozeß, sondern die fortwährenden Auseinandersetzungen um gesellschaftliche Ressourcen und Güter, um deren Verteilung mittels spezifischer Strategien konkurriert wird.

Mit diesem Perspektivenwechsel ist auf der Grundlage des erweiterten Schließungsbegriffes ein erster Schritt getan, um von rein *ökonomischen Beziehungen* zwischen Klassen auf *politische Beziehungen* zwischen und innerhalb von Klassen sowie zwischen gesellschaftlichen Gruppen umzustellen. Löst man allerdings den Klassenbegriff aus seinem marxistischen Kontext und definiert Klassen auf der Grundlage sozialer Handlungsstrategien, so muß in einem zweiten Schritt auch der Mechanismus ökonomischer Ausbeutung als bisher kennzeichnendes Verhältnis zwischen sozialen Klassen revidiert werden. Parkin erweitert den Begriff und faßt ihn so weit, daß damit alle diejenigen Beziehungen zwischen Klassen oder gesellschaftlichen Gruppen als ausbeuterisch bezeichnet werden können, innerhalb derer eine dieser Gruppen die andere vom Zugang zu gesellschaftlichen Chancen und Ressourcen ausschließt und damit

---

9   Zur Verwendung des Begriffspaares kollektivistisch/individualistisch statt zugeschrieben/erworben vgl. Parkin (1979); Murphy (1984).
10 Siehe Giddens (1979a) für eine sehr ähnliche Vorstellung der Klassenstrukturierung.

Herrschaft über diese auszuüben imstande ist: "Exploitation here defines the nexus between classes or other collectivities that stand in a relationship of dominance and subordination, on *whatever* social basis" (Parkin 1979: 46). Diese Generalisierung des Ausbeutungsbegriffes ist nicht unproblematisch, wird er doch derart weit definiert, daß er seinen spezifischen Charakter der Erklärung ökonomischer Ausbeutungsbeziehungen verliert und in einem Begriff von Machtverhältnissen aufgeht, die Ursache aller möglichen Formen gesellschaftlicher Über- und Unterordnung sind. Für Parkins Vorhaben ist dieser strategische Schritt jedoch unerlässlich. Er ermöglicht es, eine spezifische gesellschaftliche Schichtungsordnung nicht als Resultat der Zuweisung von Individuen in bestimmte Positionen auf der Grundlage individuellen Erwerbs zu interpretieren, sondern als Resultat wechselseitiger Strategien der Ausschließung und Usurpation, d.h. als Aspekt der Machtverteilung in Gesellschaften. Herrschaft rückt damit ins Zentrum der Analyse von Schichtungsordnungen.

Auf der Grundlage dieser *herrschaftstheoretischen Wende* wird deutlich, daß es sich auf beiden Seiten der Schließungsgleichung um *politische Strategien* zur Durchsetzung je eigener Interessen handelt. Zugleich wird aber auch der entscheidende Unterschied zwischen beiden Handlungsstrategien deutlich. Ausschließungsstrategien dienen der Mobilisierung von Macht zur Verteidigung oder Ausdehnung der Verfügung über gesellschaftliche Ressourcen und richten dazu politischen Druck *nach unten*, während Strategien der Usurpation politischen Druck *nach oben* richten und damit die gegebene Ressourcenverteilung innerhalb eines Schichtsystems in Frage stellen. Ausschließung und Usurpation sind somit Schließungsformen, die einerseits auf eine *Stabilisierung*, andererseits auf eine *Reorganisation* der existierenden Schichtungsordnung und dem damit gegebenen Verteilungssystem zielen. Insofern Schließungsmodi als verschiedene Wege begriffen werden, Macht zu mobilisieren, um Ressourcen nutzen zu können, wird "Macht (...) nicht als etwas Geheimnisvolles und Außergewöhnliches dargestellt, dessen ungewisse Verortung das Schichtungsgefüge komplizierter macht, sondern als Metapher zur Beschreibung der tatsächlichen Wirkungsweise dieses Systems" (Parkin 1983: 134).

Parkins Erweiterung des Schließungsbegriffes ermöglicht es, das von Weber unterschlagene Gegenhandeln kollektiver Akteure systematisch zu berücksichtigen, während die Ausdehnung des Ausbeutungsbegriffes nicht nur eine Analyse des Verhältnisses von Kapital und Arbeit, sondern darüber hinaus aller Formen gesellschaftlicher Machtverhältnisse ermöglichen soll. Gleichwohl ist bisher offen geblieben, wie auf der Grundlage des Schließungsmodells tatsächlich über die Analyse von Interklassenkonflikten hinausgegangen werden kann. Zur Klärung dieser Frage ist ein weiterer Schritt notwendig.

5.3.2 Duale Schließung

Ausschließung und Usurpation als zwei Seiten der Schließungsgleichung zu bestimmen und den Begriff der Ausbeutung zu generalisieren, stellt eine notwendige, keinesfalls aber hinreichende Erweiterung des Weberschen Schliessungskonzeptes dar. Erst Parkins Annahme, daß soziale Klassen und Gruppen in gesellschaftlichen Verteilungskämpfen gleichzeitig beide Strategien sozialer Schließung verfolgen können, ein Mechanismus, den er als *duale Schließung* bezeichnet, ermöglicht es prinzipiell, distributive Konflikte auch als Intraklassenkonflikte und als Konflikte zwischen gesellschaftlichen Gruppen zum Thema zu machen. Obgleich soziale Gruppen in diesen Auseinandersetzungen "gleichzeitig beide Strategien sozialer Schließung verfolgen können und oft auch verfolgen, wenn es ihnen darum geht, möglichst viele Ressourcen für sich zu beanspruchen" (ebd.: 122), sind die eingesetzten Strategien nicht von gleicher Bedeutung. Die Wahl je primärer Strategien ist sozialen Gruppen keineswegs ins Belieben gestellt. Sie entspricht vielmehr ihrer jeweiligen Position innerhalb der Schichtungsordnung, so daß Parkins Definition von Klassen entsprechend der von ihnen hauptsächlich verfolgten Handlungsstrategien präzisiert werden kann: "For definitional purposes, then, the dominant class in a society can be said to consist of those social groups whose share of resources is attained *primarily* by exclusionary means; whereas the subordinate class consists of social groups whose *primary* strategy is one of usurpation, notwithstanding the occasional resort to exclusion as a supplementary strategy" (Parkin 1979: 93). [11]

Obgleich Parkin beansprucht, Intraklassenbeziehungen und Beziehungen zwischen gesellschaftlichen Gruppen analysieren zu können, bleibt sein Interesse im wesentlichen auf duale Schließungsprozesse innerhalb der Arbeiterklasse gerichtet.[12] Diese können anhand von Ausschließungsstrategien der Arbeiteraristokratie gegenüber jenen Arbeitern, die nicht über spezifische Qualifikationen verfügen, am Beispiel der Schließungsprozesse männlicher Arbeiter gegenüber weiblichen Arbeiterinnen, weißer gegenüber schwarzen Arbeitern oder etwa protestantischer gegenüber katholischen in Nordirland erläutert werden.[13] Weitgehend kursorisch und unbefriedigend bleiben jedoch seine Ausführungen zu Schließungsprozessen zwischen gesellschaftlichen Gruppen, die nicht direkt auf die Klassenstruktur moderner Gesellschaften zurückgeführt werden können. Usurpatorische Strategien etwa von Frauen oder ethnischen Gruppen stellen

---

11 Diese Fassung der Definition von Klassen macht - ein historisches Beispiel - weiße Arbeiter in Südafrika zu Mitgliedern der herrschenden Klasse, da ihre primäre Strategie nicht in der Usurpation bestimmter Güter gegenüber der Kapitalseite bestand, sondern in der Schließung gegenüber schwarzen Arbeitern.
12 Parkin vernachlässigt die Auseinandersetzungen, d.h. Ausschließungs- und Usurpationsstrategien innerhalb der herrschenden Klasse. Im Falle der Hierarchien im Management kapitalistischer Unternehmen wären diese problemlos zu zeigen.
13 Parkin (1979: 90).

zwar ebenfalls Versuche dar, Macht gegen eine rechtlich definierte und staatlich geschützte Schichtungsordnung zu mobilisieren, aufgrund ihrer schwachen Stellung innerhalb der industriellen Arbeitsteilung, so Parkin, bleiben ihre Versuche der Reorganisation dieser Ordnung jedoch auf die Strategie moralischer Appelle an die liberale Ideologie der Gleichheit beschränkt. Die Strategien dieser Gruppen bleiben damit gewissermaßen dem eigentlichen Konflikt innerhalb der Arbeiterklasse nachgeordnet.[14] Parkin gelingt es damit nicht, Konflikte gesellschaftlicher Gruppen jenseits einer Klassenordnung zum Thema zu machen. Wenngleich so die Chance vertan wird, der Differenzierung moderner Gesellschaften tatsächlich gerecht zu werden und die wechselseitigen Schliessungen zwischen gesellschaftlichen Gruppen zu analysieren, macht Parkin doch auf eine bedeutende Schwäche des Weberschen Ansatzes aufmerksam. Dessen Annahme eines willkürlichen Bezugs gesellschaftlicher Gruppen auf Kennzeichen, an denen Schließungsstrategien ansetzen, läßt die Rolle staatlichen Handelns für deren Möglichkeit vollständig unbeachtet und erweist sich daher als äußerst irreführend. Es zeigt sich vielmehr, daß bei der Wahl des jeweiligen Kriteriums auf *rechtliche Definitionen der Unterordnung* durch den Staat zurückgegriffen wird: "In all known instances where racial, religious, linguistic, or sex characteristics have been seized upon for closure purposes the group in question has already at some time been defined as legally inferior by the state. Ethnic subordination, to take the commonest case, has normally occured as a result of territorial conquest or the forced migration of populations creating a subcategory of second-class citizens within the nation-state" (Parkin 1979: 95f). Diese Einsicht, daß rechtliche Definitionen von Über- und Unterordnung durch den Staat eine notwendige Voraussetzung für die Schließungsstrategien herrschender Gruppen darstellen, ist von grundlegender Bedeutung. Mit der Definition des Staates als Akteur, dessen rechtliche Entscheidungen sozialen Schließungsverhältnissen 'vorgeschaltet' sind, haben wir einen wichtigen Anhaltspunkt für die Bedeutung, die der Theorie sozialer Schließung für die Analyse interner Schließung in modernen Nationalstaaten zukommt.

Frank Parkins Erweiterung des Weberschen Schließungskonzeptes ist ein erster Schritt, dessen Ansatz zu erweitern und für die Analyse von Schließungsbeziehungen in Gesellschaften fruchtbar zu machen. Mit der Modifikation des Schließungsbegriffes, der Generalisierung des Ausbeutungskonzepts, der Thematisierung von Schließungsprozessen als Aspekt gesellschaftlicher Machtverteilung und schließlich der Konzeption dualer Schließung sind die entscheidenden Weichenstellungen hin zu einer Theorie sozialer Schließung gestellt.

---

14 Die Zugehörigkeit zu Geschlecht, Religion, Ethnie etc. behandelt Parkin ausschließlich als Moment der Ausgrenzung innerhalb der Arbeiterklasse. Eine eigenständige Thematisierung der Konflikte innerhalb oder zwischen diesen Gruppen bleibt jedoch aus.

5.4 Raymond Murphy: Die Theorie sozialer Schließung

Raymond Murphys Projekt, eine Theorie sozialer Schließung zu entwickeln, geht sowohl entschieden über Webers Konzept als auch die von Parkin vorgenommene Weiterentwicklung hinaus (Murphy 1984; 1986; 1988).[15] Seine Kritik gesellschaftstheoretischer Zugänge teilt angesichts fortschreitender gesellschaftlicher Differenzierung sowohl Parkins Einschätzung der Unzulänglichkeit marxistischer Klassentheorie, verweist zugleich aber auch auf das zentrale Problem der Schichtungstheorie, die Vernachlässigung der Bedeutung des Privatbesitzes an Produktionsmitteln zugunsten jener von Berufspositionen und sozioökonomischem Status. Jenseits von Klassen- und Schichtungstheorie[16] geht es Murphy um nicht weniger als einen allgemeinen Bezugsrahmen zur Analyse jeglicher Form gesellschaftlicher Herrschaftsverhältnisse. Er geht davon aus, daß eine Theorie sozialer Schließung prinzipiell über das Potential verfügt, diesen Analyserahmen bereitzustellen. Notwendig wird dazu auf *analytischer Ebene* jedoch zunächst die Überwindung konzeptioneller Probleme schließungstheoretischer Ansätze. Sodann muß ein erweiterter Analyserahmen in einen theoretischen Kontext integriert werden. Auf *theoretischer Ebene* zielt Murphys neoweberianischer Ansatz deshalb darauf ab, die Theorie gesellschaftlicher Rationalisierung als Prozeß der Durchsetzung und Rationalisierung von Exklusionskriterien zu interpretieren.

5.4.1 Ein allgemeiner Bezugsrahmen der Analyse von Herrschaft

Die kritische Diskussion der schließungstheoretischen Konzeptionen Max Webers, Frank Parkins und Randall Collins'[17] führt Raymond Murphy zu der Einschätzung, daß sie allesamt durch ein konzeptionelles Defizit gekennzeichnet sind und die Reichweite ihrer Erklärungsansätze deshalb durch eine gemeinsame, entscheidende Schwäche begrenzt werden. Weder werden die Beziehungen zwischen Schließungsregeln zum Gegenstand der Diskussion, noch wird erklärt, wie solche Regeln strukturiert werden (vgl. Murphy 1984: 551). "None of those versions provides a coherent conception of the relationships among the different rules of closure, of the primacy of some closure rules over others, nor of how primacy of rules varies from one type of society to another" (ebd.: 555).

---

15 Zu Murphys Ansatz siehe Cuneo (1989); Swartz (1990).
16 Wie bereits bei Parkin beruht die Abgrenzung gegenüber gesellschaftstheoretischen Zugängen auf einer sehr selektiven Rezeption. Vgl. Fn. 7.
17 Collins' Arbeiten (1971; 1975; 1987) sind für die Entwicklung des Konzepts sozialer Schließung nicht von Bedeutung. Collins selbst benutzt für Schließungsprozesse den Begriff 'Conflict Sociology'. Ich beschränke mich daher im wesentlichen auf Murphys Auseinandersetzung mit Parkins Ansatz.

Drei Aspekte kennzeichnen das Kernstück des von Murphy entwickelten Ansatzes. Erstens geht es ihm um eine umfassende Konzeption unterschiedlicher Schließungsregeln, zweitens um die Aufklärung des Verhältnisses, in dem diese zueinander stehen, und drittens schließlich um die Bestimmung des jeweiligen Primats einer Schließungsregel in einem spezifischen Gesellschaftstyp. Darüber hinaus muß ein Rahmen zur Analyse der Struktur dieser Schließungsregeln erarbeitet werden, um zur Erklärung des eigentlichen Problems vordringen zu können: der *Tiefenstruktur von Herrschaft* in einer Gesellschaft. Dieser Anschluß an die von Parkin vorgenommene herrschaftstheoretische Wende macht einen weiteren Umbau des schließungstheoretischen Rahmens notwendig. Dieser sieht vier methodologische Schritte vor, um zur Analyse der *Struktur von Schliessungsregeln* zu gelangen.[18]

Ein *erster Schritt* dient der Differenzierung in *primäre, abgeleitete* und *kontingente* Formen der Exklusion in Gesellschaften.[19] *Primäre Exklusionsformen* entscheiden nicht nur über die spezifische Verteilung von Ressourcen, sie determinieren vielmehr den gesamten Schließungsprozeß und das Verhältnis zu nachgeordneten Formen der Exklusion. "The principal form of exclusion refers to the set of exclusion rules, backed by the legal (...) apparatus of the state, which is the main determinant of access to or exclusion from power, resources and opportunities in society" (Murphy 1984: 555).[20] Im Gegensatz zu Parkin, der von der gleichrangigen Bedeutung des Privatbesitzes an Produktionsmitteln und des Kredentialismus in kapitalistischen Gesellschaften ausgegangen war, definiert Murphy den rechtlich gesicherten Privatbesitz an Produktionsmitteln als primäre Exklusionsform[21], von der sich *abgeleitete Formen* unterscheiden lassen: "Derivative forms of exclusion (...) are rules for the monopolization of opportunities in society which are derived directly from the principal form of exclusion yet are not identical to it" (ebd.). Abgeleitete Exklusionsformen können sowohl die Forderung nach spezifischen Berufsqualifikationen und Bildungstiteln für bestimmte Positionen in Unternehmen als auch Mechanismen

---

18 Murphys Gebrauch der Begriffe Schließung ('closure') und Exklusion ('exclusion') ist inkonsistent und somit problematisch. Während Schließung zunächst wie bei Parkin als übergeordneter Begriff eingeführt wird, der Exklusion und Usurpation umfaßt (Murphy 1988: 548), beziehen sich wenig später Regeln und Formen der Schließung nur noch auf die Exklusionsseite (ebd.: 555ff; 561). Da Murphy seinen Ansatz auf die Analyse von Exklusion beschränkt, bleibt der Bezug von Usurpationsformen zur Schließungsstruktur unklar. Im folgenden benutze ich den Begriffe Schließung für den gesamten Prozeß, Exklusion für die Schließungsformen und -strategien der herrschenden gesellschaftlichen Gruppen.
19 Murphy (1988) definiert Schließungsregeln als principal, derivative, contingent rules.
20 Wie Parkin diskutiert auch Murphy die Unterschiede von Schließungsprozessen anhand der Gegenüberstellung kapitalistischer und staatssozialistischer Gesellschaften. Für das theoretische Konzept ist dies nachrangig.
21 Wie stark Murphy der marxistischen Denkweise verhaftet bleibt, zeigt hier bereits die Idee einer letzten Endes determinierenden Kraft primärer sowie die Vorstellung einer durchgängigen Ableitbarkeit nachgeordneter Schließungsregeln.

5.4 Raymond Murphy: Die Theorie sozialer Schließung

rassischer, ethnischer, religiöser oder geschlechtsspezifischer Ausschließung darstellen, deren Wirkung direkt mit der rechtlichen Absicherung des Privatbesitzes an Produktionsmitteln zusammenhängt. "The striking correlation between the ethnicity of the owners of companies and that of their directors suggests that derivative forms of exclusion are at work in the board rooms" (ebd.: 556). Schließlich können von diesen direkt abgeleiteten *kontingente Exklusionsformen* unterschieden werden. Sie sind nicht direkt von der primären Form abgeleitet, entstehen nichtsdestoweniger aber in ihrem Kontext. Auch hier handelt es sich um spezifische Bildungsqualifikationen sowie um rassische, ethnische, religiöse und geschlechtsspezifische Mechanismen der Ausschließung. Wirksam werden sie jedoch nicht im Rahmen kapitalistischer Unternehmen, sondern innerhalb der Gesellschaft, etwa in Form von Bildungspatenten für Ärzte (vgl. ebd.: 557).

Ein *zweiter methodologischer Schritt* dient der empirischen Aufklärung der Grenze zwischen abgeleiteten und kontingenten Exklusionsformen einerseits, der empirischen Untersuchung ihrer genauen Beziehung zur primären Exklusionsform andererseits. In einem *dritten Schritt* folgt die Analyse der gesamten *Struktur der Exklusion*. Drei Modelle mit unterschiedlichen Exklusionsstrukturen können unterschieden werden: *erstens* Gesellschaften, die durch eine *Tandem-Struktur* ihrer Exklusionsverhältnisse gekennzeichnet sind. Diese beruht auf einer primären Form, welcher abgeleitete und kontingente Formen nachgeordnet sind. Feudale Gesellschaften etwa sind charakterisiert durch die primäre Exklusionsform der Abstammung, kapitalistische Klassengesellschaften durch den Privatbesitz an Produktionsmitteln, staatssozialistische Gesellschaften schließlich durch die Nomenklatura der Kommunistischen Partei.[22] *Zweitens* Gesellschaften mit einer *dualen Exklusionsstruktur*[23], in denen zwei komplementäre primäre Exklusionsformen mit jeweils abgeleiteten und kontingenten Formen zusammenwirken. Auf der Ebene des kapitalistischen Weltsystems definiert Murphy Privatbesitz an Produktionsmitteln sowie Staatsbürgerschaft als primäre Exklusionsformen einer dualen Struktur. Staatsbürgerschaft wird hier jedoch nur unter ihrem extern exklusiven, nicht aber in ihrem intern exklusiven Aspekt zum Thema. Als historisches Beispiel dieses Typus gilt Südafrika mit den primären Exklusionsformen Klasse und Rasse. Ein *dritter Typus* beruht auf einer *polaren Exklusionsstruktur*. Hier können zwei primäre, sich entgegenstehende Formen definiert werden. Auf der Analyseebene des Weltsystems - auch hier ein histori-

---

22 Auch Schließungstheoretiker sind Kinder ihrer Zeit. Für kapitalistische Klassengesellschaften lediglich das Verhältnis zwischen Kapital und Arbeit als primäre Strukturkategorie zu definieren und Geschlecht als Strukturkategorie nicht zu thematisieren, ist aus der Perspektive der Frauenforschung in den letzten Jahren überzeugend kritisiert worden. Vgl. dazu Becker-Schmidt (1987); Beer (1990); Frerichs/Steinrücke (1993).
23 Murphy ersetzt den Begriff 'dual structure' (1984) in einer späteren Fassung des Aufsatzes (1988) durch den Begriff 'paired structure'. Beide Begriffe sind unbefriedigend. Verständlicher wäre etwa der Begriff 'komplementäre Schließungsstruktur' für sich ergänzende primäre Schließungsformen.

sches Beispiel - stehen sich mit kapitalistischen und sozialistischen Gesellschaften eine auf dem Privatbesitz an Produktionsmitteln und eine auf der Kommunistischen Partei beruhende Exklusionsform gegenüber. Der *vierte methodologische Schritt* wendet sich der Usurpationsseite zu, auf der *inklusive* von *revolutionären Usurpationsformen* unterschieden werden können.[24] Während im Falle inklusiver Formen die Strategien der unterdrückten Gruppen darauf gerichtet sind, in das bestehende Schichtsystem eingegliedert zu werden, zielen revolutionäre Formen der Usurpation auf die grundlegende Transformation der diesem System zugrundeliegenden Struktur. Die jeweils verfolgten, unterschiedlichen Strategien lassen sich als solidaristische, ideologische, ökonomische etc. definieren (siehe Abb. 7).

Der Grundgedanke dieser konzeptionellen Erweiterung beruht auf der Idee, daß erst die Annahme einer spezifischen Rangordnung von Exklusionsformen eine umfassende Analyse der Herrschaft gesellschaftlicher Gruppen ermöglicht. Murphy akzeptiert weder die Beliebigkeit des Weberschen Konzeptes noch Parkins Annahme zweier gleichberechtigter Schließungsmechanismen in kapitalistischen Gesellschaften. Während dieser davon ausging, daß zwischen den beiden Gruppen der herrschenden Klasse - den Besitzern der Produktionsmittel und den über Bildungstitel Verfügenden - kein Interessengegensatz bestehe (vgl. Parkin 1979: 58) und Intraklassenkonflikte deshalb nur innerhalb der Arbeiterklasse als duale Schließung behandelt wurden, geht Murphy gerade davon aus, daß erst die *Rangordnung der Exklusionsformen* ein Verständnis von Intraklassenkonflikten innerhalb der herrschenden Klasse ermöglicht. In kapitalistischen Gesellschaften ist der Privatbesitz an Produktionsmitteln nicht nur die bedeutendste Ausschließungsform; diejenigen Gruppen, die über Bildungspatente verfügen, werden zugleich von den Besitzern an Produktionsmitteln dominiert.[25] Die besitzende Klasse nutzt spezifische Qualifikationen, um in Unternehmen eine strikte Kontrollhierarchie zu errichten.

Es versteht sich von selbst, daß eine derartige Situation dann dazu führen kann, daß die über Bildungspatente verfügenden Gruppen mittels usurpatorischer Praxen die Vorteile der besitzenden Klasse und deren Herrschaft in Frage stellen. Ohne weitere Beispiele anführen zu müssen, wird deutlich, daß Murphys Modell sowohl durch eine klare Hierarchie der Bedeutung und Durchsetzung von Exklusionsformen als auch durch eindeutige Ableitungsverhältnisse charakterisiert ist. Auf der Grundlage dieser Hierarchie von Exklusionsformen hat man es folglich mit ebenso klar strukturierten Herrschaftsverhältnissen, eindeutig definierten Machtverhältnissen und Durchsetzungsmöglichkeiten sozialer Ausschließungsprozesse von oben nach unten zu tun. Murphy geht damit zum

---

24 Murphy (1988) bezeichnete Usurpationsformen als 'inclusionary' und 'revolutionary'.
25 Vgl. Bourdieu (1982) zur Vorstellung einer dominierten Fraktion der dominanten Klasse.

5.4 Raymond Murphy: Die Theorie sozialer Schließung 145

Abb. 7: Schließungsregeln auf der Grundlage von Schließungsstrukturen und -formen:

Schließungsstrukturen*	Schließungsformen Primär (P)	Schließungsformen Abgeleitet (A)/Kontingent (K)
Tandem P /\\\\ A1 K1 K2 A2	a) Abstammung (Aristokratie) b) Privatbesitz (Kapitalismus) c) Kommunistische Partei (Staatssoz. Ges.)	
Dual P1 >—< P2 /\\ /\\ A1 K1 A2 K2	a) Privatbesitz/Apartheid (Südafrika) b) Privatbesitz/ Staatsbürgerschaft (kap. Weltsystem)	Bildungstitel+ Geschlecht+ Rasse+ Ethnizität+ Sprache+ Religion+
Polar P1 <—> P2 /\\ /\\ A1 K1 A2 K2	Privatbesitz versus Kommunistische Partei (Weltsystem)	

* ↓   Beziehung von Dominanz und Abhängigkeit
>—<   komplementäre Beziehung
<—>   entgegengesetzte Beziehung
+   Schließungsregeln haben abgeleitete und kontingente Formen. Ihre Bedeutung variiert je nach Gesellschaft und im historischen Prozeß

Quelle: Murphy (1984: 561)

einen über Parkins 'harmonische' Vorstellung des Verhältnisses gesellschaftlicher Gruppen innerhalb der herrschenden Klasse hinaus, tendiert jedoch dazu, das Handeln der Ausgeschlossenen ausschließlich als Reflex auf Ausschliessungsprozesse zu begreifen. Damit fällt er zugleich hinter Parkins Idee dualer Schließung zurück, die die wechselseitig ausschließenden Praktiken innerhalb der Arbeiterklasse und die damit verbunden Annahme einer relativen Offenheit politischer Auseinandersetzungen betont hatte. Wechselseitige Schließungsprozesse werden in dieser Perspektive vielmehr als *Fragmentierung* untergeordneter Gruppen begriffen, und daher als Konsequenz der Durchsetzung von Exklusion durch die herrschende Klasse: "Groups see more readily the illegitimacy of the rules responsible for their own exclusion than the illegitimacy of rules responsible for the inclusion of others" (ebd.: 563). Während bereits die differentielle Behandlung untergeordneter Gruppen zu deren Fragmentierung führt, verstärkt sich die Tendenz dadurch, daß diese in Reaktion auf ihre Exklusion entweder auf *inklusive* oder *revolutionäre Formen der Usurpation* zurückgreifen und so ihrerseits die Spaltung vorantreiben: "The distinction between these two forms of usurpation defines the main line of cleavage within usurpationary groups. (...) Thus there is usually a struggle within usurpationary groups concerning the form that the usurpationary reaction to exclusion should take" (ebd.).

Dieser erweiterte konzeptionelle Rahmen zur Analyse sozialer Schließungsprozesse ermöglicht es Murphy, seinen Anspruch, das spezifische Zusammenwirken unterschiedlicher Schließungsformen zu analysieren und damit über bisherige Schließungskonzeptionen hinauszugehen, einzulösen. Entscheidend wird dazu nicht nur eine spezifische Rangordnung von Schließungsformen, sondern darüber hinaus unterschiedliche Grade von Schließungsbeziehungen. Die Handlungsstrategien zwischen Besitzern von Produktionsmitteln und Besitzlosen; zwischen denjenigen, die über Qualifikationen verfügen und jenen, die nicht darüber verfügen; zwischen Männern und Frauen, Weißen und Schwarzen etc. stellen *strukturelle Schließungsbeziehungen erster Ordnung* dar. Erst die Beziehungen *zwischen* diesen konstituieren jedoch *strukturelle Schließungsbeziehungen zweiter Ordnung* und damit die *Tiefenstruktur von Schließung in sozialen Systemen*. Erst das spezifische Zusammenwirken unterschiedlicher Schließungsformen und deren wechselseitige Verstärkung ermöglichen es, Macht- und Herrschaftsverhältnisse in Gesellschaften zu erfassen: "When strengthened in this way the focus on the power and control relations contained in the rules and codes of exclusion, which regulate and govern society, constitutes a potentially valuable approach for understanding the basis of domination and struggle, whatever its form" (ebd.: 564).

Mit diesen grundlegenden Modifikationen schließungstheoretischer Ansätze steht nun der von Murphy angemahnte Bezugsrahmen zur Analyse von Schliessungsbeziehungen und damit von Herrschaftsverhältnissen in Gesellschaften bereit. In einem weiteren Schritt muß geklärt werden, wie diese analytische Konzeption in einen theoretischen Ansatz integriert werden soll.

5.4.2 Die Durchsetzung von Exklusionskriterien im Prozeß gesellschaftlicher Rationalisierung

Ausgehend von Max Webers Diktum, daß nicht Ideen, sondern materielle und ideelle Interessen menschliches Handeln leiten, legt Murphy seiner neoweberianischen 'Theory of Monopolization and Exclusion' (1988) die Einschätzung zugrunde, daß es von spezifischen Weltbildern bestimmte Codes sozialer Schließung sind, "...along which action is pushed by the dynamic of interests" (ebd.: 1). Der theoretische Rahmen, in den Murphy seinen Ansatz stellt, weist die modernisierungstheoretische Annahme fortschreitender Inklusion zurück. Den Übergang von vormodernen zu modernen Gesellschaften interpretiert er deshalb nicht wie Durkheim, Marshall und Parsons als Prozeß zunehmender gesellschaftlicher Gleichheit[26], sondern im Gegensatz dazu als Prozeß der Durchsetzung neuer Formen der Exklusion und der Umstellung von Exklusionskriterien. Mit dieser Vorstellung erhalten wir, nach Parkins Bestimmung des Staates als entscheidendem sozialen Akteur für die Möglichkeit sozialer Schließungsprozesse, einen weiteren wichtigen Ansatzpunkt, der die Theorie sozialer Schließung für Probleme interner Schließung interessant macht.

Im Anschluß an Weber geht Murphy davon aus, daß der eigentliche Sinn formaler Rationalisierung zum einen *Kontrolle über die Natur* durch wissenschaftliche und technische Rationalisierung, zum anderen *Kontrolle über den Menschen* durch rational-legale Herrschaft ist, wie sie sich in Bürokratie, Rechtssystem und kapitalistischem Markt manifestiert. Die Aufrechterhaltung dieser Kontrolle, das ist Murphys These, kann jedoch nur durch deren Wandel und die Veränderung von Exklusionskriterien gewährleistet werden. Das Ziel dieser Umgestaltungen besteht darin, "...to strengthen mastery and render it deeper, more comprehensive, more subtle, and more legitimate" (Murphy 1988: 219). Nicht die Durchsetzung von mehr gesellschaftlicher Gleichheit, sondern der Übergang von zugeschriebenen zu erworbenen Kriterien der Statuszuweisung, und das bedeutet in schließungstheoretischer Perspektive: die Umstellung von *kollektivistischen* auf *individualistische Exklusionskriterien* ist kennzeichnend für den gesellschaftlichen Entwicklungsprozeß. Zugleich bestreitet Murphy die liberale Ideologie, die einen moralischen Fortschritt in der Umstellung von kollektivistischen auf individualistische Exklusionskriterien zu erkennen glaubt und weist damit die Legitimität der auf angeblich individualistischen Kriterien

---

26 Siehe Kap 2. der Arbeit.

beruhenden Schichtungsordnung zurück.²⁷ Deren Durchsetzung bedeutet viel eher eine Modifizierung der rechtlichen und politischen Grundlagen der Ausbeutung als deren Abschaffung (vgl. ebd.). Ausgehend von dieser Grundlage lautet Murphys schließungstheoretisches Fazit: "[Closure] theorists debunk conclusions of moral progress from ascription to achievement in the transition from aristocratic domination or ethnic stratification to bourgeois individualistic liberal domination based on property and credentials" (Murphy 1984: 550). Geschichte ist in dieser Perspektive die Geschichte von Schließungskämpfen, gleich welche Kriterien diesen Legitimation verschaffen. Zum Thema wird in kapitalistischen Gesellschaften damit die spezifische Exklusionswirkung der liberalen Ideologie formaler Gleichheit: "The distinguishing feature of this rationalized mode of selection and exclusion, in comparison with traditional forms of domination, is that it is a contest, founded on formal legal equality for all competitors. The contest is open to all and the formal, general, abstract rules and procedures of the game are the same for all" (Murphy 1988: 222). Wenngleich damit offensichtlich die Bedeutung eines formal gleichen, rechtlichen Status aller Staatsbürger für die Möglichkeit der Artikulation und Durchsetzung individueller Interessen unterschätzt wird, so ist es doch Murphys Verdienst, den Blick auf die Durchsetzung neuer und rational erscheinender Kriterien der Exklusion zu lenken.

Mit der Erarbeitung eines allgemeinen Rahmens zur Analyse der Herrschaftsverhältnisse in Gesellschaften und der theoretischen Verortung der Durchsetzung von Exklusionskriterien als Kernstück der Weberschen Theorie gesellschaftlicher Rationalisierung hat die Theorie sozialer Schließung ihren bisher weitesten Stand der Ausarbeitung erreicht. Gleichwohl zeigen sich Probleme theoretischer und konzeptioneller Natur, die überwunden werden müssen, wenn das analytische Potential der Theorie sozialer Schließung für eine Diskussion interner Schließungsprozesse gegenüber Migranten voll ausgeschöpft werden soll.

5.5 Der schließungstheoretische Ansatz: Probleme und Anknüpfungspunkte

Die theoretische Bestimmung und konzeptionelle Fassung sozialer Schließung als Instrument zur Analyse von Herrschaft in Gesellschaften ist die entscheidende Leistung der Schließungstheoretiker Frank Parkin und Raymond Murphy. Mit diesem Zugriff gehen sie weit über Webers Konzept, das sich auf die Maximie-

---

27 Murphy geht von *angeblich* individualistischen Kriterien aus, da die Bedeutung struktureller Beziehungen als Voraussetzungen für das Erreichen gesellschaftlicher Positionen unbeachtet bleibt.

5.5 Der schließungstheoretische Ansatz: Probleme und Anknüpfungspunkte

rung ökonomischer Chancen beschränkt hatte, hinaus. Auf der Ebene der Sozialstrukturanalyse wird es mit der Theorie sozialer Schließung damit *prinzipiell* möglich, die Auseinandersetzungen, die soziale Akteure um spezifische Positionen in der Schichtungshierarchie führen, in den Blick zu bekommen. Es sind die differentiellen Möglichkeiten, Macht zu mobilisieren, die darüber entscheiden, welche Positionen Personen oder Gruppen im Schichtungssystem einnehmen und in welchem Maße sie an gesellschaftlichen Gütern teilhaben. Dadurch steht die Theorie sozialer Schließung in systematischem Zusammenhang mit der Analyse sozialer Schichtung in modernen Gesellschaften, ohne dabei die implizit liberalen Vorstellungen einer Zuweisung in bestimmte gesellschaftliche Positionen auf der Grundlage individuellen Verdienstes zu teilen. Es ist ohne Frage einer der großen Vorteile der Theorie sozialer Schließung, soziale Schichtung als Aspekt der Machtverteilung in Gesellschaften zu thematisieren, Herrschaft in die Schichtungsanalyse zu integrieren und dadurch Sozialstrukturanalyse und politische Analyse zusammenzuführen.

Mit der vollzogenen herrschaftstheoretischen Wende der Analyse sozialer Schließungsprozesse und den vorgenommenen Modifikationen wird das Konzept sozialer Schließung, welches bei Weber noch eher deskriptiven Charakter hatte, nicht nur zu einem erklärenden Modell weiterentwickelt - es wird zugleich zu einem analytischen Instrument der Aufklärung *aller* in Gesellschaften beobachtbarer Herrschaftsverhältnisse. Als solches wird es zur Grundlage der Analyse interner Schließung, und das heißt: der Aufklärung der um den Zugang zu nationalen Staatsbürgerrechten geführten sozialen Auseinandersetzungen und Kämpfe.

Murphys Anspruch, mit der Theorie sozialer Schließung auf gesellschaftstheoretischer Ebene einen Weg jenseits von Klassen- und Schichtungstheorie anbieten zu können, schießt gleichwohl über das Ziel hinaus. Die Theorie sozialer Schließung stellt vielmehr eine typische *middle-range theory* im Mertonschen Sinne dar.[28] Sie dient der Analyse konkreter sozialer Probleme unterhalb der Reichweite der 'grand theories'. Damit ist der behauptete Erklärungsanspruch zwar ein ganzes Stück zurückzunehmen, zugleich kann durch diese Beschränkung aber, wie am Beispiel der internen Schließung in Nationalstaaten gezeigt werden soll, die bisher unterschätzte Analysekapazität der Theorie sozialer Schließung voll zur Geltung kommen.

Wo liegen die entscheidenden theoretischen Probleme, und welche Konzeptionen können gewinnbringend aufgenommen und weiterentwickelt werden?

Es ist deutlich geworden, daß sowohl Frank Parkins als auch Raymond Murphys konzeptionelle Weiterentwicklungen des Weberschen Ansatzes einer strikt hierarchisch gedachten Konzeption des Verhältnisses von Kapital und Arbeit, dem ihrer Ansicht nach allein entscheidenden sozialen Verhältnis in modernen

---

28 Zur Konzeption der 'middle-range theory' siehe Merton (1964); Zur aktuellen Bedeutung von Theorien mittlerer Reichweite nach dem Ende der 'grand theories' siehe Müller/Schmid (1995).

Gesellschaften verhaftet bleiben. Spätestens mit Murphys Schließungsmodellen wird deutlich, daß damit die Annahmen einseitiger, strukturell festgelegter Schließungsbeziehungen und der problemlosen Durchsetzung von Exklusionsstrategien einhergehen. Aus der von ihm behaupteten Konzeption voneinander ableitbarer Schließungsregeln resultiert folgerichtig ein erstes Problem: der Strukturbegriff wird objektivistisch verkürzt und führt zur Vorstellung einer, in einem spezifischen Typus von Gesellschaft, objektiv gegebenen, das Handeln sozialer Akteure ausschließlich begrenzenden Schließungsstruktur. Einem derartigen Strukturverständnis folgt zwangsläufig das zweite Problem: dem Handeln sozialer Akteure kann prinzipiell keine Bedeutung zugemessen werden. Sie exekutieren lediglich vorgegebene Schließungsstrukturen. Dies gilt sowohl für das Handeln der Ausschließenden, erst recht aber für das rein reaktiv konzipierte Handeln der Ausgeschlossenen. Sie treten in Murphys Schließungsmodell so weit zurück, daß sie schließlich gar nicht mehr berücksichtigt werden, sondern lediglich die objektive Exklusionsstruktur von Interesse zu sein scheint. Die Vernachlässigung sozialen Handelns ist dabei dem Bedürfnis nach eindeutigen und klaren Ableitungsverhältnissen und der Idee einer problemlosen Durchsetzung von Ausschließung geschuldet.

Es ist offensichtlich, daß aufgrund dieser problematischen Fassung des Verhältnisses von Struktur und Praxis das handlungstheoretische Potential der Theorie sozialer Schließung nicht genutzt werden kann. Sie führt vielmehr dazu, daß darüber hinaus auch die Herrschaftsbeziehungen zwischen sozialen Akteuren lediglich als Ausdruck objektiver Strukturen erscheinen.

Dies zeigt sich in Murphys theoriestrategischem Schritt, Parkins Idee dualer Schließung, als Auseinandersetzung zwischen Akteuren auf einer Seite der Schließungsgleichung, zugunsten einer Vorstellung von Fragmentierung zu ersetzen. Fragmentierung der Ausgeschlossenen, verstanden als vollständige Durchsetzung von Exklusionsstrategien und der daraus resultierenden Spaltung der Ausgeschlossenen, reduziert Herrschaft gewissermaßen darauf, das zu bezeichnen, was ohnehin schon durch Strukturen festgelegt begriffen wird. Dadurch verliert die Idee der herrschaftstheoretischen Wende, Prozesse politischer, und damit prinzipiell offener Kämpfe begreifbar zu machen, ihre eigentliche Bedeutung. Bei Murphy steht deshalb zwar der Herrschaftsaspekt von Schliessungsbeziehungen im Mittelpunkt der Theorie. Dies allerdings um den Preis, daß ausgeschlossenen Akteuren kaum ein Handlungsspielraum bleibt und sie qua Struktur sowie den aus ihr resultierenden, festgelegten Herrschaftsverhältnissen weitgehend zu hilflosen Opfern von Exklusion gemacht werden. Mit diesem Zugang, und dies ist das Dilemma des Murphyschen Begriffes von Herrschaft, können Schließungsbeziehungen aber überhaupt nicht als Verteilungskämpfe um gesellschaftliche Güter thematisiert werden, wie es die Theorie sozialer Schließung eigentlich zu tun beansprucht. Vielmehr bleibt es bei sozialen Beziehungen zwischen gesellschaftlichen Klassen oder Gruppen, die nun nicht mehr durch ein

5.5 Der schließungstheoretische Ansatz: Probleme und Anknüpfungspunkte 151

ökonomisches Ausbeutungsverhältnis, sondern durch strikt voneinander abgeleitete Schließungsregeln determiniert sind.

Neben diesen theorieinternen Problemen birgt auch der interessante Versuch, soziale Schließung als zentrales Moment in den Kontext der Weberschen Theorie gesellschaftlicher Rationalisierung zu stellen, ein Problem. Die Bedeutung dieser Interpretation sozialer Exklusion besteht darin, eine Gegenperspektive zur modernisierungstheoretischen Vorstellung der Ausweitung gesellschaftlicher Gleichheit durch den fortschreitenden Inklusionsprozeß aller Gesellschaftsmitglieder in Staatsbürgerrechte zu formulieren. Im Gegensatz zur optimistischen Perspektive, die Durkheims, Marshalls und Parsons' Arbeiten kennzeichnet, und die, wie oben gezeigt wurde, die *credit side* des gesellschaftlichen Entwicklungsprozesses zum Gegenstand machen, wird damit gewissermaßen dessen *dark side* in den Mittelpunkt gerückt. Der Übergang von vormodernen zu modernen Gesellschaften wird nicht als Prozeß zunehmender Inklusion gedacht, er ist vielmehr mit der ständigen Reorganisation von Exklusionskriterien und der systematischen Aufrechterhaltung und Legitimation eines Systems sozialer Ungleichheit verbunden. Murphys Interpretation des gesellschaftlichen Entwicklungsprozesses verdeutlicht einerseits zwar die Unzulänglichkeit der Inklusionsperspektive der soziologischen Tradition, läuft in seiner Radikalität allerdings Gefahr, das Kind mit dem Bade auszuschütten und sich im ehernen Gehäuse sozialer Schließung zu verlaufen.

Zweifellos hat sich die Theorie sozialer Schließung in eine Sackgasse manövriert, aus der sie herausgeführt werden muß, wenn ihre tatsächlichen Stärken für die Analyse interner Schließung genutzt werden sollen. Zur Lösung der aufgezeigten *theoretischen* Probleme ist deshalb eine handlungszentrierte Wende der Schließungstheorie erforderlich, die das Handeln sozialer Akteure angemessen berücksichtigt. *Konzeptionell* und *inhaltlich* sind es ironischerweise vor allem gerade einige von Parkin und Murphy selbst nicht weiter ausgearbeitete Ideen und Konzepte der Theorie sozialer Schließung, die für die Entwicklung eines theoretischen Modells zur Analyse interner Schließung bedeutsam werden und an denen die notwendigen Modifikationen ansetzen können.

So bleibt, wie gezeigt wurde, ein im Anschluß an Max Weber zu erwartendes *handlungstheoretisches Modell* 'geschlossener' sozialer Beziehungen im Strukturbegriff der Theorie stecken. Parkin und Murphy beschränken sich darauf, den strukturellen Rahmen zu explizieren, innerhalb dessen dann die Auseinandersetzungen zwischen sozialen Akteuren analysiert werden könnten. Daß dieser Schritt ausbleibt, ist angesichts der aufgezeigten theoretischen Probleme wenig überraschend, zugleich wird jedoch erkennbar, daß sie auf der Grundlage ihres herrschaftstheoretischen Modells implizit das tatsächliche Handeln sozialer Akteure zu berücksichtigen versuchen. Soziale Klassen und gesellschaftliche Gruppen werden zwar als *kollektive Akteure* bestimmt, die mittels spezifischer *Strategien* um die Verteilung gesellschaftlicher Güter kämpfen. Da jedoch beide

Theoretiker die Implikationen dieser Annahmen nicht weiter verfolgen, begeben sie sich der Möglichkeit, soziale Schließung tatsächlich als politische Auseinandersetzungen zwischen gesellschaftlichen Gruppen innerhalb eines Systems sozialer Ungleichheit zu denken, das über das Handeln kollektiver Akteure produziert und reproduziert wird. Um an diesem Punkt der Theorie sozialer Schliessung weiterzudenken, wird Parkins zentrale *Idee einer Schließungsgleichung* entscheidend. Dieser Idee nach stehen sich Ausschließende und Ausgeschlossene gegenüber, die einerseits mittels *Ausschließungsstrategien*, andererseits mittels *usurpatorischer Strategien* um die Verteilung gesellschaftlicher Güter und Ressourcen kämpfen. Damit entwickelt Parkin im Kern ein Modell, das die systematische Einbeziehung der jeweils ausgeschlossenen sozialen Gruppen bei der Analyse von Schließungsbeziehungen ermöglicht. Parkin selbst hat diese Vorstellung einer Schließungsgleichung aber nicht konsequent weiterverfolgt. Sie wird gleichwohl, wie zu zeigen sein wird, in erweiterter Form zum Kernpunkt eines modifizierten Modells zur Analyse interner Schließung.

Innerhalb dieses konzeptionellen Rahmens kann nun auch auf *inhaltlicher Ebene* an die Schließungstheoretiker angeknüpft werden. Schließungsbeziehungen werden zum einen als *Herrschaftsbeziehungen zwischen sozialen Akteuren* thematisiert, zum anderen kann Murphys Idee des Zusammenwirkens unterschiedlicher Schließungsregeln als Moment der *Verfestigung von Herrschaft* aufgenommen und von deterministischen Annahmen befreit werden. Und ein letzter Punkt verdient Aufmerksamkeit. Ohne Murphys zweifellos über das Ziel hinausschießende Radikalität zu teilen, wird seine Interpretation gesellschaftlicher Modernisierung, als eines fortschreitenden Prozesses der Rationalisierung und Durchsetzung von Exklusionskriterien, zu einem wichtigen Bezugspunkt der Analyse interner Schließung in liberal-demokratischen Gesellschaften. Seine Interpretation des gesellschaftlichen Entwicklungsprozesses als *Durchsetzung sich verändernder Exklusionsformen* stellt das notwendige Korrektiv zum inklusivistischen Selbstverständnis nationaler Staatsbürgerschaft bereit. Exklusion ersetzt so nicht die Inklusionsperspektive, sondern wird als immer schon konstitutives Moment, und unter aktuellen Umbruchprozessen als deutlicher hervortretendes Kennzeichen nationaler Staatsbürgerschaft begriffen. *Inklusions-* und *Exklusionsaspekt* nationaler Staatsbürgerschaft sind zwei Seiten einer Medaille.

Um die Analyse interner Schließung auf der Grundlage eines theoretisch erweiterten und konzeptionell modifizierten Modells im Kontext der Theorie sozialer Schließung zu verorten, bietet schließlich Frank Parkins Kritik an Max Webers Einschätzung, daß Ausschließungsstrategien willkürlich gewählt werden und an jedem beliebigen sozialen Merkmal ansetzen können, den entscheidenden Anknüpfungspunkt. Das Argument gegen Weber behauptet, um es noch einmal zu betonen, daß sozialen Ausschließungspraktiken *rechtliche Definitionen von Unterordnung durch den Staat* vorausgehen. Und dieser Aspekt erlaubt

5.5 Der schließungstheoretische Ansatz: Probleme und Anknüpfungspunkte

es, den Ausschluß von Staatsbürgerrechten, den der Nationalstaat gegen Migranten durchzusetzen versucht, als rechtliche Definition von Unterordnung zu begreifen. Diese Unterordnungen sind deshalb, so meine These, ihrerseits Resultat von Schließungsbeziehungen, d.h. sie sind das Ergebnis sozialer Auseinandersetzungen zwischen kollektiven Akteuren auf seiten des Staates und kollektiven Akteuren auf seiten der Immigranten um die Zulassung zu staatsbürgerlichen Rechten. Die Analyse interner Schließung widmet sich damit genau *den* Prozessen, die zu rechtlichen Definitionen der Unterordnung von Migranten führen.[29]

Zusammenfassend kann festgestellt werden, daß die Theorie sozialer Schliessung auf ihrem gegenwärtigen Stand ein in Grundzügen entwickeltes Modell zur Analyse von Schließungsbeziehungen in Gesellschaften vorgelegt hat. Um dieses aber auch gewinnbringend für die Analyse interner Schließung nutzen zu können, muß über die von den Schließungstheoretikern vorgenommenen Erweiterungen des Weberschen Konzepts selbst hinausgegangen werden. Die Analyse der politischen Kämpfe und sozialen Auseinandersetzungen um interne Schliessung setzt eine analytische Erweiterung und konzeptionelle Modifikation des schließungstheoretischen Ansatzes zwingend voraus.

---

29 Im Anschluß an Parkin bedeutet dies, daß soziale Ausschließungspraktiken dann an diese rechtlichen Definitionen anschlußfähig werden. Der Grad der von staatlicher Seite gegen Migranten durchgesetzten Exklusion wird somit Voraussetzung für soziale Praxen der Ausschließung von Migranten. Auch hier hat man es dann aber mit der Eröffnung potentieller Handlungsspielräume zu tun, nicht mit ableitbaren, deterministischen Konsequenzen. Die Analyse der Durchsetzung von Exklusion und die daran anschließenden sozialen Praktiken stellen damit eine rechtssoziologische Reformulierung bzw. Begründung der Unterscheidung zwischen institutioneller und sozialer Diskriminierung dar. Diese sind jedoch nicht mehr Gegenstand der vorliegenden Arbeit. Zu institutioneller und sozialer Diskriminierung vgl. Schulte (1995).

6 Staatsbürgerschaft als Modus sozialer Schließung

6.1 Der *political turn* der Schließungstheorie

Historische Analysen haben mit Nachdruck auf die Bedeutung von Klassenkämpfen und politischen Konflikten zwischen gesellschaftlichen Gruppen für die Durchsetzung moderner Staatsbürgerschaft hingewiesen.[1] Die Herausbildung des allgemeinen, universalistischen Status der Staatsbürgerschaft, die bei Marshall als evolutionärer Entwicklungsprozeß erscheint, wird nämlich bei genauer Betrachtung als Resultat permanenter Kämpfe gesellschaftlicher Gruppen um den Zugang zu Staatsbürgerrechten erkennbar. Diese Einsicht ist in historischer Perspektive inzwischen unbestritten. Trotz einer Vielzahl von Veröffentlichungen, die sich mit den Rechten von Migranten in ihren Aufnahmegesellschaften auseinandersetzen[2], muß für die aktuelle Diskussion jedoch festgestellt werden, daß eine solche konflikttheoretische Perspektive bisher nicht entwickelt wurde. Daß die zunehmende ethnische Heterogenisierung westlicher liberal-demokratischer Gesellschaften den Aspekt interner Exklusion nationaler Staatsbürgerschaft immer stärker hervortreten läßt, kann jedoch nicht bezweifelt werden, und die in allen diesen Gesellschaften zu beobachtende interne Schließung macht unmißverständlich deutlich, daß Immigration und die Ansprüche von Migranten auf Inklusion in Staatsbürgerrechte dazu geführt haben, daß der "Definitionskampf um die Staatsbürgerschaft zu einer der wichtigsten politischen Konfliktlinien" (Neckel 1995: 217) in demokratischen Gemeinwesen geworden ist.

Der im folgenden entwickelte analytische Ansatz geht von genau diesen Definitionskämpfen aus, rückt dazu die Auseinandersetzungen zwischen sozialen Akteuren um den Zugang zu Staatsbürgerrechten in den Mittelpunkt und bestimmt diese als *Kampf um Zugehörigkeit*. Die Diskussion der beiden vorangehenden Kapitel hat gezeigt, daß weder durch eine Analyse symbolischer Klassifikationen noch mittels eines einfachen systemtheoretischen Dualismus von Inklusion/Exklusion diese Konflikte adäquat erfaßt werden können. Die Theorie sozialer Schließung hingegen zeigt Auswege aus dem Dilemma, es ist jedoch zugleich deutlich geworden, daß sie nur unter der Voraussetzung theoretischer und konzeptioneller Modifikationen einen analytischen Rahmen zu entwickeln

---

1 Bendix (1977); Mann (1987); Turner (1990); Somers (1995a; 1995b); Tilly (1975).
2 Layton-Henry (1990); Wihtol de Wenden (1990); Vranken (1990); Hammar (1990).

ermöglicht, der Prozesse interner Schließung gegenüber Migranten und die sich daran entzündenden Kämpfe um den Zugang zu staatsbürgerlichen Rechten aufklären kann. Ein *political turn* der Schließungstheorie, der es ermöglicht, interne Schließung als dynamischen Prozeß konflikthafter Beziehungen zu begreifen, der auf Auseinandersetzungen zwischen sozialen Akteuren abhebt, Schließungsverhältnisse als wechselseitig aufeinander bezogene Strategien konzipiert und damit deutlich macht, daß mit Recht von Auseinandersetzungen zwischen 'Staat' und 'Migranten' um den Zugang zu Staatsbürgerrechten gesprochen werden kann[3], muß dazu sowohl über die theoretischen Probleme als auch über die konzeptionellen Engführungen der Theorie sozialer Schließung hinausgehen. In *theoretischer Perspektive* wird dazu eine handlungszentrierte Wende der Theorie sozialer Schließung erforderlich, um sowohl den objektivistisch verkürzten Strukturbegriff zu überwinden als auch das Handeln sozialer Akteure angemessen berücksichtigen zu können. Auf der Grundlage dieser theoretischen Korrektur müssen in *konzeptioneller Perspektive* die herausgearbeiteten Anknüpfungspunkte der Schließungstheorie - die Idee der Schließungsgleichung, die Berücksichtigung kollektiver Akteure sowie deren wechselseitig aufeinander bezogene Strategien - aufgenommen, modifiziert und zu einem theoretisch-konzeptionellen Rahmen der Analyse interner Schließung erweitert werden.

6.2 Die handlungszentrierte Wende der Theorie sozialer Schließung

Die Theorie sozialer Schließung ist ohne jeden Zweifel mit der Hypothek belastet, der *Praxis* sozialer Akteure zu wenig Aufmerksamkeit zu schenken. Exklusionsstrategien gesellschaftlicher Gruppen gelten als Ausdruck der objektiven Lage dieser Gruppen, deren Handeln entsprechend voneinander abgeleiteter Schließungsregeln verläuft und das damit auf die Durchsetzung und Erhaltung einer objektiven Schließungsstruktur reduziert wird. Das Handeln der Ausgeschlossenen bleibt hingegen fast völlig unbeachtet. Diese deterministische Konzeptualisierung macht es den Schließungstheoretikern unmöglich, Schliessungsverhältnisse als politische Auseinandersetzungen zwischen sozialen Akteuren zu begreifen und der Analyse zugänglich zu machen. Das Fehlen eines angemessenen Verständnisses des Handelns sozialer Akteure resultiert aus unbefriedigenden Konzeptionen sozialen Handelns und gesellschaftlicher Strukturen. Jedoch darf die Notwendigkeit, die Theorie sozialer Schließung handlungstheoretisch zu reformulieren nicht dazu führen, in die Fallstricke einer voluntaristi-

---

[3] Damit wird natürlich der Annahme einer problemlosen und weit fortgeschrittenen Integration von Migranten in ihre Aufnahmeländer widersprochen. Vgl. Soysal (1994; 1996a) zur Idee der Inkorporation in institutionentheoretischer Perspektive.

schen Handlungstheorie zu geraten und Handeln unabhängig von gesellschaftlichen Strukturen zu denken.[4] Um dieses zentrale Problem der Theorie sozialer Schließung zu lösen, so die theoretische These, muß auf sozialtheoretischer Ebene dem Handeln sozialer Akteure systematisch Berücksichtigung geschenkt werden.

Seit dem Zusammenbruch des 'orthodoxen Konsensus'[5] in der Sozialtheorie hat sich die Einsicht durchgesetzt, daß eine Analyse von Strukturen ohne Berücksichtigung des Handelns sozialer Akteure ebenso defizitär bleibt, wie umgekehrt eine Analyse menschlichen Handelns ohne Bezug auf gesellschaftliche Strukturen.[6] Einen der überzeugendsten Ansätze, sich der vier, die sozialtheoretische Diskussion prägenden Dualismen anzunehmen[7], hat Anthony Giddens (1984) mit der *Theorie der Strukturierung* unternommen und damit einen beeindruckenden Vermittlungsversuch von Handlung und Struktur angeboten. Hier ist allerdings nicht der Ort, ausführlich auf Giddens' Theorie der Strukturierung einzugehen. Dies soll nur insoweit geschehen, als sie dazu beitragen kann, die aufgezeigten und folgenreichen Probleme der Theorie sozialer Schließung zu überwinden. Es wird davon ausgegangen, daß die abstrakte sozialtheoretische Auseinandersetzung unmittelbare Auswirkungen auf die Analyse sozialer Probleme und deren Resultate hat. Im einzelnen geht es dabei um vier Problemkomplexe: *erstens* um ein adäquates Verständnis menschlichen Handelns, *zweitens* um ein Verständnis des Zusammenhangs menschlichen Handelns mit strukturellen Gegebenheiten, *drittens* um ein Verständnis der zentralen Bedeutung von Macht und Herrschaft und dem Wirken der *Dialektik von Kontrolle* zwischen handelnden sozialen Akteuren; *viertens* schließlich um eine systematische Berücksichtigung unerwarteter Handlungskonsequenzen durch das Handeln sozialer Akteure. Erst diese theoretischen Erweiterungen, so die Behauptung, ermöglichen ein Verständnis interner Schließungsbeziehungen, das die Auseinandersetzungen um den Zugang zu Staatsbürgerrechten erfassen kann.[8]
1. Der Handlungsbegriff der Theorie der Strukturierung bezieht sich wesentlich auf das Tun sozialer Akteure: "Agency refers to doing" (Giddens 1984a: 10).

---

4 Anthony Giddens (1980) hat in seiner Kritik an Parkins Modell den angeblichen Voluntarismus der Handelnden kritisiert. Angesichts der Determiniertheit, die in Parkins Modell das Handeln sozialer Akteure charakterisiert und die Handlungsmöglichkeiten der Subjekte begrenzt, geht diese Kritik am Ziel vorbei. Sie dient Giddens ganz offensichtlich dazu, seine eigene Position zu verdeutlichen.
5 Zum Begriff des 'orthodoxen Konsensus' in den Sozialwissenschaften siehe Giddens (1984a).
6 Vgl. dazu aktuell Alexander (1992b); Mayntz/Scharpf (1995a).
7 Margaret Archer (1982) hat diese Dualismen herausgearbeitet: den Dualismus zwischen Subjekt und Objekt, zwischen Erklären und Verstehen, zwischen Voluntarismus und Determinismus und den Dualismus von Statik und Dynamik; Siehe dazu Müller (1992b: 160).
8 Ich beziehe mich im folgenden stark auf Giddens (1982). Der Aufsatz 'Power, the dialectic of control and class structuration' hat als erklärtes Ziel, aufzuzeigen, welchen Nutzen sozialtheoretische Überlegungen für die konkrete Analyse sozialer Probleme bieten. Siehe auch Giddens (1990).

6.2 Die handlungszentrierte Wende der Theorie sozialer Schließung

Dieses Verständnis, das Individuen als bewußte und handlungsmächtige Akteure begreift, kommt in den Theoremen der *knowledgeability* und *capability* zum Ausdruck. Bewußte Akteure ('knowledgeability') verfügen über ein großes Wissen darüber, weshalb Menschen sich verhalten, wie sie es tun, und über die sozialen Konventionen, die dieses Verhalten prägen. Diesem Wissen entspricht, daß die *Rationalisierung menschlichen Handelns* das zentrale Moment im Tun sozialer Akteure darstellt. In Abgrenzung zu Webers und Freuds Rationalisierungs-Begriffen hebt Giddens mit ihm hervor, "...that human agents chronically, but for the most part tacitly 'keep in touch' with the grounds of their activity, as a routine element of that activity" (Giddens 1982: 30). Diese Reflexivität sozialer Akteure, ein integrales Element allen menschlichen Handelns, meint nun nicht, daß diese für die Motive ihres Tuns zu jeder Zeit diskursiv Gründe angeben können, vielmehr geht es mit der Formulierung 'keep in touch' darum, daß menschliche Akteure Gründe ihres Handelns nennen können und wissen, 'how to go on' in ihrem täglichen Leben - ein Wissen, welches Giddens als 'praktisches Bewußtsein' bezeichnet.[9] Das Theorem des handlungsmächtigen Akteurs ('capability') bringt hingegen Giddens' praxeologische Perspektive zum Ausdruck,[10] die die Determiniertheit menschlichen Handelns zurückweist und damit eine spezifische 'Handlungsfreiheit' menschlicher Akteure impliziert. Ein Akteur hätte zu jedem Zeitpunkt anders handeln können ("could have done otherwise"), und dies sowohl im Sinne eines aktiven Eingreifens in den Strom der Ereignisse der Sozialwelt wie auch im negativen Sinne des Unterlassens.[11] Es ist diese Fähigkeit des menschlichen Akteurs, die ihn überhaupt erst zum Handelnden macht. Sie beruht darauf, daß soziale Akteure über Macht im Sinne einer *transformativen Fähigkeit* ('transformative capacity') verfügen. Auf der Grundlage dieser Bestimmungen wird deutlich, daß Giddens' Konzept menschlichen Handelns logisch mit einem Konzept von Macht verknüpft ist: "Action depends upon the capability of the individual to 'make a difference' to a pre-existing state of affairs or course of events. (...) In this sense, the most all-embracing meaning of 'power', power is logically prior to subjectivity, to the constitution of the reflexive monitoring of conduct" (Giddens 1984a: 14f).[12]

2. Der Anspruch der Theorie der Strukturierung macht es erforderlich, soziales Handeln nicht ohne Bezug auf gesellschaftliche Strukturen oder institutionelle Rahmenbedingungen zu konzipieren. "We have to acknowledge that the knowledgeability/capability of human agents is always *bounded*, or constrained by elements of the institutional contexts in which their action takes place" (Gid-

---

9 Zur Unterscheidung zwischen praktischem und diskursivem Bewußtsein vgl. Giddens (1984a: 7).
10 Zur praxeologischen Perspektive siehe Joas (1988); Müller (1992b); kritisch dazu Habermas (1984).
11 Giddens (1979b: 56).
12 Macht selbst ist bei Giddens keine Ressource. Siehe Giddens (1988: 67).

dens 1982: 30).[13] Im Gegensatz zu den sozialtheoretischen Traditionen des Funktionalismus, Strukturalismus und marxistischen Strukturalismus, die gesellschaftliche Strukturen ausschließlich als menschliches Handeln beschränkend konzipieren, besteht das Besondere an Giddens' Strukturbegriff darin, daß dieser menschliches Handeln einerseits beschränkt, es andererseits aber überhaupt erst ermöglicht. Strukturen definiert er deshalb als *Regeln* und *Ressourcen*, auf die sich soziale Akteure in ihrem Handeln beziehen können.[14]

Regeln, verstanden als 'procedures of action', gelten dabei als Techniken oder verallgemeinerbare Prozeduren, die in der Teilnahme an sozialen Praktiken bzw. deren Reproduktion angewandt werden (vgl. Giddens 1984a: 21). Im Anschluß an das Regel-Konzept in den Spätschriften Wittgensteins, begreift Giddens menschliches Handeln als regelgeleitetes in dem Sinn, daß Akteure angewandte Regeln nicht diskursiv darlegen können müssen. Entscheidend ist vielmehr, daß sie mittels ihres handlungspraktischen Wissens auf Grundlage dieser Regeln weiterhandeln können. Giddens entwickelt damit einen dynamischen Strukturbegriff. Die strukturierenden Qualitäten von Regeln liegen darin, daß durch sie menschliches Handeln geformt, ermöglicht und begrenzt wird. Zwei Arten von Regeln lassen sich dabei unterscheiden: sie bezeichnen zum einen "Prozesse der Sinnkonstitution, d.h. *Signifikation*, wie auch Prozesse der Durchsetzung von sozial geteilten Rechten und Pflichten und der damit zusammenhängenden Sanktionierungschance abweichenden Verhaltens, d.h. *Legitimation*" (Sigmund 1997: 115). Neben der Bestimmung von Struktur als Regeln, verweist der Ressourcenbegriff auf Phänomene sozialer Macht und *Herrschaft* (vgl. Kießling 1988: 131; Hervorhebung - J.M.).

Giddens unterscheidet zwei Ressourcenarten, auf die sich Akteure im Vollzug sozialer Interaktion beziehen: *autoritative Ressourcen* ('authorisation') und *allokative Ressourcen* ('allocation'). "Allocation refers to man's capabilities of controlling not just 'objects' but the object-world. Domination from this aspect refers to human domination over nature. Authorisation refers to man's capabilities of controlling the humanly created world of society itself" (Giddens 1981: 51). Im Gegensatz zu allokativen Ressourcen, die materielle Elemente der Umwelt, wie etwa Rohstoffe, Mittel materieller Produktion und produzierte Güter umfassen, beziehen sich autoritative Ressourcen auf die Koordinierung sozialer Akteure. Sie ermöglichen a) die Organisation sozialer Raum-Zeit, d.h. die zeitliche und räumliche Organisation sozialer Interaktion, wie z.B. Arbeitsplatz und Arbeitszeit; b) die Produktion und Reproduktion der sozialen Akteure, d.h. die Organisation und Beziehungen der Menschen in einer Gesellschaft, z.B. Klassenbeziehungen, und c) die Organisation der Lebenschancen sozialer Akteure,

---

13 Zum Verständnis und Begründung der begrenzten Rationalität sozialer Akteure siehe Giddens (1982: 30).
14 Zu Giddens' Begriff von Struktur als Regeln und Ressourcen siehe ausführlich Giddens (1979b; 1981; 1984a); Kießling (1988); Müller (1992b); Outhwaite (1990); Sigmund (1997).

6.2 Die handlungszentrierte Wende der Theorie sozialer Schließung

d.h. die Verteilung der Möglichkeiten sozialer Akteure, bestimmte Lebensstile oder Formen von Selbstverwirklichung zu erreichen (vgl. ebd.: 51f). Entscheidend ist hierbei Giddens' Verständnis von Ressourcen: "Like other structural characteristics of social systems, however, the forms of authoritative resources, like allocative resources are not 'possessed' by individual social actors but are features of the social totality. (...) they only exist as resources in and through the very structuration of society which they facilitate or help to make possible. Taken together, the allocative and authoritative resources (...) are constitutive of the societal totality as a structured system of domination" (ebd. 52).

Handlungsverständnis und Strukturbegriff der Theorie der Strukturierung ermöglichen es Giddens, den Dualismus von Handeln und Struktur in eine Dualität, die *duality of structure* zu überführen:

"Interaktion wird von und im Verhalten von Subjekten konstituiert; Strukturierung als Reproduktion von Handlungsweisen bezieht sich abstrakt auf dynamische Prozesse, durch die Strukturen erzeugt werden. Unter Dualität von Struktur verstehe ich, daß gesellschaftliche Strukturen sowohl durch das menschliche Handeln konstituiert werden, als auch, zur gleichen Zeit das Medium dieser Konstitution sind" (Giddens 1984b: 148).

Die Dualität von Struktur begreift demnach 'Struktur' als "...the medium and outcome of the conduct it recursively organizes; the structural properties of social systems do not exist outside of action but are chronically implicated in its production and reproduction" (Giddens 1984a: 374). Die Vermittlung zwischen den strukturellen Bedingungen sozialen Handelns: der Signifikation, Herrschaft und Legitimation, und den wesentlichen Elementen von Interaktion: Kommunikation, Macht und Sanktion, erfolgt durch das Konzept der Strukturierungsmodalitäten. Dieses zielt auf "die grundlegenden Dimensionen der Dualität von Struktur, wie sie in Interaktionen zur Geltung kommen; es geht darum, die Bewußtheit der Akteure mit den strukturellen Momenten sozialer Systeme zu vermitteln. Akteure beziehen sich auf diese Modalitäten in der Reproduktion der Interaktionssysteme, und im selben Zug rekonstituieren sie deren Strukturmomente" (Giddens 1988: 81).

3. Im Verhältnis von Handeln und Macht können zwei Aspekte unterschieden werden: zum einen geht es dabei um allgemeine Implikationen der logischen Beziehung zwischen menschlichem Tun und Macht, zum anderen um die Art und Weise, in der Machtbeziehungen als chronisch reproduziertes Kennzeichen sozialer Systeme analysiert werden können (vgl. ebd.). Wenn Handeln, wie wir gesehen haben, bedeutet, daß soziale Akteure fähig sind, 'to make a difference in the world', dieses Handeln logisch mit Macht verknüpft ist und Macht als 'transformative capacity' definiert werden kann, so läßt sich aus dieser allgemeinen Bestimmung folgern, daß in jedem Verhältnis zwischen sozialen Akteuren innerhalb eines sozialen Systems auch jene, die völlig machtlos erscheinen, fähig sind, Ressourcen zu mobilisieren, wodurch sie sich Freiräume in ihrem Alltags-

leben und im Verhältnis zu mächtigeren Akteuren verschaffen. Kein Handelnder, und sei das Verhältnis zwischen Akteuren noch so asymmetrisch, ist in einer sozialen Beziehung deshalb jemals völlig machtlos. Giddens widerspricht damit Konzeptionen, die soziale Akteure in gesellschaftlichen Über- und Unterordnungsverhältnissen als 'Opfer des Systems' erscheinen lassen. Zwischen sozialen Akteuren wird unter Bedingungen asymmetrischer Machtverhältnisse vielmehr eine Dialektik von Kontrolle wirksam:

> "Anyone who participates in a social relationship, forming part of a social system produced and reproduced by its constituent actors over time, necessarily sustains some control over the character of that relationship or system. Power relations in social systems can be regarded as relations of autonomy and dependence; but no matter how imbalanced they may be in terms of power, actors in subordinate positions are never wholly dependent, and are often very adept at converting whatever resources they possess into some degree of control over the conditions of reproduction of the system. In all systems there is a *dialectic of control*, such that there are normally continually shifting balances of resources altering the overall distribution of power. (Giddens 1982: 32)

In dieser Konzeption sind menschliches Handeln und Macht im Rahmen eines sozialen Systems so eng aneinander gekoppelt, "...that an agent who does not participate in the dialectic of control ipso facto ceases to be an agent" (ebd.).

4. Eine der zentralen Schwächen der Theorietraditionen, denen die Theorie sozialer Schließung verhaftet bleibt besteht darin, die Reproduktion sozialer Systeme mittels funktionalistischer Konzepte zu erklären. Ein letzter Punkt des Giddensschen Projekts ist deshalb für die Analyse sozialer Schließungsverhältnisse von entscheidender Bedeutung. Aus dem Vorangegangenen wird klar, daß die Reproduktion eines sozialen Systems nicht unabhängig vom intentionalen Handeln sozialer Akteure begriffen werden kann. Vielmehr geht es darum, aufzuklären, wie die Aktivitäten sozialer Akteure innerhalb eines spezifischen Handlungskontextes zur Reproduktion eines weiter in Raum und Zeit ausgreifenden sozialen Systems beitragen. Zur Erklärung weist Giddens deshalb jegliche Anleihen bei funktionalistischen Konzepten zurück. Ohne Murphy Gewalt antun zu müssen, zeigt sich, wie nahe seine Erklärung von Schließungsverhältnissen funktionalistischen Vorstellungen verhaftet ist: Die Exklusionsstrategien der herrschenden Klasse sind funktional notwendig, um in einer kapitalistischen Gesellschaft ein entsprechend großes Arbeitskräftereservoir zu erhalten, das weder über Produktionsmittel, noch über spezifische Qualifikationen verfügt. Die Strategien der Ausgeschlossenen stellen ihrerseits eine notwendige Reaktion dar, die den Erhalt des Systems gewährleisten.[15] Die Bestimmung des sozialen Akteurs als bewußt und handlungsmächtig, in dessen Handeln 'soziale Kräfte' sich durchsetzen, hat hingegen Konsequenzen und führt zu einer gänzlich anderen Interpretation sozialer Reproduktion. Das strategische Handeln der

---

15 Gleiches gilt für Murphys Interpretation des Schließungsansatzes im Kontext der Weberschen Rationalisierungstheorie.

6.2 Die handlungszentrierte Wende der Theorie sozialer Schließung 161

Akteure gilt hier als absichtsvoll und zweckgerichtet. Was immer soziale Akteure unter Bedingungen beschränkter Rationalität ('bounded rationality') tun, aus ihrem Handeln resultieren unerwartete Konsequenzen, die ihrerseits als unerkannte Voraussetzungen in das Handeln sozialer Akteure eingehen können. Jenseits einer funktionalistischen und problemlosen Reproduktion sozialer Systeme hat Martin Shaw (1990) deshalb mit Nachdruck darauf hingewiesen, daß das Zusammentreffen verschiedener, gegenläufiger Strategien in sozialen Auseinandersetzungen beabsichtigte Resultate modifiziert. Unbeabsichtigte Konsequenzen strategischer Pläne und die unerwarteten Effekte des Zusammenpralls gegensätzlicher Interessen und Handlungen gehören deshalb ins Zentrum einer Analyse strategischen Handelns.

Was resultiert aus diesen abstrakten Überlegungen für die Analyse interner Exklusion in modernen Nationalstaaten mittels der Theorie sozialer Schließung und inwiefern eröffnen sie die Möglichkeit, über deren bisherigen Stand hinauszugelangen? Die auf der Grundlage der Theorie der Strukturierung vorgeschlagene handlungszentrierte Wende der Theorie sozialer Schließung ermöglicht es, die herausgearbeiteten systematischen Begrenzungen des schließungstheoretischen Ansatzes zu überwinden. Vier Aspekte sind von Bedeutung.

Akteure: Soziale Akteure als bewußt und handlungsmächtig zu begreifen eröffnet ein Verständnis der Auseinandersetzungen um den Zugang zu Staatsbürgerrechten, das nicht aus der objektiven Situation der Akteure ableitbar ist, sondern auf beiden Seiten der Schließungsgleichung von absichtsvollen, zweck- und zielgerichteten Strategien dieser Akteure ausgeht. Diese wissen, warum sie zu exkludieren oder zu usurpieren versuchen und kennen einen großen Teil der sozialen Bedingungen ihres Handelns. Zur Durchsetzung ihrer Schließungsstrategien mobilisieren sie Macht im Sinne einer transformativen Fähigkeit, um einen Zustand zu erreichen, der den Status Quo entweder bewahrt oder diesen verändert. Nicht die 'objektive Schließungsstruktur' erzeugt Exklusion und Usurpation, sondern das soziale Handeln der Akteure.

Strukturen und Strukturierung: Soziale Akteure exekutieren damit nicht lediglich die Struktur voneinander abgeleiteter Schließungsregeln, sie beziehen sich in ihren Auseinandersetzungen um den Zugang zur Staatsbürgerschaft vielmehr strategisch auf strukturelle Momente, die ihrem Handeln zugrundeliegen. Da es sich um Auseinandersetzungen im Kontext einer rechtlichen Institution dreht, erhalten rechtliche Vorschriften und Gesetze als Strukturmomente zentrale Bedeutung. Daneben sind aber auch die Strukturmomente der Signifikation, d.h. die Produktion von Sinnhaftigkeit, die Anwendung von Interpretationsschemata innerhalb eines spezifischen staatsbürgerrechtlichen, ausländerpolitischen oder schließungsspezifischen Kontextes bedeutsam. Entscheidend ist ferner der Bezug auf autoritative Ressourcen, der der Möglichkeit, Strategien der Exklusion oder Usurpation durchzusetzen zugrundeliegt. Regeln als strukturelle Sets, auf die Akteure sich in ihrem Handeln beziehen können, eröffnen damit beiden

Seiten in sozialen Auseinandersetzungen spezifische Handlungskorridore. Mit welcher Wahrscheinlichkeit je unterschiedliche Strategien durchgesetzt werden können, welche Seite der Schließungsgleichung also ihre Strategie in der Frage des Zugangs zu Staatsbürgerrechten - wie modifiziert auch immer - durchsetzen kann, ist eine empirische Frage und abhängig davon, wie asymmetrisch die Machtverteilung zwischen den sozialen Akteuren tatsächlich ist, d.h. welche Ressourcen sie jeweils zu mobilisieren vermögen.

Die Giddenssche Fassung von Strukturen und Strukturierung revidiert damit sowohl das Strukturverständnis der Theorie sozialer Schließung als auch deren Konzeption von Herrschaftsverhältnissen. Daraus ergeben sich Konsequenzen für die Analyse interner Schließung: zum einen wird die Vorstellung objektiver Schließungsstrukturen obsolet. Strukturen sind vielmehr Resultat sozialer Auseinandersetzungen und werden von sozialen Akteuren permanent produziert und reproduziert. Der Vorstellung einer objektiv gegebenen Schließungsstruktur, die das Handeln sozialer Akteure ausschließlich begrenzt, wird im Anschluß an die Theorie der Strukturierung deshalb ein Verständnis *strukturierter Schließungsverhältnisse* entgegenzusetzen sein.[16] Damit wird zugleich das Herrschaftsverständnis der Theorie sozialer Schließung, das Herrschaft als Ausdruck objektiver Strukturen begreift, durch eine theoretische Konzeption ersetzt, die auf *asymmetrische Machtverhältnisse zwischen Nationalstaat und Immigranten* abhebt, insofern diese sich in äußerst unterschiedlichem Maße auf autoritative und auch allokative Ressourcen beziehen können.

Angesichts der Tatsache, daß der Nationalstaat im Kontext interner Schliessung eine zentrale Rolle spielt, und auf der Grundlage des von deterministischen Annahmen befreiten Herrschaftsverständnisses, wird auch Giddens' Auseinandersetzung mit dem Nationalstaat[17] interessant.[18] Er rückt bereits in seiner Kritik an Marshall die Rolle des Staates für ein Verständnis des Verhältnisses von Staatsbürgerrechten und sozialen Klassen in den Mittelpunkt. Dabei betont er die aktive Rolle des Staates im Prozeß der Durchsetzung von Staatsbürgerrechten und macht deutlich, daß dem modernen Nationalstaat dabei mehr Macht zur Überwachung ('surveillance') und damit zur raum-zeitlichen Koordinierung seiner Bevölkerung zuwächst. "Surveillance beruht auf der systematischen Akkumulation von Informationen über die eigene Bevölkerung und die Nutzung dieser gewonnenen Speicherkapazität ('storage capacity') zur Kontrolle derselben" (Müller 1992b: 223). Aufgrund dieser Fähigkeit des modernen Nationalstaates charakterisiert Giddens diesen als 'power container'. Auch seine Fähigkeit, Macht und Kontrolle auszuüben, beruht, wie aus der Erläuterung der strukturellen Grundlagen sozialen Handelns hervorgeht, aus der Fähigkeit, sich auf autoritative Ressourcen zu beziehen und diese zu nutzen.

---

16 Siehe Kap. 6.3.4.
17 Siehe Giddens (1985); Müller (1992b).
18 Ausführlich hierzu Giddens (1985).

Es ist unmittelbar einleuchtend, daß die 'surveillance-Tätigkeiten' des Nationalstaates sich nicht auf dessen Staatsbürger beschränken. Meine These ist, daß der moderne Nationalstaat gegenüber Nicht-Staatsbürgern diese Kontrollmaßnahmen steigert und durchzusetzen versucht. In dieser Perspektive kann *interne Schließung als Ausdruck von Herrschaft* begriffen werden, d.h. interne Schliessung wird zum entscheidenden Mittel der Kontrolle jener Personen, die nicht Staatsbürger sind. Zur Aufklärung dieser Strategie müssen die autoritativen Ressourcen, auf die kollektive Akteure auf seiten des Nationalstaates sich im Kontext interner Schließung beziehen, herausgearbeitet werden.

Dialectic of Control: Die Auseinandersetzungen um den Zugang zu Staatsbürgerrechten sind also keineswegs von vornherein determiniert. Jenseits von Ableitungsverhältnissen zwischen Schließungsregeln, die gewissermaßen das Drehbuch für den Ablauf dieser sozialen Prozesse liefern sollen, muß, wie asymmetrisch die Machtverhältnisse auch sein mögen, in Betracht gezogen werden, daß Migranten niemals völlig hilflos staatlichen Strategien ausgesetzt sind. Ob es sich bei deren Möglichkeiten darum handelt, die ihnen zustehenden Rechte in ihrem Aufnahmeland geltend zu machen, ob es sich um den Bezug auf Internationales Recht und Verpflichtungen dreht oder ob der Weg in die Illegalität führt, ist daher zunächst ohne Bedeutung. Alle Reaktionsmöglichkeiten zeigen die Handlungsfähigkeit sozialer Akteure.

Unbeabsichtigte Handlungskonsequenzen: Daraus ergibt sich schließlich, daß das intentionale Handeln sozialer Akteure auf beiden Seiten keine funktionalen Notwendigkeiten zum Ausdruck bringt, sondern vielmehr in gewissem Sinne 'offen' ist. Die Strategien staatlicher Akteure zeitigen Reaktionen seitens ausgeschlossener Migranten, die die problemlose Reproduktion des sozialen Systems in Frage stellen.

Es ist deutlich geworden, daß die auf der Grundlage der Giddensschen Theorie der Strukturierung vorgeschlagene handlungszentrierte Wende die grundlegenden theoretischen Defizite der Theorie sozialer Schließung überwinden kann. Die Vernachlässigung sozialer Akteure wird aufgehoben, Strukturen in einer nicht deterministischen Art und Weise interpretiert, die sozialen Auseinandersetzungen unter Bedingungen asymmetrischer Machtverhältnisse relativ 'offen' begriffen und die Erklärung der Reproduktion sozialer Systeme über Mechanismen sozialer Schließung von funktionalistischen Erklärungen befreit. Die Reformulierung der Theorie sozialer Schließung schafft damit die Voraussetzung, diese politisch zu wenden und den Auseinandersetzungen sozialer Akteure um den Zugang zu Staatsbürgerrechten Aufmerksamkeit zu schenken.

6.3 Der konzeptionelle Rahmen zur Analyse interner Schließung in Nationalstaaten

Auf der Grundlage der handlungstheoretischen Wende können nun mit der Schließungsgleichung und der Vorstellung strategisch handelnder, kollektiver Akteure die in der Schließungstheorie unzureichend ausgearbeiteten Ideen aufgenommen werden. Ihre Modifikation und Eweiterung vorausgesetzt, läßt sich ein konzeptioneller Rahmen entwickeln, der interne Schließung als Kämpfe um Zugehörigkeit analysierbar macht. Hierzu sind fünf Schritte erforderlich: *erstens* muß die Bedeutung der Staatsangehörigkeit als Verfassungsrecht geklärt werden. Die Erweiterung und Modifikation der Schließungsgleichung stellen den *zweiten* Schritt dar. Hierzu werden diejenigen Dimensionen definiert, auf denen Schließungsprozesse stattfinden, das jeweilige 'Gut' bestimmt, um das auf jeder Dimension gekämpft wird und zugleich erläutert, auf welche gesellschaftlichen Basisinstitutionen diese Kämpfe sich beziehen; *drittens* müssen die kollektiven Akteure auf beiden Seiten der Schließungsgleichung definiert und ihre spezifischen Strategien systematisiert werden; *viertens* sind die strukturellen Grundlagen herauszuarbeiten, auf die soziale Akteure sich in den Auseinandersetzungen um interne Schließung beziehen können; *fünftens* kann im Anschluß daran die Konzeption *strukturierter Schließungsverhältnisse* als Gegenentwurf zu einer in der Theorie sozialer Schließung behaupteten objektiven Schließungsstruktur erläutert werden.

6.3.1 Zur Bedeutung der Staatsangehörigkeit

Nationalstaaten definieren auf der Grundlage eines Staatsangehörigkeitsrechts die Gesamtheit ihrer Staatsbürger und schließen damit alle Nicht-Staatsbürger vom Status des Staatsangehörigen aus. "Der Sache nach ist die Staatsangehörigkeit ein Rechtsverhältnis der Zuordnung von Person und Staat, das staatliche Personalhoheit und individuelle Verbandsmitgliedschaft verbindet. Sie ist, anders gesagt, ein rechtliches Band zwischen Individuum und Institution bzw. zwischen 'national und 'nation'. Für den einzelnen ergibt sich daraus zum einen die völkerrechtlich bedeutsame Zugehörigkeit zu 'seinem' Staat, zum anderen eine grundlegende, aber näherhin ausformungsbedürftige Rechtsstellung im Staatsverband und in der staatlichen Rechtsordnung" (Grawert 1984: 183).

Wie unterschiedlich die historischen und kulturellen Traditionen der einzelnen Staaten auch sein mögen - drei Aspekte charakterisieren die verfassungsrechtliche Definition des Staatsvolkes: erstens die *Kodifizierung* einer spezifischen rechtlichen Ordnung; zweitens die dahinter stehende *Ideologie* eines bestimmten Verständnisses von Staatsangehörigkeit; und drittens die *Legitimation* der daraus resultierenden Differenzierung zwischen Staatsbürgern und Nicht-Staatsbürgern und den sich ergebenden Konsequenzen.

Der Aspekt der *Kodifizierung* ist von grundlegender Bedeutung: "Die Kodifizierung steht in enger Verbindung zu Disziplinierung und Normierung der Praktiken. (...) Kodifizierung ist ein Verfahren des symbolischen In-Ordnung-Bringens oder des Erhalts der symbolischen Ordnung, eine Aufgabe, die in der Regel den großen Staatsbürokratien zukommt" (Bourdieu 1992: 103f. zit. n. Brubaker 1994: 251). Ausgehend von dieser Definition läßt sich festhalten, daß die verfassungsrechtliche Kodifizierung der Staatsangehörigkeit eine spezifische Ordnung, d.h. eine symbolische Differenzierung zwischen Bürgern und Nicht-Bürgern festlegt. Die grundsätzliche Trennung von Staatsbürgern und Nicht-Staatsbürgern spricht ersteren spezifische Staatsbürgerrechte zu, von denen letztere ausgeschlossen bleiben. Dadurch werden zugleich die Handlungskorridore sozialer Akteure eingeschränkt, insofern mögliche soziale Handlungsstrategien 'diszipliniert' und 'normiert' werden.

Der rechtlichen Kodifizierung liegt eine geteilte Auffassung davon zugrunde, wer als Staatsangehöriger gelten soll. Diese *Ideologie der Zugehörigkeit* ist Resultat historischer Entwicklungen. "States are free in international law to define the circle of their citizens as they see fit. Because of this freedom, citizenship law and naturalization practices vary widely, reflecting differing historical experiences, pragmatic interests, and ideological commitments" (Brubaker 1989: 99). In diesem Sinne lassen sich grob drei verschiedene Muster von Staatsbürgerschaft und damit verbundene Ideologien der Zugehörigkeit und Einbürgerungspraxen unterscheiden: Im Fall klassischer Einwanderungsländer wie den Vereinigten Staaten, Kanadas oder Australiens[19], hat man es traditionell mit einem weit gefaßten Begriff von Staatsbürgerschaft zu tun, in dem das *ius soli* zur Grundlage der Staatsangehörigkeit wird. Dagegen gilt in Ländern wie Deutschland oder Schweden, die sich als homogene Nationen verstehen, das *ius sanguinis*, die gemeinsame Herkunft und das geteilte kulturelle Erbe als Grundlage der Zugehörigkeit, während Länder wie etwa Frankreich und Großbritannien, die als Folge des Kolonialismus mit starker Nachkriegsimmigration konfrontiert waren und sind, *Kombinationen von ius soli und ius sanguinis* und folglich komplexe Verfahren bei Einbürgerungen praktizieren.[20] Die Unterschiede des Selbstverständnisses verdeutlichen, daß die ideologische Dimension, die Frage, ob eine Gesellschaft sich als ethnisch homogene Kultur-Nation, als politische Nation oder aber als Einwanderungsgesellschaft begreift, Auswirkungen auf die jeweiligen Definitionen von Staatsbürgerschaft und der Kodifizierung von Zu-

---

19 Vgl. zur USA: Judith Shklar (1991); zu Australien: Castles (1990; 1992; 1994); zu Kanada: Kymlicka (1995); Carens (1994); zu Deutschland: Grawert (1984; 1987); Hailbronner (1989); Rittstieg (1994); zu Frankreich: Wihtol de Wenden (1994b); zu Großbritannien: Dummett (1994).
20 Zu unterschiedlichen Traditionen und Politiken siehe die Beiträge in Brubaker (1989).

gehörigkeit haben.[21] Die Definition der Staatsbürgerschaft ist "Ausdruck eines tief verwurzelten Verständnisses des Nationalen" (Brubaker 1994: 26).

Der dritte Aspekt, der mit der verfassungsrechtlichen Definition der Staatsangehörigkeit verbunden ist, beruht auf der *Legitimation* der daraus resultierenden Ordnung sowohl im Innern eines Staates als auch im Verhältnis zu anderen Staaten. Die Staatsangehörigkeit entstand deshalb aus zwei Kontexten: "[Aus] den völkerrechtlich bedeutsamen Beziehungen der Staaten zueinander, die ihren personalen Herrschafts- und Schutzbereich definierten, sowie aus den innerstaatlichen Vorgängen der Immediatisierung, durch die Individuen aus besonderen Korporationen, Ständen oder Stämmen herausgelöst und dem umfassenden Gemeinwesen 'Staat' zugeordnet wurden" (Grawert 1984: 182f). Im Innern eines Staates legitimiert die Definition des Staatsvolks damit die Trennung von Staatsbürgern und Nicht-Staatsbürgern und so eine spezifische Ordnung, die eine Begrenzung von Rechten und Pflichten für das Staatsvolk garantiert.

Vor dem Hintergrund dieser drei Aspekte der verfassungsrechtlich kodifizierten Trennung von Staatsbürgern und Nicht-Staatsbürgern entzünden sich unter veränderten gesellschaftlichen Verhältnissen, als Konsequenz der Immigrationsprozesse der Nachkriegszeit, Kämpfe um den Zugang zu nationalen Staatsbürgerrechten, und dies, obgleich diese ausschließlich für Staatsbürger vorgesehen sind.

Wie können diese Schließungskämpfe auf den einzelnen Ebenen staatsbürgerlicher Rechte konzeptualisiert werden? Wie muß der Rahmen für die Analyse derjenigen sozialen Kämpfe beschaffen sein, die um den Zugang zu staatsbürgerlichen Rechten geführt werden und die damit rechtliche Definitionen von Unterordnung zur Folge haben? Diese Fragen müssen vor dem Hintergrund der vollzogenen handlungstheoretischen Wende und im Anschluß an die herausgearbeiteten Anknüpfungspunkte der Theorie sozialer Schließung im Kontext der Explikation des Modells zur Analyse interner Schließung geklärt werden.

6.3.2   Das erweiterte Konzept der Schließungsgleichung

Die Idee der Schließungsgleichung wird zum Kernpunkt eines theoretisch-konzeptionellen Rahmens zur Analyse interner Schließung. Der Anschluß an Frank Parkin erfordert jedoch zugleich, von einigen damit verbundenen Annahmen Abstand zu nehmen und das Konzept selbst zu modifizieren. Zurückgewiesen werden müssen *erstens* die Vorstellung, Schließungsbeziehungen seien im Kontext eines rigiden Klassenschemas zu konzeptualisieren; *zweitens* kann nicht von (relativ) homogenen gesellschaftlichen Großgruppen ausgegangen werden, die mittels spezifischer Strategien um Inklusion oder Exklusion kämpfen; *drit-*

---

21 Siehe Giesen (1996) für eine Kritik an der gängigen Kontrastierung zwischen Deutschland als Kulturnation und Frankreich als politischer Nation.

tens schließlich ist das schlichte Oben-Unten-Schema einer vertikalen Schliessungsgleichung aufzugeben. Dieses wird der Differenziertheit von Schließungsbeziehungen nicht gerecht.

Die Modifikation des Modells macht den Anschluß an die mit ihm implizierten Stärken möglich. Anstelle eines hierarchischen Modells wird im folgenden dazu ein *horizontales Modell der Schließungsgleichung* entwickelt, das sich von der Annahme einer problemlosen Durchsetzung von Exklusionsstrategien löst, die Beschränkung der Theorie sozialer Schließung auf die Exklusionsseite überwindet und den von den Schließungstheoretikern unerfüllten Anspruch einer Berücksichtigung der Ausgeschlossenen einlöst. Die modifizierte Schließungsgleichung wird für die Analyse interner Schließung unter vier Gesichtspunkten entscheidend: *Erstens* werden diejenigen *Dimensionen* spezifiziert, auf denen sich die Schließungskämpfe vollziehen. Die traditionell als Inklusionsdimensionen begriffenen Staatsbürgerrechte werden schließungstheoretisch als *Exklusions- und Usurpationsdimensionen* definiert. Auf seiten des Staates gelten sie als Exklusionsdimensionen, insofern kollektive Akteure hier versuchen, Migranten vom Zugang zu staatsbürgerlichen Rechten auszuschließen, während sie auf seiten der Immigranten als Usurpationsdimensionen begriffen werden können, insofern deren Bemühungen darauf gerichtet sind, in den Genuß der Staatsbürgerrechte zu gelangen. *Zweitens* können im Anschluß daran auf beiden Seiten der Schließungsgleichung, d.h. auf der Exklusions- und Usurpationsseite *kollektive Akteure* als Trägergruppen der sozialen Auseinandersetzungen bestimmt werden. *Drittens* lassen sich die *strukturellen Grundlagen sozialen Handelns*, verstanden als Exklusions- und Usurpationsgrundlagen, bestimmen, und *viertens* können spezifische *Exklusions- und Usurpationsstrategien* systematisiert werden.

Zunächst müssen jedoch die Dimensionen der Auseinandersetzungen um interne Schließung bestimmt und der analytische Rahmen weiter differenziert werden. Hierzu muß das Bündel der Staatsbürgerrechte, die gemeinsam Staatsbürgerschaft definieren, aufgeschnürt werden. Die Exklusions- und Usurpationsdimensionen lassen sich so in fünf Ebenen - bürgerlich-rechtlich, politisch, sozial, ökonomisch und kulturell - untergliedern. Die Definition der fünf Formen von Staatsbürgerrechten geht sowohl über Marshalls Dreiteilung als auch über Parsons' vier Rechtsformen hinaus. Die Differenzierung trägt damit den spezifischen Auseinandersetzungen auf den einzelnen Ebenen Rechnung. Auf ihnen, den *terrains of contest*, so die These, entfalten sich Schließungskämpfe um den Zugang zu nationalen Staatsbürgerrechten. Im Rahmen des horizontalen Modells der Schließungsgleichung werden die Auseinandersetzungen zwischen sozialen Akteuren als wechselseitig aufeinander bezogene strategische Konflikte begriffen. Diese Strategien richten sich auf jeder der Konfliktarenen auf ein spezifisches 'Gut', um das gekämpft wird. Dieses Gut stellt eine auf jeder Ebene zu definierende *Dimension der Zugehörigkeit* dar, die sich auf den Zugang zu einer *gesellschaftlichen Basisinstitution* bezieht.[22] Im Gegensatz zur aktuellen Diskussion um Zugehörigkeit ('belonging'), die sich im wesentlichen um die Frage kultureller Rechte oder der Zugehörigkeit zu einer nationalen Gemeinschaft dreht,[23] wird damit ein umfassender Begriff von Zugehörigkeit propagiert, der davon ausgeht, daß die Auseinandersetzung auf allen Ebenen staatsbürgerlicher Rechte als *Kämpfe um Zugehörigkeit* definiert werden können.

1. Auf der Ebene bürgerlicher Rechte werden Kämpfe um *persönliche Autonomie und Freiheit* ausgetragen. Die wechselseitig aufeinander bezogenen Exklusions- und Usurpationsstrategien richten sich auf die Institutionen des *Rechtssystems* und der *Gerichtsbarkeit* eines Nationalstaates.

2. In der Konfliktarena politischer Rechte wird um die Berechtigung zu *politischer Partizipation* im jeweiligen Aufnahmeland und damit vor allem, aber nicht nur, um die Teilnahme an nationalen Wahlen gerungen, um die Probleme der eigenen Gruppe im politischen Prozeß artikulieren zu können. Die mit diesen Kämpfen verbundene Institution stellen die *Parlamente* dar.

3. Auf dem Konfliktfeld sozialer Rechte finden Kämpfe um *relationale Gleichheit* statt. Die Auseinandersetzungen beziehen sich dabei auf die Berechtigung zur legitimen Inanspruchnahme der *Institutionen wohlfahrtsstaatlicher Leistungen.*

4. In der Arena ökonomischer Rechte entwickeln sich Kämpfe um den Zugang zur *Institution des Arbeitsmarktes.* Die rechtliche Abschottung des freien Zugangs zu einem nationalen Arbeitsmarkt zieht Auseinandersetzungen um *distributive Gerechtigkeit* nach sich.

5. Auf der kulturellen Ebene werden verstärkt *Anerkennungskämpfe, bzw. Auseinandersetzungen um Toleranzgrenzen und -grade* geführt.[24] Diese drehen sich nicht nur um die Zulassung zum Bildungswesen als der gesellschaftlichen Basisinstitution auf dieser Ebene der Auseinandersetzungen, sondern auch um die dort vermittelten spezifischen Gehalte. Konflikte um die Anerkennung kultureller Differenzen lassen die 'Metanarrative'[25] einer Aufnahmegesellschaft und die auf ihnen gründende kollektive Identität problematisch werden. Sie folgen daher nicht ungebrochen der Logik der Umverteilung oder Verleihung von Rechten auf den vorhergehenden Ebenen.[26]

In einem derart ausdifferenzierten Modell der Analyse von Schließungsbeziehungen sind zwei Aspekte von entscheidender Bedeutung: *Erstens* zeigt sich, daß die Auseinandersetzungen um interne Schließung auf jedem Feld getrennt voneinander analysiert werden können und müssen, da um unterschiedliche,

---

22 Zur Zuordnung gesellschaftlicher Institutionen zu staatsbürgerlichen Rechten vgl. bereits Marshall (1981a).
23 Zur Bedeutung von Zugehörigkeit ('belonging') siehe Wiener (1996b).
24 Vgl. hierzu Honneth (1994); Walzer (1997)
25 Vgl. Somers (1996).
26 Siehe hierzu ausführlich Kap. 7

6.3 Der konzeptionelle Rahmen zur Analyse interner Schließung in Nationalstaaten

nicht aufeinander reduzierbare Dimensionen von Zugehörigkeit gekämpft wird. *Zweitens* legt das Modell aber zugleich nahe, das Zusammenwirken der einzelnen Konfliktebenen herauszuarbeiten, um so, im Anschluß an Murphys Definition sekundärer Herrschaftsverhältnisse, die Tiefenstruktur von Herrschaft auf der Grundlage von Mechanismen interner Schließung aufzeigen zu können.[27]

Diese modifizierte schließungstheoretische Perspektive geht weit über die Analysekapazität der oben diskutierten Ansätze hinaus. Sie geht der Frage nach, in welchem Maße es kollektiven Akteuren auf seiten des Staates gelingt, Immigranten in den einzelnen Konfliktarenen von der jeweiligen Dimension von Zugehörigkeit auszuschließen, bzw. in welchem Maße kollektive Akteure auf seiten der Immigranten ihrerseits in der Lage sind, ihre Inklusion voranzutreiben. Erst dadurch wird es möglich, der Differenziertheit von Schließungsverhältnissen auf die Spur zu kommen.

Der analytische Rahmen kann sich natürlich nicht darauf beschränken, die für interne Schließung relevanten Dimensionen im Innern des Nationalstaates zu identifizieren. Es ist einer der hartnäckigsten Fehler soziologischer Analysen, nationalstaatlich organisierte Gesellschaften als abgeschlossene Einheiten zu begreifen und sich auf die Analyse vermeintlich ausschließlich nach internen Mechanismen verlaufender Prozesse zu konzentrieren. Um der Reichweite und Dynamik interner Schließung gerecht zu werden, muß vielmehr dem *Einfluß externer Faktoren* Beachtung geschenkt werden. Die Diskussion um den Souveränitätsverlust hat gezeigt, daß Nationalstaaten in ihrem Handeln gegenüber Nicht-Staatsbürgern an eine Vielzahl vertraglicher Verpflichtungen gebunden sind, die diesem Handeln Restriktionen auferlegen. Die Verpflichtung, *Internationales Recht und Internationale Abkommen* (Internationale Flüchtlingskonvention, Genfer Konvention, Internationales Arbeitsrecht etc.) zu respektieren, die Begrenzung des Zugriffes und der willkürlichen Handlungsfreiheit gegenüber Arbeitsmigranten durch *bi- oder multilaterale Abkommen* zwischen Entsende- und Anwerbestaaten oder Aufnahmeländern, sowie der Einfluß, den der in den vergangenen Jahren an Schubkraft gewonnene *Diskurs um Menschenrechte* auf die Auseinandersetzungen erhält, sind die wichtigsten externen Faktoren, die unmittelbar und direkt auf interne Schließungsprozesse einwirken. Hinzu treten schwer zu kalkulierende Entwicklungen wie bspw. ein enormes weltweites Migrationspotential. Faktoren dieser Art haben jedoch eher Einfluß auf die Entwicklung politischer Strategien zur Begrenzung von Einwanderung und sind deshalb entscheidend für Probleme externer Schließung. Die Bedeutung,

---

27 Ein systemtheoretischer Zugang Luhmannscher Prägung könnte aufgrund der angenommenen Eigenlogik funktionaler Subsysteme diesen Schritt nicht mitgehen. Siehe Luhmann (1994); Stichweh (1995); Nassehi (1997). Inwiefern die Annahme der Interpenetration zwischen den einzelnen Subsystemen der Idee der Theorie sozialer Schließung nahe kommt, kann hier nicht geklärt werden. Vgl. aber Brock/Junge (1995); Münch (1984; 1995; 1996); Schwinn (1995; 1996).

die den aufgeführten externen Faktoren auf Prozesse interner Schließung in Nationalstaaten zukommt, besteht darin, daß sie ihrerseits zu einer strukturellen Grundlage werden, auf die sich soziale Akteure auf beiden Seiten der Schließungsgleichung beziehen müssen.[28] Es ist dabei eine empirische Frage, welche Seite der Schließungsgleichung aus diesem 'Eindringen' externer Faktoren in die ablaufenden Reproduktionskreisläufe interner Schließung den größeren Gewinn ziehen kann.

6.3.3 Kollektive Akteure und Schließungsstrategien

Mit der Kritik am dualistischen Konzept der Schließungstheorie, welches politische Schließungskämpfe als Auseinandersetzung zwischen zwei homogenen gesellschaftlichen Großgruppen konzipiert, wird es möglich, die Vielfalt der in Schließungskämpfe involvierten kollektiven Akteure zu erfassen und zu einer Systematisierung ihrer Strategien zu gelangen.

Auf *staatlicher Seite* werden in jeder der fünf Konfliktarenen Akteure der *Legislative, Exekutive und Jurisdiktion* aktiv, die auf höchster Ebene im politisch-rechtlichen System angesiedelt sind. Dies entspricht der Bedeutung der rechtlichen Institution der Staatsbürgerschaft, geht es mit der Sicherung der Exklusivität der Rechte seiner Bürger doch um eine der entscheidenden Aufgaben des Nationalstaates. Auf dieser Seite der Schließungsgleichung hat man es deshalb mit kollektiven Akteuren zu tun, die mit der *Gesetzgebung, der Interpretation und Überprüfung spezifischer Gesetze und Rechtsvorschriften* sowie deren *Durchsetzung* befaßt sind, um den Zugang von Immigranten zur Staatsbürgerschaft auszuschließen.

Um es am Beispiel Deutschlands zu illustrieren: Die Formulierung und Anregung von Gesetzen und Rechtsvorschriften, die die Exklusion von Migranten ermöglichen und die verfassungsrechtlich definierte und legitimierte Trennung zwischen Bürgern und Nicht-Bürgern garantieren sollen, liegt im wesentlichen im Zuständigkeitsbereich der Bundesregierung, insbesondere des Bundesinnenministeriums und ferner der Innenministerien der Länder. Darüber hinaus spielen die politischen Parteien, die mit eigenen Gesetzesinitiativen aktiv werden (können), eine zentrale Rolle. Neben der Aufgabe des Innenministeriums, die Differenz zwischen Bürgern und Nicht-Bürgern durchzusetzen und interne Exklusion aufrechtzuerhalten oder voranzutreiben, müssen zu den relevanten kollektiven Akteuren auf den lebensweltlich entscheidenden Dimensionen sozialer, ökonomischer und kultureller Rechte entsprechend Sozial-, Arbeits- und Bildungsministerien[29] berücksichtigt werden. Die Rechtsprechung, d.h. die Prüfung der

---

28 Siehe Kapitel 6.3.4.
29 Zu berücksichtigen ist im Falle Deutschlands hierbei, daß Kultus- und Bildungsministerien unter Hoheit der Länder stehen.

6.3 Der konzeptionelle Rahmen zur Analyse interner Schließung in Nationalstaaten

Recht- bzw. Verfassungsmäßigkeit von Gesetzen und Rechtsvorschriften obliegt freilich den Gerichten. Zur Verwaltung und Durchsetzung geltenden Rechts und der Strategien interner Exklusion, stehen schließlich Ausländerbehörden, die Verwaltung wohlfahrtsstaatlicher Institutionen sowie Organe von Polizei und Grenzschutz bereit.[30]

Nicht weniger ausgeprägt ist die Ausdifferenzierung in eine Vielzahl kollektiver Akteure auf seiten der Immigranten. Bevor die Bestimmung kollektiver Akteure auf dieser Seite aber überhaupt möglich wird, muß berücksichtigt werden, daß die Gesamtpopulation der Immigranten selbst äußerst heterogen, und keineswegs als homogene Gruppe begriffen werden kann.[31] Zur Analyse wird deshalb vorgeschlagen, in einem ersten Schritt die *politisch konstruierten Großgruppen* der EU-Bürger, Nicht-EU-Bürger, Flüchtlinge und Illegalen[32] zu unterscheiden. Diese Aufspaltung bietet lediglich eine erste grundlegende Differenzierung. Es wird im folgenden Kapitel gezeigt werden, daß die Art der Aufenthaltsgenehmigung, über die Individuen verfügen, über ihren jeweiligen Status entscheidet. Diese Differenzierung erzeugt Gruppen von Migranten, die von Exklusionsstrategien in unterschiedlichem Maße betroffen sind und deren relative Stärke, Inklusion in staatsbürgerliche Rechte voranzutreiben große Unterschiede aufweist.

Auf dieser Grundlage können als kollektive Akteure schließlich eine Vielzahl von Immigrantenorganisationen oder -assoziationen identifiziert werden, die ihre je spezifischen Interessen artikulieren und durchzusetzen versuchen. Immigranten beschränken sich dabei nicht auf die Solidarität unter den Ausgeschlossenen, sie gehen vielmehr strategische Bündnisse mit Organisationen ihres Aufnahme-

---

30 Die Vielzahl kollektiver Akteure auf staatlicher Seite macht deutlich, daß man es mit einem Geflecht unterschiedlicher Interessen und Positionen zu tun hat, wie allein schon die verschiedenen Positionen zur Ausländerpolitik innerhalb und zwischen politischen Parteien verdeutlichen. Einfluß erhalten beispielsweise auch die, wenn auch gezwungenermaßen eingesetzten, Ausländerbeauftragten von Bund und Ländern, die zumindest teilweise als Regulativ wirken können. Die Exklusionsstrategien selbst müssen daher als bereits in sozialen Prozessen ausgehandelte und vielfach modifizierte begriffen werden. Daß ferner der Einfluß einer Vielzahl von Interessengruppen auf diese Akteure und die Formulierung ihrer ausländerrechtlichen und -politischen Positionen und den entsprechenden Gesetzen groß ist, kann historisch schon an den Auswirkungen der Nachfrage der deutschen Wirtschaft nach ausländischen Arbeitskräften in Zeiten rasanten ökonomischen Wachstums gezeigt werden. Die genaue Analyse der Einflußnahme von Interessengruppen auf Entscheidungsfindungen bei der Formulierung und Durchsetzung spezifischer Exklusionsstrategien ist aber nicht Gegenstand der vorliegenden Analyse. Es geht zunächst vielmehr darum, diejenigen Akteure und ihre Strategien zu bestimmen, die in die Auseinandersetzungen um eine Zulassung zu staatsbürgerlichen Rechten direkt involviert sind.
31 Vgl. dazu Soysal (1994).
32 Zu einer ähnlichen Differenzierung siehe Martiniello (1994); vgl. ferner Hammar (1990); Illegale werden als Ergebnis immer restriktiverer Regelungen in Zukunft eine der größten Problemgruppen in Nationalstaaten darstellen. Zu illegaler Einwanderung siehe Miller, M.J. (1995).

landes, wie etwa Parteien[32], Gewerkschaften[33], Wohlfahrtsverbänden, Kirchen oder Unterstützerorganisationen (NGO's) ein. Bündnisse, die Immigrantenorganisationen zur Durchsetzung ihrer Ziele eingehen, überschreiten nicht selten die nationalen Grenzen ihres Aufnahmelandes. Internationale Organisationen, wie etwa Menschenrechtsorganisationen, erhalten in diesem Prozeß zentrale Bedeutung. Die genaue Bestimmung der Vielzahl kollektiver Akteure, die in spezifischen Auseinandersetzungen aktiv werden, die Bündnisse zwischen ihnen sowie die von ihnen verfolgten Strategien bieten ein unübersichtliches Bild und stellen gleichwohl ein empirisch zu lösendes Problem dar.

Notwendig hingegen ist zunächst die Systematisierung der Strategien kollektiver Akteure auf beiden Seiten der Schließungsgleichung. Sie sind - und dies ist der Natur der Auseinandersetzung um den Zugang zur Rechtsinstitution der Staatsbürgerschaft geschuldet - Strategien zur Durchsetzung von Rechten. Diese werden von den entsprechenden kollektiven Akteuren kommuniziert und, wie modifiziert auch immer, durchgesetzt. Während Exklusionsstrategien im wesentlichen darin bestehen, über Gesetze und rechtliche Regelungen den Zugang zu Staatsbürgerrechten zu blockieren, sind kollektive Akteure seitens der Immigranten darauf angewiesen, über solidaristische Strategien Verbündete für ihre Ansprüche auf Inklusion zu gewinnen. Gleich ob diese sich auf strategische Bündnisse in Parteien hinein konzentrieren, ob es sich um die Partizipation in Gewerkschaften handelt oder ob etwa über den Diskurs um Menschenrechte der Versuch unternommen wird, Bürgerrechte als Menschenrechte einzuklagen, Ziel bleibt prinzipiell die Inklusion in staatsbürgerliche Rechte. Und an diesem Punkt zeigt sich eine interessante Folge der Thematisierung der Staatsbürgerschaft als eines Modus sozialer Schließung: Systematisiert man nämlich die auf beiden Seiten der Schließungsgleichung verfolgten Strategien, so zeigt sich, daß Exklusionsstrategien von seiten des Staates auf den *kollektivistischen Ausschluß* spezifischer Immigrantengruppen auf den unterschiedlichen rechtlichen Dimensionen zielen. Usurpationsstrategien haben hingegen *individualistischen* Charakter. Zwar werden kollektive Akteure aktiv, ihre Strategien zielen jedoch auf die Inklusion von Migranten in die individuellen staatsbürgerlichen Rechte. Dies gilt zumindest so lange, wie diese Gruppen nicht dazu übergehen, spezifische Gruppenrechte zu fordern.[34]

Der entscheidende Punkt dieser Systematisierung zeigt, daß Murphy zumindest hier recht behält. Staatsbürgerschaft als Exklusionsinstrument argumentiert nicht mehr, wie es die liberale Ideologie will, unter Absehung askriptiver Krite-

---

32 Parteien können entsprechend ihrer Position hinsichtlich interner Schließung auf beiden Seiten der Schließungsgleichung aktiv werden.
33 Gewerkschaften können natürlich selbst äußerst exklusiv verfahren.
34 Die Auseinandersetzungen um kulturelle Rechte zeigen bereits diese Tendenz. Es steht zu vermuten, daß man sich damit nicht mehr auf der Ebene der Auseinandersetzung um den Zugang zu nationaler Staatsbürgerschaft befindet, sondern innerhalb der Kämpfe um ein neues Modell von Zugehörigkeit.

rien oder losgelöst von einer, in diesem Fall politisch konstruierten Gruppenzugehörigkeit. Vielmehr verfahren Nationalstaaten bei interner Exklusion kollektivistisch, während Immigranten der liberalen Ideologie entsprechend die Durchsetzung individueller Rechte fordern.

Ein letzter, sehr wichtiger Punkt darf im Zusammenhang der Erläuterung strategischen Handelns sozialer Akteure auf der Seite der Immigranten nicht vergessen werden. Im Kontext der Auseinandersetzungen um die Teilhabe an staatsbürgerlichen Rechten werden nur diejenigen in Betracht gezogen, die tatsächlich auf Inklusion in die Dimensionen der Zugehörigkeit gerichtet sind. Daneben müssen aber zumindest zwei *Strategien der Selbstexklusion* von Migranten erwähnt werden: einerseits solche Strategien, die als *Privatisierung* und *Folklorisierung* entpolitisierte und kulturalisierte Formen der Artikulation von Migranten darstellen; andererseits jene Strategien, die als *Radikalisierung* und *Fundamentalisierung* bestimmter Gruppen als expressive, politische Strategien bezeichnet werden können. Aus den beiden zuletzt genannten können virulente soziale und politische Probleme resultieren. Diese artikulieren sich jedoch nicht mehr im Kontext der Kämpfe um Inklusion in staatsbürgerliche Rechte und können im Rahmen des Modells zur Analyse interner Schließung daher nicht berücksichtigt werden.

6.3.4 Strukturelle Grundlagen interner Schließung

Die handlungstheoretische Wende der Theorie sozialer Schließung hat deutlich gemacht, daß das Handeln sozialer Akteure nicht losgelöst von strukturellen Bedingungen erfolgt. Die von kollektiven Akteuren verfolgten Strategien müssen deshalb zu diesen in Beziehung gesetzt werden.

Im Anschluß an die erfolgte Reformulierung des Strukturbegriffes lassen sich die dem Handeln sozialer Akteure zugrundeliegenden Strukturen als Regeln und Ressourcen begreifen. Wie wir gesehen haben, können diese in Regeln der *Legitimation* (normative Regeln) und der *Signifikation* (interpretative Regeln) unterschieden werden. Der Ressourcenkomplex läßt sich seinerseits in *allokative und autoritative Ressourcen* aufspalten. Im Kontext interner Schließung sind vor allem autoritative Ressourcen von Interesse, da sie sich auf Typen des Vermögens zur Umgestaltung beziehen, "die Herrschaft über Personen oder Akteure generieren" (Giddens 1988: 86), während allokative Ressourcen sich auf Fähigkeiten beziehen, die Herrschaft über Objekte, Güter oder materielle Phänomene zu ermöglichen (ebd.).

Geht man von dieser abstrakten Definition von Strukturen als Regeln und Ressourcen über zum Problem der Bestimmung derjenigen strukturellen Grundlagen, die für das Handeln sozialer Akteure in den Auseinandersetzungen um interne Schließung relevant werden, so lassen sich konkrete *Strukturmomente*[35] bestimmen, die den Kontext sozialen Handelns herstellen. "In der Analyse strategischen Verhaltens wird das Schwergewicht auf die Weisen gelegt, in denen sich Akteure bei der Konstitution sozialer Beziehungen auf Strukturmomente beziehen" (Giddens 1988: 342). Die Bestimmung dieser Strukturmomente, die ein spezifisches Handeln sowohl ermöglichen als auch beschränken, macht deutlich, wie fest das Handeln sozialer Akteure in die Reproduktion sozialer Strukturen eingebunden ist (vgl. ebd.: 387).

Im Kontext interner Schließungsprozesse geht es dabei um die Identifikation derjenigen Regeln und Ressourcen, die die Reproduktion der Rechtsinstitution Staatsbürgerschaft gewährleisten. Soziale Akteure, die auf den einzelnen Konfliktfeldern nationaler Staatsbürgerschaft um Exklusion und Inklusion kämpfen, nutzen dabei ihr Wissen über die institutionelle Ordnung, in die sie eingebunden sind, und konstituieren dabei ihre Auseinandersetzungen als 'sinnhaft'.[36] Die spezifischen Regeln und Ressourcen, auf die sich die kollektiven Akteure dabei beziehen, können nun konkreter gefaßt werden:

Das *Strukturmoment der Legitimation*, d.h. der normativen Regeln sozialen Handelns bezeichnet diejenigen rechtlichen Regelungen, die die unterschiedliche Behandlung von Staatsbürgern und Immigranten festschreiben, und darüber hinaus letztere spezifischen rechtlichen Vorschriften unterwerfen. Diese Regeln werden institutionalisiert in Grundgesetz, Ausländer- und Asylrecht.[37] Zu diesen Gesetzesvorschriften im Innern des Nationalstaates treten die erwähnten externen Faktoren. Sie werden als Strukturmomente der Legitimation in zunehmendem Maße bedeutend, insofern nationales Recht an internationales oder supranationales Recht gebunden ist und mit diesem in Einklang gebracht werden muß. Die Gesamtheit der rechtlichen Regelungen konstituiert die entscheidende Grundlage der Auseinandersetzungen um die Rechtsinstitution der Staatsbürgerschaft.

Das *Strukturmoment der Signifikation*, d.h. der interpretativen Regeln steht in direktem Zusammenhang mit dem der Legitimation. Die in öffentlichen Diskursen geführten Auseinandersetzungen um den Zugang zur Staatsbürgerschaft

---

35 Vgl. Sigmund (1997).
36 "Indem sie sich jedoch in dieser Weise auf die institutionelle Ordnung berufen - und es gibt keine andere Weise für die Interaktionsteilnehmer, ein verständliches und kohärentes Handeln auszuführen -, tragen sie dazu bei, sie zu reproduzieren. Zudem gilt es zu beachten, daß sie, indem sie die institutionelle Ordnung reproduzieren, auch ihre 'Faktizität' als eine Quelle strukturellen Zwanges (auf sich und andere) reproduzieren. Sie behandeln das Rechtssystem als eine 'reale' Ordnung von Beziehungen, in der ihre eigene Interaktion situiert ist und durch die sie zum Ausdruck gebracht wird. Sie ist eine 'reale' (d.h. strukturell stabile) Ordnung von Beziehungen genau deshalb, weil sie, und andere in verwandten und ähnlichen Kontexten ebenso, diese als solche anerkennen - und zwar nicht notwendig in ihrem diskursiven Bewußtsein, sondern vielmehr im praktischen Bewußtsein, das in ihr Handeln eingelassen ist" (Giddens 1988: 388).
37 Siehe dazu Bommes/Scherr (1991).

6.3 Der konzeptionelle Rahmen zur Analyse interner Schließung in Nationalstaaten

können nur dann als sinnhaft verstanden werden, wenn die rechtlichen Bedingungen dieser Kämpfe berücksichtigt werden und soziale Akteure auf deren Grundlage miteinander kommunizieren. Es wird deutlich, wie der rechtliche Rahmen zur Grundlage wird, auf der um Grade der Exklusion und Inklusion gekämpft wird.[38] Die Auseinandersetzung um das neue Asylrecht, verbunden mit einer Änderung des Grundgesetzes, hat gezeigt, wie zur Vorbereitung und Durchsetzung einer weitgehenden Modifikation geltenden Rechts im öffentlichen Diskurs auf die rechtliche Ordnung Bezug genommen wird. In welch unterschiedlichem Maße in diesem Diskurs Positionen artikuliert und durchgesetzt werden können, leitet über zum Problem asymmetrischer Machtverhältnisse zwischen den kollektiven Akteuren auf beiden Seiten der Schließungsgleichung.

Das *Strukturmoment der Herrschaft*, d.h. der autoritativen Ressourcen, umfaßt diejenigen Ressourcen, die die Durchsetzung der artikulierten Strategien überhaupt erst ermöglichen. Wie bereits deutlich wurde, ist es eines der zentralen Kennzeichen des modernen Nationalstaates, Informationen über die auf seinem Staatsgebiet lebenden Personen zu sammeln, zu verarbeiten und für die Ausdehnung seiner Kontrollkapazitäten zu nutzen. In diesem Prozeß bringt die Theorie der Strukturierung die herrschaftstheoretische Wende der Theorie sozialer Schließung auf den Punkt. Obgleich prinzipiell alle Gesellschaftsmitglieder den Überwachungstätigkeiten des modernen Nationalstaates ausgesetzt sind, besteht doch kein Zweifel daran, daß Nationalstaaten darum bemüht sind, Nicht-Bürger auf ihren Territorien einer besonderen Kontrolle zu unterwerfen, da nur so die Exklusivität des Staatsbürgerstatus aufrechterhalten werden kann. Im abschließenden Kapitel wird zu zeigen sein, wie asymmetrisch die Machtverhältnisse zwischen den kollektiven Akteuren des Nationalstaates und jenen auf seiten der Immigranten aufgrund der unterschiedlichen Möglichkeiten des Zugriffs auf autoritative Ressourcen tatsächlich sind.

Der bis zu diesem Punkt vor dem Hintergrund strukturierungstheoretischer Einsichten vollzogene Umbau zentraler Ideen und Konzeptionen der Schliessungstheoretiker, hat Konsequenzen für das in der Theorie sozialer Schließung vorherrschende Verständnis einer objektiven Schließungs*struktur*. Befreit von deterministischen Annahmen kann diese zurückgewiesen und dagegen die Konzeption *strukturierter Schließungsverhältnisse* profiliert werden. In ihr laufen all jene theoretischen Erweiterungen und konzeptionellen Modifikationen zusammen, die vorgenommen wurden, um die Theorie sozialer Schließung für die Analyse interner Schließung in liberal-demokratischen Gesellschaften fruchtbar zu machen.

---

[38] Die Vernachlässigung des öffentlichen Diskurses im Kontext der strukturellen Regeln der Signifikation ist zweifellos ein Problem der Giddensschen Theorie.

6 Staatsbürgerschaft als Modus sozialer Schließung

Abb. 8.: Der konzeptionelle Rahmen zur Analyse interner Schließung

STAAT — definiert Gesamtheit der Staatsbürger

EXKLUSIONS DIMENSIONEN	EXKLUSIONS GRUNDLAGEN	KOLLEKTIVE AKTEURE	EXKLUSIONS STRATEGIEN
1. Bürgerliche Rechte	a) rechtl. Regelungen b) öffentl. Diskurs c) autoril. Ressourcen	Legislative: Exekutive; Jurisdiktion: Regierung; Parteien; Innenministerium; Gerichte; Ausländerbehörden; Polizei; Grenzschutz	kollektivistisch
2. Politische Rechte	a) rechtl. Regelungen b) öffentl. Diskurs c) autoril. Ressourcen	Legislative, Exekutive, Jurisdiktion; Regierung; Ausländerbehörden, Parteien, Innenministerium	kollektivistisch
3. Soziale Rechte	a) rechtl. Regelungen b) öffentl. Diskurs c) autoril. Ressourcen	Legislative; Exekutive; Jurisdiktion; Arbeits- und Sozialministerium; Ausländerbehörden	kollektivistisch
4. Ökonomische Rechte	a) rechtl. Regelungen b) öffentl. Diskurs c) autoril. Ressourcen	Legislative; Exekutive; Jurisdiktion; Arbeits- und Sozialministerium, BA, Ausländerbehörden	kollektivistisch
5. Kulturelle Rechte	a) rechtl. Regelungen b) öffentl. Diskurs c) autoril. Ressourcen	Legislative; Exekutive; Jurisdiktion; Kulturministerien; Ausländerbehörden	kollektivistisch/ individualistisch

STAATSANGEHÖRIGKEITSRECHT

GESELLSCHAFTLICHE BASISINSTITUTIONEN	DIMENSIONEN VON ZUGEHÖRIGKEIT
RECHTSSYSTEM	PERSÖNLICHE FREIHEIT/ AUTONOMIE
PARLAMENTE	POLITISCHE PARTIZIPATION
WOHLFAHRTSSTAAT	RELATIONALE GLEICHHEIT
ARBEITSMARKT	DISTRIBUTIVE GERECHTIGKEIT
BILDUNGSSYSTEM	ANERKENNUNG/ TOLERANZ

IMMIGRANTEN — schließt von Zugehörigkeit aus

USURPATIONS STRATEGIEN	KOLLEKTIVE AKTEURE	USURPATIONS GRUNDLAGEN	USURPATIONS DIMENSIONEN
individualistisch	Immigrantenorganisationen, Internationale Organisationen, Parteien	a) rechtl. Regelungen b) öffentl. Diskurs c) autoril. Ressourcen	1. Bürgerliche Rechte
individualistisch	Immigrantenorganisationen, Ausländervertretungen und -beiräte, Parteien	a) rechtl. Regelungen b) öffentl. Diskurs c) autoril. Ressourcen	2. Politische Rechte
individualistisch	Immigrantenorganisationen, Kirchen, Wohlfahrtsverbände, Parteien	a) rechtl. Regelungen b) öffentl. Diskurs c) autoril. Ressourcen	3. Soziale Rechte
individualistisch	Immigrantenorganisationen, Gewerkschaften	a) rechtl. Regelungen b) öffentl. Diskurs c) autoril. Ressourcen	4. Ökonomische Rechte
individualistisch/ kollektivistisch	Immigrantenorganisationen, GEW, Elternvereinigungen, Kulturelle Assoziationen	a) rechtl. Regelungen b) öffentl. Diskurs c) autoril. Ressourcen	5. Kulturelle Rechte

EXTERNE FAKTOREN
Internationales Recht
Bi- und multilaterale Abkommen
Diskurs über Menschenrechte

nationalstaatlicher Rahmen

6.4 Strukturierte Schließungsverhältnisse

Mit dem Verzicht auf die Annahme einer objektiven Schließungsstruktur wird weder in Zweifel gezogen, daß interne Exklusion gegenüber Migranten sehr weitgehend durchsetzbar ist - dies ist die Konsequenz asymmetrischer Machtverhältnisse -, noch das Beharrungsvermögen von Strukturen unterschätzt. Mit der Konzeption *strukturierter Schließungsverhältnisse* sind jedoch folgende Annahmen verbunden: *Erstens* sind spezifische, auf Dauer gestellte und veränderbare strukturierte Schließungsverhältnisse Resultat vergangener und aktueller Auseinandersetzungen zwischen kollektiven Akteuren auf beiden Seiten der Schließungsgleichung. Soziales Handeln führt deshalb nicht lediglich eine zugrundeliegende Schließungsstruktur aus, spezifische Schließungsverhältnisse werden durch soziales Handeln vielmehr permanent produziert und reproduziert. *Zweitens* ist die Annahme einer objektiven Schließungsstruktur auch deshalb unhaltbar, weil sie die Dynamik von Schließungsprozessen nicht erfaßt und den differentiellen Betroffenheiten der unterschiedlichen Gruppen von Migranten nicht gerecht wird. Für jede von ihnen müssen eigene, je *spezifische Grade von Exklusion oder Inklusion* angenommen werden. Sie sind Ergebnis der Auseinandersetzungen, in denen jede dieser Gruppen auf allen Dimensionen der Schließungsgleichung um Grade der Zugehörigkeit kämpft.

Die jeweiligen Grade von Inklusion/Exklusion auf den Dimensionen der Zugehörigkeit sind damit das spezifische Ergebnis der je unterschiedlichen Möglichkeiten von Gruppen, Macht zu mobilisieren und so ihre Interessen gegen die Exklusionsstrategien von staatlicher Seite zur Geltung zu bringen. Es ist eine empirische Frage, zu welchem Zeitpunkt welche Seite der Schließungsgleichung Ressourcen mobilisieren kann, um auf den Dimensionen von Zugehörigkeit die Dialektik von Kontrolle zu ihren Gunsten zu verschieben, d.h. welche Grade von Exklusion der Staat für jede Gruppe durchsetzen oder welche Gruppe von Immigranten zu welchem Grad ihre Inklusion auf den einzelnen Dimensionen vorantreiben kann.

Aus einem solchen Verständnis strukturierter Schließungsverhältnisse ergeben sich drei Konsequenzen: *Erstens* können je nach Gruppe *differentielle Inklusions-/Exklusionssyndrome* herausgearbeitet werden, die deren unterschiedliche Betroffenheiten von Exklusionsstrategien erkennbar machen. Daraus ergibt sich ein vielschichtiges Bild des jeweils für eine Gruppe identifizierbaren strukturierten Schließungsverhältnisses. *Zweitens* lassen sich in zeitlicher Perspektive *differentielle Statuspassagen* einzelner Gruppen analysieren, die den Verlauf zunehmender Inklusion oder Exklusion in staatsbürgerliche Rechte erkennbar machen, wie etwa an der Situation von EU-Bürgern deutlich wird, die als Migranten in Mitgliedsstaaten der Europäischen Union leben und sukzessive in die politischen Rechte ihres Aufnahmelandes inkludiert werden. *Drittens* schließlich ermöglicht die Differenzierung nach Gruppen und die Betrachtung ihrer spezifischen Probleme und Kämpfe, daß *Fragmentierung* und *duale Schließung* unterschiedliche Prozesse beschreiben und nicht aufeinander reduzierbar sind. Es liegt nahe, davon auszugehen, daß der Nationalstaat zur Bewahrung der Exklusivität nationaler Staatsbürgerschaft für seine Bürger, mittels Fragmentierung die Gesamtpopulation der Immigranten zu spalten und unterschiedlichen Exklusionsstrategien auszusetzen versucht. Die unterschiedliche Behandlung von Migrantengruppen im Sinne des 'Teile und Herrsche' ist aber nicht ohne Rücksicht auf unterschiedliche rechtliche Bestimmungen und Vorschriften oder die Strategien der Ausgeschlossenen durchsetzbar. Andererseits wird aber deutlich, daß die zu verteilenden Güter, auf die durch den Besitz der Staatsbürgerschaft legitimerweise Anspruch erhoben werden kann, die durch einen nationalen Wohlfahrtsstaat vergeben werden und um die gekämpft wird, begrenzt sind. Im Kontext dieser Verteilungskämpfe kommt es deshalb - nur mittelbar aufgrund staatlicher Strategien - zu dualen Schließungen, d.h. zu Schließungsprozessen zwischen Migrantengruppen. Unter Rückgriff auf Webers Definition zweckrationaler Schließung zur Monopolisierung von Gütern erklärt sich diese Strategie deshalb nicht ausschließlich als Resultat durchgesetzter staatlicher Strategien der Fragmentierung, sondern durchaus als Ausdruck rationalen Handelns. Die große Solidarität ausgeschlossener Gruppen endet angesichts der Verteilung knapper Güter. Es steht zu vermuten, daß sich der Prozeß wechselseitiger Schließung selbst innerhalb der einzelnen Großgruppen fortsetzen wird.

Interne Schließung wurde in diesem Kapitel als dynamischer Prozeß konzipiert, in dem kollektive Akteure auf seiten des Nationalstaates und auf seiten der Immigranten mittels spezifischer, wechselseitig aufeinander bezogenen Strategien um Exklusion von bzw. Inklusion in staatsbürgerliche Rechte kämpfen. Diese Auseinandersetzungen vollziehen sich auf den Ebenen bürgerlicher, politischer, sozialer, ökonomischer und kultureller Rechte, auf denen um persönliche Freiheit und Autonomie, politische Partizipation, relationale Gleichheit, distributive Gerechtigkeit sowie Anerkennung und Toleranz gekämpft wird. Abschließend geht es nun darum, die strukturellen Grundlagen dieses Kampfes um Zugehörigkeit zu explizieren.

7 Kampf um Zugehörigkeit - Strukturmomente der Reproduktion eines Systems sozialer Ungleichheit

7.1 Die strukturellen Grundlagen der Kämpfe um Zugehörigkeit

Auf der Grundlage des erarbeiteten konzeptionellen Rahmens zur Analyse interner Schließung geht es nun um die Reproduktion der rechtlichen Institution der Staatsbürgerschaft, um die mit ihr verbundenen Schließungskämpfe sowie das aus diesen resultierende System sozialer Ungleichheit. Im Mittelpunkt der Explikation der Strukturmomente, die auf den einzelnen Ebenen staatsbürgerlicher Rechte Schließungsstrategien ermöglichen und begrenzen, stehen die entscheidenden rechtlichen *Regeln*, auf die soziale Akteure sich in ihren Auseinandersetzungen beziehen müssen.[1] Hierauf wird zunächst ausführlich eingegangen. Skizziert werden im Anschluß daran zum einen die um diese rechtlichen Regelungen angeordneten *öffentlichen Diskurse*, die Akteure als Begründungszusammenhänge zur Legitimation oder ideologischen Verschleierung ihrer Strategien führen. Die Trennung der Rechtsebenen ermöglicht, auch die mit ihnen verbundenen Diskurse weiter zu differenzieren und somit die einzelnen Ebenen genauer analysieren zu können. Zum anderen werden die entscheidenden *autoritativen Ressourcen* bestimmt, die als Quellen von Herrschaft die Durchsetzung von Exklusionsstrategien und damit die Überwachung und Kontrolle von Ausländern ermöglichen. Im Kontext der rechtlichen Regelungen, Diskurse und Ressourcen lassen sich beispielhaft relevante kollektive Akteure auf beiden Seiten der Schließungsgleichung identifizieren.

Der abschließende Teil der Arbeit hat illustrativen Charakter. Am Beispiel Deutschlands wird auf der Grundlage des entwickelten theoretisch-konzeptionellen Rahmens Schließung die Vorarbeit für eine empirische Analyse der Schließungsstrategien kollektiver Akteure geleistet. Die konkrete Operationalisierung der relevanten Untersuchungsdimensionen und -ebenen sowie die detaillierte Analyse spezifischer Strategien kollektiver Akteure ist hier nicht möglich. Inwieweit der konzeptionelle Rahmen tatsächlich trägt, muß Aufgabe anschließender Fallstudien werden.

---

1 Siehe Minow (1990) zu Inklusion/Exklusion auf der Grundlage von Recht; ferner Bös (1993).

7.2 Rechtliche Regelungen: Exklusionseffekte und die Tiefenstruktur sozialer Schließung

Die Explikation der rechtlichen Grundlagen interner Schließung ist die Voraussetzung für ein Verständnis der Exklusionseffekte auf jeder Ebene staatsbürgerlicher Rechte sowie für deren Zusammenwirken. Indem so Schließungsbeziehungen als Herrschaftsverhältnisse analysiert werden, wird zugleich für jede Ebene staatsbürgerlicher Rechte ein spezifisches *Exklusionsziel* definierbar. Exklusionsziele können als Ausgangspunkt der Erörterung möglicher oder tatsächlicher Schließungsstrategien auf den einzelnen Konfliktfeldern dienen. Sie stellen nicht nur den Horizont der Exklusionsstrategien staatlicher Akteure dar, sondern zugleich den Bezugspunkt, auf den sich Usurpationsstrategien kollektiver Akteure seitens der Immigranten richten müssen. Exklusionsziele sind die *Kristallisationspunkte*, auf die die Strategien beider Seiten sich richten. Schließlich läßt sich auf jeder Ebene aufgrund des Ausschlusses von Migranten deren spezifischer *Status* charakterisieren. Es wird gezeigt, daß mit dem Ausschluß von Rechten weitreichende, systematische Diskriminierungen verbunden sind.

7.2.1 Bürgerliche Rechte

Ein Teil der verfassungsmäßig garantierten Grundrechte sind in Deutschland als sogenannte 'Deutschenrechte' kodifiziert.[2] Migranten kommen damit zwar in den Genuß des menschenrechtlichen Teils der Grundrechte, bleiben von entscheidenden bürgerlichen Rechten aber ausgeschlossen. Ziel dieser Kodifizierung ist die *Trennung von Bürger- und Menschenrechten*. Mit ihr wird die seit der Französischen Revolution bestehende Trennung fortgeschrieben und das universalistische Prinzip der Bürgerrechte partikularistisch auf die Mitglieder einer nationalen Gemeinschaft begrenzt. Statt Deutschenrechten stehen für Ausländer deshalb Ausländerrechte bereit. Die Konsequenzen, die mit Exklusionsstrategien zur Aufrechterhaltung dieses Status Quo verbunden sind, ergeben sich aus dem Charakter bürgerlicher Rechte: die Privatsphäre von Migranten, die nur durch die Verfügung über ein vollständiges Set bürgerlicher Freiheitsrechte vor Übergriffen des Staates geschützt werden kann, bleibt in hohem Maße verletzlich. Auf der Ebene bürgerlicher Rechte muß deshalb von einem *prekären Status* von Migranten als *Rechtspersonen* gesprochen werden.

Der Ausschluß von bürgerlichen Rechten ist mit weitreichenden Konsequenzen verbunden. Er schafft die Voraussetzung dafür, Ausländer spezifischen Exklusionsstrategien auszusetzen. Entscheidend ist hier zunächst der Ausschluß

---

2   Als Deutschenrechte kodifiziert sind GG Art. 8: Versammlungsfreiheit; Art. 9, Abs.1: Allgemeine Vereinigungsfreiheit; Art. 11: Freizügigkeit; Art. 12, Abs. 1: Ausbildungs- und Berufsfreiheit sowie Art. 16, Abs. 2, Satz 1: Nichtauslieferungsgarantie

7.2 Rechtliche Regelungen: Exklusionseffekte und die Tiefenstruktur sozialer Schließung 181

vom Recht auf Freizügigkeit (GG Art. 11), denn das "Grundgesetz anerkennt eine allgemeine Freizügigkeit über die Grenzen hinaus ebensowenig wie ein Weltbürgertum" (Renner 1995: 15). Welche Strukturmomente von Schließungsbeziehungen lassen sich angesichts dieses Tatbestandes auf der Ebene bürgerlicher Rechte definieren?

Da Ausländer weder verfassungs- noch völkerrechtlich ein Recht auf Einreise oder Aufenthalt geltend machen können, unterliegen sie der Aufenthaltsgenehmigungspflicht.[3] Diese ist im neuen Ausländergesetz (AuslG) verankert[4], welches zu einer entscheidenden rechtlichen Grundlage von Schließungsprozessen wird. Das neue Ausländergesetz kennt eine Vielzahl von Aufenthaltstiteln: Die Aufenthaltsgenehmigung umfaßt als Oberbegriff, der selbst keinen Aufenthaltsstatus impliziert, die Aufenthaltserlaubnis (§§15ff AuslG), -berechtigung (§27 AuslG), -bewilligung (§§28f AuslG) und -befugnis (§§30ff AuslG).[5] Zu diesen, noch näher zu erläuternden Aufenthaltsformen, tritt die Sonderstellung der Unionsbürger (§§3 bis 6a AufenthG/EWG), womit bereits deutlich wird, daß externe Faktoren auf die Reproduktionsprozesse interner Schließung einwirken. Mit der Aufenthaltsgestattung (§§55 Abs.1, 63 Abs.1 AsylVfG) wurde ferner für Asylbewerber ein eigener aufenthaltsrechtlicher Status geschaffen.[6] Die Bedeutung der unterschiedlichen Arten der Aufenthaltsgenehmigung besteht darin, daß nach "Grund und Zweck sowie Verfestigungsgrad des Aufenthalts (...) für bestimmte Ausländergruppen besondere rechtliche Regelungen Anwendung [finden]. Damit soll Ausländern deutlich gemacht werden, welche Vorschriften auf sie Anwendung finden, und insbesondere, ob für sie die Erlangung eines Daueraufenthalts im Bundesgebiet möglich oder ausgeschlossen ist" (Wollenschläger/Schraml 1991: 59). Dieses Prinzip gruppenspezifischer Regelungen eröffnet dem Nationalstaat die Möglichkeit einer Fragmentierung der Gesamtpopulation der Ausländer, auf die spezifische Exklusionsstrategien anwendbar werden. Die knappe, aufs wesentliche beschränkte Charakterisierung der einzelnen Status soll dies verdeutlichen[7]:

Die *Aufenthaltserlaubnis* stellt als allgemeiner Aufenthaltstitel die Grundlage für eine Aufenthaltsverfestigung dar. Sie ist "für Ausländer geschaffen, die auf Dauer in der Bundesrepublik leben wollen" (ebd.: 62). Unter bestimmten Voraussetzungen besteht Anspruch auf befristete oder unbefristete Verlängerung. Letztere stellt den ersten Verfestigungsgrad der Aufenthaltserlaubnis dar. Mit ihr verbunden ist das Recht auf Wiederkehr und auf Familiennachzug. Dieser muß

---

3 Siehe Wollenschläger/Schraml (1991).
4 Siehe Incesu (1991).
5 Ferner Betretenserlaubnis (§9 Abs. 3 AuslG); Transitvisum (§7 Abs.3 AuslG); Dauervisum (§28 Abs.4 AuslG) und Ausnahmevisum (§58 Abs.2 AuslG).
6 Hinsichtlich der Einschätzung, ob die Duldung ein Aufenthaltsstatus ist oder lediglich ein Status, in dem aktuell von der Abschiebung abgesehen wird, scheinen widersprüchliche Auffassungen zu bestehen.
7 Ausführlich dazu siehe Wollenschläger/Schraml (1991).

gleichwohl zur Herstellung oder Wahrung einer ehelichen oder familiären Lebensgemeinschaft erfolgen und bleibt davon abhängig, ob der Lebensunterhalt selbst bestritten werden kann und genügend Wohnraum zur Verfügung steht. Unter bestimmten Voraussetzungen erhalten ledige Kinder vor Vollendung des 16. Lebensjahres eine Aufenthaltserlaubnis, rechtlich verankert sind ferner differenzierte Vorschriften hinsichtlich eigenständiger Aufenthaltsrechte nachgezogener Familienangehöriger. Die bereits erwähnte Verfestigung der Aufenthaltserlaubnis wird durch Ansprüche des Ausländers abgesichert, dieser Schritt bleibt jedoch wiederum an Voraussetzungen gebunden, die die Rechts- und Erwartenssicherheit relativieren.

Die *Aufenthaltsberechtigung* stellt die zweite und damit höchste Stufe der Verfestigung des Aufenthaltsstatus dar. Für sie muß sich der Ausländer gleich mehrfach qualifizieren: "Die Aufenthaltsverfestigung gemäß §27 steht nur Ausländern offen, denen zuvor eine Aufenthaltserlaubnis erteilt worden war: Der Ausländer muß entweder acht Jahre eine Aufenthaltserlaubnis oder drei Jahre eine unbefristete Aufenthaltserlaubnis und zuvor eine Aufenthaltsbefugnis besessen haben" (ebd.: 64). Die Aufenthaltsberechtigung bietet weitgehenden Schutz, doch auch sie kann widerrufen werden, sie kann bei Ausreise erlöschen und beschränkt weiterhin die politische Betätigung des Ausländers.

Eine *Aufenthaltsbewilligung* ist an einen Aufenthalt für einen bestimmten Zweck gebunden. Sie kann vor einer zunächst zu erfolgenden Ausreise weder für einen anderen Zweck erteilt oder verlängert werden. Eine Verfestigung des Status ist weitgehend ausgeschlossen, der Familiennachzug zwar möglich, jedoch nur unter bestimmten Voraussetzungen, und er steht im Ermessen der Behörde.

Die *Aufenthaltsbefugnis* stellt einen Aufenthaltstitel für de-facto-Flüchtlinge bereit. Bei ihnen handelt es sich zumeist um Kriegs- oder Bürgerkriegsflüchtlinge, die nicht als politisch Verfolgte anerkannt werden. Die Aufenthaltsbefugnis kann aus völkerrechtlichen oder humanitären Gründen vergeben werden.

Es wird deutlich, daß die Exklusion von bürgerlichen Rechten und die damit erfolgende ausländerrechtliche Behandlung von Migranten die Exklusion auf dieser Ebene mit einer detaillierten Fragmentierung der Ausländerpopulation einhergeht. Diese gesetzestechnische Differenzierung der Aufenthaltsformen ist von entscheidender Bedeutung, weil sie für unterschiedliche Gruppen von Ausländern zur Grundlage hochgradig differenzierter und fein abgestufter Lebenschancen wird.

7.2.2 Politische Rechte

Im Zentrum der Auseinandersetzungen um die politischen Rechte von Ausländern steht die Exklusion vom nationalen Wahlrecht. GG Art. 20 bestimmt, daß alle Staatsgewalt vom Volke ausgeht und schreibt damit verfasssungsrechtlich die *Trennung zwischen Staatsbürgern als politischem Souverän und Nicht-Bürgern als 'neuen Metöken'* (Walzer 1992) fest. Die Frage, wer in einer Gesellschaft legitimerweise als politischer Souverän gilt und daher an der Macht beteiligt ist, hängt entscheidend vom Selbstverständnis einer Nation ab.[8] Die Grundlage der Definition des deutschen Staatsvolkes findet sich im nach wie vor gültigen Reichs- und Staatsangehörigkeitsgesetz (RuStaG) vom 22. Juli 1913. In Verbindung mit GG Art. 116, Abs.1: "Deutscher im Sinne dieses Grundgesetzes ist vorbehaltlich anderweitiger gesetzlicher Regelung, wer die deutsche Staatsangehörigkeit besitzt oder als Flüchtling oder Vertriebener deutscher Volkszugehörigkeit oder als dessen Ehegatte oder Abkömmling in dem Gebiete des Deutschen Reiches nach dem Stande vom 31. Dezember 1937 Aufnahme gefunden hat", wird eindeutig das Abstammungsprinzip als Grundlage der Definition des politischen Souveräns herangezogen.[9]

Auf der Ebene nationaler Wahlen besteht damit ein vollständiger Ausschluß von Migranten. Während auf dieser Ebene so eine vollständige Souveränität des Nationalstaates festgestellt werden kann, gilt dies mittlerweile auf über- und untergeordneter Ebene nicht mehr. Die Einführung der Unionsbürgerschaft durch Artikel 8-8e des Maastricht-Vertrages, hat mit Artikel 8b für Unionsbürger das Recht auf Teilnahme an Kommunal- und Europawahlen in Mitgliedsstaaten, in denen sie ihren festen Wohnsitz haben, über dessen Staatsangehörigkeit sie jedoch nicht verfügen, festgeschrieben. Damit greift das Europäische Recht direkt in die Auseinandersetzungen um interne Schließung ein. Während die Teilnahme an Wahlen ober- und unterhalb der Partizipation an nationalen Wahlen tendenziell 'aufgeweicht' wird, muß jedoch in Betracht gezogen werden, daß über fast alle Belange von Migranten auf der nationalen Ebene entschieden wird und ihr Status als *politische Personen* insgesamt als *defizitärer Status* bezeichnet werden muß. Die Durchsetzung des kommunalen und Europawahlrechts hat jedoch auch zur Folge, daß Migranten aus Nicht-EU-Staaten weiterhin von diesen Rechten ausgeschlossen bleiben und daher eine Fragmentierung der Ausländerpopulation erkennbar wird.

Die Teilnahme an Wahlen ist zwar das entscheidende politische Recht, um das gesellschaftliche Auseinandersetzungen geführt werden, Ausländer unterlie-

---

8 Zur Differenzierung zwischen Demos und Ethnos siehe Francis (1965); Lepsius (1990a).
9 Zur Diskussion des Prinzips des 'ius sanguinis' siehe die Diskussion der relvanten Begleitdiskurse in Kap. 7.3.

gen nach § 37 des Ausländergesetzes jedoch einer Vielzahl von Einschränkungen ihrer politischen Betätigungsmöglichkeiten.[10]

7.2.3 Das Zusammenwirken von Exklusionseffekten I

Die Bestimmung der Strukturmomente von Strategien interner Schließung - der rechtlichen Regelungen, öffentlichen Diskurse und autoritativen Ressourcen - auf der Ebene bürgerlicher und politischer Rechte erklärt bisher lediglich die auf diesen Ebenen entstehenden, voneinander unabhängigen Exklusionseffekte.

Obgleich bereits diese Aufspaltung in einzelne Ebenen staatsbürgerlicher Rechte eine differenziertere Analyse von Schließungskämpfen ermöglicht, besteht der entscheidende Erkenntnisgewinn des Schließungsansatzes gegenüber alternativen Erklärungsversuchen des Ausschlusses von Staatsbürgerschaft darin, dem Zusammenwirken einzelner Schließungseffekte nachzugehen. Dieser Schritt ermöglicht, die Verfestigung von Herrschaftsverhältnissen aufzuklären und dadurch zur Analyse der Tiefenstruktur von Schließung vorzudringen.

Interne Schließung ist durch mehrere solcher Schließungsbeziehungen zweiter Ordnung charakterisiert, die den Ausschluß von Migranten auf den einzelnen Ebenen staatsbürgerlicher Rechte nach sich ziehen. Entscheidende Bedeutung für ein Verständnis des Zusammenwirkens der einzelnen Exklusionsdimensionen kommt der Exklusion von bürgerlichen Rechten zu. Staatsbürger sind, im Anschluß an Offe (1987: 501), Personen, "...whose civil rights and liberties impose, by constituting an autonomous sphere of 'private' social, cultural, and economic action, limits upon the state's authority." Damit wird deutlich, daß Migranten nicht nur, wie oben gezeigt wurde, im Vergleich zu Staatsbürgern der Kontrolle und dem Zugriff des Staates in weit stärkerem Maße ausgesetzt sind. Erst der Ausschluß von den Deutschenrechten unterwirft Migranten der Sonderbehandlung durch Ausländer- und Asylrecht. Nicht nur die daraus resultierenden Exklusionseffekte sind von Bedeutung. Hinzu kommt, wie Offe deutlich macht, daß durch diesen Ausschluß die soziale, ökonomische und kulturelle Sphäre von Migranten nicht genügend vor Eingriffen des Staates geschützt werden. Die nachfolgende Analyse zeigt, daß die Exklusion von Deutschenrechten und die daraus resultierende ausländerrechtliche Behandlung von Migranten systematische Voraussetzung für Exklusionsstrategien auf diesen Ebenen ist und sie unmittelbar an die unterschiedlichen Formen der Aufenthaltsgenehmigungen anschließen. Sie verstärken so die auf bürgerlicher Ebene durchgesetzte Exklusion, erzeugen Schließungsbeziehungen zweiter Ordnung und führen damit zu hochgradig differenzierten Lebenschancen.

---

10 Vgl. allgemein zu politischen Rechten von Migranten: Layton-Henry (1990a); Miller, M.J. (1989); zur Institution der Ausländervertretungen Bommes (1992).

7.2 Rechtliche Regelungen: Exklusionseffekte und die Tiefenstruktur sozialer Schließung

An diese erste Form der kumulativen Verstärkung von Herrschaftsbeziehungen schließen Exklusionseffekte auf der Ebene politischer Rechte unmittelbar an. Während die Einschränkung der politischen Aktivitäten von Migranten selbst aus ihrem Ausschluß von bürgerlichen Rechten resultiert, blockiert der Ausschluß von (nationalen) Wahlen in gewissem Sinne deren Möglichkeit, die auf sozialer, ökonomischer und kultureller Ebene entstehenden Benachteiligungen und Gefährdungslagen in den politischen Prozeß einzubringen und zu artikulieren. Diese wechselseitige Verstärkung der Exklusion bürgerlicher und politischer Rechte verdeutlicht die Logik möglicher Exklusionsstrategien im Kontext interner Schließung. Sie erzeugt Herrschaftsbeziehungen zweiter Ordnung und erschwert so systematisch die Erfolgsaussichten von Usurpationsstrategien auf sozialer, ökonomischer und kultureller Ebene.

Damit wird zugleich der Status bürgerlicher und politischer Rechte innerhalb des gesamten Bündels staatsbürgerlicher Rechte deutlich. Eine Vergabe von Grundrechten und vollen politischen Rechten ist gleichbedeutend mit der Verleihung der Staatsbürgerschaft. Sie schafft einen 'legalen Status der Staatsbürgerschaft' (La Torre). Über diese beiden Rechtsformen definiert sich prinzipiell der Rechtsstatus des Staatsbürgers und damit die Mitgliedschaft in einer nationalen Gemeinschaft. Während der Nationalstaat deshalb souverän über die Verleihung von Grundrechten und politischen Rechten an die innerhalb seines Territoriums lebenden Migranten entscheidet und diese äußerst restriktiv handhabt, ist eine teilweise recht weitgehende Inklusion auf sozialer, ökonomischer und kultureller Ebene durchaus möglich und im Sinne des jeweiligen Staates.

Der aus der Kodifizierung von Deutschenrechten resultierende Ausschluß von Migranten auf der Ebene bürgerlicher Rechte, die daraus resultierende Aufenthaltsgenehmigungspflicht und die durch sie begründeten und möglichen Fragmentierungen der Migrantenpopulation durch differentielle Aufenthaltsformen ermöglichen schließlich Exklusionsstrategien, mittels derer kollektive Akteure auf seiten des Staates Migranten systematisch von Sozialleistungen einerseits, dem Arbeitsmarkt andererseits, ausschließen können. Es zeigt sich, daß das Ausländerrecht wesentlich unter beschäftigungs- und auch unter sozialhilfepolitischen Gesichtspunkten konzipiert wurde. Die Differenzierungen der Aufenthaltsgenehmigungen im neuen Ausländerrecht wurden nicht zuletzt deshalb vorgenommen, weil Unsicherheiten im Aufenthaltsstatus zu Einordnungsproblemen bei Arbeitserlaubnis, Sozialhilfe und anderen Sozialleistungen führen.[11] Diese Strategien, die auf Grundlage spezifischer Rechte möglich werden, konkretisieren genau jene Vorstellung, die Weber als Strategien zur Herstellung geschlossener sozialer Beziehungen systematisiert hat. In Anschluß an ihn lassen sich als Resultat von Exklusionsstrategien im Kontext interner Schließung Gruppen von Ausländern definieren, deren Zugang zu Gütern *vollständig* ge-

---

11 Renner (1995: 14).

sperrt wird, solche Gruppen, für die er unter *spezifischen Voraussetzungen begrenzt* wird, und schließlich Gruppen, deren bereits legitime Ansprüche unter bestimmten Voraussetzungen *gekürzt* werden können.

7.2.4 Soziale Rechte

Auf der Ebene sozialer Rechte erhält die Exklusion von Ausländern vom Zugang zur Sozialhilfe, Sozialversicherung und weiteren Sozialleistungen entscheidende Bedeutung. Die Differenzierung zwischen Staatsbürgern und Ausländern ist gravierend, hinzu tritt die Fragmentierung der Ausländerpopulation und damit die Herstellung differentieller legitimer Ansprüche. Zwei Fragen ist im folgenden nachzugehen: wie schließt *erstens* Exklusion auf der Ebene sozialer Rechte an Exklusion auf bürgerlich-rechtlicher Ebene an, und wie kommt es dadurch zur kumulativen Verstärkung von Herrschaftsbeziehungen? Wie werden *zweitens* Exklusion und Fragmentierung auf sozialer Ebene selbst durchgesetzt?

Die Bedingungen legitimer Inanspruchnahme von Sozialleistungen schließen unmittelbar an das Aufenthaltsrecht an.[12] Entsprechend den Differenzierungen des Aufenthaltsrechts werden im Sozialleistungsrecht ähnliche Unterscheidungen vorgenommen. In dem Maße, in dem damit der Aufenthaltsstatus von Ausländern zur Grundlage der Exklusion von Sozialleistungen wird, werden Schliessungsbeziehungen zweiter Ordnung erkennbar. Erst die Exklusion von bürgerlichen Rechten und die Fragmentierung der Ausländerpopulation durch unterschiedliche Aufenthaltsstatus ermöglicht Exklusionsstrategien auf der Ebene sozialer Rechte: "Der Aufenthaltsstatus von Ausländern ist für den Bezug von Sozialleistungen in unterschiedlicher Weise bedeutsam. Die Voraussetzungen für einzelne Leistungsarten sind nicht etwa in der Weise aufeinander abgestimmt, daß eine einheitliche aufenthaltsrechtliche Grundlage verlangt wird. Es finden sich vielmehr bei der Beschreibung der Anforderungen an den Leistungsbezug fast alle denkbaren Spielarten des erlaubten und des unerlaubten Aufenthalts, wobei meist auf den Zweck der Sozialleistung und des Aufenthalts abgestellt ist" (Renner 1995: 21f). Daraus resultiert selbstredend eine große Bandbreite an Exklusionsmöglichkeiten, über die der Staat gegenüber den Ansprüchen von Ausländern verfügt.

Neben diesem Anschluß an die Differenzierungen des Aufenthaltsrechts und der daraus resultierenden Verfestigung von Herrschaft auf der Ebene sozialer Rechte, verdeutlicht die Durchsetzung der Bestimmungen der Rechtsvorschriften selbst, daß das Exklusionsziel auf der Ebene sozialer Rechte die Herstellung eines *kulturell/ethnisch 'imprägnierten' hierarchischen Schichtungssystems auf der Grundlage sozialstaatlicher Leistungen* ist, innerhalb dessen Migranten die

---

12 Siehe Renner (1995: 14).

unteren Ränge zugewiesen werden. Dies kann in groben Zügen beispielhaft an den Anspruchsvoraussetzungen für Kindergeld und am Ausschluß von Ausländern und Asylbewerbern von Sozialhilfe gezeigt werden.

Aufenthaltsberechtigung oder Aufenthaltserlaubnis sind nach mehreren Änderungen des Bundeskindergeldgesetzes (BKGG) inzwischen unabdingbare Voraussetzung für die Inanspruchnahme von Leistungen. Hammel weist darauf hin, daß diese einschneidenden Verschärfungen zum Ziel haben, den Kindergeldanspruch auf diejenigen zu beschränken, von denen zu erwarten ist, daß sie langfristig in Deutschland bleiben. Damit reichen weder der Besitz einer Aufenthaltsbewilligung noch der einer Aufenthaltsbefugnis aus, um Ansprüche auf Leistungen nach dem BKGG geltend zu machen.[13] Der Ausschluß von Leistungen wird so unmittelbar an den Aufenthaltsstatus gekoppelt. Ferner besteht für jene Ausländer, die auf unbestimmte Zeit geduldet sind, eine Wartezeit von einem Jahr. Es wird deutlich, daß mit diesen Voraussetzungen der Zweck des Kindergeldes verändert worden ist. "Es vermischen sich die Motive, einmal zum materiellen Aufwand für das Aufziehen von Kindern beizutragen und zum anderen bestimmte Ausländer vom Zuzug und von der Bildung von Familien im Inland abzuhalten. Hieran hat sich auch die Auslegung auszurichten, auch und vor allem der Begriff der Duldung 'auf unbestimmte Zeit' und der Ausschluß der Asylbewerber" (Renner 1995: 22).

Die gesetzlich verfügte Exklusion von Ausländern und Asylbewerbern von Sozialleistungen verdeutlicht wiederum den Zusammenhang von Aufenthaltsstatus und Exklusion von sozialen Rechten. Mit der Neuregelung des Asylbewerberleistungsgesetzes (AsylbLG) vom 1.11.1993 wurden ganze Personengruppen aus dem Geltungsbereich des §120 BSHG (Bundessozialhilfegesetz) herausgenommen. Potentielle Anspruchsberechtigungen von Asylbewerbern wurden, mit Ausnahme der Leistungen nach dem Wohngeldgesetz rechtlich praktisch wirkungslos gemacht. Der faktische Ausschluß von Asylbewerbern von Leistungen des Sozialstaates wird mit deren 'vorübergehendem Aufenthalt' im Bundesgebiet begründet. Ausländerspezifische Besonderheiten des Erziehungsgeldes etwa beruhen ebenfalls auf restriktiven Voraussetzungen des Aufenthaltsstatus. Die Leistungseinschränkung im Erziehungsgeld für Ausländer ohne Aufenthaltserlaubnis zeigt eine interessante Zirkelargumentation: Sie sei dadurch sachlich gerechtfertigt, "daß diese Personen in der Regel ohnehin nicht über eine Arbeitserlaubnis verfügten, so daß der Zweck des Erziehungsgeldes, die Wahlfreiheit zwischen Kindererziehung und Berufstätigkeit zu sichern, nicht erreicht werden könne" (Hammel 1995: 333).[14] Der Ausschluß wird damit gleich in doppelter Hinsicht von vorausgehenden Exklusionen abhängig gemacht: zunächst von der Nicht-Erteilung einer notwendigen Aufenthaltserlaubnis, die ihrerseits zu einem weitgehenden Ausschluß auf dem Arbeitsmarkt führt.

---

13 Hammel (1995: 331f).
14 Siehe BT-Drucksache 11/4776, S. 2.

Hier hat man es ganz offensichtlich mit einem nahtlosen Anschluß von Exklusionen auf unterschiedlichen Ebenen und deren sukzessiver Verstärkung zu tun. Daraus resultieren schließlich nur gegen Migranten mögliche, spezifische Exklusionsstrategien von Leistungen des Sozialstaates, die zur Konsequenz haben, daß bestimmte Gruppen der ausländischen Bevölkerung als *wohlfahrtsstaatliche Klienten* nur in beschränktem Maße Ansprüche an ihren Aufnahmestaat geltend machen können und ihr Status deshalb als *disprivilegierter Status* bezeichnet werden muß.[15] Renner hat im Hinblick auf diese Strategien zusammenfassend darauf hingewiesen, daß das Sozialhilferecht "mit seinen zahlreichen Änderungen seit 1982 die Tendenz, Ausländerpolitik mittels sozialrechtlicher Restriktionen zu gestalten, besonders anschaulich [verdeutlicht]. Der vorläufige Schlußpunkt ist mit der Ausgliederung bestimmter Personengruppen aus dem allgemeinen Sozialhilferecht durch den Erlaß des Asylbewerberleistungsgesetzes (AsylbLG) erreicht. Für die allgemeine Sozialhilfe kommt es grundsätzlich weiterhin auf den rein tatsächlichen Aufenthalt an, Einschränkungen ergeben sich jedoch in folgenden Fällen (§ 120 BSHG): Zuzug in Sozialhilfeabsicht, Mißachtung räumlicher Beschränkungen, Leistungsberechtigung nach dem AsylbLG" (Renner 1995: 22).

Die Exklusion bestimmter Ausländergruppen ist nicht vollständig durchsetzbar. Hier erhalten vielmehr externe Faktoren bedeutendes Gewicht. EG- und Abkommensrecht wirken auf der Ebene sozialer Rechte unmittelbar auf die Reproduktionsprozesse interner Schließung ein und werden damit zum unhintergehbaren Strukturmoment der ablaufenden Schließungskämpfe, und dies deshalb, weil die Harmonisierung darauf abzielt, "die Sozialrechtsordnungen mehrerer Staaten so miteinander zu verflechten, daß deren internationaler Geltungsbereich gleichsinnig bestimmt wird und die in einzelnen mitgliedsstaatlichen Rechten gründenden Berechtigungen auch außerhalb dieses Staates wirken. Als Teil dieser Bestrebungen sehen EG- und Abkommensrecht vor, daß in der Sozialrechtsordnung eines Staates die Staatsangehörigen der anderen Mitglieds- oder Vertragsstaaten dieselbe Rechtsstellung wie die eigenen Staatsangehörigen innehaben sollen" (Eichenhofer 1996: 63). Es ist offensichtlich, daß aufgrund dieser Bestrebungen gegen andere, nicht unter diese Regelungen fallende ausländische Gruppen weitere Exklusionen begründet und Fragmentierungen fortgesetzt werden können.

7.2.5 Ökonomische Rechte

Die Exklusion von ökonomischen Rechten zielt im wesentlichen auf den Ausschluß der Migranten vom Arbeitsmarkt. Das Recht, Beruf, Arbeitsplatz und

---

15 Dies trifft nicht zu für jene, die tatsächlich weitgehend inkorporiert sind, und daher umfassenden Schutz vor Exklusionsfolgen genießen.

7.2 Rechtliche Regelungen: Exklusionseffekte und die Tiefenstruktur sozialer Schließung

Ausbildungsstätte frei zu wählen ist wiederum als Deutschenrecht kodifiziert (GG Art. 12), so daß Ausländer nicht in den Genuß dieses Grundrechtes gelangen können.[16] Infolgedessen unterliegen alle Nicht-Deutschen einem Beschäftigungsverbot (§19 Abs.1 AFG), welches für die Aufnahme einer Beschäftigung eine Arbeitserlaubnis erforderlich macht. Ausländer unterliegen damit dem Arbeitserlaubnisrecht.

Auch auf der Ebene ökonomischer Rechte müssen angesichts dieser Situation zwei Fragen geklärt werden: wie knüpft *erstens* das Arbeitserlaubnisrecht an aufenthaltsrechtliche Regelungen an, d.h. wie kommt es zur Kumulation von Exklusion und damit zur Verfestigung von Herrschaft? Wie konkret läßt sich *zweitens* in groben Zügen die Exklusion von Migranten aus dem Arbeitsmarkt auf der Grundlage ökonomischer Rechte erklären?

Interne Schließung bezieht sich auf ökonomischer Ebene auf die Frage, ob im Land lebende Migranten zum Arbeitsmarkt zugelassen werden und eine Arbeit aufnehmen dürfen. Die Beantwortung dieser Frage hängt "wesentlich ab von Aufenthaltsstatus, Wartefristen und Art der Arbeitserlaubnis. Dies ergibt sich u.a. aus dem Ausländergesetz, dem Asylverfahrensgesetz, dem Arbeitsförderungsgesetz (§19 AFG) und der Arbeitserlaubnisverordnung" (Westphal 1997: 162). Die Zulassung zum Arbeitsmarkt ist damit aufs engste an aufenthaltsrechtliche Regelungen gebunden. "Der Vorrang des Ausländer- und Aufenthaltsrechts vor dem Arbeitserlaubnisrecht ist direkt in §10 AuslG statuiert. Des weiteren legt §19 Abs. 2 AFG ausdrücklich fest, daß die Arbeitserlaubnis die Einschränkungen im Aufenthaltsstatus, die die abhängige Beschäftigung betreffen, zu beachten hat" (Bieback 1995: 102). Damit schließt das Arbeitserlaubnisrecht unmittelbar an die Etablierung unterschiedlicher Aufenthaltsgenehmigungen und die damit durchgesetzte Fragmentierung der Ausländerpopulation an. Der oben aufgezeigten Differenzierung der Aufenthaltsgenehmigungen entsprechen nämlich ähnliche Unterscheidungen im Arbeitserlaubnisrecht. "Für die Arbeitserlaubnis ist auf den erlaubten oder geduldeten Aufenthalt sowie auf die Art der bestehenden Aufenthaltsgenehmigung, den Besitz eines Reiseausweises oder die unanfechtbare Asylanerkennung abgestellt" (Renner 1995: 14).

Die Verfestigung von Herrschaftsbeziehungen zeigt sich deutlich daran, daß eine klare Trennung zwischen ausländerpolitischen und arbeitsmarktpolitischen Belangen kaum möglich ist.[17] Nicht nur das Zusammenwirken unterschiedlicher rechtlicher Regelungen zur Durchsetzung von Exklusion wird hier deutlich, sondern darüber hinaus das Zusammenwirken von Akteuren auf seiten des Staates. Es ist nämlich "verfahrensrechtlich geboten, daß die Ausländerbehörde vor Entscheidungen über arbeitsmarktpolitische Aspekte und insbesondere über den Arbeitsmarktstatus eines Ausländers die BA (Bundesanstalt für Arbeit - J.M.)

---

16 Dem steht auch nicht der Mindestschutz nach GG Art. 1 und 2 entgegen. Vgl. Bieback (1995: 105).
17 Siehe §7 Abs.2 Nr.2 AuslG; vgl. Bieback (1995: 103).

verwaltungsintern zu einer Stellungnahme auffordert und an diese Stellungnahme gebunden ist" (Bieback 1995: 103). Weiter weist Bieback darauf hin, daß die Ausländerbehörde im Zuge der Entscheidung über die Aufenthaltsgenehmigung zur Arbeitsaufnahme allgemeine arbeitsmarkt- und sozialpolitische Belange zu berücksichtigen hat und der Ausländerverwaltung damit die Kompetenz zukommt, den Arbeitsmarktstatus des Ausländers zu definieren. "Aber für die spezielle Entscheidung über die Belange des inländischen Arbeitsmarktes ist gemäß §19 Abs.1 AFG die BA zuständig. Dies muß zu einer *komplexen Abgrenzung und Verzahnung der Zuständigkeiten beider Verwaltungen* führen" (ebd.: 102 - Hervorhebung: J.M.). Dieser generelle Vorrang des Aufenthaltsrechtes wird jedoch, und hier wird erneut der Einfluß externer Faktoren auf die Reproduktionsprozesse interner Schließung deutlich, sowohl durch das europäische Recht als auch das Assoziationsrecht mit der Türkei überlagert. "Im europäischen Recht ist Ausgangspunkt der Arbeitsmarktstatus, wie er durch das Recht auf Freizügigkeit gemäß Art. 48 EGV und dem EWR-Vertrag geschützt wird" (ebd.: 103). Der dadurch gesicherte Vorrang des freien Zugangs zum Arbeitsmarkt ist weitgehend identisch mit den Vereinbarungen des Assoziationsrechts mit der Türkei. Die Einwirkungen dieser externen Faktoren hat gleichwohl zwei Seiten: einerseits dringt es in die internen Reproduktionsprozesse und damit in die souveräne Gestaltung der Exklusionsgrundlagen interner Schließung ein, andererseits eröffnen diese Vorschriften durch die bevorzugte Behandlung bestimmter Gruppen diesen die Möglichkeit, Usurpationsstrategien voranzutreiben.

Neben dieser Etablierung struktureller Schließungsbeziehungen zweiter Ordnung erhalten die Vorschriften des Arbeitserlaubnisrechtes für die Durchsetzung von Exklusion auf ökonomischer Ebene Bedeutung. Sie setzen nun ihrerseits eine differenzierte Exklusion von der Zulassung zum Arbeitsmarkt durch. Diese Zulassung zum Arbeitsmarkt hat zweifellos den Schutzzweck, "den Vorrang deutscher und ihnen gleichgestellter Arbeitnehmer (Unionsbürger, Inhaber einer besonderen Arbeitserlaubnis einschließlich der anerkannten Asylberechtigten, Inhaber einer Aufenthaltsberechtigung und im Bundesgebiet geborene Inhaber einer unbefristeten Aufenthaltserlaubnis - § 9 Nr.15, 16 Arbeitserlaubnisverordnung - AEVO) sicherzustellen" (Bieback 1995: 100).

Die Erteilung einer Aufenthaltserlaubnis erfolgt auf der Grundlage rechtmässigen Aufenthaltes.[18] Das Arbeitserlaubnisrecht kennt eine *Allgemeine* und eine *Besondere Arbeitserlaubnis*, die auf der Grundlage entsprechender Voraussetzungen erteilt werden können. Bei der Erteilung der Arbeitserlaubnis für eine erstmalige Beschäftigung wird die Steuerungs- und arbeitsmarktliche Schutzfunktion des Arbeitserlaubnisrechts am deutlichsten.[19] Die *Allgemeine Arbeitserlaubnis* wird zumeist für eine bestimmte Tätigkeit in einem bestimmten Betrieb erteilt. Der Exklusionseffekt und die gleichzeitige Fragmentierung durch

---

18 Zu den vielfältigen rechtlichen Voraussetzungen siehe Seidel (1997: 162f).
19 Seidel (1995: 109).

7.2 Rechtliche Regelungen: Exklusionseffekte und die Tiefenstruktur sozialer Schließung

diese Form der Arbeitserlaubnis ergeben sich daraus, daß vor ihrer Erteilung "die Vermittlungsabteilung mindestens vier Wochen lang 'nach Lage des Arbeitsmarktes' und 'unter Berücksichtigung der Verhältnisse des einzelnen Falles' prüfen [muß], ob der offene Arbeitsplatz durch 'bevorrechtigte' Arbeitssuchende besetzt werden kann" (Westphal 1997: 163). Als 'bevorrechtigte' Arbeitssuchende gelten außer Deutschen Inhaber der EU-/EWR-Freizügigkeit, Ausländer mit Besonderer Arbeitserlaubnis oder Aufenthaltsberechtigung und im Bundesgebiet Geborene mit unbefristeter Aufenthaltserlaubnis (vgl. ebd.). Die bundesweite Prüfung, die mehrere Monate dauern kann, führt dazu, daß aufgrund der Verfügbarkeit einer großen Zahl bevorrechtigter Personen der Arbeitsmarkt für jene, die 'am Ende der Schlange' stehen, faktisch geschlossen ist.

Die *Besondere Arbeitserlaubnis* ist unabhängig von der Lage und Entwicklung des Arbeitsmarktes und beinhaltet keine Beschränkungen auf spezifische Betriebe oder Tätigkeiten. Sie eröffnet "uneingeschränkten Zugang zum Arbeitsmarkt und gestattet jederzeit auch kurzfristige Wechsel des Arbeitsplatzes - ohne Einschaltung des Arbeitsamtes" (ebd.: 164). Die Voraussetzungen für eine Erteilung der besonderen Arbeitserlaubnis sind jedoch äußerst vielfältig und kaum überschaubar.[20] Sie schaffen gleichwohl die Voraussetzung für eine fortgesetzte Fragmentierung der Ausländer, die damit in völlig unterschiedlichem Maße Ansprüche und Rechte geltend machen können. Die *Sicherung des Vorrangs deutscher und der ihnen gleichgestellten Arbeitnehmer auf dem Arbeitsmarkt* ist deshalb Exklusionsziel auf der Ebene ökonomischer Rechte. Aufgrund des systematisch differenzierten Ausschlusses vom Arbeitsmarkt verfügen Migranten als *Marktteilnehmer* insgesamt über einen *marginalisierten Status*.[21]

7.2.6 Das Zusammenwirken von Exklusionseffekten II

Ein weiterer Aspekt des Zusammenwirkens von Exklusionseffekten resultiert aus der Verstärkung des Ausschlusses vom Arbeitsmarkt und den Konsequenzen auf sozialer Ebene. Beide Rechtsformen konstituieren gemeinsam ein spezifisches Sozialstaatsregime.

Der vollständige Ausschluß von Ausländern vom Arbeitsmarkt ist von staatlicher Seite weder gewünscht noch vollständig durchsetzbar. Die rechtlich kodifizierte Rangfolge der Gruppen von Immigranten, die nach und nach - und dies nur für den Fall, daß Staatsbürger für spezifische Tätigkeiten nicht vermittelbar sind - Zugang zum Arbeitsmarkt erhalten, fragmentiert jedoch nicht nur die

---

20 Siehe Westphal (1997: 164ff).
21 Doch auch für den Fall der Zulassung zum Arbeitsmarkt haben eine in unsicheren, schlecht entlohnten Sektoren der Ökonomie ausgeführte Tätigkeit sowie angesichts prekärer Beschäftigungsverhältnisse unterhalb der Sozialversicherungsgrenze liegende Beschäftigungsmöglichkeiten, Ansprüche auf Umverteilung zur Folge, die gegen Null tendieren dürften.

Gesamtheit der Migranten. Ein von Gruppe zu Gruppe sich verfestigender Ausschluß vom Arbeitsmarkt hat unmittelbar entsprechend reduzierte Ansprüche auf wohlfahrtsstaatliche Transferleistungen zur Folge. Die Exklusion von ökonomischen Rechten und die daraus resultierenden, geringer werdenden Ansprüche auf wohlfahrtsstaatliche Umverteilungen wirken im Kontext des herrschenden Sozialstaatsregimes unmittelbar zusammen. Das hierarchische Schichtungsprinzip auf der Grundlage von Transferleistungen schließt dabei an ein ebensolches auf der Grundlage von Erwerbsarbeit an. Mit diesen kumulierenden Exklusionseffekten wird der Ausschluß vom Arbeitsmarkt auf der Grundlage aufenthaltsrechtlicher Vorschriften gewissermaßen zum Hebel des Ausschlusses auf sozialer Ebene. Es liegt auf der Hand, daß der sich durchziehende Ausschluß von der Ebene bürgerlicher Rechte und die daraus resultierende Differenzierung nach Aufenthaltsformen, dem sich daran anschließenden Ausschluß vom Arbeitsmarkt und den sozialstaatlich vermittelten Konsequenzen in bezug auf die Inanspruchnahme sozialer Leistungen, mit tiefgreifenden Differenzen in den Lebenschancen der in unterschiedlichem Maße von diesen zusammenwirkenden Exklusionseffekten betroffenen Gruppen ausländischer Bürger einhergeht.

Am eindrücklichsten läßt sich dies an der Gruppe derjenigen veranschaulichen, die am untersten Ende der Leiter stehen. Eichenhofers Überblick über die soziale Stellung von Ausländern aus Nicht-EWR- und Nicht-Abkommensstaaten und deren Möglichkeiten, legitimerweise Rechte in Anspruch zu nehmen, macht deutlich, daß diese die weitaus schwächste Stellung im deutschen Sozialrecht innehaben. Hier kumulieren die Nicht-Verfügung über einen gesicherten Aufenthalt und ein fast vollständiger Ausschluß vom Arbeitsmarkt. Eichenhofer (1996: 70) verweist darauf, daß "ein unlösbarer Zusammenhang zwischen Staatsangehörigkeit, Arbeitsmarktzugang und Recht auf Aufenthaltsnahme (besteht). Die beiden letztgenannten Befugnisse des Arbeitsmarktzugangs und des Rechts auf Aufenthaltsnahme gründen letztlich in der Staatsangehörigkeit, so daß von der Staatsangehörigkeit nach wie vor der Erwerb der wesentlichen Sozialrechte abhängt."[22]

7.2.7 Kulturelle Rechte

Die Auseinandersetzungen um kulturelle Rechte - das wurde im vorhergehenden Kapitel bereits angedeutet - fügen sich nicht nahtlos in die Logik einer Vergabe von bürgerlichen oder politischen Rechten einerseits, der Umverteilungslogik auf der Grundlage sozialer oder ökonomischer Rechte andererseits. Im Gegensatz zu den Konflikten um die zuletzt genannten, hat man es auf kultureller Ebe-

---

22 Vgl. allgemein zu sozialen und ökonomischen Rechten von Migranten Brubaker (1989c).

ne hinsichtlich der Äußerung kultureller Lebensformen zunächst prinzipiell mit einem *nicht-hierarchischen Differenzierungsprinzip* zu tun. Die Diskussion um kulturelle Rechte hat sich in den vergangenen Jahren vollständig auf die Frage der Bedeutung von Gruppenrechten, deren Notwendigkeit zur Sicherstellung gesellschaftlicher Integration angesichts ethnischer und kultureller Heterogenisierung sowie deren Beitrag zur Lösung von Identitätskonflikten in Nationalstaaten konzentriert.[23] Die normative Diskussion um die Durchsetzung von Gruppenrechten zur Bewahrung kollektiver Identitäten oder Lebensweisen macht deutlich, daß man es hier offensichtlich mit einem 'Imperialismus kultureller Rechte' zu tun hat, der die Zugehörigkeit zu kulturellen Gruppen zur Grundlage des Zugangs zu anderen staatsbürgerlichen Rechten macht. Indem damit auf partikularistische Zugangsvoraussetzungen umgestellt wird, ist offensichtlich, daß man es nicht mehr mit einem Modell nationaler Staatsbürgerschaft zu tun hat, sondern sich auf dem Weg zu einem neuen Modell von Zugehörigkeit befindet. Der Versuch, Schließungsbeziehungen um Gruppenrechte innerhalb eines nationalen Modells der Staatsbürgerschaft zu analysieren, stößt aus zwei Gründen an Grenzen: zum einen sind in Deutschland keine Gruppenrechte für Migranten kodifiziert, zum anderen bleiben Vereinbarungen auf internationaler Ebene weitgehend folgenlos. Dies zeigt sich beispielsweise an der Haltung der Bundesregierung zu Art. 27 (Minderheitenrechte) des Internationalen Paktes über bürgerliche und politische Rechte (IPBPR). Der Forderung nach Minderheitenrechten für Migranten entzieht sich die Bundesrepublik schlicht dadurch, daß sie einen äußerst engen Begriff von Minderheiten zugrundelegt: "Als Minderheiten in der Bundesrepublik Deutschland tauchen in ihren Berichten daher regelmäßig nur Juden, die dänische Minderheit, Sorben sowie Sinti und Roma auf" (Rittstieg 1995: 222).

Die Bedeutung von Gruppenrechten zu betonen und ihre Legitimität zu behaupten ist eine Sache - für die Aufklärung der rechtlichen Grundlagen interner Schließung im Rahmen eines nationalen Modells der Staatsbürgerschaft hilft diese Diskussion hingegen nicht weiter. Um zu einer konkreten Analyse kodifizierter Rechte und ihrer Exklusionseffekte auf der Ebene kultureller Staatsbürgerrechte zu gelangen, muß deshalb ein anderer Weg eingeschlagen werden. Im Rückgriff auf T.H. Marshall und vor allem Talcott Parsons stellt im Kontext nationaler Staatsbürgerschaft das Recht auf Bildung das entscheidende kulturelle Recht dar. Die Inklusion ins Bildungssystem einer Gesellschaft ist unerläßliche Bedingung für 'volle Staatsbürgerschaft'. In den Mittelpunkt rücken deshalb Fragen nach der Partizipation am Bildungssystem einer Gesellschaft.

Doch auch die Analyse der Auseinandersetzungen um die Partizipation am Bildungssystem fügen sich nicht bruchlos der bisherigen Logik interner Schliessung. Sie zeigt zunächst eine gegenläufige Tendenz. Um die daraus entstehenden

---

23 Vgl. dazu Kap. 1.4.; vor allem die Differenzierungen gruppenspezifischer Rechte bei Kymlicka (1995a) sowie Offe (1996).

Probleme erfassen zu können, werden ein *prinzipieller* und zwei *konkrete Aspekte* interner Schließung unterschieden:

Der prinzipielle Aspekt der Schließungsbeziehungen bezieht sich auf die Frage der Zulassung zu den Bildungsinstitutionen. Das Recht von Migranten auf Bildung ist nicht über das Ausländerrecht geregelt, so daß kein direkter Zusammenhang zwischen der Art der Aufenthaltsgenehmigung und dem Recht auf Bildung besteht, wie dies im Falle sozialer und ökonomischer Rechte der Fall ist. Die Frage des Aufenthalts ist gleichwohl nicht ohne Bedeutung. Entscheidend ist zwar nicht die jeweilige Form der Aufenthaltsgenehmigung, wohl aber die Frage nach dem 'regulären Aufenthalt'. Verkompliziert wird das Problem dadurch, daß die Frage der Partizipation an Bildungsinstitutionen in die Hoheit der einzelnen Bundesländer fällt und daraus unterschiedliche Regelungen resultieren. Trotzdem läßt sich feststellen, daß der Nationalstaat auf der Ebene kultureller Rechte zunächst inklusiv verfährt, indem er die Zulassung zu den Bildungsinstitutionen relativ universalistisch regelt und der Einbeziehung ausländischer Kinder in sein Bildungssystem große Bedeutung beimißt. Ein Recht auf Bildung kennen jedoch nur die Landesgesetze der Bundesländer Brandenburg, Bremen, Hamburg, Nidersachsen, Sachsen-Anhalt und Thüringen. Weitgehend einheitlich geregelt ist hingegen die *Schulpflicht*, die im Schulrecht aller Landesverfassungen verankert ist und die all denjenigen Kindern auferlegt wird, die ihren Aufenthaltsort 'gewöhnlich' im jeweiligen Bundesland haben. Eine solche Formulierung eröffnet unterschiedliche Interpretationsmöglichkeiten, die ihrerseits spezifische Exklusionsstrategien nach sich ziehen können. Dies zeigt sich daran, daß nur das Schulgesetz des Landes Berlin eine sehr weitgehende Regelung kodifiziert hat: "Ausländische Kinder und Jugendliche, die ihren gewöhnlichen Aufenthalt in Berlin haben, denen auf Grund eines Asylantrages der Aufenthalt in Berlin gestattet ist oder die hier geduldet werden, unterliegen wie deutsche Kinder und Jugendliche der Schulpflicht" (Schulgesetz für Berlin (SchulG) §15, 1).

In der Frage der Zulassung der Kinder von Migranten zu seinem Bildungssystem kann der Nationalstaat nicht frei entscheiden. Vielmehr können zum einen Kinder von EU-Bürgern nach Verordnung (EWG) 1612/68 *ausbildungsrechtliche Ansprüche* erheben: "Die Kinder eines Staatsangehörigen eines Mitgliedsstaats, der im Hoheitsgebiet eines anderen Mitgliedsstaats beschäftigt ist oder beschäftigt gewesen ist, können, wenn sie im Hoheitsgebiet dieses Mitgliedsstaats wohnen, unter den gleichen Bedingungen wie die Staatsangehörigen dieses Mitgliedsstaats am allgemeinen Unterricht sowie an der Lehrlings- und Berufsausbildung teilnehmen." Entsprechende Rechte sind zum anderen prinzipiell aus Art. 9 des Assoziationsratsbeschlusses EWG 7 Türkei Nr. 1/80 ableitbar. Nach diesem werden "türkische Kinder, die in einem Mitgliedsstaat der Gemeinschaft ordnungsgemäß beschäftigt sind oder waren, (...) unter Zugrundelegung derselben Qualifikationen wie die Kinder von Staatsangehörigen dieses Mit-

7.2 Rechtliche Regelungen: Exklusionseffekte und die Tiefenstruktur sozialer Schließung 195

gliedsstaats zum allgemeinen Schulunterricht, zur Lehrlingsausbildung und zur beruflichen Bildung zugelassen."
Unter dem Aspekt der prinzipiellen Zulassung, bzw. Inklusion ins Bildungssystem, bezieht sich interne Schließung damit auf die Zulassung oder Verweigerung zum Kreis derer, für die Schulpflicht gesetzlich vorgeschrieben ist. Auf der Grundlage dieser Auseinandersetzungen entfalten sich darüber hinaus aber gesellschaftliche Konflikte um die konkrete Ausgestaltung der Partizipation an den Bildungsinstitutionen. Hier lassen sich eine *ideelle* und *materielle* Dimension voneinander unterscheiden, die die 'Gebrochenheit' der Inklusion ins Bildungssystem verdeutlichen.

Die ideelle Dimension bezieht sich auf die Ausgestaltung der Partizipation ausländischer Kinder an der Schulbildung. Während von staatlicher Seite über die Durchsetzung der Verbindlichkeit von Lehrinhalten die Vermittlung universeller Werte behauptet wird und damit die Dominanz einer spezifischen Kultur gesichert werden soll, geht es auf seiten der Immigranten um die Durchsetzung eigener kultureller Vorstellungen. Parsons' Vorstellung einer Inklusion aller Mitglieder der Gesellschaft über die Vermittlung dominanter Werte wird damit Kern der Auseinandersetzungen. "Die deutsche Schule ist eine nationale Schule. Da ihr historischer Auftrag in der Durchsetzung des Nationalstaats bestand, war sie von ihrem Selbstverständnis im 19. Jahrhundert einsprachig und monokulturell. Die grundsätzlich ethnozentristische Ausrichtung an der Majorität ist unverändert geblieben. Von den Minderheiten wird eine Anpassung an die Werte und Normen der Mehrheit gefordert" (Tölle 1996: 26). Interne Schließung bezieht sich auf der ideellen Dimension deshalb auf die immer wieder öffentlich diskutierten Fragen der Legitimität kultureller Ansprüche in den staatlichen Schulen eines Aufnahmelandes. Die rechtlichen Grundlagen, auf die dabei Bezug genommen wird, sind einerseits der menschenrechtliche Teil des Grundgesetzes, andererseits der ebenfalls grundrechtliche Auftrag des staatlichen Schulwesens. Insofern wird sowohl um die Realisierung bestimmter Prinzipien wie auch um den jeweiligen Vorrang des einen vor dem anderen gerungen. So etwa in der Frage der Bedeutung des Bildungsauftrages (GG Art. 7) gegenüber der Religionsfreiheit (GG Art. 4). Die bekannten Konflikte sind auf dieser Ebene Probleme der Befreiung muslimischer Mädchen vom koedukativen Sportunterricht oder vom Sexualkundeunterricht.[24]

Während der ideelle Aspekt die Frage der Auseinandersetzungen um die Dominanz kultureller Werte zum Thema macht, hebt die materielle Dimension auf die tatsächliche Realisierbarkeit der formal gleichen Zugangsvoraussetzungen zu den Institutionen des Bildungssystems ab. Damit richtet sich die Aufmerksamkeit auf die Frage möglicher Ansprüche auf Ausbildungsförderung und deshalb auf Prozesse interner Schließung im Hochschulsystem. Unter den Be-

---

24 Bundesverwaltungsgericht (1994); Verwaltungsgericht (1994).

griff der Berufsausbildung, die in den Landesschulgesetzen Erwähnung findet, ist nach einer Entscheidung des Europäischen Gerichtshofes nämlich auch die Hochschulbildung zu subsumieren. Cremer (1995: 47) hat auf drei Aspekte rechtlich verankerter, diskriminierender Zulassungsbedingungen zum Hochschulstudium hingewiesen: Erstens geht es um die "an einigen Hochschulen Deutschlands in der Vergangenheit übliche Praxis, türkische Bildungsinländer nur im Rahmen der Ausländern - außer EG-Ausländern - eingeräumten Quote zuzulassen." Zweitens um die "nach der Staatsangehörigkeit diskriminierende Erhebung von Ausbildungsgebühren, z.b. Studiengebühren und Schulgeld, bzw. die diskriminierende Befreiung von solchen Belastungen", und drittens die Frage, wer legitimerweise Ansprüche auf Ausbildungsförderung geltend machen kann. Dieser Aspekt wird zweifellos zum Gegenstand interner Schließung und dies deshalb, weil "ein formal gleicher Zulassungsanspruch (...) ohne eine Gleichbehandlung im Bereich der Ausbildungsförderung nämlich in vielen Konstellationen wertlos [wäre]" (ebd.: 48). Nach §8 Bundesausbildungsförderungsgesetz (BAföG) sind neben Deutschen folgende Gruppen ausländischer Antragsteller anspruchsberechtigt: heimatlose Ausländer[25], Ausländer, die ihren gewöhnlichen Aufenthalt im Inlande haben[26], Asylberechtigte nach dem Asylverfahrensgesetz, Ausländer, die ihren ständigen Wohnsitz in Deutschland haben, wenn ein Elternteil Deutscher im Sinne des Grundgesetzes ist; Auszubildende, denen nach dem Aufenthaltsgesetz/EWG als Kindern Freizügigkeit gewährt wird oder die danach als Kinder verbleibeberechtigt sind; Auszubildende, die die Staatsangehörigkeit eines anderen EG-Mitgliedsstaates oder eines anderen Vertragsstaates des Abkommens über den Europäischen Wirtschaftsraum haben und im Inland vor Beginn der Ausbildung in einem Beschäftigungsverhältnis gestanden haben.[27] Anderen Ausländern wird Ausbildungsförderung geleistet, wenn sie sich zuvor fünf Jahre im Inland aufgehalten haben und rechtmäßig erwerbstätig waren oder wenn zumindest ein Elternteil während der letzten sechs Jahre vor Beginn der Förderung sich insgesamt drei Jahre im Inland aufgehalten hat und rechtmäßig erwerbstätig gewesen ist.

Die rechtlichen Regelungen des BAföG eröffnen eine Vielzahl von Möglichkeiten, auf dieser materiellen Ebene interne Exklusion durchzusetzen. Neben den Einflüssen externer Faktoren, die spezifischen Gruppen Rechte auf Ausbildungsförderung verschaffen, wird hier erneut deutlich, wie eng die materielle Realisierung eines formalen Zugangs zum Bildungssystem von der Frage der Dauer des Aufenthalts abhängig wird: "Den Sinn der Aufenthaltsdauer sieht die höchst-

---

25 Nach dem Gesetz über die Rechtsstellung heimatloser Ausländer im Bundesgebiet vom 25. April 1951.
26 Diese Gruppe wird weiter differenziert nach dem Gesetz über Maßnahmen humanitärer Hilfsaktionen; dem Abkommen vom 28. Juli 1951 über die Rechtsstellung der Flüchtlinge oder nach dem Protokoll über die Rechtsstellung der Flüchtlinge vom 31. Januar 1967.
27 Zwischen der ausgeübten Tätigkeit und der Ausbildung muß ein inhaltlicher Zusammenhang bestehen.

richterliche Rechtsprechung darin, daß Ausländern u.a. dann ein Anspruch auf Ausbildungsförderung zugebilligt werden soll, wenn sie bereits von ihren Eltern her eine gewachsene engere Beziehung zum deutschen Lebens- und Kulturkreis haben" (Bundesverfassungsgericht: Beschluß vom 13.1.1993). Anrechte werden damit zum Spielball ökonomischer oder fiskalischer Verhältnisse und darüber hinaus an die Erwerbstätigkeit gebunden, wodurch wiederum, wenn auch in vermittelter Form, kumulierte Exklusionsstrategien erkennbar werden, insofern aufgrund der Beschränktheit öffentlicher Mittel Anspruchsvoraussetzungen typisierend durch eine bestimmte Aufenthaltsdauer und Mindesterwerbstätigkeit eingegrenzt werden (vgl. ebd.).

Die Grundlagen der Auseinandersetzungen um interne Schließung auf der Ebene kultureller Rechte zeigen ein uneinheitliches Bild. Die Kodifizierung der Schulpflicht und der damit relativ weitgehenden Zulassung zum Bildungssystem steht zunächst den eindeutig exklusiven rechtlichen Regelungen auf den zuvor behandelten Ebenen staatsbürgerlicher Rechte entgegen. Exklusionsstrategien werden hingegen jenseits der grundlegenden Schulbildung sowie hinsichtlich ideeller und materieller Aspekte deutlich. Zusammenfassend sollen deshalb thesenartig Schlüsse aus den aufgezeigten Aspekten interner Schließung auf der Ebene kultureller Rechte gezogen werden.

Erstens hat die weitgehende Öffnung des Bildungssystems im Rahmen der Schulpflicht und der sehr universalistisch geregelte Zugang zur Institution der Grund- und Hauptschulbildung *Legitimationsfunktion* insofern, da so der liberalen Forderung und Ideologie nach Herstellung formal gleicher Chancen zwischen den Individuen Rechnung getragen wird. *Zweitens* verweist der ökonomische Aspekt darauf, daß eine grundlegende Ausbildung ausländischer Kinder und Jugendlicher zweifellos im Sinne des Nationalstaates und vor allem von *arbeitsmarktpolitischem Interesse* ist. Langfristig in Deutschland lebende Ausländer stehen dadurch für den Arbeitsmarkt ausgebildet zur Verfügung. Schließlich erhält der Versuch, die Dominanz einer spezifischen Kultur zu bewahren, besondere Bedeutung. In dem Maße, in dem der Nationalstaat die grundlegende Schulpflicht inklusiv regelt, geht es darum, über das Bildungssystem die Vermittlung spezifischer Werte und Normen an jene sicherzustellen, die langfristig auf seinem Territorium leben.[28] Der Status von Migranten als Individuen mit einer bestimmten Identität kann damit als *kulturell subaltern* bezeichnet werden.[29]

---

28 An Exklusionsstrategien des Staates kann angeschlossen werden. Exklusionsstrategien werden aber auch ins Bildungssystem hineinverlagert.
29 Dies zeigt sich an den Schulabschlüssen ausländischer Jugendlicher.

7.3 Diskurse: Kommunikation und Legitimation

Entsprechend der Differenzierung der Ebenen staatsbürgerlicher Rechte kann der Versuch unternommen werden, den öffentlichen Diskurs um die Staatsbürgerschaft aufzuspalten. Auf den unterschiedlichen Ebenen werden Diskurse geführt, die die Exklusion von Migranten von staatsbürgerlichen Rechten legitimieren sollen und in die Migranten ihrerseits divergierende Auffassungen von den zugrundeliegenden, rechtlich kodifizierten Normen einbringen. Kollektive Akteure auf seiten des Staates und auf seiten der Immigranten engagieren sich deshalb in diesen öffentlichen Diskursen, um ihre jeweiligen Interessen zu artikulieren, durchzusetzen und ihre Strategien zu legitimieren. Auf jeder der Ebenen hat man es entsprechend mit (Begleit-)Diskursen der rechtlichen Regelungen zu tun. Die genaue Analyse der von kollektiven Akteuren auf beiden Seiten der Schließungsgleichung verfolgten Strategien ist ein empirisches Problem. Im folgenden soll deshalb lediglich eine Systematisierung der wichtigsten Diskurse versucht werden:

In den Diskursen, die auf *bürgerlich-rechtlicher und politischer Ebene* relevant werden, spiegelt sich die grundlegende Bedeutung dieser Rechte wider. Das Verhältnis von Demos und Ethnos als der grundlegenden Differenzierung zwischen deutschen Staatsbürgern und Ausländern wird in doppelter Hinsicht entscheidend: zum einen geht es um die Frage der Legitimität einer *Abstammungsgemeinschaft*, zum anderen um jene *nationaler Selbstbestimmung*.

Im Falle Deutschlands drehen sich diese Diskurse im wesentlichen um die Legitimität des *ius sanguinis*, welches das Abstammungsprinzip festschreibt.[30] Nur die Nachkommen deutscher Staatsbürger verfügen über die Gesamtheit bürgerlicher Rechte, alle Nicht-Bürger gelten daher als Ausländer, bleiben von Deutschenrechten ausgeschlossen und fallen damit unter die Bestimmungen des Ausländerrechts. Es ist keine Frage, daß dieses Prinzip und die damit einhergehende Vorstellung einer homogenen Kulturnation und Abstammungsgemeinschaft in öffentlichen Auseinandersetzungen unter Druck geraten ist und Definitionskämpfe um das Selbstverständnis der deutschen Gesellschaft stattfinden. Gegenüber stehen sich Positionen, die zum einen angesichts der fortschreitenden europäischen Integration die Rückständigkeit des 'Blutrechts' und seine Unangemessenheit unter völlig veränderten historischen und gesellschaftlichen Bedingungen betonen und eine 'multikulturelle Gesellschaft' proklamieren. Andererseits wird in Auseinandersetzungen um Fragen der doppelten Staatsbürgerschaft, der erleichterten Einbürgerung für Ausländer der dritten Generation oder der Kinderstaatsbürgerschaft der homogene Nationalstaat weiter behauptet.[31]

---

30 Siehe Grawert (1984); zu demographischen Aspekten der Diskussion siehe Dinkel/Lebok (1994).
31 Zur Diskussion um die multikulturelle Gesellschaft siehe Cohn-Bendit/Schmid (1992); Leggewie (1993; 1994a; 1994b); Oberndörfer (1989; 1992); Ostendorf (1992; 1994); Schulte (1990);

7.3 Diskurse: Kommunikation und Legitimation

Unmittelbar mit dieser Problematik verbunden ist die Frage nationaler Selbstbestimmung und damit das Problem des Wahlrechts für Ausländer. Während die Frage des nationalen Wahlrechts für Ausländer aufgrund der Verfassungslage gesellschaftliches Tabu zu sein scheint, ist der entscheidende Diskurs in diesem Zusammenhang in den vergangenen Jahren um die Frage des kommunalen Wahlrechts geführt worden. Angesichts der Heftigkeit dieser Debatte und herbeigeführter höchstrichterlicher Entscheidungen ist es erstaunlich, und verweist zugleich auf den Ideologiegehalt dieser Diskussion, wie gering die Reaktion auf die Einführung der Unionsbürgerschaft und die mit ihr verbundene Ausdehnung des kommunalen und Europawahlrechts für EU-Ausländer mit Wohnsitz in einem Mitgliedsstaat, dessen Staatsangehörigkeit sie nicht besitzen, in der öffentlichen Debatte ist.

Auf *sozialer und ökonomischer Ebene* stehen Diskurse im Mittelpunkt, die nicht direkt die Exklusion von Ausländern zu legitimieren versuchen, sondern die Legitimität der Ansprüche von Ausländern auf Zugang zu Sozialleistungen und Arbeitsplätze zum Thema machen. Der Diskurs, der Schließungsprozessen auf der Ebene sozialer Rechte zugrundeliegt, stellt deshalb die Integrationsfähigkeit des Wohlfahrtsstaates in den Mittelpunkt.[32] Große Bedeutung erhalten dabei Fragen, die sich auf die Verteilung knapper Güter beziehen. "Kernpunkt des Streites über den Einfluß der 'Ausländer' auf das wirtschaftliche und soziale Leben der Bundesrepublik sind dabei die drei Schwachpunkte unseres Sozialstaates: die unzureichende Bereitstellung billigen Wohnraumes, die Arbeitslosigkeit und das gefährdete System der sozialen Sicherung" (Afheldt 1993: 45).

Auf der Ebene ökonomischer Rechte problematisiert der wissenschaftliche Diskurs im Kontext von Arbeitsmarkttheorien, der Theorie der Segregation von Arbeitsmärkten, der industriellen Reservearmee oder der Unterschichtung der Gesellschaft durch 'billige' ausländische Arbeit die Stellung ausländischer Arbeitnehmer auf dem Arbeitsmarkt.[33] Thema wird damit im Anschluß an die rechtlichen Regelungen die klare Trennung, die auf dem Arbeitsmarkt entlang askriptiver Kriterien durchgesetzt wird. Der öffentliche Diskurs, der im Kontext der Schließungsbeziehungen auf ökonomischer Ebene geführt wird, ist hingegen auf Fragen der Entwicklung und Integrationsfähigkeit des Arbeitsmarktes[34], der konjunkturellen Entwicklung oder die Qualifikationsstruktur ausländischer Arbeitskräfte gerichtet. Der Diskurs setzt damit die Legitimität eines durch gesetzliche Regelungen verfügten Ausschlusses vom Arbeitsmarkt voraus und schließt unmittelbar an diese an. Im Mittelpunkt steht nicht die Frage der Legitimität

---

Söllner (1994). Zur Verteidigung von Abstammungsgrundsatz und homogenem Nationalstaat: Blumenwitz (1994); Faul (1994).
32 Vgl. Gieseck/Heilemann/Löffholz (1993).
33 Für einen Überblick über Arbeitsmarkttheorien siehe Lenhardt (1990a); ferner Fijalkowski (1984).
34 Siehe Hof (1994); Seifert (1996).

einer Exklusion von Ausländern, sondern die Frage, ob die Voraussetzungen ihrer Integration überhaupt gegeben sind. Bestehen diese nicht, so scheint der rechtliche Ausschluß selbstverständlich.

Eine wichtige multikulturelle Diskurs-Variante, die auf die soziale und ökonomische Ebene zielt, bezeichnet Radtke als demographisch-instrumentellen Multikulturalismus: "Angesichts unabweisbarer demographischer, ökonomischer und sozialpolitischer Notwendigkeiten wirkt der von der Wirtschaft propagierte Multikulturalismus als Ideologie, die einer Bevölkerung, die auf die fremden Zuwanderer mit Angst, Verunsicherung und Feindlichkeit reagiert, sich am Arbeits-, Wohnungs- oder Bildungsmarkt unter Konkurrenz gesetzt oder ihre kulturelle Hegemonie bedroht sieht, die neuen Perspektiven einer Gesellschaft universalisierter Märkte akzeptabel zu machen. Der demographisch-instrumentelle Multikulturalismus ist die neokonservative Variante der Legitimation eines neuen Modernisierungsschubes, den nicht philanthropische Kultur- und Freundschaftsgesellschaften, sondern international operierende Kapitale ausgelöst haben" (Radtke 1990: 906). Es ist bezeichnend, daß in diesem Diskurs zwar die Notwendigkeit der Anwesenheit von Migranten an vorderster Front steht, die rechtlichen Diskriminierungen auf beiden Ebenen staatsbürgerlicher Rechte aber nicht mehr Thema werden, sondern vielmehr daran angeschlossen wird.

Diskurse, die sich auf den Aspekt der *kulturellen Rechte* richten, lassen sich zum einen als jene kennzeichnen, die um die Frage der Inklusion ausländischer Kinder in die Bildungsinstitutionen des Aufnahmestaates geführt werden. Es ist in der Diskussion der rechtlichen Grundlagen deutlich geworden, daß dieses Problem für die Auseinandersetzungen um interne Schließung von enormer Bedeutung ist. Zum anderen erhalten aber auch jene Auseinandersetzungen Gewicht, die im weitesten Sinne als Kämpfe um Gruppenrechte geführt werden. Dabei dreht es sich um Identitätskonflikte, d.h. um die Legitimität spezifischer Lebensformen, den Erhalt kultureller Lebensmuster, Sprachen, der Vereinbarkeit kultureller Vorstellungen des Guten mit liberalen Prinzipien etc. Hier greifen kollektive Akteure auf seiten des Nationalstaates auf die großen Narrationen[35], die kulturellen Überlieferungen und die gemeinsame Tradition der Staatsbürger zurück, um eine spezifische, nationale Kultur oder Tadition als dominante zu sichern, während auf seiten der Immigranten der rechtliche Schutz eigener Lebensformen eingeklagt wird, so etwa die bereits erwähnten Konflikte um das Tragen religiöser Zeichen oder die Befreiung muslimischer Mädchen vom Sexualkunde- oder koedukativen Sportunterricht.

Damit sind die unterschiedlichen Schwerpunkte und Stoßrichtungen der wichtigsten Diskurse auf den einzelnen Ebenen aufgezeigt, die zur Legitimation der Exklusion von Ausländern, bzw. deren Gegenstrategien entscheidend werden. Aufgabe einer empirischen Analyse der unterschiedlichen Diskurse wäre es, im

---

35 Vgl. Somers (1996).

Anschluß daran aufzuzeigen, wie kollektive Akteure auf beiden Seiten an diesen Diskursen partizipieren, um ihre Anliegen zu artikulieren und durchzusetzen.

7.4 Ressourcen: Kontrolle und die Durchsetzung von Schließungsstrategien

Die Auseinandersetzungen um interne Schließung erfolgen unter Bedingungen *aysmmetrischer Machtverhältnisse* zwischen den kollektiven Akteuren auf beiden Seiten der Schließungsgleichung. Sie bringen damit *strukturelle Asymmetrien von Herrschaft* zum Ausdruck. Während in den vorangehenden Kapiteln die rechtlichen Regeln und die Diskurse erläutert wurden, die den Konflikten um interne Schließung zugrundeliegen, muß nun aufgezeigt werden, woraus die asymmetrischen Machtverhältnisse im Kontext interner Schließung resultieren. Es stellt sich damit die Frage nach den relevanten Ressourcen, auf die sich soziale Akteure in Auseinandersetzungen beziehen können. "Ressourcen (...) sind Strukturmomente, auf die sich die bewußt handelnden Subjekte in der Produktion ihres Handelns beziehen und die sie auch reproduzieren" (Giddens 1988: 67). Während die Akteure auf beiden Seiten der Schließungsgleichung sich auf denselben institutionellen Rahmen der Rechtsordnung beziehen müssen und an denselben Diskursen partizipieren, wird an der differentiellen Möglichkeit, sich zur Durchsetzung eigener Strategien auf spezifische Ressourcen zu beziehen deutlich, weshalb es in den Auseinandersetzungen zwischen Nationalstaat und Immigranten zu asymmetrischen Machtverhältnissen kommt. In den Auseinandersetzungen um interne Schließung werden im wesentlichen autoritative Ressourcen bedeutsam, die Herrschaft über Personen oder Akteure generieren.[36]

Die Macht des Nationalstaates im Kontext interner Schließung beruht im wesentlichen auf seiner Fähigkeit, *Kontrolle* über die auf seinem Territorium lebenden Ausländer auszuüben. Die entscheidende Voraussetzung dazu ist die Sammlung und Speicherung von Information. Neben dem Kontrollaspekt wird ferner entscheidend, in welchem Maße die *Durchsetzung von Sanktionen* gegen Ausländer tatsächlich möglich ist.

Vor diesem Hintergrund können Ressourcen bestimmt werden, auf die kollektive Akteure auf beiden Seiten der Schließungsgleichung sich in unterschiedlichem Maße beziehen können. Aufgrund der daraus resultierenden Machtasymmetrien können Schließungsstrategien in unterschiedlichem Maße durchgesetzt werden: Die 'Faktizität' der geltenden Rechtsordnung, rechtliche und technologische Mittel der Informationssammlung und -speicherung, der Datenaustausch zwischen Behörden und über Landesgrenzen hinweg, die Definitionsmacht über Gründe zur Beendigung des Aufenthalts von Ausländern sowie ad-

---

36 Vgl. Giddens (1988: 86).

ministrative Möglichkeiten zur Ausübung von Sanktionen sind die entscheidenden Grundlagen der Durchsetzung von Schließungsstrategien, die ein extremes Ungleichgewicht zugunsten des Nationalstaates in der Möglichkeit, Macht auszuüben und Strategien durchzusetzen begründen.

Die Trennung von Staatsbürgern und Ausländern und die Unterwerfung von Migranten unter spezifische, nur für sie geltende Rechtsvorschriften können als struktureller Zwang begriffen werden, der den sozialen Akteuren in unterschiedlichem Maße den Zugriff auf Ressourcen verwehrt. Die Auseinandersetzungen um interne Schließung erfolgen im Rahmen eines institutionalisierten Rechtssystems, auf das Akteure sich beziehen müssen, um sinnvoll ihre Auseinandersetzungen führen zu können. Die Anerkennung dieses Systems als faktisch geltend und unhintergehbar *legitimiert eine spezifische Ordnung* und bringt Herrschaftsformen insofern zum Ausdruck, als durch die oben aufgezeigten Exklusionen und Fragmentierungen die Handlungsspielräume für Ausländer stark eingeengt, die Kontrolle und die Durchsetzung von Sanktionen auf staatlicher Seite hingegen ermöglicht werden.

Ein zweiter in rechtlichen Regelungen enthaltener Herrschaftsaspekt bezieht sich auf die Möglichkeit der *Informationssammlung und -speicherung* durch den Nationalstaat. Mit dem Gesetz über das Ausländerzentralregister (AZRG)[37] hat der Gesetzgeber die Grundlage dafür geschaffen, das informationelle Selbstbestimmungsrecht von Ausländern außer Kraft zu setzen und kollektiven Akteuren auf der Seite des Nationalstaates die Möglichkeit der Speicherung und Übermittlung personenbezogener Daten von Ausländern eröffnet. Zweck der Datenverarbeitung ist die Unterstützung öffentlicher Stellen, "die im Bereich des Ausländer- und Asylrechts, der polizeilichen Gefahrenabwehr und der Strafverfolgung, der Bekämpfung der illegalen Beschäftigung sowie des Verfassungsschutzes und des Nachrichtendienstes tätig sind" (Heyder 1994: 154). Das AZRG nimmt drei Funktionen wahr: "Es ermöglicht die Identifizierung von Ausländern anhand der gespeicherten Daten (Identifizierungsfunktion), es weist Behörden nach, die zu bestimmten Sachverhalten über nähere Informationen zu Ausländern verfügen (Nachweisfunktion), und es hält selbst wichtige Informationen zu Ausländern bereit, die bei Entscheidungen zugrundegelegt werden können, wenn eine Anfrage bei der aktenführenden Behörde zu lange Zeit in Anspruch nähme (Substitutionsfunktion)" (ebd.). Der Gesetzeszweck des AZRG hat unmittelbare Bedeutung für den Aufenthalt von Ausländern, insofern keine Ausländerbehörde eine Aufenthaltsgenehmigung erteilen darf, wenn eine andere diese verweigert hat. Hier wird deutlich, daß der informationstechnologisch vermittelte Datenaustausch zwischen öffentlichen Stellen die Kontrollmöglichkeiten des Nationalstaates enorm steigert.

---

37 Das Ausländerzentralregister sammelt die Daten von 10 Millionen Ausländern und ist damit eine der größten Dateien Deutschlands. Eine rechtliche Grundlage besteht erst seit dem 1. Oktober 1994.

7.4 Ressourcen: Kontrolle und die Durchsetzung von Schließungsstrategien

Damit ist bereits ein dritter Aspekt angesprochen, der Herrschaft impliziert. Dieser beruht in den rechtlichen Regelungen des *Informationsaustauschs zwischen einzelnen Verwaltungen*. "Im Mittelpunkt der gesetzlichen Regelung steht die Verpflichtung öffentlicher Stellen zur Übermittlung von Informationen aus den unterschiedlichsten Lebenssachverhalten an die Ausländerbehörden" (Schriever-Steinberg 1991: 66). Die administrative Verkopplung einzelner Behörden, wodurch diese zu Hilfsfunktionen für die Ausländerbehörde verpflichtet werden, und die in §75 AuslG geregelte Zusammenarbeit von Ausländerbehörden, Einbürgerungsbehörden, Bundesgrenzschutz, Zoll, Auslandsvertretungen sowie Polizeibehörden bei Zurückschiebung, Abschiebung und Festnahmen stellen herrschaftsgenerierende Ressourcen dar und führen ebenfalls zu gesteigerten Kontrollmöglichkeiten des Nationalstaates. Hinzu kommt erschwerend, daß nach dem AZRG auch Daten an Behörden anderer Staaten und zwischenstaatliche Stellen übermittelt werden können.[38] Wenngleich dies unter bestimmten Einschränkungen geschieht, wird doch deutlich, daß die Zusammenarbeit zwischen Staaten nicht unbedingt deren Souveränitätsverlust bedeuten muß, sondern im Gegenteil, eine Ressource darstellen kann, die den Handlungsspielraum auf seiten der Migranten weiter einschränkt.

Unmittelbar mit dem Aspekt des Datenaustausches verbunden ist die Möglichkeit, den Aufenthalt von Ausländern zu beenden.[39] Schriever-Steinberg hat die Konsequenzen dieser Regelungen treffend auf den Punkt gebracht: "Wer ständig damit rechnen muß, daß seine Daten an die Ausländerbehörde weitergegeben werden, wird aus (unbegründeter) Angst vor aufenthaltsrechtlichen Folgen seine Rechte nicht mehr wahrnehmen" (Schriever-Steinberg 1991: 70). So wird etwa die Inanspruchnahme bestimmter Arten der Jugendhilfe sowie der Sozialhilfe zum Ausweisungsgrund.[40] Die entsprechenden amtlichen Stellen sind dabei zur Übermittlung von Daten an die Ausländerbehörden verpflichtet. Die an diese Regelungen anschließenden Strategien werden gleichwohl einerseits durch Regelungen des verfestigten Aufenthalts von Ausländern, andererseits durch externe Faktoren gebrochen. EG-Recht und zwischenstaatliche Abkommen wie das Europäische Fürsorgeabkommen (EFA), das Europäische Niederlassungsabkommen (ENA), das Minderjährigenschutzabkommen (MSA), das deutschösterreichische Abkommen über Fürsorge und Jugendwohlfahrtspflege, die Vereinbarung zwischen Deutschland und der Schweiz über die Fürsorge bei Hilfsbedürftigkeit sowie das Übereinkommen Nr. 97 der Internationalen Arbeitsorganisation (ILO) dringen alle als externe Faktoren in die herrschaftsgenerierenden Regelungen auf nationaler Ebene ein, beschränken damit die Macht

---

38 Vgl. Heyder (1994: 154).
39 Zur Ausweisung nach dem AuslG siehe Otte (1994a); zur Aufenthaltsbeendigung siehe Otte (1994b); zur Ausweisung von Ausländern mit verfestigtem Aufenthaltsstatus siehe Wegner (1992).
40 Siehe Kunkel (1991); Otte (1994a).

kollektiver staatlicher Akteure und bieten zugleich auf seiten der Immigranten zumindest spezifischen Gruppen die Möglichkeit, Rechte geltend zu machen.[41]

Auf die Möglichkeiten von Migranten, ihrerseits aus rechtlichen Regelungen Vorteile zu ziehen und die ihnen zugestandenen Möglichkeiten zu nutzen, wurde wiederholt hingewiesen. Es besteht jedoch kein Zweifel daran, daß auf struktureller Grundlage zwischen den Akteuren auf seiten des Staates und jenen auf seiten der Immigranten asymmetrische Herrschaftsverhältnisse bestehen, die sich in den Strategien der Akteure dann als asymmetrische Machtverhältnisse manifestieren und die Handlungsspielräume von Immigranten weitgehend einengen. Auch die gegenwärtig immer wieder bemühten universalistischen Normen, wie die Menschenrechte, die zweifellos in die Reproduktion interner Schließungsbeziehungen hineinwirken, können kaum als herrschaftsgenerierende Ressource begriffen werden. Bieback hat dies etwa für die Exklusion vom Arbeitsmarkt deutlich gemacht: "Soweit allgemeine völkerrechtliche Normen ein 'Recht auf Arbeit' statuieren, gewähren sie keine subjektiv-individuellen Rechte, sondern normieren nur objektiv-rechtliche Prinzipien und haben keine direkte Wirkung auf das Verhältnis Bürger-Staat" (Bieback 1995: 104).

7.5 Zusammenfassung: Mechanismen interner Schließung

Auf der Grundlage des konzeptionellen Rahmens zur Analyse interner Schließung wurde am Beispiel der Bundesrepublik Deutschland durch die Explikation der rechtlichen Regelungen, der geführten öffentlichen Diskurse und der den Auseinandersetzungen zugrundeliegenden autoritativen Ressourcen deutlich, auf welche Strukturmomente sich kollektive Akteure auf seiten des Staates und auf seiten der Immigranten zur Durchsetzung ihrer Strategien in Auseinandersetzungen um interne Schließung, den Kämpfen um Zugehörigkeit, beziehen müssen.

1. Die Analyse der Schließungsmechanismen auf den einzelnen Ebenen staatsbürgerlicher Rechte bestätigt zunächst die schließungstheoretische Behauptung, daß der Ausschluß von Staatsbürgerrechten durch Exklusionsstrategien des Staates als *rechtliche Definitionen von Unterordnung* verstanden werden können. Im Kontext interner Schließung wird dies auf jeder Ebene staatsbürgerlicher Rechte deutlich. Um es zusammenzufassen: auf *bürgerlich-rechtlicher* Ebene zielen staatliche Exklusionsstrategien auf eine Trennung von Menschen- und Bürgerrechten. Die Vorenthaltung der vollen bürgerlichen Rechte hat für Immigranten als Rechtspersonen einen Status zur Folge, der als prekär bezeichnet werden kann; auf der Ebene *politischer Rechte* richten sich Exklusionsstrategien auf eine Trennung von politischem Souverän und jenen, die nicht an der

---

41 Kunkel (1991: 74).

7.5 Zusammenfassung: Mechanismen interner Schließung

Willensbildung teilhaben. Durch den Ausschluß von vollen politischen Rechten verfügen Immigranten als politische Personen dadurch über einen defizitären Status. Der Ausschluß von *sozialen Rechten* führt auf der Grundlage differentieller Ansprüche an den Wohlfahrtsstaat zu einem kulturell/ethnisch geprägten Schichtungssystem, innerhalb dessen Migranten als wohlfahrtsstaatliche Klienten disprivilegiert sind; auf *ökonomischer* Ebene ist das entscheidende Exklusionsziel die Abschottung des nationalen Arbeitsmarktes gegen Migranten, so daß diese als Marktteilnehmer marginalisiert werden; auf *kultureller* Ebene schließlich zielen die Exklusionsstrategien des Staates auf die Bewahrung kultureller Werte und Normen. Der Status von Migranten als Personen mit einer spezifischen kulturellen Identität läßt sich daher als subaltern charakterisieren.

Abb. 9: Rechtliche Unterordnung von Immigranten durch den Staat

Rechtliche Ebene	Immigranten	Status	Exklusionsziel
Bürgerlich-rechtlich	Rechtspersonen	prekär	Trennung von Menschen- und Bürgerrechten
Politisch	Politische Personen	defizitär	Trennung von politischem Souverän und 'neuen Metöken'
Sozial	Wohlfahrtsstaatliche Klienten	disprivilegiert	Herstellung eines kulturell/ ethnisch imprägnierten Schichtungssystems
Ökonomisch	Marktteilnehmer	marginalisiert	Sicherung des Vorrangs deutscher und gleichgestellter Arbeitnehmer
Kulturell	Personen mit best. kultureller Identität	subaltern	Sicherung spezifischer Werte und Normen

2. Mit der Analyse des *Zusammenwirkens von Exklusionseffekten* wurde der entscheidende Mechanismus herausgearbeitet, der Staatsbürgerschaft als einen Modus sozialer Schließung charakterisiert. Auf der Basis der Explikation der rechtlichen Grundlagen interner Schließung konnte damit die zuvor getroffene Unterscheidung politisch konstruierter Großgruppen (EU-Bürger, Nicht-EU-Bürger, Flüchtlinge und Illegale) konkretisiert werden.[42] Während diese Unterscheidung für eine erste Annäherung genügte, ergab die konkrete Analyse für die Bundesrepublik, daß ein spezifischer Aufenthaltsstatus von Migranten für deren Möglichkeiten, Rechte geltend zu machen, die entscheidende Variable darstellt.

---

42 Die Bedeutung des Aufenthaltsstatus für die Möglichkeit, Rechte einzuklagen und geltend zu machen, zeigt, wie prekär die Situation der wachsenden Zahl illegaler Einwanderer ist.

Seine Bedeutung resultiert aus dem Ausschluß von Migranten von den Deutschenrechten, der sie einer spezifischen ausländerrechtlichen Behandlung zuführt. Das Zusammenwirken von Exklusionseffekten konnte hier überzeugend nachgewiesen werden. Der Ausschluß auf bürgerlicher Ebene eröffnet unmittelbar die Möglichkeit der Exklusion auf sozialer und ökonomischer, weniger durchgängig hingegen auf kultureller Ebene. Diese Verletzlichkeit der sozialen, ökonomischen und kulturellen Sphäre von Migranten wird durch den Ausschluß von politischen Rechten weiter verstärkt, indem so verhindert wird, daß Migranten ihre spezifischen Probleme in den politischen Prozeß einbringen können. Es kann deshalb, über das Zusammenwirken von Exklusionseffekten sogar von einer wechselseitigen Verstärkung des Ausschlusses von bürgerlichen und politischen Rechten gesprochen werden. Das mit weitreichenden Konsequenzen verbundene Zusammenwirken von Exklusionseffekten auf bürgerlicher und politischer Ebene verdeutlicht deren entscheidende Bedeutung für die durchgesetzte Exklusion von Migranten. Eine zweite Form der Kumulation von Exklusionseffekten resultiert im Anschluß an aufenthaltsrechtliche Regelungen aus dem Zusammenwirken ökonomischer und sozialer Rechte, die gemeinsam ein spezifisches Sozialstaatsregime konstituieren. Aus dem je nach Aufenthaltsstatus durchgesetzten Ausschluß bestimmter Gruppen vom Arbeitsmarkt ergeben sich unmittelbar reduzierte Ansprüche auf wohlfahrtsstaatliche Umverteilung. Dieses Zusammenwirken führt zur erwähnten kulturell/ethnischen Schichtung der Bevölkerung auf der Grundlage von Erwerbsarbeit und wohlfahrtsstaatlichen Leistungen.

3. Während die Analyse der entscheidenden, um Fragen interner Schließung geführten Diskurse deren Legitimationsfunktion verdeutlicht, oder aber klarstellt, wie diese zur ideologischen Verschleierung der sozialen Auseinandersetzungen geführt werden, verweist die Kumulation von Exklusionseffekten direkt auf den *herrschaftstheoretischen Aspekt von Schließungsbeziehungen*. Das Zusammenwirken von Exklusionseffekten kann als *Herrschaftsbeziehung zweiter Ordnung* und damit als Verfestigung von Herrschaft begriffen werden. Damit wird keiner deterministischen Durchsetzung von Herrschaft das Wort geredet. Vielmehr zeigt die Analyse der autoritativen Ressourcen, auf die kollektive Akteure auf beiden Seiten der Schließungsgleichung sich beziehen müssen, daß interne Schließung unter asymmetrischen Machtverhältnissen stattfindet und die Kämpfe um Zugehörigkeit damit durch das unterschiedliche Maß gekennzeichnet sind, in dem von diesen Ressourcen Gebrauch gemacht werden kann.

Mit diesen Ergebnissen sind die zentralen inhaltlichen Annahmen der Schließungstheorie - die rechtliche Definition von Unterordnung durch Exklusion von Staatsbürgerrechten, die Analyse der Tiefenstruktur von Herrschaft durch die Aufklärung von Herrschaftsbeziehungen zweiter Ordnung sowie der Bestimmung von Schließungsverhältnissen als Herrschaftsbeziehungen unter Bedingungen asymmetrischer Machtverhältnisse - bestätigt. Es zeigt sich ferner, daß auf dieser Grundlage nicht von einer objektiv gegebenen Schließungsstruktur ausgegangen werden kann. Vielmehr bestätigt die Illustration der strukturellen Grundlagen interner Schließung auch die im Kontext der Konzeption strukturierter Schließungsverhältnisse formulierten Annahmen. *Erstens* kann im Anschluß an die Klassifizierung der unterschiedlichen Gruppen von Migranten nach ihrem Aufenthaltsstatus von unterschiedlichen *Inklusions-/Exklusionssysndromen* dieser Gruppen in bezug auf die Ebenen staatsbürgerlicher Rechte ausgegangen werden. Im wesentlichen entscheidet der Aufenthaltsstatus, und damit der Inklusionsgrad auf bürgerlich-rechtlicher Ebene darüber, in welchem Ausmaß Rechte auf den anderen Ebenen legitimerweise in Anspruch genommen werden können. Der Grad von Inklusion/Exklusion differiert entsprechend zwischen den jeweiligen Gruppen. *Zweitens* zeigt die Analyse, daß spezifische, auf Dauer gestellte und veränderbare, strukturierte Schließungsverhältnisse als Resultat vergangener und aktueller sozialer Auseinandersetzungen begriffen werden müssen und deshalb von spezifischen *Statuspassagen* einzelner Gruppen auszugehen ist. Dies verdeutlicht am besten der fortschreitende Inklusionsprozeß europäischer Bürger in die politischen Staatsbürgerrechte derjenigen Mitgliedsstaaten der Europäischen Union, in denen sie als Migranten ihren Lebensmittelpunkt haben. *Drittens* zeigt die Analyse der Strukturmomente, daß mit Recht von Strategien der *Fragmentierung* der Migrantenpopulation durch staatliche Exklusionsstrategien gesprochen werden kann, wie an den unterschiedlichen, rechtlich kodifizierten Aufenthaltsstatus und dem Zusammenwirken der Exklusionseffekte deutlich geworden ist. Neben diesen Strategien legt die Analyse aber auch nahe, daß ebenso von Prozessen *dualer Schließung* zwischen den verschiedenen Migrantengruppen ausgegangen werden muß. Von der Solidarität der Ausgeschlossenen kann angesichts des knappen Guts der Staatsbürgerschaft und der zwischen den Gruppen der Immigranten unterschiedlich verteilten Möglichkeiten, sich auf Ressourcen zur Durchsetzung von Inklusion zu beziehen, nicht ausgegangen werden.

Hier kommt die in der vorliegenden Arbeit geleistete Analyse jedoch an ihre Grenzen. Die aufgezeigten strukturellen Voraussetzungen der Kämpfe um Zugehörigkeit, die die Mechanismen nationaler Staatsbürgerschaft als eines Modus sozialer Schließung offenlegen, haben das Feld bereitet, auf dem die konkreten Strategien kollektiver Akteure auf beiden Seiten der Schließungsgleichung zum Gegenstand empirischer Untersuchungen gemacht werden können.

Schluß

Massive Immigrationsprozesse haben in der Nachkriegszeit zu einer ethnischen und kulturellen Heterogenisierung westlicher Nationalstaaten geführt. Auf die de facto-Einwanderung und Niederlassung von Migranten folgte jedoch kein umfassender Prozeß ihrer Inklusion in staatsbürgerliche Rechte, der überwiegende Teil der Einwanderer blieb von diesen ausgeschlossen. Sie leben - *intern exkludiert* - dauerhaft als 'Bürger zweiter Klasse' in ihren Aufnahmeländern. Nationale Staatsbürgerschaft trägt als Konstitutions- und Integrationsinstrument dieser Gesellschaften zur Institutionalisierung sozialer Ordnung bei. Langfristig, so wurde deshalb angenommen, resultieren aus dem Ausschluß von Migranten aus den politischen Gemeinschaften liberal-demokratischer Gesellschaften nicht nur normative demokratietheoretische Probleme, es stellt sich darüber hinaus die Frage, wie unter Bedingungen zunehmender ethnischer und kultureller Heterogenität soziale Ordnung möglich ist.

Ziel der vorliegenden Arbeit war es deshalb, einen Beitrag zur Analyse der Funktionsweise nationaler Staatsbürgerschaft als eines Modus sozialer Schliessung zu leisten. Sie setzte sich dazu mit dem Aspekt *interner Exklusion* auseinander. Die Vernachlässigung dieses Exklusionsaspektes in der wissenschaftlichen Diskussion über Staatsbürgerschaft hat Konsequenzen, denn der fortgesetzte Ausschluß von Migranten von Staatsbürgerrechten führt unter zunehmend schwierigeren Rahmenbedingungen wie fiskalischen Problemen, der Ethnisierung gesellschaftlicher Konflikte, dem Erstarken rechtsradikaler politischer Gruppierungen oder auch einer europaweit angestrebten Harmonisierung des Asylrechts auf niedrigstem Niveau dazu, daß 'Definitionskämpfe um Staatsbürgerschaft' (Neckel) zu einer der entscheidenden Konfliktlinien in westlichen Nationalstaaten werden. Mit anderen Worten: es entzünden sich Verteilungskämpfe um das knappe Gut nationaler Staatsbürgerschaft. Angesichts dieser problematischen Situation ist davon auszugehen, daß gesellschaftliche Auseinandersetzungen um den Zugang zu nationalen Staatsbürgerrechten künftig an Schärfe gewinnen werden. Vor diesem Hintergrund ging es der Arbeit darum, den Fokus auf genau die Konflikte zu richten, die zwischen sozialen Akteuren auf der Seite des Nationalstaates und jenen auf der Seite der Migranten ausgetragen werden, und diese Auseinandersetzungen als *Kampf um Zugehörigkeit* zu bestimmen.

Schluß

Eine solche Analyse stand vor drei Aufgaben: sie mußte *erstens* zu einer Soziologisierung des Verständnisses nationaler Staatsbürgerschaft beitragen, um jenseits der bloßen Konstatierung von Exklusion den Prozeß der Schließung selbst zum Gegenstand machen zu können; *zweitens* ging es darum, angesichts historischer Umbrüche und Herausforderungen die fortbestehende Bedeutung eines Modells nationaler Staatsbürgerschaft zu begründen und den Aspekt interner Exklusion als eine zentrale Dimension des Modells zu bestimmen; *drittens* schließlich mußte ein theoretischer Zugang entwickelt werden, der eine Analyse der Funktionsweise interner Schließung ermöglicht.

Ausgehend von diesen Anforderungen führte ein einleitender, systematischer Überblick über die wichtigsten Kontexte der aktuellen Diskussion um Citizenship zu der Einschätzung, daß zwar in zunehmendem Maße Exklusionsaspekte von Staatsbürgerschaft thematisiert werden, dabei jedoch weder geklärt wird, weshalb Staatsbürgerschaft in den vergangenen Jahren zum Problem geworden ist, noch eine Erklärung der den diskutierten Exklusionsprozessen zugrundeliegenden Mechanismen angeboten wird. Der zur Klärung dieser Fragen erforderliche soziologische Zugang führte zur These, daß Staatsbürgerschaft als Krisenkonzept zu begreifen sei, und dies in dem Sinn, daß sie auf der Grundlage eines spezifischen Verhältnisses von Inklusion und Exklusion zur Regulierung gesellschaftlicher Krisen und damit zur Institutionalisierung gesellschaftlicher Ordnung beiträgt. Die kritische Rekonstruktion der Arbeiten Emile Durkheims, T.H. Marshalls und Talcott Parsons' zur Staatsbürgerschaft ergab, daß für das von ihnen entwickelte soziologische Modell nationaler Staatsbürgerschaft der angenommene Zusammenhang von gesellschaftlicher Krise und deren Regulierung über die Institutionalisierung staatsbürgerlicher Rechte zutrifft.

Für jeden der drei Theoretiker wurde gezeigt, daß die Erfahrung einer gesellschaftlichen Krise den Anstoß für die Auseinandersetzung mit Fragen der Staatsbürgerschaft darstellt. Durkheim geht es um die moralische Krise der dritten französischen Republik, die er durch die Institutionalisierung eines spezifischen institutionellen Gefüges einerseits, partikularen Moralen andererseits lösen will. Entscheidende Bedeutung erhält dabei die staatsbürgerliche Moral, die als 'implizite Form' der Staatsbürgerschaft verstanden werden kann. T.H. Marshall, der unbestrittene Klassiker moderner Staatsbürgerschaft, geht davon aus, daß die sich verschärfenden Tendenzen sozialer Ungleichheit in den kapitalistischen Klassengesellschaften der Nachkriegszeit nicht durch Revolution, sondern durch den Auf- und Ausbau nationaler Wohlfahrtsstaaten und die Institutionalisierung sozialer Staatsbürgerrechte in den Griff zu bekommen seien. Talcott Parsons schließlich steht vor der gesellschaftlichen Krise, die die sich verschärfenden 'Rassenkonflikte' in den Vereinigten Staaten erzeugt hatten. Angesichts der Forderungen der 'Civil Rights'-Bewegung nach Partizipation an den Bürgerrechten war Parsons der Überzeugung, daß die Öffnung des Bildungssystems und die dort erfolgende Vermittlung der kulturellen Werte der amerikanischen Gesellschaft, die er als universalistische begriff, 'volle Staatsbürgerschaft' auch für die amerikanischen Schwarzen ermöglichen würde.

Durkheim, Marshall und Parsons teilen jedoch nicht nur die Erfahrung gesellschaftlicher Krisen als Anstoß zur Auseinandersetzung mit Frage der Staatsbürgerschaft. Sie stimmen vielmehr auch in ihren Vorstellungen zur Regulierung derselben überein, denn alle drei Theoretiker machen Staatsbürgerschaft im Kontext einer Theorie gesellschaftlicher Integration zum Thema und fordern zur Lösung der von ihnen diagnostizierten Probleme eine verstärkte und ausgeweitete Inklusion aller Gesellschaftsmitglieder. Zugleich bleibt jedoch kein Zweifel daran, daß dieser Inklusionsprozeß aufgrund des Doppelcharakters moderner Staatsbürgerrechte immer eine formale Gleichheit der Gesellschaftsmitglieder meint und reale Unterschiede zwischen ihnen bestehen bleiben.

Mit der Fokussierung der Analyse auf die Perspektive gesellschaftlicher Integration hat die soziologische Tradition ein *inklusivistisches Selbstverständnis* nationaler Staatsbürgerschaft entwickelt. Durch dieses, so wurde deutlich, vernachlässigt sie systematisch, daß auch nationale Staatsbürgerschaft aufgrund der auf den Nationalstaat beschränkten partikularistischen Realisierung ihres universalistischen Anspruchs durch ein ihr zugrundeliegendes Prinzip von Inklusion/Exklusion gekennzeichnet ist. Dieses einseitige Verständnis nationaler Staatsbürgerschaft als Inklusionsinstrument wird aufgrund politischer, ökonomischer, sozialer und kultureller Umbrüche zum Problem, sie führen zu gesellschaftlichen Krisen und stellen neue Forderungen an die Regulierungsfähigkeit des nationalen Modells.

Mit den Auswirkungen der Immigrationsprozesse der Nachkriegszeit setzte sich die Arbeit mit einer derjenigen Herausforderungen auseinander, die das nationale Modell der Staatsbürgerschaft und den Nationalstaat selbst in Frage zu stellen scheinen. Die Diskussion führte zu der Einschätzung, daß zwei prominente Positionen dieses aktuellen Diskurses zurückzuweisen sind: weder kann davon ausgegangen werden, daß ein postnationales Modell der Mitgliedschaft an die Stelle nationaler Staatsbürgerschaft tritt, noch ist unter der Perspektive der Regulierung seiner Bevölkerung ein umfassender Bedeutungsverlust des Nationalstaates erkennbar. Die massiven Immigrationsprozesse haben vielmehr dazu geführt, daß nicht das nationale Modell der Staatsbürgerschaft hinfällig wird, sondern der inklusivistische Anspruch nicht länger aufrechterhalten werden kann und deshalb den Exklusionsaspekten nationaler Staatsbürgerschaft Aufmerksamkeit geschenkt werden muß. Dem Doppelcharakter des modernen Staates als Territorial- und als Nationalstaat entsprechend wurden zwei Exklusionsaspekte unterschieden: zum einen der *extern exklusive Charakter* nationaler Staatsbürgerschaft, der sich auf Exklusionsprozesse an den territorialen Grenzen bezieht, mittels derer Migranten der Zutritt auf das Territorium eines Nationalstaates verwehrt wird; zum anderen der *intern exklusive Charakter*, dessen Bedeutung bisher vernachlässigt wurde, der im Innern des Nationalstaates aber eine klare und folgenreiche Trennung zwischen Staatsbürgern und Nicht-Staatsbürgern durchsetzt.

Die Erklärungslage interner Exklusion, so das Resultat einer kritischen Durchsicht der aktuellen Diskussion, ist defizitär. Weder die Arbeiten Georg Simmels, Robert E. Parks und Alfred Schütz' - die klassische Soziologie des Fremden - noch daran anschließende, aktuelle Ansätze symbolischer Klassifikationen und auch nicht die im Anschluß an die Theorie funktionaler Differenzierung unternommenen Erklärungsversuche können interne Exklusionsprozesse erfassen und zufriedenstellend erklären. Keiner dieser Ansätze macht die rechtlichen Beziehungen zwischen Nationalstaat und Migranten zum Gegenstand der Analyse, sie alle vernachlässigen den Mitgliedschaftscharakter nationaler Staatsbürgerschaft und verfehlen deshalb das zentrale Problem interner Exklusion. Neben den konzeptionellen Schwierigkeiten teilen diese völlig unterschiedlichen Zugänge einer 'Soziologie des Fremden' schließlich ein grundlegendes theoretisches Defizit: sie alle verzichten auf eine handlungstheoretische Perspektive, die soziale Konflikte in den Blick nehmen könnte. Das Handeln sozialer Akteure bleibt deshalb systematisch aus der Analyse ausgeklammert.

Diese herausgearbeiteten Defizite verdeutlichten, daß zur Erklärung interner Schließung als eines umkämpften, hochgradig politischen Prozesses ein anderer Erklärungszugang gewählt werden muß. Folgerichtig stand in den letzten drei Kapiteln der Arbeit eine Diskussion der Theorie sozialer Schließung, deren theoretische und konzeptionelle Modifikation sowie die Überprüfung eines dadurch gewonnenen theoretisch-konzeptionellen Rahmens zur Analyse interner Schließung im Mittelpunkt.

In gesellschaftstheoretischer Perspektive beansprucht die Theorie sozialer Schließung, einen Zugang zur Analyse der Schichtung moderner Gesellschaften zu entwickeln, der deren fortgeschrittener Differenzierung gerecht werden kann. Dazu rückt sie die Auseinandersetzungen zwischen sozialen Akteuren um Positionen in der Schichtungshierarchie in den Mittelpunkt. Soziale Schichtung wird als Aspekt der Machtverteilung in Gesellschaften begriffen, Herrschaft in die Schichtungsanalyse integriert und dadurch Sozialstrukturanalyse und politische Analyse zusammengeführt.

Für die Analyse interner Schließung ist dieser Ansatz deshalb interessant, weil er von Frank Parkin und Raymond Murphy, im Anschluß an Max Webers Konzept 'offener und geschlossener sozialer Beziehungen', aus der Verengung auf die Maximierung ökonomischer Chancen herausgelöst und zu einem Instrument der Analyse aller in Gesellschaften beobachtbaren Herrschaftsverhältnisse erweitert wurde. Die Auseinandersetzungen um interne Schließung können deshalb als politische Konflikte verstanden werden, die von sozialen Akteuren zur Durchsetzung ihrer Interessen geführt werden. Parkins konzeptionelle Idee einer Schließungsgleichung ermöglicht es, interne Schließung als umkämpften Prozeß zu begreifen, in dem sich Akteure gegenüberstehen und mittels spezifischer

Handlungsstrategien um den fortgesetzten Ausschluß von Staatsbürgerrechten oder den Zugang zu diesen kämpfen. Die von den Akteuren auf beiden Seiten der Schließungsgleichung verfolgten Strategien lassen sich deshalb als Exklusions- und Usurpationsstrategien definieren. Damit gelingt es dem schließungstheoretischen Ansatz, im Gegensatz zu den diskutierten Erklärungsversuchen, prinzipiell auch, das Handeln der von Exklusionsstrategien betroffenen Gruppen systematisch zu berücksichtigen und diese nicht bereits auf der analytischen Ebene der Untersuchung auszuschließen. Zugleich eröffnet er darüber hinaus implizit auch eine Perspektive, die deutlich macht, in welch unterschiedlichem Maße soziale Akteure in der Lage sind, Machtpotentiale zu nutzen, um ihre Interessen voranzutreiben.

Neben diesen handlungstheoretisch wichtigen Anstößen kommt zwei Aspekten des schließungstheoretischen Ansatzes für seine Anwendbarkeit auf interne Schließung entscheidende Bedeutung zu: zum einen verweist Parkin auf rechtliche Definitionen der Unterordnung gesellschaftlicher Gruppen, an die Schliessungsstrategien ansetzen können, womit er dem Handeln des Staates Aufmerksamkeit schenkt; zum anderen entwickelt Murphy im Anschluß an die herrschaftstheoretische Wende ein Verständnis des Zusammenwirkens unterschiedlicher Schließungsprozesse, die er als Verfestigung von Herrschaft definiert. Beide Aspekte, so wurde deutlich, sind für ein Verständnis interner Schließung von grundlegender Bedeutung.

Trotz dieser vielen möglichen Anknüpfungspunkte an die Theorie sozialer Schließung ergab die Diskussion, daß sie selbst mit theoretischen und konzeptionellen Problemen behaftet ist, die der Analyse der um interne Schließung geführten Kämpfe entgegenstehen. Auf *theoretischer Ebene* wurde deshalb mit Giddens' Strukturierungstheorie ein Umbau der theoretischen Grundannahmen der Schließungstheorie vorgenommen, welcher den Ansatz von einem deterministischen Strukturverständnis befreit, so daß das Handeln sozialer Akteure tatsächlich zentralen Stellenwert erhält, ohne voluntaristisch verkürzt zu werden. Auf *konzeptioneller Ebene* wurde die zentrale Idee der Schließungsgleichung so erweitert, daß ein komplexer, mehrdimensionaler Rahmen zur Analyse interner Schließung in Nationalstaaten entstand. Bürgerliche, politische, soziale, ökonomische und kulturelle Rechte können so als Exklusions- und Usurpationsdimensionen begriffen werden, auf denen sich die Auseinandersetzungen zwischen sozialen Akteuren vollziehen. Auf jeder dieser Ebenen staatsbürgerlicher Rechte wurde sowohl die gesellschaftliche Basisinstitution als auch die jeweilige Dimension von Zugehörigkeit definiert, auf die sich die Kämpfe um Zugehörigkeit beziehen. Die erweiterte Schließungsgleichung ermöglichte ferner sowohl die Bestimmung der kollektiven Akteure, die in den Auseinandersetzungen um interne Schließung mittels Exklusions- und Usurpationsstrategien aktiv werden, als auch jene der Strukturmomente interner Schließung. Darüber hinaus konnten schließlich wesentliche externe Faktoren, die auf die in einer Gesellschaft sich vollziehenden Auseinandersetzungen einwirken, in die Analyse einbezogen werden. Auf der Grundlage dieses theoretisch-konzeptionellen Rahmens wurde ein Verständnis *strukturierter Schließungsverhältnisse* entwickelt, das entgegen den von den Schließungstheoretikern behaupteten, in Gesellschaften auffindbaren, objektiven Schließungsstrukturen, interne Schließung als durch das Handeln sozialer Akteure permanent produzierten und reproduzierten Prozeß begreift.

Theoretischer Umbau und konzeptionelle Modifikation des schließungstheoretischen Ansatzes führten damit zu drei entscheidenden Ergebnissen: *erstens* wird deutlich, daß die Auseinandersetzungen um interne Schließung zwischen kollektiven Akteuren auf beiden Seiten der Schließungsgleichung einen dynamischen sozialen Prozeß darstellen und sich unter asymmetrischen Machtverhältnissen vollziehen; *zweitens* kann der Dualismus von Inklusion/Exklusion zurückgewiesen werden. Für unterschiedliche Gruppen von Migranten können vielmehr differentielle Inklusions-/Exklusionssyndrome in staatsbürgerliche Rechte und damit unterschiedliche Betroffenheiten durch den Ausschluß von Staatsbürgerrechten nachgewiesen werden. Von einer einheitlichen Schließungsstruktur, der alle Immigranten gleichermaßen unterliegen, kann deshalb keine Rede sein; *drittens* zeigen sich in historischer Perspektive für Migrantengruppen *unterschiedliche Statuspassagen*. Dies verweist auf deren äußerst unterschiedliche Möglichkeiten, zur Durchsetzung von Inklusion auf Ressourcen zugreifen zu können, zugleich aber auch auf die in zeitlicher Perspektive veränderbaren Grade von Inklusion und Exklusion. Verdeutlichen läßt sich dieser Prozeß am, wenn auch langsam, fortschreitenden Inklusionsprozeß von EU-Bürgern in die politischen Staatsbürgerrechte ihrer Aufnahmeländer in der Europäischen Union.

Das abschließende Kapitel der Arbeit explizierte am Beispiel der Bundesrepublik Deutschland die Wirkungsweise der *Strukturmomente interner Schliessung*, der *rechtlichen Grundlagen*, der *Diskurse* und *Ressourcen* und deckte damit die Grundlagen auf, auf die sich soziale Akteure in den Auseinandersetzungen um interne Schließung notwendig beziehen müssen. Die Vielzahl rechtlicher Regelungen, ihr Ineinandergreifen, die daraus sich verstärkenden Exklusionseffekte und die Verfestigung von Herrschaft, die unterschiedlichen Möglichkeiten beider Seiten, im öffentlichen Diskurs ihre jeweiligen Positionen zu artikulieren sowie die Bestimmung derjenigen Ressourcen, mittels derer der Nationalstaat Kontrolle über Migranten ausübt und seine Überwachungstätigkeiten forciert, haben verdeutlicht, unter welch asymmetrischen Bedingungen der Kampf um Zugehörigkeit sich vollzieht.

Auf der Grundlage dieser Zusammenfassung können abschließend einige Schlüsse gezogen werden. In *sachlicher Perspektive* wurde mit der Analyse interner Schließung in Nationalstaaten ein Problem diskutiert, das in der aktuellen Diskussion um Citizenship bisher unbeachtet geblieben ist. Hierzu wurde angesichts der zunehmenden ethnischen und kulturellen Heterogenisierung westlicher liberal-demokratischer Gesellschaften eine genuin soziologische

Perspektive entwickelt, die weder die Kulturalisierung der aus Immigrationsprozessen entstehenden Probleme akzeptiert, noch die Einschätzung des Bedeutungsverlustes des nationalen Modells der Staatsbürgerschaft und des Nationalstaates teilt und sich schließlich kritisch zur Behauptung einer erfolgten, weitgehenden Inkorporation von Migranten in ihren Aufnahmeländern verhält.

In *theoretischer Perspektive* konnte mit dem Bezug auf die Theorie sozialer Schließung gezeigt werden, wie fruchtbar 'middle range theories' für die Analyse konkreter sozialer Probleme sein können. Es wurde deutlich, wie wenig die diskutierten alternativen Ansätze, insbesondere die im Anschluß an die Theorie funktionaler Differenzierung entwickelten Erklärungsversuche, zur Analyse gesellschaftlicher Auseinandersetzungen und politischer Konflikte um interne Schließung beizutragen vermögen. Auf der Grundlage des schließungstheoretischen Ansatzes konnte hingegen eine äußerst differenzierte Analyse interner Schließung entwickelt werden. Unter der Voraussetzung theoretischer und konzeptioneller Modifikation, die zur Fundierung der Theorie sozialer Schließung mit einer anspruchsvollen Handlungstheorie führte, wurde ein tatsächlicher 'political turn' zur Analyse interner Schließung möglich.

Mit diesem theoretischen Zugang wurde die Analyse interner Schließung zugleich in einen Kontext gestellt, der im weitesten Sinne gesellschaftliche Verteilungskämpfe problematisiert und dadurch in *ungleichheitstheoretischer Perspektive* den Folgen des Ausschlusses von Staatsbürgerrechten und deren Zusammenhang mit der sozialen Schichtung in modernen Gesellschaften nachgeht. Die differentiellen Inklusions-/Exklusionssyndrome einzelner Gruppen von Migranten und der historisch unterschiedlich verlaufende Inklusionsprozeß machen deutlich, daß Deutschland, wie auch andere westliche Nationalstaaten, im Falle einer fortgesetzten Exklusion von Staatsbürgerrechten "eine nach Staatsbürgerschaftsstatus differenzierte ständisch-multikulturelle Klassengesellschaft werden [kann]: Deutsche mit vollen Staatsbürger- und Sozialstaatsrechten, Ausländer im Netz der sozialen Sicherung, illegale Einwanderer, die ohne jeglichen Sozialversicherungsschutz in Handwerk und Dienstleistungen schwarz arbeiten" (Müller 1995b: 934).

In Anbetracht dieser Tendenzen kann die vorliegende Arbeit schließlich in *politischer Perspektive* zur Fundierung einer Position beitragen, die die formale Gleichheit von Migranten und Staatsbürgern fordert. Der entwickelte Zugang ermöglicht die detaillierte Analyse derjenigen Mechanismen, die beim Ausschluß von Migranten in ihren Aufnahmeländern wirksam werden. Es werden die Grundlagen interner Schließung deutlich, der Herrschaftsaspekt sozialer Schließung in den Mittelpunkt gerückt, die wechselseitige Verstärkung von Exklusionseffekten verdeutlicht und das Zusammenwirken einer Vielzahl kollektiver Akteure auf seiten des Staates ins Bewußtsein gehoben. Damit ist, jenseits verbreiteter kulturalistischer Argumentationen im Kontext der Auseinandersetzungen um die 'multikulturelle Gesellschaft', ein Weg für eine langfristige politische Strategie aufgezeigt, die darauf abzielt, diejenigen Mechanismen zu 'enthüllen', mittels derer der Nationalstaat interne Exklusion durchsetzt. Die Analyse interner Schließung kann so als ein erster Schritt zur Entwicklung von Gegenstrategien begriffen werden.

Es ist jedoch nicht zuletzt das von den Gründervätern einer Soziologie der Staatsbürgerschaft erarbeitete Modell der Staatsbürgerschaft, das den Doppelcharakter moderner Staatsbürgerrechte betont und vor zu großen Erwartungen schützen sollte, die mit der Forderung nach einer Inklusion von Migranten in staatsbürgerliche Rechte einherzugehen scheinen. Ein solcher Inklusionsprozeß verschafft Migranten eine formale Gleichheit. Auf dem Boden nationaler Staatsbürgerschaft um Inklusion zu kämpfen, bedeutet notwendig, sich auf das im Kern liberale Modell einzulassen und gleiche Ausgangsbedingungen für alle Mitglieder einer Gesellschaft zu fordern. Diese formale Gleichheit ist wichtig, sie verschafft Migranten überhaupt erst den Zugang zu den Verteilungskämpfen in modernen Gesellschaften. Durch sie entsteht aber keine schöne neue Gesellschaft, in der alle real zu Gleichen werden. Sie ist jedoch der erste Schritt zu einer gleichberechtigten Teilhabe an Rechten und einer gleichberechtigten Verfügung über gesellschaftliche Ressourcen.

Die Bedeutung interner Exklusion und die wachsende Heftigkeit der sie kennzeichnenden Auseinandersetzungen machen deutlich, daß nicht nationale Staatsbürgerschaft selbst, sondern das inklusivistische Selbstverständnis des von den Klassikern einer Soziologie der Staatsbürgerschaft entwickelten Modells und der damit verbundene Anspruch der Sicherung gesellschaftlicher Integration durch individuelle Inklusion an sein Ende gekommen ist. Der fortgesetzte Ausschluß großer Bevölkerungsteile von den Staatsbürgerrechten der Gesellschaften, deren Teil sie längst geworden sind, stellt die Zeichen auf Konflikt. Unter Bedingungen ethnischer und kultureller Heterogenität wird in Nationalstaaten eine spezifische Form sozialer Ordnung durch massive Exklusionsprozesse eines großen Teils der Bevölkerung von der gleichberechtigten Teilhabe von Staatsbürgerrechten erzeugt. Diese durch die Produktion und Reproduktion eines Systems sozialer Ungleichheit auf den Grundlagen sozialer Schließung hergestellte Ordnung ist notwendig brüchig, sie bleibt Resultat sozialer Auseinandersetzungen und politischer Konflikte im Kampf um Zugehörigkeit.

Literatur

Abadan Unat, N. (1995): Turkish Migration to Europe. In: Cohen, R. (Hg.) a.a.O., 279-284
Afheldt, H. (1993): Sozialstaat und Zuwanderung. In: APuZg. Beilage zur Wochenzeitung Das Parlament. B 7/93. 12. Februar 1993, 42-52
Aglietta, M. (1976): Régulation et crises du capitalisme. L'éxperience des Etats-Unis. Paris
Albrow, M. (1996): The Global Age: State and Society beyond Modernity. Oxford: Polity Press
Alexander, J.C. (1983): Theoretical Logic in Sociology. Vol. 4, The Modern Recon-struction of Classical Thought: Talcott Parsons. University of California Press: Berkeley and Los Angeles, California.
Alexander, J.C. (1992a): Citizen and Enemy as Symbolic Classification: On the Polarizing Discourse of Civil Society. In: Lamont, M./Fournier, M. (Hg.) a.a.O., 289-308
Alexander, J.C. (1992b): Commentary: Structure, Value, Action. In: Hamilton, P. (Hg.) a.a.O., 52-61
Alexander, J.C./Smith, P. (1994): Der Diskurs der amerikanischen Zivilgesellschaft: ein neuer kultursoziologischer Entwurf. In: Berliner Journal für Soziologie, Jg. 4, 157-177
Allardt, E. (1968): Emile Durkheim - Sein Beitrag zur Politischen Soziologie. In: Kölner Zeitschrift für Soziologie und Sozialpsychologie, Jg. 20, 1-16
Anderson, B. (1991): Imagined Communities: Reflections on the Origin and Spread of Nationalism. London: Verso
Andrews, G. (Hg.) (1991): Citizenship. London: Lawrence and Wishart
Andrews, G. (1991a): Introduction. In: ders. (Hg.) a.a.O., 11-15
Andrews, G. (1991b): Universal Principles. In: ders. (Hg.) a.a.O., 212-218
Anwar, M. (1995): 'New Commonwealth' Migration to the UK. In: Cohen, R. (Hg.) a.a.O., 274-278
Archer, M. (1982): Morphogenesis versus Structuration: On combining Structure and Action. In: The British Journal of Sociology, Vol. 33, 455-483
Archibugi, D./Held, D. (Hg.) (1995): Cosmopolitan Democracy. An Agenda for a New World Order. Cambridge: Polity Press
Aristoteles (1994): Politik. Rowohlt Enzyklopädie
Aron, R. (1974): Is Multinational Citizenship Possible? In: Social Research, Jg. 41, 638-656
Aulenbacher, B./Goldmann, M. (Hg.) (1993): Transformationen im Geschlechterverhältnis. Beiträge zur industriellen und gesellschaftlichen Entwicklung. Frankfurt/Main-New York: Campus
Aziz, N. (1992): Zur Lage der Nicht-Deutschen in Deutschland. In: APuZg. Beilage zur Wochenzeitung Das Parlament. B 9/92. 21. Februar 1992, 37-44
Bader, V.-M. (1995a): Rassismus, Ethnizität, Bürgerschaft. Soziologische und Philosophische Überlegungen. Westfälisches Dampfboot
Bader, V.-M. (1995b): Citizenship and Exclusion. Radical Democracy, Community, and Justice. Or, What is wrong with Communitarianism? In: Political Theory, Vol. 23, 211-246
Bader, V.-M./Benschop, A. (1989): Ungleichheiten. Opladen: Leske und Budrich
Baer, S. (1997): Geschlecht und Nation. Perspektiven feministischer Ansätze in der Rechtswissenschaft zu Fragen der Staatsangehörigkeit. In: Die Philosophin. Forum für feministische Theorie und Philosophie, Jg. 8, 75-98
Baker, D./Lenhardt, G. (1988): Ausländerintegration, Schule und Staat. In: Kölner Zeitschrift für Soziologie und Sozialpsychologie, Jg. 40, 40-61

Baker, J. (1995): A Reply in Defense of Impartiality. In: Political Theory, Vol. 23, 92-100
Baldwin-Edwards, M./Schain, M.A. (1994a): The Politics of Immigration: Introduction. In: dies. (Hg.) a.a.O., 1-16
Baldwin-Edwards, M./Schain, M.A. (Hg.) (1994): The Politics of Immigration in Western Europe. Special Issue of West European Politics, Vol. 17, No. 2
Balibar, E. (1988): Propositions on Citizenship. In: Ethics, Vol. 98, 723-730
Balog, A./Cyba, E. (1990): Geschlecht als Ursache von Ungleichheiten. Frauendiskriminierung und soziale Schließung. Wien
Barbalet, J.M. (1982): Social Closure in Class Analysis: A Critique of Parkin. In: Sociology, Vol. 16, 484-497
Barbalet, J.M. (1988): Citizenship. Rights, Struggle and Class Inequality. Milton Keynes: Open University Press
Barbalet, J.M. (1993): Citizenship, Class Inequality and Resentment. In: Turner, B.S. (Hg.) a.a.O., 36-56
Barber, B. (1992): Jihad vs. McWorld - How the Planet is both falling apart and coming together - and what this means for Democracy. In: The Atlantic Monthly, Vol. 269, 53-63
Barber, B. (1994): Starke Demokratie. Über die Teilhabe am Politischen. Hamburg: Rotbuch Verlag
Barber, B. (1996): Coca-Cola und Heiliger Krieg. Wie Kapitalismus und Fundamentalismus Demokratie und Freiheit abschaffen. Bern-München-Wien: Scherz Verlag
Bauböck, R. (1993a): Staatsbürgerschaft und Immigration. In: Journal für Sozialforschung, Jg. 33, 17-30
Bauböck, R. (1993b): Integration in a Pluralistic Society. Strategies for the Future. Institut für Höhere Studien Wien. Reihe Politikwissenschaft No. 8
Bauböck, R. (1994a): Changing Boundaries of Citizenship. The Inclusion of Immigrants in Democratic Polities. In ders. (Hg.) a.a.O., 199-232
Bauböck, R. (1994b): Drei multikulturelle Dilemmata. In: Ostendorf, B. (Hg.) a.a.O., 237-255
Bauböck, R. (1995): Ethical Problems of Immigration Control and Citizenship. In: Cohen, R. (Hg.) a.a.O., 551-556
Bauböck, R. (Hg.) (1994): From Aliens to Citizens. Redefinig the Status of Immigrants in Europe. Aldershot-Brookfield USA-Hong Kong-Singapore-Sydney: Avebury
Bauman, Z. (1992): Moderne und Ambivalenz. In: Bielefeld, U. (Hg.) a.a.O., 23-49
Bauman, Z. (1995): Moderne und Ambivalenz. Das Ende der Eindeutigkeit. Frankfurt/Main: Fischer Taschenbuch Verlag
Beck, U. (1983): Jenseits von Stand und Klasse ? Soziale Ungleichheit, gesellschaftliche Individualisierungsprozesse und die Entstehung neuer sozialer Formationen und Identitäten. In: Kreckel, R. (Hg.) a.a.O., 35-74
Beck, U. (1986): Risikogesellschaft. Auf dem Weg in eine andere Moderne. Frankfurt/Main: Suhrkamp
Becker-Schmidt, R. (1987): Frauen und Deklassierung. Geschlecht und Klasse. In: Beer, U. (Hg.) a.a.O., 213-266
Beer, U. (Hg.) (1987): Klasse Geschlecht. Feministische Gesellschaftsanalyse und Wissenschaftskritik. Bielefeld: AJZ-Verlag
Beer, U. (1990): Geschlecht, Struktur, Geschichte. Soziale Konstituierung des Geschlechterverhältnisses. Frankfurt/Main-New York: Campus
Bellah, R.N./Madsen, R./Sullivan, W.M./Swidler, A./Tipton, S.M. (1985): Habits of the Heart. Individualism and Commitment in American Life. Berkeley-Los Angeles-London: University of California Press
Bellah, R.N. (1994): Are Americans still Citizens? In: Turner, B.S./Hamilton, P. (Hg.) Vol. 2. a.a.O., 261-267
Bendix, R. (1960): Social Stratification and the Political Community. In: Archives Européennes de Sociologie, Vol. I, 181-210

Bendix, R. (1977): Nation-Building and Citizenship: Studies of our Changing Social Order. Berkeley, California: University of California Press
Benhabib, S. (1993): Demokratie und Differenz. Betrachtungen über Rationalität, Demokratie und Differenz. In: Brumlik, M./Brunkhorst, H. (Hg.) a.a.O., 97-116
Berding, H. (Hg.) (1994): Nationales Bewußtsein und kollektive Identität. Studien zur Entwicklung des kollektiven Bewußtseins in der Neuzeit 2. Frankfurt/Main: Suhrkamp
Bertram, H. (Hg.) (1986): Gesellschaftlicher Zwang und moralische Autonomie. Frankfurt/Main: Suhrkamp
Bieback, K.-J. (1995): Grundprobleme des Arbeitserlaubnisrechts. In: Zeitschrift für Ausländerrecht, Jg. 15, 100-109
Bielefeld, U. (1994): Bürger - Nation - Staat. Probleme einer Dreierbeziehung. In: Brubaker, W.R. (1994), 7-18
Biermann, R. (1992): Migration aus Osteuropa und dem Maghreb. In: APuZg. Beilage zur Wochenzeitung Das Parlament. B9/92, 21. Februar 1992, 29-36
Bigo, D. (1996): Polizeihochburg Europa. In: Le Monde Diplomatique 14.10.1996
Birnbaum, P./Lively, J./Parry, G. (Hg.) (1978): Democracy, Consensus and Social Contract. Modern Politics Series Vol. 2, London and Beverley Hills: SAGE Publications.
Blumenwitz, D. (1994): Abstammungsgrundsatz und Territorialprinzip. Zur Frage der Hinnahme doppelter Staatsangehörigkeit in Deutschland. In: Zeitschrift für deutsche Politik, Jg. 41, 246-260
Böhning, W.R. (1991): Integration and Immigration Pressures in Western Europe. In: International Migration Review, Vol. XXV, 445-458
Bös, M. (1993): Ethnisierung des Rechts? In: Kölner Zeitschrift für Soziologie und Sozialpsychologie, Jg. 45, 619-643
Bommes, M. (1992): Interessenvertretung durch Einfluß. Ausländervertretungen in Niedersachsen. Osnabrück: AG KAN
Bommes, M./Scherr, A. (1991): Der Gebrauchswert von Selbst- und Fremdethnisierung in Strukturen sozialer Ungleichheit. In: Prokla. Zeitschrift für kritische Sozialwissenschaft, Jg. 21, 291-316
Bommes, M./Halfmann, J. (1994): Migration und Inklusion. Spannungen zwischen Nationalstaat und Wohlfahrtsstaat. In: Kölner Zeitschrift für Soziologie und Sozialpsychologie, Jg. 46, 406-424
Bommes, M./Halfmann, J. (Hg.) (1998): Migration in nationalen Wohlfahrtsstaaten - ein Vergleich. IMIS-Schriften 6. Osnabrück: Universitätsverlag Rasch
Boos-Nünning, U. (1990): Einwanderung ohne Einwanderungsentscheidung: Ausländische Familien in der Bundesrepublik Deutschland. In: APuZg. Beilage zur Wochenzeitung Das Parlament. B 23-24/90. 1. Juni 1990, 16-25
Bottomore, T. (1969): Out of this World. In: The New York Review of Books. 6. Nov., 34-39
Bottomore, T. (1981): A Marxist Consideration of Durkheim. In: Social Forces, Vol. 59, 902-917
Bottomore, T. (1992): Citizenship and Social Class, 40 Years on. In: Marshall, T.H./Bottomore, T. (1992), 55-93
Bottomore, T. (1994): Citizenship. In: Outhwaite, W./Bottomore, T./Gellner, E./Nisbet, R./Touraine, A. (Hg.) a.a.O., 75
Bourdieu, P. (1982): Die feinen Unterschiede. Zur Kritik gesellschaftlicher Urteilskraft. Frankfurt/Main: Suhrkamp
Bourdieu, P. (1992): Rede und Antwort. Frankfurt/Main: Suhrkamp
Bovenkerk, F./Miles, R./Verbunt, G. (1990): Racism, Migration and the State in Western Europe: A Case for Comparative Analysis. In: International Sociology, Vol. 5, 475-490
Bremer, P./Gestring, N. (1997): Urban Underclass - neue Formen der Ausgrenzung auch in deutschen Städten? In: Prokla. Zeitschrift für kritische Sozialwissenschaft, Jg. 27, 55-76
Brink, B. van den/van Reijen W. (Hg.) (1995): Bürgergesellschaft, Recht und Demokratie. Frankfurt/Main: Suhrkamp

Brinkman, C. (1986): Citizenship. In: International Encyclopedia of Social Sciences, 471-474
Brock, D./Junge, M. (1995): Die Theorie gesellschaftlicher Modernisierung und das Problem gesellschaftlicher Integration. In: Zeitschrift für Soziologie, Jg. 24, 165-182
Brubaker, W.R. (Hg.) (1989): Immigration and the Politics of Citizenship in Europe and North America. University of America Press
Brubaker, W.R. (1989a): Introduction. In: ders. (Hg.) a.a.O., 1-27
Brubaker, W.R. (1989b): Citizenship and Naturalization: Policies and Politics. In: ders. (Hg.) a.a.O., 99-127
Brubaker, W.R. (1989c): Membership without Citizenship: The Economic and Social Rights of Noncitizens. In: ders. (Hg.) a.a.O., 145-162
Brubaker, W.R. (1989d): Einwanderung und Nationalstaat in Frankreich und Deutschland. In: Der Staat, Jg. 28, 1-30
Brubaker, W.R. (1990): Immigration, Citizenship and the Nation State in France and Germany: A Comparative Historical Analysis. In: International Sociology, Vol. 5, 379-408
Brubaker, W.R. (1994): Staats-Bürger. Deutschland und Frankreich im historischen Vergleich. Hamburg: Junius
Brumlik, M./Brunkhorst, H. (1993a): Vorwort. In: dies. (Hg.) a.a.O., 9-16
Brumlik, M./Brunkhorst, H. (Hg.) (1993): Gemeinschaft und Gerechtigkeit. Frankfurt/Main: Fischer Taschenbuch Verlag
Brunner, O./Conze, W./Koselleck, R. (Hg.) (1979): Geschichtliche Grundbegriffe. Historisches Lexikon zur politisch-sozialen Sprache in Deutschland. Band 1 Clett-Kotta
Bundesverwaltungsgericht (1994): Urteil vom 25.8.1993 - BVerwG 6 C 8.91. Grundgesetz Artikel 3 Abs.2, 4 Abs.1 und 7 Abs.1-5. (Befreiung einer islamischen Schülerin vom koedukativen Sportunterricht). In: Informationsbrief Ausländerrecht, 59-65
Campani, G. (1995): Women Migrants: From Marginal Subjects to Social Actors. In: Cohen, R. (Hg.) a.a.O., 546-550
Carchedi, G. (1977): On the Economic Identification of Classes. London, Henley and Boston: Routledge & Kegan Paul
Carens, J. (1986): Rights and Duties in an Egalitarian Society. In: Political Theory, Vol. 14, 31-49
Carens, J. (1989): Membership and Morality: Admission to Citizenship in Liberal Democratic States. In: Brubaker, W.R. (Hg.) a.a.O., 31-49
Carens, J. (1994): Cultural Adaptation and Integration. Is Quebec a Model for Europe? In: Bauböck, R. (Hg.) a.a.O., 149-186
Castles, S. (1990): Sozialwissenschaften und ethnische Minderheiten in Australien. In: Dittrich, E.J./Radtke, F.-O. (Hg.) a.a.O., 43-71
Castles, S. (1992): The Australian Model of Immigration and Multiculturalism: Is it applicable to Europe? In: International Migration Review, Vol. XXVI, 549-567
Castles, S. (1994): Democracy and Multicultural Citizenship. Australian Debates and their Relevance for Western Europe. In: Bauböck, R. (Hg.) a.a.O., 3-27
Castles, S. (1995): Contract Labour Migration. In: Cohen, R. (Hg.) a.a.O., 510-514
Castles, S./Miller, M.J. (1993): The Age of Migration. International Populations in the Modern World. London: MacMillan Press
Cerny, P.G. (1994): The Dynamics of Financial Globalization: Technology, Market Structure, and Policy Responses. In: Policy Sciences, Vol. 27, 319-342
Cladis, M.S. (1992): A Communitarian Defense of Liberalism. Emile Durkheim and Contemporary Social Theory. Stanford, California: Stanford University Press
Clark, J./Modgil, C./Modgil, S. (Hg.) (1990): Anthony Giddens. Consensus and Controversy. London-New York-Philadelphia: The Falmer Press
Closa, C. (1992): The Concept of Citizenship in the Treaty on European Union. In: Common Market Law Review, Vol. 29, 1137-1169
Closa, C. (1995): Citizenship of the Union and Nationality of Member States. In: Common Market Law Review, Vol. 32, 487-518

Cohen, J.L./Arato, A. (1992): Civil Society and Political Theory. Cambridge, Massachusetts, and London, England: The MIT Press
Cohen, R. (Hg.) (1995): The Cambridge Survey of World Migration. Cambridge University Press
Cohn-Bendit, D./Schmid, T. (1992): Heimat Babylon. Das Wagnis der multikulturellen Demokratie. Hoffmann und Campe
Collins, R. (1971): Functional and Conflict Theories of Educational Stratification. In: American Sociological Review, Vol. 36, 1002-1018
Collins, R. (1975): Conflict Sociology: Toward an Explanatory Science. New York: Academic Press
Collins, R. (1987): Schließungsprozesse und die Konflikttheorie der Professionen. In: Österreichische Zeitschrift für Soziologie, Jg. 12, 46-60
Cremer, W. (1995): Ausbildungsrechtliche Ansprüche türkischer Kinder aufgrund des Assoziationsratsbeschlusses EWG/Türkei Nr. 1/80. In: Informationsbrief Ausländerrecht, Jg. 17, 45-49
Crouch, C. (1992): Citizenship and Community in British Political Debate. In: Crouch, C./Heath, A. (Hg.) a.a.O., 69-95
Crouch, C./Heath, A. (Hg.) (1992): Social Research and Social Reform. Essays in Honour of A.H. Halsey. Oxford University Press
Crouch, C./Eder, K./Tambini, D. (Hg.) (1999): Experiments with Citizenship. (In Vorbereitung)
Cuneo, C.J. (1989): Book Review: Social Closure: The Theory of Monopolization and Exclusion. In: Contemporary Sociology, Vol. 18, 304-305
Cyba, E. (1985): Schließungsstrategien und Arbeitsteilungsmythen: Die Praxis betrieblicher Diskriminierung von Frauen. In: Österreichische Zeitschrift für Soziologie, Jg. 10, 49-61
Cyba, E./Balog, A. (1989): Frauendiskriminierung und Klassenanalyse. In: Österreichische Zeitschrift für Soziologie, Jg. 14, 4-18
Dahrendorf, R. (1957): Soziale Klassen und Klassenkonflikt in der industriellen Gesellschaft. Stuttgart: Enke Verlag
Dahrendorf, R. (1974): Citizenship and Beyond: The Social Dynamics of an Idea. In: Social Research, Jg. 41, 673-701
Dahrendorf, R. (1987): Soziale Klassen und Klassenkonflikt: ein erledigtes Theoriestück? In: Giesen, B./Haferkamp, H. (Hg.) a.a.O., 10-30
Dahrendorf, R. (1992): Der moderne soziale Konflikt. Essay zur Politik der Freiheit. Deutscher Taschenbuch Verlag
Dahrendorf, R. (1994): The Changing Quality of Citizenship. In: Steenbergen v., B. (Hg.) a.a.O., 10-19
Dahrendorf, R. (1995): Über den Bürgerstatus. In: Brink v.d., B./Reijen v., W. (Hg.) a.a.O., 29-43
Dallmayr, F. (Hg.) (1978): From Contract to Community. New York: Marcel Decker
Dehousse, R. (Hg.) (1994): Europe after Maastricht. An ever closer Union? München: Beck
D'Oliveira, H.U. (1994): European Citizenship: Its Meaning, Its Potential. In: Dehousse, R. (Hg.) a.a.O.,126-148
Dietz, M. (1985): Citizenship with a Feminist Face. In: Political Theory, Vol. 13, 19-37
Dietz, M. (1994): Context is all: Feminism and Theories of Citizenship. In: Turner, B.S./Hamilton, P. (Hg.) a.a.O., 443-460
Dinkel, R.H./Lebok, U. (1994): Demographische Aspekte der vergangenen und zukünftigen Zuwanderung nach Deutschland. In: APuZg. Beilage zur Wochenzeitung Das Parlament. B 48/94. 2. Dezember 1994, 27-36
Dittrich, E.J./Radtke, F.-O. (Hg.) (1990): Ethnizität. Wissenschaft und Minderheiten. Opladen: Westdeutscher Verlag
Douglas, M. (1985): Reinheit und Gefährdung. Eine Studie zu Vorstellungen von Verunreinigung und Tabu. Frankfurt/Main: Suhrkamp
Dummett, A. (1994): The Acquisition of British Citizenship. From Imperial Traditions to National Definitions. In: Bauböck, R. (Hg.) a.a.O., 75-84
Dummett, A. (1995): Internal Movement in the European Community. In: Cohen, R. (Hg.) a.a.O., 481-486

Durkheim, E. (1984): Erziehung, Moral und Gesellschaft. Vorlesung an der Sorbonne 1902/1903. Frankfurt/Main: Suhrkamp
Durkheim, E. (1986a): Einführung in die Moral. In: Bertram, H. (Hg.) a.a.O., 33-53
Durkheim, E. (1986b): Der Individualismus und die Intellektuellen. In: Bertram, H. (Hg.) a.a.O., 54-70
Durkheim, E. (1987): Der Selbstmord. Frankfurt/Main: Suhrkamp
Durkheim, E. (1988): Über soziale Arbeitsteilung. Studie über die Organisation höherer Gesellschaften. Frankfurt/Main: Suhrkamp
Durkheim, E. (1991): Physik der Sitten und des Rechts. Hg. und mit einem Nachwort von Hans-Peter Müller. Frankfurt/Main: Suhrkamp
Durkheim, E. (1995): Über Deutschland: Texte aus den Jahren 1887 bis 1915. Hg. von Franz Schultheis und Andreas Gipper. Konstanz: Universitäts-Verlag Konstanz
Durkheim, E. (1995a): "Deutschland über alles." Die deutsche Gesinnung und der Krieg. In: ders.(1995), 245-290
Dworkin, R. (1990): Bürgerrechte ernstgenommen. Frankfurt/Main: Suhrkamp
Easton, D. (Hg.) (1966): Varieties of Political Theory. Englewood Cliffs, N.J.: Prentice-Hall, Inc.
Economist (1995): The World Economy: Who's in the driving seat? 7. Oktober
Eder, K. (1985): Geschichte als Lernprozeß. Zur Pathogenese politischer Modernität in Deutschland. Frankfurt/Main: Suhrkamp
Eder, K. (1994): Rezension zu Turner, B.S. (Hg.) (1993) Citizenship and Social Theory. In: Kölner Zeitschrift für Soziologie und Sozialpsychologie, Jg. 46, 736-738
Eichenhofer, E. (1996): Die sozialrechtliche Stellung von Ausländern aus Nicht-EWR- und Nicht-Abkommensstaaten. In: Zeitschrift für Ausländerrecht, Jg. 16, 62-70
Elshtain, J.B. (1985): Reflections on War and Political Discourse. Realism, Just War, and Feminism in a Nuclear Age. In: Political Theory, Vol. 13, 39-57
Esser, H. (1980): Aspekte der Wanderungssoziologie. Assimilation und Integration von Wanderern, ethnischen Gruppen und Minderheiten. Eine handlungstheoretische Analyse. Darmstadt und Neuwied: Luchterhand
Esser, H. (1988): Ethnische Differenzierung und moderne Gesellschaft. In: Zeitschrift für Soziologie, Jg. 17, 235-248
Esser, H. (1990): Nur eine Frage der Zeit? Zur Eingliederung von Migranten im Generationen-Zyklus und zu einer Möglichkeit, Unterschiede hierin zu erklären. In: Esser, H./Friedrichs, J. (Hg.) a.a.O., 73-100
Esser, H./Friedrichs, J. (Hg.) (1990): Generation und Identität. Theoretische und empirische Beiträge zur Migrationssoziologie. Opladen: Westdeutscher Verlag
Estel, B./Mayer, T. (Hg.) (1994): Das Prinzip Nation in modernen Gesellschaften. Länderdiagnosen und theoretische Perspektiven. Opladen: Westdeutscher Verlag
Ettrich, F. (1993a): Formale und reale Staatsbürgerrechte. In: Berliner Journal für Soziologie, Jg. 3, 227-236
Ettrich, F. (1993b): Anpassung - Differenzierung - Demokratie. Der normative Gehalt von Talcott Parsons' soziokultureller Evolutionstheorie. In: Berliner Debatte INITIAL, Jg. 4, 3-18
Fakiolas, R. (1995): Italy and Greece: From Emigrants to Immigrants. In: Cohen, R. (Hg.) a.a.O., 313-315
Falk, R. (1994): The Making of Global Citizenship. In: Steenbergen v., B. (Hg.) a.a.O., 127-140
Fassmann, H./Münz, R. (1995): European East-West Migration, 1945-1992. In: Cohen, R. (Hg.) a.a.O., 470-480
Fassmann, H./Münz, R. (1996a): Europäische Migration - ein Überblick. In: dies. (Hg.) a.a.O., 13-52
Fassmann, H./Münz, R. (Hg.) (1996): Migration in Europa. Historische Entwicklung, aktuelle Trends und politische Reaktionen. Frankfurt/Main-New York: Campus
Faul, E. (1992): Das vereinigte Deutschland - europäisch integrierte Nation oder diffuse 'multikulturelle Gesellschaft'? In: Zeitschrift für Politik, Jg. 39, 394-420

Featherstone, M. (1990): Global Culture: An Introduction. In: Theory, Culture and Society, Vol. 7, 1-14
Fehér, F./Heller, A. (1994): Naturalization or "Culturalization"? In: Bauböck, R. (Hg.) a.a.O., 135-147
Fijalkowski, J. (1984): Gastarbeiter als industrielle Reservearmee? Zur Bedeutung der Arbeitsimmigration für die wirtschaftliche und gesellschaftliche Entwicklung der Bundesrepublik Deutschland. In: Archiv für Sozialgeschichte. XXIV. Band Verlag Neue Gesellschaft GmbH
Findlay, A.M. (1995): Skilled Transients: The Invisible Phenomenon? In: Cohen, R. (Hg.) a.a.O., 515-522
Forst, R. (1993): Kommunitarismus und Liberalismus - Stationen einer Debatte. In: Honneth, A. (Hg.) a.a.O., 181-219
Forst, R. (1996): Kontexte der Gerechtigkeit. Politische Philosophie jenseits von Liberalismus und Kommunitarismus. Frankfurt/Main: Suhrkamp
Francis, E.K. (1965): Ethnos und Demos. Soziologische Beiträge zur Volkstheorie. Berlin
Fraser, N. (1995a): From Redistribution to Recognition? Dilemmas in a 'Post-Socialist' Age. In: New Left Review, No. 212, 68-93
Fraser, N. (1995b): Recognition or Redistribution? A Critical Reading of Iris Young's *Justice and the Politics of Difference*. In: The Journal of Political Philosophy, Vol. 3, 166-180
Fraser, N. (1997): A Rejoinder to Iris Young. In: New Left Review, No. 223, 126-129
Frerichs, P./Steinrücke, M. (1993): Klasse und Geschlecht als Strukturkategorien moderner Gesellschaften. In: Aulenbacher, B./Goldmann, M. (Hg.) a.a.O., 231-245
Fuchs, D./Gerhards, J./Roller, E. (1993a): Ethnozentrismus und kollektive Identitätskonstruktionen im westeuropäischen Vergleich. In: Schäfers, B. (Hg.) a.a.O., 390-398
Fuchs, D./Gerhards, J./Roller, E. (1993b): Wir und die Anderen. Ethnozentrismus in den zwölf Ländern der europäischen Gemeinschaft. In: Kölner Zeitschrift für Soziologie und Sozialpsychologie, Jg. 45, 238-253
Fuchs, P./Schneider, D. (1995): Das Hauptmann-von-Köpenick-Syndrom. Überlegungen zur Zukunft funktionaler Differenzierung. In: Soziale Systeme, Jg. 1, 203-224
Gerhard, U. (1990a): Bürgerliches Recht und Patriarchat. In: dies. et al. (Hg.), a.a.O., 188-204
Gerhard, U. (1990b): Gleichheit ohne Angleichung. München
Gerhard, U. et al. (Hg.) (1990): Differenz und Gleichheit. Frankfurt/Main
Gerhardt, W. (1997): Einwanderung kontrollieren - Eingliederung und Einbürgerung erleichtern. In: Zeitschrift für Ausländerrecht, Jg. 17, 107-110
Giddens, A. (1977): Studies in Social and Political Theory. London: Hutchinson
Giddens, A. (1977a): Durkheim's Political Sociology. In: ders. (1977), 235-272
Giddens, A. (1979a): Die Klassenstruktur fortgeschrittener Gesellschaften. Frankfurt/Main: Suhrkamp
Giddens, A. (1979b): Central Problems in Social Theory. London: MacMillan Press
Giddens, A. (1980): Classes, Capitalism, and the State. A Discussion of Frank Parkin, *Marxism and Class Theory: A Bourgeois Critique*. In: Theory and Society, Vol. 9, 877-890
Giddens, A. (1981): A Contemporary Critique of Historical Materialism. Vol.1. Power, Property and the State. London: MacMillan Press
Giddens, A. (1982): Power, The Dialectic of Control and Class Structuration. In: Giddens, A./MacKenzie, G. (Hg.) a.a.O., 29-45
Giddens, A. (1983): Klassenspaltung, Klassenkonflikt und Bürgerrechte. Gesellschaft im Europa der achtziger Jahre. In: Kreckel, R. (Hg.) a.a.O., 15-33
Giddens, A. (1984a): The Constitution of Society. Outline of the Theory of Structuration. Cambridge: Polity Press
Giddens, A. (1984b): Interpretative Soziologie. Eine kritische Einführung. Frankfurt/Main-New York: Campus
Giddens, A. (1985): The Nation State and Violence. Cambridge: Polity Press

Giddens, A. (1988): Die Konstitution der Gesellschaft. Grundzüge einer Theorie der Strukturierung. Frankfurt/Main-New York: Campus
Giddens, A. (1990): Structuration Theory and Sociological Analysis. In: Clark, J./Modgil, C./Modgil, S. (Hg.) a.a.O., 297-315
Giddens, A. (1994): Beyond Left and Right. The Future of Radical Politics. Stanford, California: Stanford University Press
Giddens, A. (1996): In Defence of Sociology. Essays, Interpretations and Rejoinders. Cambridge: Polity Press
Giddens, A. (1996a): T.H. Marshall, The State and Democracy. In: ders. (1996), 208-223
Giddens, A./MacKenzie, G. (Hg.) (1982): Social Class and the Division of Labour. Essays in Honour of Ilya Neustadt. Cambridge: Polity Press
Gieseck, A./Heilemann, U./Loeffholz v. H.-D. (1993): Wirtschafts- und sozialpolitische Aspekte der Zuwanderung in die Bundesrepublik. In: APuZg Beilage zur Wochenzeitung Das Parlament. B 7/93. 12. Februar 1993, 29-41
Giesen, B. (1996): National Identity and Citizenship: The Cases of Germany and France. Paper presented at the Conference 'Social and Political Citizenship in a World of Migration'. European University Institute, Florence, 22-24 February
Giesen, B./Haferkamp, H. (Hg.) (1987): Soziologie der sozialen Ungleichheit. Opladen: Westdeutscher Verlag
Gitlin, T. (1996): Light and Heavy Multiculturalism. Paper presented at the Conference 'Multiculturalism, Minorities and Citizenship'. European University Institute, Florence, 18-23 April
Glazer, N. (1983): Ethnic Dilemmas: 1964-1982. Cambridge, Massachusetts: Harvard University Press
Glazer, N. (1994): Individual Rights against Group Rights. In: Turner, B.S./Hamilton, P. (Hg.) Vol. 2, a.a.O., 226-239
Glazer, N. (1996): Multiculturalism and American Exceptionalism. Paper presented at the Conference 'Multiculturalism, Minorities and Citizenship'. European University Institute, Florence, 18-23 April
Goodin, R.E. (1996): Inclusion and Exclusion. In: Archives Européennes de Sociologie. Vol. XXXVII, 343-371
Grawert, R. (1984): Staatsangehörigkeit und Staatsbürgerstatus. In: Der Staat, Jg. 23, 179-204
Grawert, R. (1987): Der Staatsbürgerstatus. In: Isensee, J./Kirchhoff, P. (Hg.) a.a.O., 684-689
Green, L. (1991): Two Views of Collective Rights. In: Canadian Journal of Law and Jurisprudence, Vol. IV, 315-327
Greven, M.Th./Kühler, P./Schmitz, M. (Hg.) (1994): Politikwissenschaft als Kritische Theorie. Festschrift für Kurt Lenk. Baden-Baden: Nomos Verlagsgesellschaft
Gunsteren v., H. (1978a): Notes on a Theory of Citizenship. In: Birnbaum, P./Lively, J./Parry, G. (Hg.) a.a.O., 9-35
Gunsteren v., H. (1978b): Notes towards a Theory of Citizenship. In: Dallmayr, T. (Hg.) a.a.O.
Gunsteren v., H. (1994): Four Conceptions of Citizenship. In: Steenbergen v., B. (Hg.) a.a.O., 36-48
Habermas, J. (1984): Vorstudien und Ergänzungen zur Theorie des kommunikativen Handelns. Frankfurt/Main: Suhrkamp
Habermas, J. (1992): Faktizität und Geltung. Beiträge zur Diskurstheorie des Rechts und des demokratischen Rechtsstaats. Frankfurt/Main: Suhrkamp
Habermas, J. (1992a): Staatsbürgerschaft und nationale Identität. In: ders. (1992), 632-660
Habermas, J. (1992b): Citizenship and National Identity: Some Reflections on the Future of Europe. In: Praxis International, Vol.12, 1-19
Habermas, J. (1993): Anerkennungskämpfe im demokratischen Rechtsstaat. In: Taylor, C. (Hg.) a.a.O., 147-196
Habermas, J. (1994): Citizenship and National Identity. In: Steenbergen v., B. (Hg.) a.a.O., S. 20-35
Habermas, J. (1996): Die Einbeziehung des Anderen. Studien zur politischen Theorie. Frankfurt/Main: Suhrkamp

Habermas, J. (1996a): Der europäische Nationalstaat - Zu Vergangenheit und Zukunft von Souveränität und Staatsbürgerschaft. In: ders. (1996), 128-153
Habermas, J. (1996b): Inklusion - Einbeziehen oder Einschließen? Zum Verhältnis von Nation, Rechtsstaat und Demokratie. In: ders. (1996), 154-184
Hahn, A. (1994): Die soziale Konstruktion des Fremden. In: Sprondel, W.M. (Hg.) a.a.O., 140-163
Hailbronner, K. (1989): Citizenship and Nationhood in Germany. In: Brubaker, W.R. (Hg.) a.a.O., 67-79
Halfmann, J. (1996): Citizenship Universalism, Migration and the Risk of Exclusion. Paper presented at the Conference 'Social and Political Citizenship in a World of Migration'. European University Institute, Florence 22-24 February
Hall, S./Held, D. (1989): Citizens and Citizenship. In: Hall, S./Jacques, L. (Hg.) a.a.O., 173-188
Hall, S./Jacques, L. (Hg.) (1989): New Times: The Changing Face of Politics in the 1990s. London: Lawrence and Wishart
Halsey, A.H. (1984): T.H. Marshall: Past and Present 1893-1981. President of the British Sociological Association 1964-1969. In: Sociology, Vol. 18, 1-18
Hamilton, P. (Hg.) (1990): Emile Durkheim. Critical Assessments. Vol. IV, Section Seven: Politics and Education. London: Routledge
Hamilton, P. (Hg.) (1992): Talcott Parsons: Critical Assessments. Bd. II. London: Routledge
Hammar, T. (1989): State, Nation and Dual Citizenship. In: Brubaker, W.R. (Hg.) a.a.O., 81-95
Hammar, T. (1990): Democracy and the Nation State. Aliens, Denizens and Citizens in a World of International Migration. Aldershot-Brookfield USA-Hong Kong-Singapore-Sydney: Avebury
Hammar, T. (1994): Legal Time of Residence and the Status of Immigrants. In: Bauböck, R. (Hg.) a.a.O., 187-197
Hammel, M. (1995): Zur Stellung von Ausländern im Sozialrecht - Aus Anlaß des Urteils des Landesgerichts Niedersachsen vom 28. Februar 1995 (Az.: L3 Kg 50/94). In: Informationsbrief Ausländerrecht, Jg. 17, 328-336
Harrison, M.L. (1991): Citizenship, Cosumption and Rights: A Comment on B.S. Turner's Theory of Citizenship. In: Sociology, Vol. 25, 209-213
Hartney, M. (1991): Some Confusions Concerning Collective Rights. In: Canadian Journal of Law and Jurisprudence, Vol. IV, 293-314
Harvey, D. (1992): The Condition of Postmodernity. An Enquiry into the Origins of Cultural Change. Oxford: Blackwell
Hasenfeld, Y./Rafferty, J.A./Zald, M.N. (1987): The Welfare State, Citizenship, and Bureaucratic Encounters. In: Annual Review of Sociology, Vol. 13, 387-415
Hearn, F. (1985): Durkheim's Political Sociology: Corporatism, State Autonomy, and Democracy. In: Social Research, Vol. 52, 151-178
Heater, D. (1990): Citizenship. The Civic Ideal in World History, Politics and Education. London: Longman
Heitmeyer, W. (Hg.) (1997): Was hält die Gesellschaft zusammen? Frankfurt/Main: Suhrkamp
Held, D. (1986): Models of Democracy. Cambridge: Polity Press
Held, D. (1990): Political Theory and the Modern State. Essays on State, Power and Democracy. Cambridge: Polity Press
Held, D. (1990a): Liberalism, Marxism and the Future Direction of Public Policy. In: ders. (1990), 158-173
Held, D. (1990b): The Contemporary Polarization of Democratic Theory: The Case for a Third Way. In: ders. (1990), 174-188
Held, D. (1990c): Citizenship and Autonomy. In: ders. (1990), 189-213
Held, D. (1991a): Democracy, the Nation-State and the Global System. In: ders. (Hg.) a.a.O., 197-235
Held, D. (1991b): Review Essay: The Possibilities of Democracy. In: Theory and Society, Vol. 20, 875-889

Held, D. (1993a): Democracy: From City-States to a Cosmopolitan Order? In: ders. (Hg.) a.a.O.; 13-52
Held, D. (1993b): Liberalism, Marxism, and Democracy. In: Theory and Society, Vol. 22, 249-281
Held, D. (Hg.) (1991): Political Theory Today. Cambridge: Polity Press
Held, D. (Hg.) (1993): Prospects for Democracy. North, South, East, West. Cambridge: Polity Press
Hettlage, R. (1996): Multikulturelle Gesellschaft zwischen Kontakt, Konkurrenz und 'accomodation'. In: Berliner Journal für Soziologie, Jg. 6, 163-179
Heyder, U. (1994): Zum Gesetz über das Ausländerzentralregister. In: Zeitschrift für Ausländerrecht, Jg. 16, 153-157
Higham, J. (1994): Multikulturalismus und Universalismus. Eine kritische Bilanz. In: Merkur. Deutsche Zeitschrift für europäisches Denken, Jg. 46, 113-132
Hirsch, J./Roth, R. (1986): Das neue Gesicht des Kapitalismus. Vom Fordismus zum Post-Fordismus. Hamburg: VSA-Verlag
Hirst, P./Thompson, G. (1995): Globalization and the Future of the Nation State. In: Economy and Society, Vol. 24, 408-442
Hof, B. (1994): Möglichkeiten und Grenzen der Eingliederung von Zuwanderern in den deutschen Arbeitsmarkt. In: APuZg. Beilage zur Wochenzeitung Das Parlament. B 48/94. 2. Dezember 1994, 11-25
Hollifield, J.F. (1992): Immigrants, Markets, and States. The Political Economy of Postwar Europe. Cambridge, Massachusetts/London, England: Harvard University Press
Honneth, A. (1993a): Einleitung. In: ders. (Hg.) a.a.O., S. 7-17
Honneth, A. (1994): Kampf um Anerkennung. Zur moralischen Grammatik sozialer Konflikte. Frankfurt/Main: Suhrkamp
Honneth, A. (Hg.) (1993): Kommunitarismus. Eine Debatte über die moralischen Grundlagen moderner Gesellschaften. Frankfurt/Main-New York: Campus
Hughes, R. (1992): Zerfällt Amerika? Über Separatismus und politische Korrektheit. In: Merkur. Deutsche Zeitschrift für europäisches Denken, Jg. 46, 863-875
Huntington, S.P. (1993): The Clash of Civilizations? In: Foreign Affairs, Vol. 72, 22-49
Huntington, S.P. (1996): Der Kampf der Kulturen. The Clash of Civilizations. Die Neugestaltung der Weltpolitik im 21. Jahrhundert. Europaverlag München-Wien
Incesu, L. (1991): Grundbegriffe des neuen Ausländergesetzes. In: Kritische Justiz, Jg. 29, 218-229
Isensee, J./Kirchhoff, P. (Hg.) (1987): Handbuch des Staatsrechts der Bundesrepublik. Heidelberg: Müller Juristischer Verlag
Janowitz, M. (1980): Observations on the Sociology of Citizenship: Obligations and Rights. In: Social Forces, Vol. 59, 1-24
Jenson, J. (1996): 'Re-Institutionalising Citizenship. Class, Gender and Equality in Fordism and Post-Fordism'. Paper presented at the Conference 'The World Economy and the Nation State between Globalization and Regionalization', 28./29. Juni, Frankfurt am Main
Jenson, J./Phillips, S.D. (1996): Staatsbürgerschaftsregime im Wandel - oder: Die Gleichberechtigung wird zu Markte getragen. Das Beispiel Kanada. In: Prokla. Zeitschrift für kritische Sozialwissenschaft, Jg. 26, 515-542
Jessop, B. (1978): Capitalism and Democracy: The best possible Shell? In: Littlejohn, G./Smart, B./Wakeford, J./Yuval-Davis, N. (Hg.) a.a.O., 10-51
Jessop, B. (1994): The Future of the National State: Erosion or Reorganization? Paper presented for an edited collection on the Future of the Nation State in Europe. Forschungsgruppe Europäische Gemeinschaft. Phillips-Universität Marburg
Joas, H. (1988): Eine soziologische Transformation der Parxisphilosophie - Giddens' Theorie der Strukturierung. In: Giddens (1988), 9-23
Joppke, C. (1996): Multiculturalism and Immigration: A Comparison of the United States, Germany, and Great Britain. In: Theory and Society, Vol. 25, 449-500
Kaschuba, W. (1994): Kulturalismus: Vom Verschwinden des Sozialen im gesellschaftlichen Diskurs. In: Berliner Journal für Soziologie, Jg. 4, 179-192

Keane, J. (1988): Civil Society and the State. New European Perspectives. London-New York: Verso
Keane, J. (1988a): Introduction. In: ders. (1988), 1-31
Kennedy, P. (1996): In Vorbereitung auf das 21. Jahrhundert. Frankfurt/Main: Fischer Taschenbuch Verlag.
Kießling, B. (1988): Kritik der Giddensschen Sozialtheorie. Ein Beitrag zur theoretisch-methodischen Grundlegung der Sozialwissenschaften. Frankfurt/Main-Bern-New York-Paris: Peter Lang Verlag.
King, D.S./Waldron, J. (1988): Citizenship, Social Citizenship and the Defence of Welfare Provision. In: British Journal of Political Science, Vol. 18, 415-443
Kleger, H./D'Amato, G. (1995): Staatsbürgerschaft und Einbürgerung - oder: Wer ist ein Bürger? Ein Vergleich zwischen Deutschland, Frankreich und der Schweiz. In: Journal für Sozialforschung, Jg. 35, 259-281
Koch-Arzberger, C. (1985): Politische Orientierungen von Ausländern in der Bundesrepublik Deutschland. In: APuZg. Beilage zur Wochenzeitung Das Parlament. B 35/95. 31. August 1985, 31-45
Kreckel, R. (Hg.) (1983): Soziale Ungleichheit. Sonderband 2 Soziale Welt. Göttingen: Verlag Otto Schwartz & Co.
Kreckel, R. (1983a): Soziale Ungleichheit und Arbeitsmarktsegmentierung. In: ders. (Hg.), a.a.O., 137-162
Kreckel, R. (1992): Politische Soziologie der sozialen Ungleichheit. Frankfurt/Main-New York: Campus
Kreisky, E./Sauer, B. (Hg.) (1995): Feministische Standpunkte in der Politikwissenschaft. Eine Einführung. Frankfurt/Main-New York: Campus
Krieger, J. (Hg.) (1993): The Oxford Companion to Politics of the World. New York-Oxford: Oxford University Press.
Kukathas, C. (1992): Are there any Cultural Rights? In: Political Theory, Vol. 20, 105-139
Kunkel, P.-C. (1991): §76 Ausländergesetz - ein 'Spitzelparagraph'? In: Zeitschrift für Ausländerrecht, 71-78
Kurthen, H. (1995): Germany at the Crossroads: National Identity and the Challenges of Immigration. In: International Migration Review, Vol. XXIX, 914-938
Kwong, P. (1992): The First Multicultural Riots. In: Voice. New York, 9th June
Kymlicka, W. (1992): The Rights of Minority Cultures. Reply to Kukathas. In: Political Theory, Vol. 20, 140-146
Kymlicka, W. (1995a): Multicultural Citizenship. A Liberal Theory of Minority Rights. Oxford: Clarendon Press
Kymlicka, W. (Hg.) (1995b): The Rights of Minority Cultures. Oxford University Press
Kymlicka, W./Norman, W. (1994): Return of the Citizen: A Survey of Recent Work on Citizenship Theory. In: Ethics, Vol. 104, 352-381
Lamont, M./Fournier, M. (Hg.) (1992): Cultivating Differences. Symbolic Boundaries and the Making of Inequality. Chicago and London: The University of Chicago Press.
Lamont, M./Fournier, M. (1992a): Introduction. In: dies. (Hg.) a.a.O., 1-17
Larmore, C. (1993): Politischer Liberalismus. In: Honneth, A. (Hg.) a.a.O., 131-156
Lash, S./Urry, J. (1994): Economies of Sign and Space. London: SAGE
La Torre, M. (1995): Citizenship and European Democracy. Paper presented at the Forum Seminar. European University Institute, Florence 7 December
Layton-Henry, Z. (1990a): The Challenge of Political Rights. In: ders. (Hg.) a.a.O., 1-26
Layton-Henry, Z. (Hg.) (1990): The Political Rights of Migrant Workers in Western Europe. London-Newbury Park-New Delhi: SAGE Publications
Leca, J. (1992): Questions on Citizenship. In: Mouffe, C. (Hg.) a.a.O., 17-32
Leggewie, C. (1993): Multi Kulti. Spielregeln für die Vielvölkerrepublik. 3. Auflage. Berlin: Rotbuch Verlag

Leggewie, C. (1994a): Ethnizität, Nationalismus und multikulturelle Gesellschaft. In: Berding, H. (Hg.) a.a.O., 46-65

Leggewie, C. (1994b): Liberale Bürgergesellschaft und Multikulturalismus. Schwierigkeiten der Vielvölkerrepublik. In: Mandt, H. (Hg.) a.a.O., 71-88

Leggewie, C. (1996): What Europe can learn from the United States: Multiculturalism Compared. Theories, Concepts and Policies in Germany and the United States. Paper presented at the Coference 'Multiculturalism, Minorities and Citizenship'. European University Institute, Florence 18-23 April

Lenhardt, G. (1990a): 'Ethnische Identität' und gesellschaftliche Rationalisierung. In: Prokla. Zeitschrift für kritische Sozialwissenschaft, Jg. 20, 132-154

Lenhardt, G. (1990b): Ethnische Identität und sozialwissenschaftlicher Instrumentalismus. In: Dittrich, E.J./Radtke, F.-O. (Hg.) a.a.O., 191-213

Lepsius, M.R. (1990): Ideen, Interessen und Institutionen. Opladen: Westdeutscher Verlag

Lepsius, M.R. (1990a): "Ethnos" und "Demos". Zur Anwendung zweier Kategorien von Emerich Francis auf das nationale Selbstverständnis der Bundesrepublik und auf die Europäische Einigung. In: ders. (1990), 247-255

Lepsius, M.R. (1990b): Der europäische Nationalstaat: Erbe und Zukunft. In: ders. (1990), 256-269

Lepsius, M.R. (1991): Die europäische Gemeinschaft; Rationalitätskriterien der Regimebildung. In: Zapf, W. (Hg.) a.a.O., 309-317

Lipset, S.M. (1960): Political Man. The Social Bases of Politics. Garden City, New York: Doubleday & Company, Inc.

Lister, R. (1990): Women, Economic Dependency and Citizenship. In: Journal of Social Policy, Vol. 19, 445-467

Lister, R. (1993): Tracing the Contours of Women's Citizenshsip. In: Policy and Politics, Vol. 21, 3-16

Lister, R. (1995): Problems in Egendering Citizenship. In: Economy and Society, Vol. 24, 1-40

Lister, R. (1997): Staatsbürgerschaft, Handlungsfähigkeit und Rechte: Feministische Perspektiven. In: Frauen in der einen Welt. Zeitschrift für interkulturelle Frauenalltagsforschung, Jg. 8, 10-25

Littlejohn, G./Smart, B./Wakeford, J./Yuval-Davis, N. (Hg.) (1978): Power and the State. London: Croom Helm

Locke, J. (1992): Zwei Abhandlungen über die Regierung. 5. Auflage. Frankfurt/Main: Suhrkamp

Lockwood, D. (1974): For T.H. Marshall. In: Sociology, Vol. 8, 363-367

Lockwood, D. (1987): Schichtung in der Staatsbürgergesellschaft. In: Giesen, B./Haferkamp. H. (Hg.) a.a.O., 31-48

Lockwood, D. (1992): Solidarity and Schism. 'The Problem of Disorder' in Durkheimian and Marxian Sociology. Oxford: Clarendon Press

Lockwood, D. (1996): Civic Integration and Class Formation. In: British Journal of Sociology, Vol. 47, 531-550

Luhmann, N. (1986): "Distinctions Directrice". Über Codierung von Semantiken und Systemen. In: Neidhardt, F. (Hg.) a.a.O., 145-161

Luhmann, N. (1988): Warum AGIL? In: Kölner Zeitschrift für Soziologie und Sozialpsychologie, Jg. 40, 127-139

Luhmann, N. (1991): Soziologische Aufklärung 3. Soziales System, Gesellschaft, Organisation. Opladen: Westdeutscher Verlag

Luhmann, N. (1991a): Der politische Code. "Konservativ" und "progressiv" in systemtheoretischer Sicht. In: ders. (1991), 267-286

Luhmann, N. (1994): Inklusion und Exklusion. In: Berding, H. (Hg.) a.a.O., 15-45

Luhmann, N. (1995): Gesellschaftsstruktur und Semantik. Studien zur Wissenssoziologie der modernen Gesellschaft. Band 4. Frankfurt/Main: Suhrkamp

Luhmann, N. (1995a): Jenseits von Barbarei. In: ders. (1995), 138-150

Luhmann, N. (Hg.) (1985): Soziale Differenzierung. Zur Geschichte einer Idee. Opladen: Westdeutscher Verlag
Lukes, S. (1993): The Politics of Equal Dignity and the Politics of Recognition. Vortrag im Rahmen des Inaugurationskolloquiums zur Georg-Simmel-Gastprofessur am Fachbereich Sozialwissenschaften der Humboldt-Universität zu Berlin. 7./8. Dezember.
Lutz, B. (1984): Der kurze Traum immerwährender Prosperität. Frankfurt/Main-New York: Campus
Macedo, S. (1994): Capitalism, Citizen and Community. In: Turner, B.S./Hamilton, P. (Hg.), a.a.O., Vol. 1, 111-135
MacKenzie, G. (1980): Book Review: 'Marxism and Class Theory: A Contemporary Critique'. In: British Journal of Sociology, Vol. 31, 582-584
Mackert, J. (1996): Review-Essay: Citizenship und Immigration: Heterogenisierung des Nationalstaates und neue Formen der Zugehörigkeit. Neuere Beiträge zur Diskussion um Staatsbürgerschaft. In: Berliner Journal für Soziologie, Jg. 6, 261-275
Mancini, G.F. (1989): The Making of a Constitution for Europe. In: Common Market Law Review, Vol. 26, 595-614
Mandt, H. (Hg.) (1994): Die Zukunft der Bürgergesellschaft. Baden-Baden: Nomos Verlagsgesellschaft.
Mann, M. (1987): Ruling Class Strategies and Citizenship. In: Sociology, Vol. 21, 339-354
Mann, M. (1993): Nation-States in Europe and Other Continents: Diversifying, Developing, Not Dying. In: Daedalus. Journal of the American Academy of Arts and Sciences, Vol. 123, 115-140
Mann, M. (1997): Hat die Globalisierung den Siegeszug des Nationalstaats beendet? In: Prokla. Zeitschrift für kritische Sozialwissenschaft, Jg. 27, 113-141
Marko, J. (1996): Citizenship beyond the National State? The Transnational Citizenship of the European Union. Paper presented at the Conference 'European Citizenship: An Institutional Challenge'. European University Institute, Florence, 13-15 June
Marquand, D. (1991): Civic Republicans and Liberal Individualists: The Case of Britain. In: Archives Européennes de Sociologie, Vol. XXXII, 329-344
Marshall, T.H. (1950): Citizenship and Social Class. Cambridge: Cambridge University Press
Marshall, T.H. (1981): Bürgerrechte und soziale Klassen. Zur Soziologie des Wohlfahrtsstaates. Frankfurt/Main-New York: Campus
Marshall, T.H. (1981a): Staatsbürgerrechte und soziale Klassen. In: ders. (1981), 33-94
Marshall, T.H. (1981b): Das Recht auf Wohlfahrt. In: ders. (1981), S. 95-108
Marshall, T.H. (1981c): Nachgedanken zu Wertprobleme des Wohlfahrtskapitalismus. Die Bindestrichgesellschaft. In ders. (1981), 131-146
Marshall, T.H./Bottomore, T. (1992): Citizenship and Social Class. London-Concord, Mass.: Pluto Press.
Martiniello, M. (1994): Citizenship of the European Union. A Critical View. In: Bauböck, R. (Hg.) a.a.O., 29-47
Marx, K. (1988): Zur Judenfrage. In: MEW 1, S. 347-377, Berlin: Dietz Verlag
Mayntz, R./Scharpf, F.W. (1995a): Der Ansatz des akteurzentrierten Institutionalismus. In: dies. (Hg.) a.a.O., 39-72
Mayntz, R./Rosewitz, B./Schimank, U./Stichweh, R. (Hg.) (1988): Differenzierung und Verselbständigung. Zur Entwicklung gesellschaftlicher Teilsysteme. Frankfurt/Main-New York: Campus
Mayntz, R./Scharpf, F.W. (Hg.) (1995): Gesellschaftliche Selbstregelung und politische Steuerung. Frankfurt/Main-New York: Campus
McDonald, K. (1994): Globalisation, Multiculturalism and Rethinking the Social. In: Australian and New Zealand Journal of Sociology, Vol. 30, 239-247
McDonald, M. (1991): Should Communities Have Rights? Reflection on Liberal Individualism. In: Canadian Journal of Law and Jurisprudence, Vol. IV, 217-237
McLuhan, M. (1964): Understanding Media. London: Routledge

McLuhan, M. (1992): The Global Village: Transformations in World Life and Media in the 21st Century. New York: Oxford University Press
Meehan, E. (1991): European Citizenship and Social Policies. In: Vogel, U./Moran. M. (Hg.) a.a.O., 125-154
Meehan, E. (1993a): Citizenship and The European Community. London-Newbury Park-New Delhi: SAGE Publications
Meehan, E. (1993b): Citizenship and the European Community. In: The Political Quarterly, Vol. 64, 172-186
Meier, K. (1987): Emile Durkheims Konzeption der Berufsgruppen. Eine Rekonstruktion und Diskussion über ihre Bedeutung für die Neokorporatismus-Debatte. Berlin: Duncker & Humblodt
Meier-Braun, K.-H. (1988): Integration und Rückkehr? Zur Ausländerpolitik des Bundes und der Länder, insbesondere Baden-Württembergs. Mainz: Matthias-Gründewald-Verlag
Meier-Braun, K.-H. (1995): 40 Jahre 'Gastarbeiter' und Ausländerpolitik in Deutschland. In: APuZg. Beilage zur Wochenzeitung Das Parlament. B 35/95. 25. August 1995, 14-22
Merton, R.K. (1964): Social Theory and Social Structure. London
Merton, R.K. (1972): Insiders and Outsiders: A Chapter in the Sociology of Knowledge. In: American Journal of Sociology, Vol. 78, 9-47
Mill, J.S. (1985): Der Utilitarismus. Stuttgart: Philipp Reclam Jr.
Mill, J.S. (1988): Über die Freiheit. Stuttgart: Philipp Reclam Jr.
Mill, J.S. (1989): On Liberty with the Subjection of Women and Chapters on Socialism. Cambridge Texts in the History of Political Thought. Cambridge University Press
Miller, D. (1995): Citizenship and Pluralism. In: Political Studies, Vol. XLIII, 432-450
Miller, M.J. (1989): Political Participation and Representation of Noncitizens. In: Brubaker, W.R. (Hg.) a.a.O., 129-143
Miller, M.J. (1994): Towards Understanding State Capacity to Prevent Unwanted Migrations. In: Baldwin-Edwards, M./Schain, M.A. (Hg.) a.a.O., 140-167
Miller, M.J. (1995): Illegal Migration. In: Cohen, R. (Hg.) a.a.O., 537-540
Minow, M. (1990): Making All the Difference. Inclusion, Exclusion, And American Law. Ithaca and London: Cornell University Press
Mitchell, J. (1987): Women and Equality. In: Phillips, A. (Hg.) a.a.O., 24-43
Monar, J. (1996): A Dual Citizenship in the Making: The Citizenship of the Union and its Reform. Paper presented at the Conference 'European Citizenship: An Institutional Challenge'. European University Institute, Florence, 13-15 June
Mouffe, C. (Hg.) (1992): Dimensions of Radical Democracy. Pluralism, Citizenship, Community. London-New York: Verso
Mouffe, C. (1992a): Preface: Democratic Politics Today. In: dies. (1992), 1-14
Mouffe, C. (1992b): Democratic Citizenship and the Political Community. In: dies. (1992), 225-239
Mouffe, C. (1993a): The Return of the Political. London-New York: Verso
Mouffe, C. (1993b): Citizenship. In: Krieger, J. (Hg.) a.a.O., 138-139
Mühlum, A. (1993): Armutswanderung, Asyl und Abwehrverhalten. Globale und nationale Dilemmata. In: APuZg. Beilage zur Wochenzeitung Das Parlament. B 7/93. 12. Februar 1993, 3-15
Müller, H.-P. (1983): Wertkrise und Gesellschaftsreform. Emile Durkheims Schriften zur Politik. Stuttgart: Enke Verlag
Müller, H.-P. (1986): Gesellschaft, Moral und Individualismus. Emile Durkheims Moraltheorie. In: Bertram, H. (Hg.) a.a.O., 71-105
Müller, H.-P. (1991): Die Moralökologie moderner Gesellschaften. Nachwort zu Emile Durkheim (1991), 307-341

Müller, H.-P. (1992a): Individualismus als gemeinschaftliche Lebensform? Die "kommunitaristische" Herausforderung der Sozialwissenschaften. In: Kölner Zeitschrift für Soziologie und Sozialpsychologie, Jg. 44, 368-375

Müller, H.-P. (1992b): Sozialstruktur und Lebensstile. Der neuere theoretische Diskurs über soziale Ungleichheit. Frankfurt/Main: Suhrkamp

Müller, H.-P. (1993): Soziale Differenzierung und gesellschaftliche Reformen. Der politische Gehalt in Emile Durkheims 'Arbeitsteilung'. In: Berliner Journal für Soziologie, Jg. 3, 503-515

Müller, H.-P. (1995a): Citizenship and National Solidarity. In: Thompson, K. (Hg.) a.a.O., 42-61

Müller, H.-P. (1995b): Differenz und Distinktion. Über Kultur und Lebensstile. In: Merkur. Deutsche Zeitschrift für europäisches Denken. Vol. 49, 927-934

Müller, H.-P./Schmid, M. (1988): Arbeitsteilung, Solidarität und Moral. Eine werkgeschichtliche Einführung in die 'Arbeitsteilung' von Emile Durkheim. In: Emile Durkheim (1988), 481-520

Müller, H.-P./Schmid, M. (Hg.) (1995): Sozialer Wandel. Modellbildung und theoretische Ansätze. Frankfurt/Main: Suhrkamp

Müller, H.-P./Schmid, M. (1995a): Paradigm lost? Von der Theorie sozialen Wandels zur Theorie dynamischer Systeme. In: dies. (Hg.) a.a.O., 9-55

Müller, H.-P./Wegener, B. (Hg.) (1995): Soziale Ungleichheit und soziale Gerechtigkeit. Opladen: Leske und Budrich

Müller, H.-P./Wegener, B. (1995a): Die Soziologie vor der Gerechtigkeit. In: dies. (Hg.) a.a.O., 7-49

Münch, R. (1984) : Die Struktur der Moderne. Grundmuster und differentielle Gestaltung des institutionellen Aufbaus der modernen Gesellschaften. Frankfurt/Main: Suhrkamp

Münch, R. (1995): Elemente einer Theorie der Integration moderner Gesellschaften. Eine Bestandsaufnahme. In: Berliner Journal für Soziologie, Jg. 5, 5-24

Münch, R. (1996): Modernisierung und soziale Integration. Replik auf Thomas Schwinn: Zum Integrationsmodus moderner Gesellschaften. Eine kritische Auseinandersetzung mit Richard Münch. In: Schweizer Zeitschrift für Soziologie, Jg. 22, 603-629

Münkler, H. (Hg.) (1997): Furcht und Faszination. Facetten der Fremdheit. Berlin: Akademie Verlag

Münz, R. (1994): Massenmigration. Woher? Wohin? In: Humboldt Spektrum, Jg.1, 24-28

Münz, R. (1996): Migrants, Aliens, Citizens. European Migration and its Consequences. Paper presented at the Conference 'Multiculturalism, Minorities and Citizenship'. European University Institute, Florence, 18-23 April

Murphy, R. (1984): The Structure of Closure: A Critique and Development of the Theories of Weber, Collins and Parkin. In: British Journal of Sociology, Vol. 35, 547-567

Murphy, R. (1986): Weberian Closure Theory: A Contribution to the Ongoing Assessment. In: British Journal of Sociology, Vol. 37, 21-41

Murphy, R. (1988): Social Closure. The Theory of Monopolization and Exclusion. Oxford: Clarendon Press

Narveson, J. (1991): Collective Rights? In: Canadian Journal of Law and Jurisprudence, Vol. IV, 329-345

Nassehi, A. (1995): Der Fremde als Vertrauter. Soziologische Betrachtungen zur Konstruktion von Identitäten und Differenzen. In: Kölner Zeitschrift für Soziologie und Sozialpsychologie, Jg. 47, 443-463

Nassehi, A. (1997): Inklusion, Exklusion - Integration, Desintegration. Die Theorie funktionaler Differenzierung und die Desintegrationsthese. In: Heitmeyer, W. (Hg.) a.a.O., 113-148

Neckel, S. (1995): Politische Ethnizität. Das Beispiel der Vereinigten Staaten. In: Nedelmann, B. (Hg.) a.a.O., 217-236

Nedelmann, B. (Hg.) (1995): Politische Institutionen im Wandel. Kölner Zeitschrift für Soziologie und Sozialpsychologie, Sonderheft 35. Opladen: Westdeutscher Verlag

Neidhardt, F. (Hg.) (1986): Kultur und Gesellschaft. Kölner Zeitschrift für Soziologie und Sozialpsychologie. Sonderheft 27. Opladen: Westdeutscher Verlag
Neuwirth, G. (1969): A Weberian Outline of a Theory of Community: its Application to the 'Dark Ghetto'. In: British Journal of Sociology, Vol. 20, 148-163
Nisbet, R. (1965): Emile Durkheim. Englewood Cliffs, N.J.: Prentice-Hall Inc.
Nisbet, R. (1974): Two Traditions of Citizenship. In: Social Research, Jg. 41, 612-637
Oberndörfer, D. (1989): Der Nationalstaat - ein Hindernis für das dauerhafte Zusammenleben mit ethnischen Minderheiten? In: Zeitschrift für Ausländerrecht, Jg. 9, 3-13
Oberndörfer, D. (1992): Vom Nationalstaat zur offenen Republik. Zu den Voraussetzungen der politischen Integration von Einwanderung. In: APuZg Beilage zur Wochenzeitung Das Parlament. B 9/92. 21. Februar 1992, 21-28
Offe, C. (1987): Democracy against the Welfare State? Structural Foundations of Neoconservative Political Opportunities. In: Political Theory, Vol. 15, 501-537
Offe, C. (1996): "Homogenität" im demokratischen Verfassungsstaat - Sind politische Gruppenrechte eine adäquate Antwort auf Identitätskonflikte? In: PERIPHERIE. Zeitschrift für Politik und Ökonomie in der Dritten Welt, Jg. 16, 26-45
Ogden, P.E. (1995): Labour Migration to France. In: Cohen, R. (Hg.) a.a.O., 289-296
Ohmae, K. (1995): The End of the Nation State. The Rise of Regional Economies. New York: The Free Press
Okin, S.M. (1992): Women, Equality and Citizenship. In: Queen's Quaterly, Vol. 99, 56-71
Okin, S.M. (1995): Gerechtigkeit und die soziale Institutionalisierung des Geschlechterunterschiedes. In: Brink v.d., B./Reijen v., W. (Hg.) a.a.O., 281-322
Oldfield, A. (1990): Citizenship: An Unnatural Practice ? In: The Political Quarterly, Vol. 6, 177-187
Ostendorf, B. (1992): Der Preis des Multikulturalismus. Entwicklungen in den USA. In: Merkur. Deutsche Zeitschrift für europäisches Denken, Jg. 46, 846-862
Ostendorf, B. (Hg.) (1994): Multikulturelle Gesellschaft. Modell Amerika. München: Fink
Otte, W. (1994a): Die Ausweisung nach dem Ausländergesetz. In: Zeitschrift für Ausländerrecht, Jg. 14, 67-76
Otte, W. (1994b): Die Aufenthaltsbeendigung nach dem Ausländergesetz. In: Zeitschrift für Ausländerrecht, Jg. 14, 108-117
Outhwaite, W. (1990): Agency and Structure. In: Clark, J./Modgil, C./Modgil, S. (Hg.) a.a.O., 63-72
Outhwaite, W./Bottomore, T./Gellner, E./Nisbet, R./Touraine, A. (Hg.) (1994): The Blackwell Dictionary of Twentieth-Century Social Thought. Oxford: Blackwell
Pagenstecher, C. (1996): Die "Illusion" der Rückkehr. Zur Mentalitätsgeschichte von "Gastarbeit" und Einwanderung. In: Soziale Welt, Jg. 47, 149-180
Park, R.E. (1950): Race and Culture. The Collected Papers of Robert Ezra Park. Vol.1., Glencoe, Illinois: The Free Press
Park, R.E. (1950a): Human Migration and the Marginal Man. In: ders. (1950), 345-356
Park, R.E. (1950b): Cultural Conflict and the Marginal Man. In: ders. (1950), 372-376
Parkin, F. (1972): Class Inequality and Political Order. Frogmore: Paladin
Parkin, F. (1974): Strategies of Social Closure in Class Formation. In: ders. (Hg.) The Social Analysis of Class Structure. London: Tavistock
Parkin, F. (1979): Marxism and Class Theory. A Bourgeois Critique. London: Tavistock Publications
Parkin, F. (1980): Reply to Giddens. In: Theory and Society, Vol. 9, 891-894
Parkin, F. (1983): Strategien sozialer Schließung und Klassenbildung. In: Kreckel, R. (Hg.) a.a.O., 121-135.
Parry, G. (1991): Conclusion: Paths to Citizenship. In: Vogel, U./Moran, M. (Hg.) a.a.O., 166-201
Parsons, T. (1966a): Full Citizenship for the Negro American ? A Sociological Problem. In: Parsons, T./Clark, K. (Hg.) a.a.O., 709-754

Parsons, T. (1966b): The Political Aspect of Social Structure and Process. In: Easton, D. (Hg.) a.a.O., 71-112
Parsons, T. (1967): Sociological Theory and Modern Society. New York/London: The Free Press
Parsons, T. (1968): The Structure of Social Action. A Study in Social Theory with Special Reference to a Group of Recent European Writers. 2 Vol. New York: The Free Press
Parsons, T. (1969): Politics and Social Structure. New York: The Free Press
Parsons, T. (1971): Evolutionäre Universalien der Gesellschaft. In: Zapf, W. (Hg.) a.a.O., 55-74
Parsons, T. (1976): Zur Theorie sozialer Systeme. Hg. von Stefan Jensen, Opladen: Westdeutscher Verlag
Parsons, T. (1977): Social Systems and the Evolution of Action Theory. New York: The Free Press
Parsons, T. (1977a): Equality and Inequality in Modern Societies, or Social Stratification Revisited. In: ders. (1977), 321-380
Parsons, T. (1977b): The Evolution of Societies. Herausgegeben und mit einem Vorwort von Jackson Toby. Englewood Cliffs, NJ: Prentice-Hall
Parsons, T. (1985): Das System moderner Gesellschaften. Weinheim und München: Juventa Verlag
Parsons, T. (1993): Durkheims Beitrag zur Theorie der Integration sozialer Systeme. In: Berliner Journal für Soziologie, Jg. 3, 447-468
Parsons, T./Bales, R.F./Shils, E.A. (1953): Working Papers in the Theory of Action. Chicago: Free Press
Parsons, T./Clark, K. (Hg.) (1966): The Negro American. Boston: Houghton Mifflin
Parsons, T./Platt, G. (1973): The American University. Cambridge, Massachusetts: Harvard University Press
Pateman, C. (1987): Feminist Critiques of the Public/Private Dichotomy. In: Phillips, A. (Hg.), a.a.O., 103-126
Pateman, C. (1989): The Disorder of Women: Democracy, Feminism and Political Theory. Cambridge: Polity Press
Pateman, C. (1989a): Feminism and Democracy. In: dies. (1989) a.a.O., 210-225
Pestieau, J. (1991): Minority Rights: Caught Between Individual Rights and Peoples' Rights. In: Canadian Journal of Law and Jurisprudence, Vol. IV, No. 2, 361-373
Phillips, A. (1987a): Introduction. In: dies. (Hg.) a.a.O., 1-23
Phillips, A. (1991): Citizenship and Feminist Theory. In: Andrews, G. (Hg.) a.a.O., 76-88
Phillips, A. (Hg.) (1987): Feminism and Equality. New York University Press
Pitz, E. (1990): Untertanenverband, Bürgerrecht und Staatsbürgerschaft in Mittelalter und Neuzeit. In: Blätter für deutsche Landesgeschichte, Jg. 126, 263-282
Pocock, J.G.A. (1992): The Ideal of Citizenship since Classical Times. In: Queen's Quaterly, Vol. 99, 33-55
Poulantzas, N. (1978): Classes in Contemporary Capitalism. London: Verso
Prager, J. (1981): Moral Integration and Political Inclusion: A Comparison of Durkheim's and Weber's Theories of Democracy. In: Social Forces, Vol 59, 918-950
Preuß, U.K./Everson, M. (1996): Konzeptionen von 'Bürgerschaft' in Europa. In: Prokla. Zeitschrift für kritische Sozialwissenschaft, Jg. 26, 543-563
Procacci, G. (1996): Exclus ou citoyens? Las pauvres devant les sciences sociales. In: Archives Européennes de Sociologie. Vol. XXXVII, 323-342
Pufendorf, S. (1991): On the Duty of Man and Citizen according to Natural Law. Edited by James Tully. Cambridge University Press
Radtke, F.-O. (1990): Marktwirtschaft, Multikulturalismus und Sozialstaat. In: Die Neue Gesellschaft. Frankfurter Hefte, Jg.37, 900-912
Radtke, F.-O. (1994): Multikulturalismus: Ein postmoderner Nachfahre des Nationalismus? In: Ostendorf, B. (Hg.) a.a.O., 229-235
Rawls, J. (1979): Eine Theorie der Gerechtigkeit. Frankfurt/Main: Surkamp
Rawls, J. (1993): Gerechtigkeit als Fairneß: politisch und nicht metaphysisch. In: Honneth, A. (Hg.) a.a.O., 36-67

Reich, R.B. (1993): Die neue Weltwirtschaft. Frankfurt/Main: Ullstein
Renner, G. (1995): Aufenthaltsrechtliche Grundlagen für Arbeitserlaubnis und Sozialleistungen. In: Zeitschrift für Ausländerrecht, Jg. 15, 13-22
Rex, J. (1979): Towards an Understanding of Society. In: New Society, Vol. 50, 200-202
Rex, J. (1996): Multikulturalismus in Europa und Nordamerika. In: Berliner Journal für Soziologie, Jg. 6, 149-161
Riedel, M. (1979): Bürger, Staatsbürger, Bürgertum. In: Brunner, O./Conze, W./Koselleck, R. (Hg.) a.a.O., 672-725
Rittstieg, H. (1993): Einwanderung als gesellschaftliche Herausforderung. In: Informationsbrief Ausländerrecht, 117-121
Rittstieg, H. (1994): Dual Citizenship: Legal and Political Aspects in the German Context. In: Bauböck, R. (Hg.) a.a.O., 111-120
Rittstieg, H. (1995): Anmerkung zu: Minderheitenrechte für Migranten. Ausschuß für Menschenrechte der Vereinten Nationen. In: Informationsbrief Ausländerrecht, Jg. 17, 221-222
Roche, M. (1987): Citizenship, Social Theory and Social Change. In: Theory and Society, Vol. 16, 363-399
Roche, M. (1992): Rethinking Citizenship. Welfare, Ideology and Change in Modern Society. Cambridge: Polity Press.
Roche, M. (1995): Citizenship and Modernity. Review Article. In: British Journal of Sociology, Vol.46, 715-733
Rokkan, S. (1960): Introduction. In: International Social Science Journal, Vol: XII, 1-14
Ronge, V. (1993): Ost-West-Wanderung nach Deutschland. In: APuZg. Beilage zur Wochenzeitung Das Parlament. B 7/93 12. Februar 1993, 16-28
Roth, G. (1980): Book Review: 'Marxism and Class Theory: A Bourgeois Critique'. In: Contemporary Sociology, Vol. 9, 307
Roth, R. (1997): Die Rückkehr des Sozialen. Neue soziale Bewegungen, poor people's movements und der Kampf um soziale Bürgerrechte. In: Forschungsjournal NSB, Jg. 10, 36-50
Rousseau, J.-J. (1986): Vom Gesellschaftsvertrag oder Grundsätze des Staatsrechts. Stuttgart: Philipp Reclam Jun.
Rutten, T. (1992): Why L.A. burned. In: New York Review of Books. Reprinted in: The Independent Monthly, June
Sandel, M. (1993): Die verfahrensrechtliche Republik und das ungebundene Selbst. In: Honneth, A. (Hg.) a.a.O., 18-35
Santel, B. (1995): Migration in und nach Europa: Erfahrungen, Strukturen, Politik. Opladen: Leske und Budrich
Sassen, S. (1996): Migranten, Siedler, Flüchtlinge. Von der Massenauswanderung zur Festung Europas. Frankfurt/Main: Fischer Taschenbuch Verlag. Reihe Europäische Geschichte
Sassen-Koob, S. (1980): The Internationalization of the Labor Force. In: Studies in Comparative International Development. Vol. 15, 3-25
Saunders, P. (1993): Citizenship in a Liberal Society. In: Turner, B.S. (Hg.) a.a.O., 57-90
Schäfers, B. (Hg.) (1993): Lebensverhältnisse und soziale Konflikte im neuen Europa. Verhandlungen des 26. Deutschen Soziologentages in Düsseldorf 1992. Frankfurt/Main-New York: Campus
Schierup, C.-U. (1995): Former Yugoslavia: Long Waves of International Migration. In: Cohen, R. (Hg.) a.a.O., 285-288
Schlesinger, A.M. (1992): The Disuniting America. Reflections on a Multicultural Society. New York/London: W.W. Norton & Co.
Schmid, M. (1989): Arbeitsteilung und Solidarität. Eine Untersuchung zu Emile Durkheims Theorie der sozialen Arbeitsteilung. In: Kölner Zeitschrift für Soziologie und Sozialpsychologie, Jg. 41, 619-643
Schmitter-Heisler, B. (1991): A Comparative Perspective on the Underclass: Questions of Urban Poverty, Race and Citizenship. In: Turner, B.S./Hamilton, P. (Hg.), a.a.O., Vol. 2, 114-136

Schmitter-Heisler, B. (1992): The Future of Immigrant Incorporation: Which Models? Which Concepts? In: International Migration Review, Vol. XXVI, 623-645

Schnapper, D. (1994): The Debate on Immigration and the Crisis of National Identity. In: Baldwin-Edwards, M./Schain, M.A. (Hg.) a.a.O., 127-139

Schönbohm, J. (1997): Ausländerpolitik in Deutschland - eine Herausforderung für die Zukunft. In: Zeitschrift für Ausländerrecht, Jg. 17, 3-8

Schriever-Steinberg, A. (1991): Die Regelungen zur Verarbeitung personenbezogener Daten im neuen Ausländerrecht. In: Zeitschrift für Ausländerrecht, Jg. 11, 66-70

Schütz, A. (1972): Gesammelte Aufsätze II. Studien zur soziologischen Theorie. Hg. von Arvid Brodersen. Den Haag: Martinus Nijhoff

Schütz, A. (1972a): Der Fremde. In: ders. (1972), 53-69

Schulte, A. (1990): Multikulturelle Gesellschaft: Chance, Ideologie oder Bedrohung? In: APuZg. Beilage zur Wochenzeitung Das Parlament. B23-24/90. 1. Juni 1990, 3-15

Schulte, A. (1995): Staatliche und gesellschaftliche Maßnahmen gegen die Diskriminierung von Ausländern in Westeuropa. In: APuZg. Beilage zur Wochenzeitung Das Parlament. B 48/95. 24.Novemebr 1995, 10-21

Schwinn, T. (1995): Funktionale Differenzierung - wohin? Eine aktualisierte Bestandsaufnahme. In: Berliner Journal für Soziologie, Jg. 5, 25-39

Schwinn, T. (1996): Zum Integrationsmodus moderner Ordnungen: Eine kritische Auseinandersetzung mit Richard Münch. In: Schweizer Zeitschrift für Soziologie. Jg. 22, 253-283

Seidel, H. (1995): Arbeitserlaubnisrecht. In: Zeitschrift für Ausländerrecht, Jg. 15, 109-114

Seifert, W. (1996): Neue Zuwanderergruppen auf dem westdeutschen Arbeitsmarkt. Eine Analyse der Arbeitsmarktchancen von Aussiedlern, ausländischen Zuwanderern und ostdeutschen Übersiedlern. In: Soziale Welt, Jg. 47, 180-201

Shklar, J. (1991): American Citizenship. The Quest for Inclusion. Cambridge, Massachusetts/London, England: Harvard University Press.

Shaw, M. (1990): Strategy and Social Process: Military Context and Sociological Analysis. In: Sociology, Vol. 24, 456-473

Shuck, P.H. (1989): Membership in the Liberal Polity: The Devaluation of American Citizenship. In: Brubaker, W.R. (Hg.) a.a.O., 51-65

Sigmund, S. (1993): Gerechte Gesellschaft zwischen individueller Freiheit und institutioneller Bindung. Neuere Veröffentlichungen zur Kommunitarismus-Debatte. Review Essay. In: Berliner Journal für Soziologie, Jg. 3, 580-585

Sigmund, S. (1997): Strukturierung - Ein neues gesellschaftstheoretisches Paradigma? Dissertation an der Humboldt-Universität zu Berlin

Simmel, G. (1992): Soziologie. Untersuchungen über die Formen der Vergesellschaftung. Gesamtausgabe Band 11. Hg. von O. Rammstedt. Frankfurt/Main: Suhrkamp

Simmel, G. (1992a): Exkurs über den Fremden. In: ders. (1992), 764-771

Söllner, A. (1994): Von der 'multikulturellen Gesellschaft' zur 'Republik' - und wieder zurück? Eine Diskussion neuerer Literatur. In: Greven, M. Th./Kühler, P./Schmitz, M. (Hg.) a.a.O., 301-315

Solé, C. (1995): Portugal and Spain: From Exporters to Importers of Labour. In: Cohen, R. (Hg.) a.a.O., 316-320

Somers, M.R. (1993): Citizenship and the Place of the Public Sphere: Law, Community, and Political Culture in the Transition to Democracy. In: American Sociological Review, Vol. 58, 587-620

Somers, M.R. (1994): Rights, Relationality, and Membership: Rethinking the Making and the Meaning of Citizenship. In: Law and Social Inquiry, Vol. 19, 63-112

Somers, M.R. (1995a): What's Political or Cultural about Political Culture and the Public Sphere? Toward an Historical Sociology of Concept Formation. In: Sociological Theory, Vol. 13, 113-144

Somers, M.R. (1995b): Narrating and Naturalizing Civil Society and Citizenship Theory: The Place of Political Culture and the Public Sphere. In: Sociological Theory, Vol. 13, 229-274
Somers, M.R. (1996): Citizenship and the Place of the Public Sphere - Theorizing the 'Third Sphere'. Paper presented at the Conference 'Social and Political Citizenship in a World of Migration'. European University Institute, Florence, 22-24 February
SOPEMI (1995): Trends In International Migration. Continuous Reporting System on Migration. Annual Report 1994. Organisation for Economic Cooperation and Development (OECD). Paris Cedex
Soysal, Y.N. (1994): Limits of Citizenship. Migrants and Postnational Membership in Europe. The University of Chicago Press
Soysal, Y.N. (1996a): Staatsbürgerschaft im Wandel. Postnationale Mitgliedschaft und Nationalstaat in Europa. In: Berliner Journal für Soziologie, Jg. 6, 181-189
Soysal, Y.N. (1996b): Boundaries and Identity: Immigrants in Europe. EUI Working Paper EUF No. 96/3
Soysal, Y.N. (1996c): Changing Parameters of Citizenship and Claims Making: Organized Islam in European Public Spheres. EUI Working Paper EUF No. 96/4
Sprondel, W.M. (Hg.) (1994): Die Objektivität der Ordnungen und ihre kommunikative Konstruktion. Für Thomas Luckmann. Frankfurt/Main: Suhrkamp
Steenbergen v., B. (1994a): The Condition of Citizenship. An Introduction. In: ders. (Hg.) a.a.O., 1-9
Steenbergen v., B. (Hg.) (1994): The Condition of Citizenship. London-Thousand Oaks-New Delhi: SAGE Publications
Steward, F. (1991): Citizens of Planet Earth. In: Andrews, G. (Hg.) a.a.O., 65-75
Stewart, A. (1995): Two Conceptions of Citizenship. In: British Journal of Sociology, Vol. 46, 63-78
Stichweh, R. (1988): Inklusion in Funktionssysteme der modernen Gesellschaft. In: Mayntz, R./Rosewitz, B./Schimank, U./Stichweh, R. (Hg.) a.a.O., 261-293
Stichweh, R. (1994): Nation und Weltgesellschaft. In: Estel, B./Mayer, T. (Hg.) a.a.O., 83-96
Stichweh, R. (1995): Zur Theorie der Weltgesellschaft. In: Soziale Systeme, Jg. 1, 29-45
Stichweh, R. (1997a): Inklusion/Exklusion, funktionale Differenzierung und die Theorie der Weltgesellschaft. In: Soziale Systeme, Jg. 3, 123-136
Stichweh, R. (1997b): Der Fremde - Zur Soziologie der Indifferenz. In: Münkler, H. (Hg.) a.a.O., 45-64
Stichweh, R. (1998): Migration, Nationale Wohlfahrtsstaaten und die Entstehung der Weltgesellschaft. In: Bommes, M./Halfmann, J. (Hg.) a.a.O., 49-61
Stonequist, E.V. (1937): The Marginal Man. New York: Scribner's
Swartz, D. (1990): Book Review: Social Closure: The Theory of Monopolization and Exclusion. In: American Journal of Sociology, Vol. 96, 480-482
Taylor, C. (1993a): Multikulturalismus und die Politik der Anerkennung. Hg. von Amy Gutmann. Frankfurt/Main: S. Fischer
Taylor, C. (1993b): Der Begriff der 'bürgerlichen Gesellschaft' im politischen Denken des Westens. In: Brumlik, M./Brunkhorst, H. (Hg) a.a.O., 117-148
Taylor, D. (1989): Citizenship and Social Power. In: Critical Social Policy, Vol. 26, 19-31
Thompson, K. (Hg.) (1995): Durkheim, Europe and Democracy. Occasional Papers No. 3, British Centre for Durkheimian Studies. Oxford
Thränhardt, D. (1995): Die Lebenslage der ausländischen Bevölkerung in der Bundesrepublik Deutschland. In: APuZg. Beilage zur Wochenzeitung Das Parlament. B 35/95. 25. August 1995, 3-13
Thurow, L.C. (1996): Die Zukunft des Kapitalismus. Düsseldorf-München: Metropolitan Verlag
Tilly, C. (Hg.) (1975): The Formation of National States in Europe. Princeton, NJ: Princeton UP
TIME (1997): Back to Babel. 7. Juli 1997
Toby, J. (1977): Parsons' Theory of Social Evolution. In: Parsons, T. (1977), 1-23

Tocqueville de, A. (1985): Über die Demokratie in Amerika. Stuttgart: Philipp Reclam Jr.
Tölle, R. (1996): Interkulturelle Erziehung in Schule und Schulumfeld. In: Bildungsinteressen und -chancen von Jugendlichen der 2. und 3. Migrantengeneration. Ein Reader für Multiplikatoren in der Schule und Jugendarbeit. Gewerkschaft Eziehung und Wissenschaft, 24-28
Toennies, F. (1979): Gemeinschaft und Gesellschaft. Grundbegriffe der reinen Soziologie. Neudruck der 8. Auflage von 1935. Darmstadt: Wissenschaftliche Buchgesellschaft
Turner, B.S. (1986): Citizenship and Capitalism. London: Allen and Unwin
Turner, B.S. (1988): Status. Milton Keynes: Open University Press
Turner, B.S. (1990): Outline on a Theory of Citizenship. In: Sociology, Vol. 24, 189-217
Turner, B.S. (1991): Further Specification on the Citizenship Concept: A Reply to M. L. Harrison. In: Sociology, Vol. 25, 215-218
Turner, B.S. (1993a): Preface. In: ders. (Hg.) a.a.O., VII-XII
Turner, B.S. (1993b): Contemporary Problems in the Theory of Citizenship. In: ders. (Hg.) a.a.O., 1-18
Turner, B.S. (1993c): Outline of the Theory of Human Rights. In: ders. (Hg.) a.a.O., 162-190
Turner, B.S. (1993d): Talcott Parsons, Universalism and the Educational Revolution: Democracy versus Professionalism. In: British Journal of Sociology, Vol. 44, 1-24
Turner, B.S. (1997): Citizenship Studies: A General Theory. In: Citizenship Studies, Vol.1, 5-18
Turner, B.S. (Hg.) (1993): Citizenship and Social Theory. London-Newbury Park-New Delhi: SAGE Publications
Turner, B.S./Hamilton, P. (Hg.) (1994): Citizenship. Critical Concepts. 2 Volumes. London-New York: Routledge
Tyrell, H. (1985): Emile Durkheim - Das Dilemma der organischen Solidarität. In: Luhmann, N. (Hg.) a.a.O., 181-250
Verwaltungsgericht Freiburg (1994): Urteil vom 10.11.1993 - 2 K 1739/92. Grundgesetz Artikel 4 Abs.1, 7 Abs.1 (Völlige Befreiung vom Sportunterricht aus religiösen Gründen). In: Informationsbrief Ausländerrecht, 297-300
Vogel, U. (1991): Is Citizenship Gender-Specific? In: Vogel, U./Moran, M. (Hg.) a.a.O., 58-85
Vogel, U./Moran, M. (Hg.) (1991): The Frontiers of Citizenship. London: MacMillan
Vogel, U./Moran, M. (1991a): Introduction. In: dies. (Hg.) a.a.O., X-XXI
Vranken, J. (1990): Industrial Rights. In: Layton-Henry, Z. (Hg.) a.a.O., 47-73
Wagner, P. (1994): Soziologie der Moderne: Freiheit und Disziplin. Frankfurt/Main-New York: Campus
Walby, S. (1994): Is Citizenship Gendered? In: Sociology, Vol. 28, 379-395
Waldron, J. (1993): Liberal Rights. Collected Papers 1981-1991. Cambridge University Press
Wallwork, E. (1972): Durkheim, Morality and Milieu. Cambridge,Massachusetts: Harvard University Press
Walzer, M. (1992): The Civil Society Argument. In: Mouffe, C. (Hg.) a.a.O., 89-107
Walzer (1993): Die kommunitaristische Kritik am Liberalismus. In: Honneth, A. (Hg.) a.a.O., 157-180
Walzer, M. (1994a): Sphären der Gerechtigkeit. Ein Plädoyer für Pluralität und Gleichheit. Frankfurt/Main-New York: Campus
Walzer, M. (1994b): Politik der Differenz. In: Transit, Jg. 5, 5-20
Walzer, M. (1997): On Toleration. New Haven and London: Yale University Press
Waters, M. (1994): Introduction: A World of Difference. Symposium: Globalisation, Multiculturalism and Rethinking the Social. In: Australian and New Zealand Journal of Sociology, Vol. 30, 229-234
Weber, M. (1985): Wirtschaft und Gesellschaft. Grundriss der Verstehenden Soziologie. Tübingen : J.C.B. Mohr (Paul Siebeck)
Wegner, J. (1992): Die Ausweisung von Ausländern mit verfestigtem Aufenthaltsstatus nach dem neuen Ausländergesetz. In: Zeitschrift für Ausländerrecht, Jg. 12, 121-126

Westphal, O. (1997): Das aktuelle Arbeitserlaubnisrecht. In: Informationsbrief Ausländerrecht, Jg. 17, 162-168
Wiener, A. (1996a): Editorial: Fragmentierte Staatsbürgerschaft. In: Prokla. Zeitschrift für kritische Sozialwissenschaft, Jg. 26, 488-495
Wiener, A. (1996b): (Staats)Bürgerschaft ohne Staat. Ortsbezogene Partizipationsmuster am Beispiel der Europäischen Union. In: Prokla. Zeitschrift für kritische Sozialwissenschaft, Jg. 26, 497-513
Wiesenthal, H. (1996): Globalisierung. Soziologische und politikwissenschaftliche Koordinaten eines unbekannten Terrains. Veröffentlichung der Max-Planck-Gesellschaft zur Förderung der Wissenschaften e.V. Arbeitsgruppe Transformationsprozesse in den neuen Bundesländern an der Humboldt-Universität zu Berlin
Wihtol de Wenden, C. (1994a): Immigrants as Political Actors in France. In: Baldwin-Edwards, M./Schain, M.A. (Hg.) a.a.O., 91-109
Wihtol de Wenden, C. (1994b): Citizenship and Nationality in France. In: Bauböck, R. (Hg.) a.a.O., 85-94
Wilde, G. (1995): Geschlecht und das Prinzip der Ungleichheit. Zur Problematik der Gleichheit in demokratietheoretischen Ansätzen. In: Kreisky, E./Sauer, B. (Hg.) a.a.O., 122-160
Williams, M.S. (1995): Justice Toward Groups. Political not Juridical. In: Political Theory, Vol. 23, 67-91
Wilson, W.J. (1994): Citizenship and the Inner City Ghetto Poor. In: Steenbergen v., B. (Hg.) a.a.O., 49-65
Wilson, W.J. (1996): When Work Disappears. The World of the New Urban Poor. New York: Alfred A. Knopf
Winkler, B. (1994): Einwanderung: Kernfrage unserer Gesellschaft und Herausforderung an die Politik. In: APuZg. Beilage zur Wochenzeitung Das Parlament. B 48/94. 2. Dezember 1994, 3-9
Wolfe, A. (1992): Democracy versus Sociology: Boundaries and Their Political Consequences. In: Lamont, M./Fournier, M. (Hg.) a.a.O., 309-325
Wollenschläger, M./Schraml, A. (1991): Die Aufenthaltstitel im neuen Ausländergesetz. In: Zeitschrift für Ausländerrecht, Jg. 11, 59-66
Wright, E.O. (1979): Class, Crisis and the State. London-New York: Verso
Wrong, D. (1961): The Oversocialized Conception of Man in Modern Sociology. In: American Sociological Review, Vol. 26, 183-193
Wrong, D. (1981): Survey Essay: Marxism: The Disunity of Theory and Practice. In: Contemporary Sociology, Vol. 10, 36
Young, I.M. (1989): Polity and Group Difference: A Critique of the Ideal of Universal Citizenship. In: Ethics, Vol. 99, 250-274
Young, I.M. (1990): Justice and The Politics of Difference. Princeton University Press
Young, I.M. (1995): Unparteilichkeit und bürgerliche Öffentlichkeit. Implikationen feministischer Kritik an Theorien der Moral und der Politik. In: Brink v.d., B./v. Reijen, W. (Hg.) a.a.O., 245-280
Young, I.M. (1997): Unruly Categories: A Critique of Nancy Fraser's Dual Systems Theory. In: New Left Review, No. 222, 147-160
Zapf, W. (Hg) (1971): Theorie sozialen Wandels. Köln-Berlin: Kiepenheuer & Witsch
Zapf, W. (Hg.) (1991): Die Modernisierung moderner Gesellschaften. Verhandlungen des 25. Deutschen Soziologentages in Frankfurt am Main 1990. Frankfurt/Main-New York: Campus
Zolberg, A.R. (1991): Die Zukunft der internationalen Migrationsbewegungen. In: Prokla. Zeitschrift für kritische Sozialwissenschaft, Jg. 21, 189-221
Zolo, D. (1993): Democratic Citizenship in a Post-Communist Era. In: Held, D. (Hg.) a.a.O., 254-268

Personenregister

Afheldt, H. 199
Aglietta, M. 81
Albrow, M. 85
Alexander, J.C. 71, 79, 115, 116, 118, 156
Allardt, E. 46
Anderson, P. 118
Andrews, G. 11, 17
Anwar, M. 90
Archer, M. 156
Archibugi, D. 37
Aristoteles 11
Aron, R. 39, 63
Bader, V.-M. 24, 133
Baer, S. 33
Baker, D. 31, 109
Bales, R.F. 67
Balibar, E. 11
Balog, A. 133
Barbalet, J.M. 61, 64, 65, 80, 135
Barber, B. 24, 108
Bauböck, R. 13, 14, 108, 109
Bauman, Z. 116, 117, 118
Beck, U. 56
Becker-Schmidt, R. 143
Beer, U. 143
Bellah, R.N. 25, 26
Bendix, R. 11, 63, 65, 154
Benhabib, S. 26
Benschop, A. 133
Bieback, K.-J. 189, 190, 204
Biermann, R. 92, 94
Bigo, D. 108
Blumenwitz, D. 14, 199
Böhning, W.R. 89, 93
Bommes, M. 123, 174, 184
Boos-Nünning, U. 14
Bös, M. 179
Bottomore, T. 13, 56, 63, 80
Bourdieu, P. 144, 165
Bremer, P. 20
Brink v.d., B. 13
Brinkmann, C. 11
Brock, D. 169

Brubaker, W.R. 12, 13, 15, 55, 82, 84, 107, 108, 109, 111, 131, 165, 192
Brumlik, M. 22
Brunkhorst, H. 22
Campani, G. 87
Carchedi, G. 135
Carens, J. 11, 108, 165
Castles, S. 31, 86, 87, 89, 92, 165
Cerny, P.G. 103
Closa, C. 38, 39
Cohen, J.L. 64, 115
Cohn-Bendit, D. 14, 199
Collins, R. 141
Cremer, W. 196
Crouch, C. 13, 17, 19
Cyba, E. 133
Dahrendorf, R. 11, 17, 20, 37, 63, 65, 74
Dietz, M. 36, 64
Douglas, M. 115
Dummett, A. 95, 165
Durkheim, E. 44, 45, 46, 47, 48, 49, 50, 51, 52, 53, 54, 55, 56, 64, 66, 69, 72, 79, 80, 147, 151, 210, 211
Dworkin, R. 11
Eder, K. 12, 13, 19
Eichenhofer, E. 188, 192
Elshtain, J.B. 36
Esser, H. 129
Ettrich, F. 57, 66, 70
Everson, M. 39, 41
Fakiolas, R. 95
Falk, R. 37, 97
Fassmann, H. 87, 89, 94
Faul, E. 14, 199
Featherstone, M. 102
Fehér, F. 108
Fijalkowski, J. 199
Findlay, A.M. 93
Forst, R. 23, 24
Fournier, M. 11
Francis, E.K. 183
Fraser, N. 31, 35
Frerichs, P. 143

Fuchs, D. 121, 129
Gerhard, U. 32, 33
Gerhards, J. 129
Gerhardt, W. 14
Gestring, N. 20
Giddens, A. 46, 64, 102, 135, 137, 156, 157, 158, 159, 160, 162, 173, 174, 201, 213
Gieseck, A. 199
Giesen, B. 166
Gitlin, T. 31
Glazer, N. 31
Grawert, R. 11, 3, 164, 165, 166, 198
Green, L. 31
Gunsteren v., H. 21, 63
Habermas 28, 29, 40, 102, 157
Hahn, A. 129
Hailbronner, K. 165
Halfmann, J. 123
Hall, S. 17, 20, 64
Halsey, A.H. 57, 65
Hamilton, P. 13, 46
Hammar, T. 108, 109, 154, 171
Hammel, M. 187
Harrison, M.L. 19, 61
Hartney, M. 31
Harvey, D. 102
Hearn, F. 53
Heilemann, U. 199
Held, D. 17, 20, 35, 37, 64, 104, 105
Heller, A. 108
Hettlage, R. 80
Heyder, U. 202, 203
Higham, J. 14
Hirsch, J. 81
Hirst, P. 106
Hof, B. 199
Hollifield, J.F. 87
Honneth, A. 23, 28, 168
Hughes, R. 14
Incesu, L. 181
Janowitz, M. 11, 65
Jenson, J. 19, 64, 81, 85
Jessop, B. 64, 105
Joas, H. 157
Joppke, C. 14
Junge, M. 169
Kaschuba, W. 31, 126
Keane, J. 115
Kennedy, P. 103
Kießling, B. 158
King, D.S. 18, 20

Kleger, H. 108
Kreckel, R. 133, 135
Kukathas, C. 31
Kunkel, P.-C. 203, 204
Kymlicka, W. 18, 29, 31, 165, 193
La Torre, M. 38, 185
Lamont, M. 11
Larmore, C. 23
Lash, S. 102
Layton-Henry, Z. 13, 154, 184
Leca, J. 11
Leggewie, C. 14, 29, 31, 199
Lenhardt, G. 109, 199
Lepsius, M.R. 38, 105, 183
Lipset, S.M. 63
Lister, R. 32, 33, 34, 36, 64
Locke, J. 33
Lockwood, D. 50, 54, 56, 65, 74
Luhmann, N. 67, 119, 120, 121, 122, 130, 169
Lukes, S. 27, 31
Lutz, B. 91
Macedo, S. 26
MacKenzie, G. 135
Mackert, J. 82
Mancini, G.F. 39
Mann, M. 59, 64, 102, 105, 154
Marko, J. 37, 97
Marquand, D. 17
Marshall, T.H. 11, 44, 56, 57, 58, 59, 60, 61, 62, 63, 64, 66, 73, 74, 79, 80, 81, 82, 104, 147, 151, 154, 162, 167, 168, 193, 210, 211
Martiniello, M. 171
Marx, K. 45, 57
Mayntz, R. 156
McDonald, M. 105
McLuhan, M. 104
Meehan, E. 40
Meier, K. 46
Meier-Braun, K.-H. 91
Merton, R.K. 149
Mill, J.S. 21, 33
Miller, D. 21
Miller, M.J. 86, 87, 89, 109, 171, 184
Minow, M. 179
Mitchell, J. 32
Monar, J. 41
Moran, M. 3
Mouffe, C. 13, 23, 25, 64
Mühlum, A. 14

Müller, H.-P. 24, 25, 45, 46, 47, 48, 49, 50, 54, 56, 66, 69, 82, 83, 94, 149, 156, 157, 158, 162, 215
Münch, R. 68, 71, 74, 77, 169
Münz, R 87, 89, 91, 92, 94
Murphy, R. 133, 137, 141, 142, 143, 144, 145, 146, 147, 148, 149, 150, 151, 152, 160, 169, 172, 212, 213
Narveson, J. 31
Nassehi, A. 113, 122, 123, 128, 129, 130, 131, 169
Neckel, S. 133, 154, 209
Neuwirth, G. 134
Nisbet, R. 46, 63
Norman, W. 18
Oberndörfer, D. 199
Offe, C. 81, 184, 193
Ogden, P.E. 90
Ohmae, K. 103
Okin, S.M. 24, 34, 35
Oldfield, A. 21, 64
Ostendorf, B. 14, 199
Otte, W. 203
Outhwaite, W. 158
Pagenstecher, C. 95
Park, R.E. 113, 114
Parkin, F. 133, 135, 136, 137, 138, 139, 140, 141, 142, 144, 146, 147, 148, 149, 150, 151, 152, 153, 156, 166, 212, 213
Parry, G. 37, 64, 83
Parsons, T. 44, 66, 67, 68, 69, 70, 71, 72, 73, 74, 75, 76, 77, 78, 79, 80, 81, 82, 83, 119, 147, 151, 167, 168, 193, 195, 210, 211
Pateman, C. 32, 33, 34, 36, 64
Pestieau, J. 31
Phillips, A. 32, 33,
Phillips, S.D. 19, 64, 81
Pitz, E. 11
Platt, G. 79
Pocock, J.G.A. 11
Prager, J. 46, 48
Preuß, U.K. 39, 41
Procacci, G. 19
Pufendorf, S. 11
Radtke, F.-O. 14, 28, 200
Rawls, J. 22, 23, 24
Reich, R.B. 103
Reijen v., W. 13
Renner, G. 181, 185, 186, 187, 188, 189
Rex, J. 14, 135
Riedel, M. 21

Rittstieg, H. 14, 165, 193
Roche, M. 37, 61, 64
Rokkan, S. 63
Roller, E. 129
Ronge, V. 94
Roth, R. 81, 135
Rousseau, J.J. 21, 24, 48
Sandel, M. 22
Santel, B. 91, 92
Sassen, S. 87, 92
Sassen-Koob, S. 88
Saunders, P. 19
Schain, M.A. 13, 90, 108
Scharpf, F.W. 156
Scherr, A. 174
Schierup, C.-U. 90
Schmid, M. 47, 48, 69, 149
Schmid, T. 14, 199
Schmitter-Heissler, B. 20, 31
Schnapper, D. 108
Schönbohm, J. 14
Schraml, A. 181
Schriever-Steinberg, A. 203
Schulte, A. 153, 199
Schütz, A. 112, 114, 212
Schwinn, T. 169
Seidel, H. 190
Seifert, W. 199
Shaw, M. 161
Shils, E.A. 67
Shklar, J. 25, 165
Sigmund, S. 22, 158, 173
Simmel, G. 112, 113
Solé, C. 95
Söllner, A. 199
Somers, M.R. 64, 154, 200
Soysal, Y.N. 31, 37, 87, 88, 97, 98, 99, 100, 101, 102, 104, 106, 155, 171
Steenbergen v., B. 13
Steinrücke, M. 143
Steward, F. 37
Stewart, A. 40, 64
Stichweh, R. 120, 122, 123, 124, 125, 126, 127, 129, 130, 131, 169
Stonequist, E.V. 113, 114
Swartz, D. 141
Tambini, D. 13, 19
Taylor, C. 28, 30, 102
Taylor, D. 64
Thompson, G. 106
Thurow, L. 103
Tilly, C. 11, 154

Toby, J. 69
Tocqueville de, A. 25, 26
Tölle, R. 195
Turner, B.S. 11, 13, 37, 40, 45, 54, 61, 63, 64, 65, 66, 79, 81, 108, 154
Tyrell, H. 47
Urry, J. 102
Vogel, U. 34, 35, 3
Vranken, J. 154
Wagner, P. 107
Walby, S. 32, 35
Waldron, J. 18, 20
Wallwork, E. 46
Walzer, M. 24, 26, 31, 107, 108, 111, 168, 183
Waters, M. 104
Weber, M. 15, 45, 133, 134, 135, 136, 138, 147, 149, 151, 152, 185

Wegener, B. 24
Wegner, J. 203
Westphal, O. 189, 191
Wiener, A. 28, 41, 168
Wiesenthal, H. 85
Wihtol de Wenden, C. 90, 154, 165
Wilde, G. 33
Williams, M.S. 31
Wilson, W.J. 20
Winkler, B. 14
Wolfe, A. 115
Wollenschläger, M. 181
Wright, E.O. 135
Wrong, D. 135
Young, I.M. 30, 31, 33, 36, 64
Zolberg, A. 95
Zolo, D. 64

Sachregister

Anerkennung 13, 28, 30ff
Anerkennungskämpfe 168
Arbeitsteilung 33f, 36, 46ff, 95, 140
Aristokratie
  erbliche 72f
Ausbeutung 30, 136f, 139, 148
Ausländergesetz 181, 184, 189
Ausschließung 136, 138f, 142f, 150, 153
Ausschließungsstrategien 136ff, 152
Berufsgruppen 46, 48ff, 53ff
Bildung 17, 62, 70, 72f, 75f, 79, 187, 193ff
Bildungsrevolution 69, 72, 76
Bürger 11ff, 18ff, 40, 51ff, 61ff, 73, 79, 81, 83, 101, 103, 109, 111, 115, 118, 122f, 129, 170, 178, 180, 192, 207, 209
Bürgerrechte 11f, 19, 65, 68, 73f, 97, 109, 129, 172, 180, 204f, 210
capability 157f
Citizenship 13, 15, 25f, 39ff, 56, 63, 85, 98, 123, 214
  differentiated 30, 97
Citizenship-Regime 81, 85
Differenzierung
  funktionale 58, 120, 122, 124f, 127, 129ff
Dimensionen des nationalen Modells
  Grundlagen 45, 80f, 85
  interne Spannungsverhältnisse 45, 80
  Selbstverständnis 15, 80ff, 85f, 109, 216
Dimensionen von Zugehörigkeit
  Anerkennung 168, 176, 178
  Autonomie 20, 168, 176, 178
  distributive Gerechtigkeit 168, 176, 178
  persönliche Freiheit 176, 178
  politische Partizipation 168, 176, 178
  relationale Gleichheit 168, 176, 178
  Toleranz 168, 176, 178
Einwanderung 14, 15, 80, 88f, 91, 95, 126, 169, 171
Erwerb
  individueller 72, 138

Europäische Union 38, 41, 91, 104f, 122, 177, 207, 214
Exklusion 15, 25, 32, 35, 41, 82f, 108ff, 116, 119ff, 128, 130ff, 142f, 146ff, 150ff, 161, 166, 170, 172, 174ff, 182ff, 198ff, 204, 206f, 209ff
Exklusionsaspekt 15, 83f, 152, 210f
Exklusionsprozeß 16, 109, 119, 131, 210f, 216
  externe 108, 124
  interne 108ff, 117, 131f, 170, 177, 196, 212, 216
Exklusions- und Usurpationsdimensionen 167, 213
Exklusions- und Usurpationsstrategien 167f, 213
Exklusionsdimensionen 167, 184
Exklusionseffekte 180, 184f, 193, 207, 214
Exklusionsstrategien 116, 150, 155, 160, 167, 171f, 177, 179ff, 184ff, 188, 194, 197, 204, 207, 213
Exklusionsstruktur
  duale 143, 145
  objektive 145, 150
  polare 143, 145
  Tandem-Struktur 143, 145
Exklusionsziel 180, 186, 191, 205
Externe Faktoren 169, 174, 176, 181, 188, 190, 196, 203, 213
  bi- und multilaterale Abkommen 169, 176
  Diskurs über Menschenrechte 169, 172, 176
  Internationales Recht 169, 176
Feinde 115ff, 129
Fragmentierung 146, 150, 178, 181ff, 186, 189ff, 207
Französische Revolution 12, 48, 82, 99, 128, 180
Fremde 15, 24, 88, 111ff, 123, 126ff, 212
Fremder 12f, 15, 93, 112ff, 123, 126ff
Freunde 115f, 129
Gastarbeiter 14, 91f, 98f, 130

Sachregister

Gesellschaft
moderne 12, 21, 47, 49, 52, 55f, 62, 65f, 71ff, 109, 111, 119, 124, 126ff, 135, 147ff, 215f
Gesellschaften
einfache 47
funktional differenzierte 47, 120, 122, 130
segmentäre 120, 127
stratifizierte 120f, 127
westliche liberal-demokratische 13, 64, 86, 95, 110, 122, 131, 154, 215
Gesellschaftliche Basisinstitutionen 164, 168, 176, 213
Arbeitsmarkt 168, 176, 185ff, 197, 199, 204ff
Bildungsinstitutionen 176, 194f, 200
Bildungswesen 62, 76, 78ff, 168, 176
Institutionen wohlfahrtsstaatlicher Leistungen 168, 176
Parlamente 168, 176
Rechtssystem 120, 168, 174, 176, 202
Gesellschaftliche Gemeinschaft
Inklusionskraft 77
Gleiche
formal 11, 14, 60, 130
Gleichheit 11f, 30, 32, 57f, 61, 65, 71f, 74, 76f, 83, 113, 116, 122, 124, 130, 140, 147, 151, 216
absolute 61f
formale 32, 59, 61, 65, 73, 74, 82, 100, 123, 126, 130, 148, 211, 215f
Kontexte der Institutionalisierung 73f
Globalisierung 12, 36, 85, 95, 103ff
Grundlagen
askriptive 72
Gruppenrechte 13, 28, 29f, 36, 76, 172, 193, 200
Gut 14, 25, 109, 111, 119, 127, 133, 164, 167, 209
Herrschaft 30, 33, 39, 69, 75, 82, 107f, 119, 138, 141, 144, 147f, 150, 152, 156, 158f, 162f, 173, 175, 179, 186, 189, 201, 203, 206, 212ff
Tiefenstruktur 142, 169, 207
Herrschaftsbeziehungen 150, 152, 185, 186, 189, 207
herrschaftstheoretische Wende 138, 142, 149f, 175, 213
Herrschaftsverhältnisse 32, 141, 146, 148f, 169, 180, 204, 212
strukturierte 144

Heterogenisierung
ethnische und kulturelle 27, 131, 154
Heterogenität
ethnische und kulturelle 16, 109
Immigranten 14, 16, 31, 81, 86, 90, 111f, 118, 132, 153, 162, 167, 169ff, 180, 191, 195, 198ff, 204ff, 214
Immigration 83ff, 90, 95, 99, 102, 108, 125, 154
Individualismus 25, 46, 48, 51ff
institutionalisierter 72f
Industrielle Revolution 69
Inklusion 12, 15, 41, 44f, 58, 66ff, 77ff, 115, 119, 120ff, 128, 130ff, 147, 151, 154, 166, 169ff, 185, 193, 195, 200, 207ff, 214, 216
Inklusionsgebot 83, 109
Inklusionsprozeß 78f, 83, 86, 151, 207, 211, 214ff
Inklusions-/Exklusionssyndrome
differentielle 177, 214
Inklusivistisches Selbstverständnis 84, 152, 211
Integration 14, 29f, 39, 44, 46, 50, 54, 56, 59ff, 66ff, 71, 74ff, 79, 82, 109, 119, 121, 126, 155, 198, 200
gesellschaftliche 29, 45, 54, 58, 62, 122, 130, 193, 211, 216
Kampf um Zugehörigkeit 16, 154, 164, 168, 179, 206f, 209, 213ff
Klassen
gesellschaftliche 14, 22, 32, 56, 59ff, 72f, 80, 135, 137, 139, 141, 143f, 146, 149ff, 160, 162, 166, 209
Klassengesellschaft 44, 56, 61f, 65, 80, 136, 143, 210, 215
knowledgeability 157f
Kollektive Akteure 47, 138, 151, 153, 155, 163f, 167, 169ff, 185, 198, 200ff, 214, 215
Kommunitarismus 21f, 24, 27
Kontexte
askriptive 72
Korporatismus 46, 53
Krise
gesellschaftliche 15f, 44ff, 56, 82f, 210f
Liberalismus 21f, 26, 28, 32, 57
Machtverhältnisse
asymmetrische 160, 162f, 175, 177, 201, 204, 206f, 214
Menschenrechte 37, 97ff, 104ff, 109, 122, 128, 172, 204

Migranten 14ff, 79, 88ff, 95, 100, 106, 108, 111, 113ff, 124ff, 129, 131f, 148, 153ff, 163, 167, 170ff, 177, 180, 182ff, 191ff, 197ff, 200, 202ff, 211, 212, 214ff
Migration 13, 29, 86, 88ff, 94f, 118, 123ff, 131
Mitgliedschaft 23, 45, 60, 70, 78, 98ff, 106, 111, 123, 125f, 185
Moralökologie 46, 54
Multikulturalismus 14, 29, 31, 200
Multikulturelle Gesellschaft 14, 198f, 216
Nationale Identität 12, 27, 95
Nationalstaat 15, 36, 39, 41, 54, 72f, 81, 83, 85f, 97f, 100ff, 104ff, 115ff, 122, 124, 129, 131f, 153, 162f, 178, 181, 185, 194, 197, 199, 201f, 211f, 214, 216
Souveränität 98, 102, 105f, 183
Souveränitätsverlust 86, 97, 102, 104f
Organisationen
  intermediäre 48, 53
Pflichten 11f, 18, 20f, 40f, 49, 51f, 59, 65, 99, 100, 158, 166
Politik der Anerkennung 27, 31
Politik gleicher Würde 27
Postnational Citizenship 37, 97
  Mitgliedschaft 98, 100, 107, 211
Praxis 12, 21, 108, 150, 155, 196
Prinzip der Chancengleichheit 72ff, 77
Rechte
  bürgerliche 35, 59f, 67, 76, 180, 182, 184ff
  individuelle 23, 26, 74, 100f, 173
  kulturelle 66ff, 73, 75ff, 106, 168, 170, 172, 178, 192ff, 197, 213
  ökonomische 67, 75, 168, 188f, 191f, 194, 199
  politische 39, 58ff, 67f, 70, 75, 78, 168, 184f, 192f, 205f
  soziale 17ff, 34, 38, 44, 60f, 65, 68, 75, 78f, 168, 186ff, 199, 205f, 210
Rechtsbeziehungen 15, 55f, 79, 115f, 119, 131f
Regeln 30, 48, 49ff, 54ff, 99, 141f, 158, 162, 173ff, 179, 201
Ressourcen 93, 124, 129f, 134, 136ff, 142, 152, 158, 160, 162, 173ff, 179, 201ff, 206f, 214, 216
  allokative 158, 162, 173
  autoritative 158, 161, 163, 173, 175, 179, 184, 201, 204, 206
Schließung
  duale 139, 144, 178
  interne 15, 107, 111, 115, 119, 133, 140, 147ff, 162ff, 179ff, 188, 190, 193ff, 197, 200ff, 204ff, 210, 212ff
Schließungsbeziehungen 140, 146, 150, 152, 153, 166, 168, 180f, 184, 190, 193f, 199, 206
Schließungskonzept 140
Schließungsmechanismen 136, 144, 204
Schließungsmodi 138
Schließungsprozeß 133ff, 139, 141f, 146f, 164, 169, 213
Schließungsregeln 141f, 145, 150ff, 155, 161, 163
Schließungsstrukturen 145, 150, 162, 214
Schließungsverhältnisse 155, 160, 169, 177, 207
  soziale 16, 84, 107, 133ff, 146ff, 151f, 155, 160ff, 175, 215f
  strukturierte Schließungsverhältnisse 162, 164, 175, 177, 207, 214
  Tiefenstruktur sozialer Schließung 180
Schließungsformen
  kontingente 143
  primäre 143
Schließungsgleichung 138f, 150, 152, 155, 161f, 164, 166f, 170ff, 175, 177, 179, 198, 201, 206f, 212ff
  horizontales Modell 167
Schließungsstruktur
  objektive 161
Schließungstheorie
  handlungszentrierte Wende 151
  political turn 154f, 215
Selbstexklusion 173
  Folklorisierung 173
  Fundamentalisierung 173
  Privatisierung 173
  Radikalisierung 173
Soziale Ordnung 15f, 44, 67, 82, 109, 209, 216
Staat 11f, 15, 21, 34, 40f, 45f, 48ff, 53ff, 65, 79, 103, 107ff, 116, 118f, 133, 140, 152, 155, 164, 166, 177, 186, 205
Staatsbürger 11f, 21ff, 29f, 32, 34f, 39, 57, 82, 94f, 99f, 106ff, 148, 163f, 166, 184f, 191, 198, 200, 215
Staatsbürgerliche Moral 51
  Regeln 49ff, 55
Staatsbürgerrechte 14, 17, 35, 37, 56, 58ff, 66ff, 71, 73f, 76f, 79f, 82, 86, 100, 102,

Sachregister

106f, 109, 115, 122, 129, 132, 151, 154, 165, 167, 193, 207, 211, 214
Doppelcharakter 66, 74, 82, 216
Konfliktarenen 167, 169, 170
Staatsbürgerschaft 11ff, 15ff, 19, 21ff, 39ff, 44f, 50, 54ff, 58, 63f, 66f, 71, 74, 78, 80ff, 85ff, 97ff, 106ff, 114, 116, 119, 122, 131, 133, 143, 145, 152, 154, 161, 165, 167, 170, 172, 174, 178f, 184f, 193, 198f, 205, 207, 209ff, 215f
Krisenkonzept 15, 44, 82f, 83, 110, 210
Modus sozialer Schließung 15, 154, 172, 205, 207
nationale 12f, 15f, 30, 37, 39, 41, 44f, 54ff, 58, 63f, 79f, 82ff, 97f, 99, 104, 107ff, 125, 127, 152, 154, 168, 172, 174, 178, 193, 207, 209ff, 216
Staatsbürgerstatus 19, 33, 57, 58ff, 175
Status 11ff, 17, 21f, 30, 32, 34, 37ff, 57ff, 62, 65f, 71ff, 75, 95, 100, 120, 141, 148, 154, 161, 164, 171, 180ff, 185, 188, 191, 197, 205
   erworbener 72
   zugeschriebener 72
Statusgleichheit 61f, 67, 74ff
Statuspassagen
   differentielle 177
Strukturelle Grundlagen interner Schließung 16, 163f, 167, 170, 173, 178ff, 193, 195, 200, 205, 207, 213f
Strukturprinzipien moderner Gesellschaften 59
Subsysteme
   funktionale 67f, 70, 120f, 123, 125, 127, 131f, 169

supranationale Ebene 36
Supranationales Modell der Mitgliedschaft 37
Surveillance 162
Theorie der Strukturierung 156f, 159, 161ff, 175
Theorie funktionaler Differenzierung 119, 121, 123, 125ff, 212, 215
Theorie gesellschaftlicher Integration 45, 47, 79, 211
Theorie sozialer Schließung 15, 133f, 140f, 147ff, 154ff, 160ff, 166f, 169, 173, 175, 212f, 215
Ungleichheit
   legitime 61f, 76
Unionsbürger 37, 39, 181, 183, 190
Unionsbürgerschaft 37ff, 183, 199
   duale Staatsbürgerschaft 39
usupratorische Strategien 152
Usurpation 136ff, 142, 144, 146, 161f
Usurpationsformen 142, 144
Verrechtlichung von Sozialbeziehungen 58
Verteilungskämpfe 130, 133, 150, 178, 209
   gesellschaftliche 129, 139, 215
Weltgesellschaft 105, 121, 123ff, 128, 130
Wohlfahrtsstaat 17ff, 63, 65, 81, 123, 125, 178, 205
Zivilgesellschaft 36, 115f, 118, 131
Zugehörigkeit 19f, 27, 39, 41, 49, 72, 82, 88, 97f, 100f, 106, 112, 120, 124, 126, 130, 135, 137, 140, 164f, 168, 172, 177f, 193, 204
   Dimensionen 83, 167ff, 173, 177, 213

Aus dem Programm
Sozialwissenschaften

Ursula Apitzsch
Migration und Biographie
Zur Konstitution des Interkulturellen in den Bildungsgängen junger Erwachsener der zweiten Migrationsgeneration (Arbeitstitel)
1998. ca. 312 S. (Studien zur Sozialwissenschaft, Bd. 136) Br. DM ca. 49,00
ISBN 3-531-12498-6
Die Autorin nimmt das Schlagwort vom meridionalen Familialismus sowie den verbreiteten Hang zu Kulturtypologien in der sogenannten „multikulturellen" Gesellschaft zum Anlaß einer empirisch fundierten („grounded") Analyse der Familienorientierung von Jugendlichen im Migrationsprozeß.

Studien zur Sozialwissenschaft

Martina Althoff

DIE SOZIALE KONSTRUKTION VON FREMDENFEINDLICHKEIT

Westdeutscher Verlag

Hans-Bernd Brosius / Frank Esser
Eskalation durch Berichterstattung?
Massenmedien und fremdenfeindliche Gewalt
1995. 235 S. Br. DM 40,00
ISBN 3-531-12685-7
Der Band untersucht die Rolle der Medien bei der Verbreitung fremdenfeindlicher Straftaten seit der Wiedervereinigung. Anhand der Entwicklung von Zuwanderungszahlen, Bevölkerungsmeinungen, Medienberichterstattung und Straftaten entwickeln die Autoren ein Eskalationsmodell der Gewalt. Es werden Möglichkeiten und Grenzen erörtert, wie Journalisten mit dem Thema umgehen können, ohne zur Verbreitung von Gewalt beizutragen.

Martina Althoff
Die soziale Konstruktion von Fremdenfeindlichkeit
1998. 282 S. (Studien zur Sozialwissenschaft, Bd. 203) Br. DM 48,00
ISBN 3-531-13236-9
Eine soziologische Analyse des politischen Zusammenhangs von Fremdenfeindlichkeit ist mit der Frage verbunden, wie die Gesellschaft darauf reagiert und welche institutionalisierten Bedeutungen sie ihr zuweist. Der Band untersucht die Medienberichterstattung über die Ausschreitung in Rostock/Lichtenhagen und die politischen Auseinandersetzungen über das Asylrecht im Deutschen Bundestag, um zu erfahren, wie Fremdenfeindlichkeit sich innerhalb der politischen Kultur der Bundesrepublik etablieren konnte.

Änderungen vorbehalten. Stand: November 1998.

WESTDEUTSCHER VERLAG
Abraham-Lincoln-Str. 46 · D - 65189 Wiesbaden
Fax (06 11) 78 78 - 400 · www.westdeutschervlg.de

Aus dem Programm Sozialwissenschaften

Wolf-Dietrich Bukow · Roberto Llaryora
MITBÜRGER AUS DER FREMDE
SOZIOGENESE ETHNISCHER MINORITÄTEN
3., aktualisierte Auflage
Westdeutscher Verlag

Wolf-Dietrich Bukow / Roberto Llaryora
Mitbürger aus der Fremde
Soziogenese ethnischer Minoritäten
3., aktual. Aufl. 1998. 239 S. Br. DM 54,00
ISBN 3-531-13249-0
Im Alltag, in der Politik wie in der Wissenschaft ist es üblich, die Integrationsprobleme des „Ausländers" auf seine Herkunft zurückzuführen. Unter Rückgriff auf neuere Überlegungen in der Soziologie und Ethnologie wird dieses Verständnis kritisch durchleuchtet, und es wird gezeigt, daß und wie der Migrant trotz der vorhandenen Möglichkeiten zum integrierten Miteinander zur ethnischen Minorität erklärt wird.

Bernd Estel / Tilman Mayer (Hrsg.)
Das Prinzip Nation in modernen Gesellschaften
Länderdiagnosen und theoretische Perspektiven
1994. 325 S. Br. DM 49,00
ISBN 3-531-12488-9
Der Zusammenbruch des Sozialismus in (Mittel-)Osteuropa hat eine Renaissance von betroffenen Nationen und ihrer Nationalismen zur Folge. Aber auch in den wohletablierten Nationen des Westens stellt sich aufgrund verschiedener sozio-kultureller und staatlicher Herausforderungen die Frage nach der eigenen Identität neu. In dieser Situation ist es die Aufgabe der Sozialwissenschaften, entsprechendes Wissen über die in Ost und West veränderte nationale Landschaft zu erarbeiten und bereitzustellen. Dazu werden von einem internationalen Forscherkreis die jüngsten Entwicklungstendenzen in vergleichender Absicht erörtert.

Hartmut Häußermann / Ingrid Oswald (Hrsg.)
Zuwanderung und Stadtentwicklung
1997. 470 S. (Leviathan-Sonderheft 17/97)
Br. DM 78,00
ISBN 3-531-13097-8
Großstädte sind immer multikulturell. In diesem Band sind Beiträge aus verschiedenen Ländern versammelt, die Integrationsprozesse und Konflikte in den Bereichen Arbeit, Wohnen und Politik analysieren sowie Strategien der symbolischen Repräsentation und des Überlebens in der Illegalität behandeln.

Änderungen vorbehalten. Stand: November 1998.

WESTDEUTSCHER VERLAG
Abraham-Lincoln-Str. 46 · D - 65189 Wiesbaden
Fax (06 11) 78 78 - 400 · www.westdeutschervlg.de